해방일기 1
해방은 도둑처럼 왔던 것인가

2011년 4월 25일 제1판 1쇄 발행
2013년 9월 11일 제1판 2쇄 발행

지은이   김기협
펴낸이   이재민, 김상미

편집   이명애
디자인기획   민진기디자인

종이   다올페이퍼
인쇄   천일문화사
제본   동호제책

펴낸곳   너머북스
주소   서울시 종로구 누하동 17번지 2층
전화   02)335-3366, 336-5131 팩스 02)335-5848
등록번호   제313-2007-232호

너머북스와 너머학교는 좋은 서가와 학교를 꿈꾸는 출판사입니다.

이 책에 실린 사진은 뉴스뱅크, 위키미디어 커먼스에서 게재 허가를 받았습니다.
저작권자를 찾지 못하여 게재 허가를 받지 못한 일부 사진은 확인되는 대로 게재 허가를 받고 통상 기준에 따라 사용료를 지불하겠습니다.

1945.8.1~10.29

1

해방은 도둑처럼 왔던 것인가

김기협 지음

원칙과 상식을 낯설어하는 사회

1945년 8월 15일의 조선 해방에는 두 가지 의미가 겹쳐져 있었다. 경술국치로부터 35년, 을사조약으로부터는 40년 만에 일본인의 지배를 벗어나는 민족해방. 그리고 군국주의 체제로부터 벗어나는 자유 회복.

당시의 많은 사람들은 민족해방의 측면을 앞세워 생각했다. 그때까지 겪어온 억압과 불의를 모두 '왜놈' 책임으로 여겼고, 왜놈들이 물러간 이 땅에는 더 이상 억압과 불의가 있을 수 없다고 생각했다. 자유 회복은 민족해방에 당연히 따라올 것으로 보았다. 같은 민족끼리 살아가는 데 '일본제국주의' 같은 횡포는 나타날 수 없다고 생각했다.

해방된 민족이 '일제시대'보다 더한 참극을 겪게 된 결과에 비추어 보면 분명히 지나친 낙관이었다. 지나친 낙관이 참극을 막지 못한 중요한 조건이기도 했다. 해방공간에서 벌어진 민족의 비극을 이해하기 위해서는 이 낙관의 정체를 밝힐 필요가 있다.

50년 전 내가 초등학교에서 배운 한 가지 이야기를 지금 초등학생들도 배우고 있다. 해방 때 온 민족이 기쁨을 함께했다는 이야기다. 너무나 당연한 사실처럼 머릿속에 굳어 있어서 더러 그렇지 않았을 것 같은 사람들에게 생각이 미칠 때면 아주 이상한 사람들, 극히 예외적인 사람들이었으리라고 바로 생각해 버리게 된다. 민족구성원 자격이 없는 '반민족 분자'로 여기게 된다.

그러나 막상 생각해 보면, 해방을 불안한 마음으로 맞은 사람들도 꽤 있었을 것 같다. 악질 친일파 노릇을 해서 처단의 위협을 느낀 사람들, 일제 협력으로 이룬 큰 재산을 빼앗길 위험을 느낀 사람들만이 아니다. 사회 구석구석에서 열심히 일해서 제법 안온한 생활을 꾸려오던 사람들에게, 지금까지 의지하고 살아온 질서의 붕괴가 불안감을 가져다주지 않을 수 없다. '소시민 근성'이라 이름붙일 수도 있는 것이지만 인지상정이기도 한 것이다.

해방은 많은 사람에게 기쁨만이 아니라 불안감도 가져다주었다. 그런데 사람들은 불안감을 감춰야 했다. 불안감을 드러내면 친일파로 의심받을 테니까. 모두들 불안감은 감추고 기쁨만 열심히 표출하다 보니까 지나친 낙관이 사회를 지배하게 된 것이 아닐까?

적지 않은 사람들이 감춰야 했던 또 한 가지 사실이 있다. 1945년 8월 15일 이전에 해방을 어떤 식으로든 예견했다는 사실이다. 아버지 일기에서 해방 전 일본의 패전을 예견했다는 말씀을 봤다.

"밤에 자리에 든 뒤에 아버지께서 전쟁중에 내가 한 말이 그때는 기연미연했으나 지금 생각해 보니 모두 옳았다는 것을 말씀하시었다. 첫째, 일본이 금명년 중으로 전쟁에 질 것이며 지면 조선은 독립한다는 것이며, 둘째 (…)"(김성칠, 『역사 앞에서』, 1946년 2월 2일자).

빼어난 통찰력을 필요로 한 예견이 아니었을 것이다. 시골사람인 할아버지에게 말씀드리고 그에 입각해 행동 선택에 관한 조언을 드렸다면 상식을 뛰어넘는 통찰일 수 없다. 그분 나름의 '과학적' 판단으로 믿음을 가진 상식적 예견이었다. 하지만 그 예견을 그분도 아무에게나 얘기하고 다녔을 리는 없다.

교육수준이 높고 사회적 활동이 많은 사람들에게 일본의 패전 가능성이 떠오르지조차 않았으리라는 것은 불합리한 상상이다. 웬만한 사람들은 그 가능성을 생각할 만큼 생각하고 있었다. 그런데 그 예견을 떳떳이 밝힐 수 없었다. 해방 전에는 탄압 때문이었고, 해방 후에는 "그런 예견을 하고도 어째서 그에 따른 행동이 없었는가?" 하는 추궁 때문이었다. 그래서 해방의 의외성을 과장함으로써 그 기쁨을 강조하는 '눈 가리고 아옹' 풍조가 일어났고, 이 풍조가 사회의 지나친 낙관 분위기를 거들었고, 오늘날까지 해방 당시의 '전설'로 초등학생들에게 주입되어 왔다.

일본의 패망에 대한 희망을 공공연히 표명하며 일본제국주의에 맞서 싸워온 '항일투사'는 해방 당시에 소수였다. 일본 지배체제가 무너진 자리에 새 질서를 세우는 '독립' 과업의 전면에 그 사람들이 나서게 되었다.

항일투사들에게는 두 가지 운동의 흐름이 있었다. 식민지 초기에는 왕조시대의 구질서를 옹호하는 세력을 중심으로 이민족 지배에 항거하는 민족운동이 주류였다. 그러다가 1920년대에 식민지배가 안정된 틀을 갖추면서 사회경제적 모순이 확장·심화됨에 따라 '좌익' 사회운동이 자라나기 시작했다.

식민지시대 후반기 국내 항일운동에서는 민족운동이 약화되면서 사회운동의 비중이 커졌다. 민족주의만을 내세운 세력은 1920년대 이래 여러 방향에서 침식되어 뚜렷한 진영을 지킬 수 없게 되었다. 조선인이 일본인에 버금가는 지배민족이 되기 바라는 마음으로 일본제국주의에 동참한 파시스트 성향의 사람들도 있었고, 기세등등한 일본제국주의와의 정면대결보다 점진적·타협적 개량주의 노선을 취한 온건한 성향의 사람들도 있었다.

한편 식민지시대 말기의 전쟁기에 접어들면서 사회경제적 모순이 급격히 악화하는 데 대한 반발로 사회운동이 강화되었다. 민족주의 성향의 항일운동도 사회운동의 형태를 취하게 되었고, 식민지배자들도 민족모순을 호도하기 위해 모든 항일운동을 좌익으로 몰았다.

일본의 억압적 지배에서 벗어나 변화의 계기를 맞은 조선사회에서 변화를 총체적으로 두려워하는 사람들은 극소수였다. 대다수 사람들은 다소의 불안감을 가졌더라도 기본적으로는 변화를 반기는 마음이었다. 그중에 빠르고 큰 변화를 바라는 진보 성향과 완만하고 신중한 변화를 바라는 보수 성향이 엇갈린 것은 당연한 일이었다. 진보 성향은 사회혁명을 제창한 공산주의자들을 중심으로 좌익을 이루었고, 보수 성향은 민족주의 실현을 우선 과제로 내세우며 급격한 사회혁명에 저항하는 우익을 형성했다.

진보와 보수의 성향 차이는 애초에 그리 심각한 것이 아니었다. 좌익인사의 대부분도 지나친 혼란을 피하기 위해 혁명의 진도를 늦추는 데 동의했고, 우익인사의 대부분도 상당한 범위의 사회혁명이 필요하다는 데 동의했다. 혁명의 범위와 진도를 절충해서 결정할 수 있다는 믿음을 공유한 사람들을 좌우 구분 없이 '중도파'라 할 수 있다.

'질서 속의 변화'를 추구하는 중도파 노선의 성공을 바라지 않은 사람들은 소수였다. 일체의 질서를 혁명해야 한다는 극좌파와 일체의 변화를 거부하는 극우파였다. 극좌파는 소련혁명의 철저한 모방을 통해 지배권을 장악하겠다는 야심을 가졌고, 극우파는 식민지시대에 획득한 기득권을 지키고, 나아가 더 키우려는 욕심을 가진 자들이었다.

해방 즉시 중도파 노선의 건국준비위원회가 출범한 것은 자연스러운 일이었다. 그러나 극좌와 극우의 협공 앞에 몇 주일 안 돼 좌초하고 말았다. 중도파 노선에는 지지자는 많지만 극좌와 극우처럼 집요한 노력을 기울일 강력한 동기가 없다는 것이 약점이었다. 극우파가 온갖 흑색선전으로 민족주의자들의 건준 참여를 가로막고 있는 동안 극좌파는 건준을 헤게모니 투쟁의 도구로 전락시켰다.

표면적으로는 극좌와 극우가 정면으로 대립하고 있었다. 그러나 중도파라는 '공동의 적' 앞에서 양측은 공생관계를 맺었다. '적대적 공생관계'다. 이 관계는 소련군과 미군의 점령이 완성되기 전에 이미 모습을 드러내고 있었다. 그리고 양측은 두 나라 점령군의 존재를 이 공생관계의 강화를 위해 이용하게 된다.

1987년 대통령선거에서 노태우 후보는 '보통사람'이란 캐치워드로 큰 성공을 거뒀다. 그런데 그후 많은 사람들이 바로 그 말에 배신감을 토로하는 것을 보며 고개를 갸웃거리지 않을 수 없었다. 그는 분명히 통상적 의미에서 보통사람이었다. 그 전임자와 후임자의 온갖 기발한 언행에 비교하면 얼마나 보통사람이었나! 그가 재판받은 '범죄'도 당시 대한민국 대통령으로서 극히 보통스러운 것이었다.

국민이 반긴 '보통사람'의 의미는 단순한 '평균적 인간'이 아니었다. 이승만처럼 너무 악하지 않고, 윤보선이나 장면처럼 너무 어리석지 않고, 박정희처럼 너무 야심이 크지 않고, 전두환처럼 너무 지독하지 않고…… 문제 좀 일으키지 않아주는, 요컨대 천사 같은 지도자를 바란 것이었다. 하느님 같은 지도자 말고.

해방 후 몇 주일 동안에 형성된 '적대적 공생관계'가 모습을 바꿔가며 한국사회를 지배해 왔다. 원칙과 상식을 짓밟는 극단주의자들이 사회를 이끄는 긴 세월 동안 사람들 마음에는 '보통사람'에 대한 그리움이 자라왔다. 그 보통사람은 원칙과 상식에 따르는 사람이다. 그러나 원칙과 상식이 사람들에게 너무 낯선 것이 되어 있어서 그 모습을 제대로 그릴 수가 없다. 그저 막연히 "문제 좀 일으키지 않아주는" 사람 정도로 생각할 뿐이다.

브루스 커밍스는 『한국전쟁의 기원 2』 서론에서 미국사회의 '비역사성'(ahistoricity)을 이렇게 지적했다.

"우리처럼 비역사적 성향을 내재적으로 품고 있는 사람들은 뒤를 캐는 일, 양탄자 들춰보는 일, 물밑의 힘과 움직임을 알아보는 일에 적성을 보일 수가 없다. 제1원리에 대한, 그리고 파헤치기에 대한 열정을 보여주는 사람은 좌우익의 과격파밖에 없다. 니체가 말한 '미로(迷路)를 향한 운명'은 미국인의 영혼에 어울리지 않는 것이다."

한국사회는 미국사회의 비역사성을 지난 60여년 동안 철저히 배워 왔다. 한국사회에서도 역사 파헤치기에 열정을 보여주는 사람은 좌우 익의 과격파밖에 없는 것 같다. 역사 담론이 편향되면 정치 담론도 편향될 수밖에 없다.

65년 전 해방 조선에서는 지금 이 사회에서보다 원칙과 상식이 더 많이 존중받고 있었다. 그 무렵 소수집단의 이해관계가 원칙과 상식을 짓밟기 시작한 이래 원칙과 상식을 회복할 충분한 기회를 이 사회는 갖지 못해 왔다. 지금 와서는 원칙과 상식이 어쩌다 모습을 보여도 대중이 낯설어하는 상황에 이르렀다.

이 사회에서 원칙과 상식을 중시하는 중도적 정치노선이 힘을 키우기 바라는 마음으로 작업에 임하고 있다. 경제조건이 각박하고 문화조건이 척박하던 해방공간 속에서도 원칙과 상식에 입각한 민족주의와 민주주의를 실현하려고 애쓴 사람들이 있었다. 지금 사람들의 눈에는 '별난 사람'들의 모습에 가려 그 '보통사람'들의 모습이 잘 보이지 않는다. 김구, 이승만, 김일성, 박헌영 같은 사람들보다 여운형, 김두봉, 김규식, 안재홍, 홍명희 같은 사람들의 가르침을 독자들에게 전하고 싶다.

내 마음속에 이 작업과 맺어져 있는 일 하나를 기쁜 마음으로 밝힌다. 『역사 앞에서』로 출간된 아버지 일기 원본을 이화여대 도서관에 기증하기로 한 것이다. 독자들 손에 이 책이 닿을 무렵에는 도서관에 들어가 있을 것이다.

작년 초 경기도박물관에서 6·25 전시회를 위해 대여해 갈 때 떠오른 생각이었다. 어머니께 넘겨받은 후 20여년간 가지고 있었는데, 이 자료를 사회적으로 더 잘 활용할 수 있는 기관에 맡겨야 하지 않나 하는 생각이었다.

처음에는 기왕이면 아버지 인연에 잘 맞는 기관에 보내고 싶은 마음에서 아버지 고향에 가까운 한 연구기관을 생각했다. 그런데 지난달 어머니가 한차례 건강의 위기를 겪으시는 동안 다른 생각이 떠올랐다. 그 자료를 만든 분의 인연에도 의미가 있겠지만, 36년간 혼자 지켜 후세에 전하신 어머니의 인연을 더 앞세울 만하지 않을까?

마침 연전에 『역사 앞에서』 개정판 작업을 맡아준 정병준 교수가 이화여대에 봉직한다는 것도 인연이 겹치는 일이다. 정교수에게 뜻을 알렸더니 도서관에서 반갑게 받아들인다는 뜻을 며칠 안 되어 전해 왔다.

어제 어머니께 원본을 들고 갔다. 1950년 6월 25일자를 펼쳐드리니 몇 자 소리내어 읽다가 그만두고 말없이 생각에 잠기신다. 잠깐 뜸을 들였다가 공공기관에 기증하면 좋겠다는 생각, 이화여대가 적합하다고 본다는 의견을 말씀드리니 묵묵히 일기만 들여다보시다가 고개도 돌리지 않은 채 가볍게 말씀하신다. "그래, 잘했다."

2011년 4월 17일

김기협

6 이승만의 등장   361
1945년 10월 15~29일

1. 이 책에서 인용한 1차 사료(신문기사, 포고문, 법령 등)는 국사편찬위원회 한국사데이터베이스 (http://db.history.go.kr)의 자료를 원본으로 하였으며, 일일이 출처를 명시하지 않는 대신 흐린 글씨로 표시하였다. 또한 지금은 거의 쓰지 않는 한자어 등을 우리말로 풀어써 한글세대도 쉽게 읽을 수 있도록 일부 수정하였다.

2. 이 책에서 인용한 글의 서지사항은 처음 나올 때 표기하고, 이후에는 제목과 쪽수만 표기하였다.

3. 인명이 처음 나올 때 한자 또는 원어, 생몰연도를 함께 표기하였다(확인되지 않는 일부 인명의 경우 제외).

4. 단체명은 처음 나올 때 원래 명칭과 줄임말을 함께 표기하고 이후에는 줄임말을 사용하는 것을 원칙으로 하였다.

5. 각 장의 말미에 실은 '안재홍 선생에게 묻는다'는 해당 시점(예를 들어 1장 말미의 대담은 1945년 8월 15~16일, 2장 말미는 1945년 8월 30~31일)에 저자가 안재홍 선생과 나눈 가상 대담이다.

1

—

해방은 도둑처럼
왔던 것인가?

—

1945년 8월 1 ~ 15일

1945년 8월 15일 정오 천황의 항복선언이 전파를 타고도 사람들이 거리로 쏟아져 나오기까지는 여러 시간이 걸렸다. 너무나 간절히 기다리던 순간이었기 때문일까?

1945. 8. 1.

『해방일기』를 시작합니다

『해방일기』를 시작합니다. 65년 전의 '오늘'을 제 마음속에 되살리는 작업입니다. 1945년 8월 1일에 어떤 일이 일어났었나, 그 일의 역사적 의미는 어떤 것인가를 오늘 생각합니다. '일기(日記)'보다 '일지(日誌)'가 더 정확한 이름이겠지만, 조금이라도 일기의 주관적 특성에 접근하고 싶은 마음에서 '일기'라고 이름붙였습니다.

오늘은 인사만 드리고 1945년 8월 1일의 이야기를 꺼내지 않겠습니다. 내일은 포츠담회담이 마무리된 이야기를 하게 되겠죠. 며칠 후에는 히로시마에 떨어진 원자폭탄 이야기를, 그리고 다시 며칠 후에는 일본의 항복 이야기. 역사학도의 마음속에서 65년 전의 상황을 하루하루 되살려보려는 것입니다.

제가 어떤 사람인지 아는 독자는 바로 제 아버님을 떠올리시겠죠. 그렇습니다. 이 작업에는 아버님의 전쟁일기를 흉내내는 뜻이 들어 있습니다. 전쟁이란 상황에 맞닥뜨려서 역사학도의 한 사람으로서 할 수 있는 일을 힘껏 모색하신 것이 그 일기였다고 저는 생각합니다. 저 역시 통상적인 서술방법으로는 한계를 느끼는 주제 앞에서 최선을 다하려는 마음으로 『해방일기』에 착수합니다.

2년 전부터 '망국 100년' 작업을 구상하기 시작했고, 지난 8개월 동안 그 작업에 몰두해서 지냈습니다. 그런데 그 주제를 반년 남짓의 작업으로 충분히 소화해 낼 수 없다는 사실이 얼마 안 되어 분명해졌습니다. 제 구상은 100년 전에 잃어버린 국가를 아직도 회복하지 못하고 있다는 사실로부터 파생한, 오늘의 이 사회의 문제들을 설명하려는 것이었습니다. 그런데 몇 달의 작업으로는 '어떻게 망했나?'라는 설명에 바쁘고, '망해서 어떻게 됐나?' 하는 문제까지는 접근할 수 없었습니다.

몇 달 전부터 '망국 100년' 시즌 2를 구상하기 시작했습니다. 식민지 시대의 역사를 훑어가면서 해방 후의 한국에 남긴 흔적을 더듬는 방법을 대략 생각했습니다. 2010년 한 해를 이 주제에 바치고 넘어가자는 생각이었죠. 그러다가 어느 날 '일기' 생각이 났습니다. 20세기 민족사 최대의 갈림길이었던 '해방공간'에 초점을 놓으면 어떨까? 반년 작업으로 책 한 권 만드는 것보다 내 인생을 더 적극적으로 투자할 만한 주제가 아닌가? 역사란 "과거와 현재의 대화"라고 하는데, 나는 이를 '과거와 현재의 씨름'으로 생각하고 있으니, 요약한 '대화록'을 내놓기보다 경기 진행을 '생방송'하는 게 어떨까?

제 여생을 바치게 되기 쉬운 이 거창한 작업, 참고할 포맷도 없는 이 막막한 작업에 구상이 떠오른 지 불과 한 달 만에 착수하고 있다는 사실부터 어리둥절합니다. 가만 생각하면 바로 이런 성격의 작업을 위해 지금까지의 내 삶이 배치되어 온 것이 아닌가, 운명적인 생각까지 듭니다. 마구잡이로 쌓아온 지식, 그때그때 이런저런 필요에 따라 익혀온 글쓰기, 그리고 이 작업에 적합한 인터넷신문 「프레시안」과의 인연까지.

하나의 여행으로 생각합니다. '산책'의 즐거움도 있고 '대장정'의 보람도 있는 길이 되기 바랍니다. 오랫동안 먼 길 걸을 욕심으로 쓸데없는 힘을 뺍니다. 독자 여러분께 길동무로 나서주시기를 청합니다.

1945. 8. 2.

포츠담회담에 나타난 원자폭탄

포츠담. 독일제국의 출발점인 프러시아를 상징하는 도시. 그곳에서 연합군의 실세인 미국, 소련, 영국의 정상회담이 끝났다(1945. 7. 17~8. 2). 1943년 11월 28일~12월 1일의 테헤란회담, 1945년 2월 4~11일의 얄타회담에 이어 세번째 세 나라 정상회담이었으나 이번에는 바뀐 얼굴이 있었다. 스탈린(Iosif V. D. Stalin, 1879~1953)은 그대로였지만 미국은 지난 4월 죽은 루스벨트(Franklin D. Roosevelt, 1882~1945) 대통령을 대신해 트루먼(Harry S. Truman, 1884~1972)이 왔고, 총선을 앞둔 영국의 처칠(Winston L. S. Churchill, 1874~1965) 수상은 유력한 후임자인 애틀리(Clement R. Attlee, 1883~1967) 부수상과 함께 왔다가 7월 28일 선거 결과를 확인하고 대표 자리를 넘겨줬다.

바뀐 것은 얼굴만이 아니었다. 얄타회담 때 항복이 임박해 있던 독일은 지난 5월 8일에 항복했고, 이제 일본만 남아 있었다. 일본에게 무조건 항복을 요구하는 '포츠담선언'은 회담 진행중인 7월 26일에 먼저 발표했다. 이번 회담의 주요 의제는 평정된 유럽, 그중에서도 독일을 어떻게 처리하고 관리하느냐 하는 것이었다.

관심의 초점은 소련이 어떤 전리품을 챙기느냐 하는 데 있었다. 테헤란회담 때는 소련의 콧대가 하늘을 찌르고 있었다. 이 회담에서 동유럽을 공산화하는 스탈린의 구상이 승인되었다. 서부전선에서 독일에 별 압력을 가하지 못하고 동맹군의 주력에 거의 소련 혼자 맞서고 있을 때였으니 누구도 스탈린을 거스를 수 없었다. 회담장소부터 스탈린의 편의에 맞춰 선택된 것이었다. (스탈린이 비행기 타는 것을 몹시 무서워해서 테헤란회담이 유일한 탑승 경험이었다는 얘기를 어디서 본 듯하다. 겁 많은 사람이 잔인한 짓 잘한다는 이야기가 그럴싸하게 떠오른다.)

그후 노르망디 상륙으로 서부전선도 한몫하게 되면서 서방국들은 화장실 가기 전과 다녀온 후 마음이 다르게 되었다. 특히 처칠은 소련이 유럽대륙의 큰 세력으로 일어나는 것을 극히 꺼렸다. 그러나 루스벨트는 처칠에게 동조하지 않고 소련의 몫을 그대로 존중했다. 루스벨트가 스탈린에게 속아 넘어간 '어리석음'은 냉전시대에 많은 비판을 받았다.

그러나 이것을 '어리석음'으로 몰아붙이는 것은 냉전의 상황에 얽매인 관점 같다. 우리가 본 많은 영화는 2차대전에서 미국군과 영국군의 활약을 화려하게 보여준다. 모두 냉전시대 미국의 관점이다. 실제로 2차대전의 가장 큰 주인공은 소련이었다. 피해자로서도, 승리자로서도. 그 전쟁으로 인한 전세계 인명피해의 절반 이상을 소련이 입었다. 국토의 파괴도 제일 심했다. 그리고 종전 때까지 전쟁의 주무대는 동부전선이었다. 루스벨트는 소련의 역할을 있는 그대로 인정한 것뿐이었다. 똑같이 이기적인 스탈린과 처칠 사이에서 루스벨트는 중재자의 역할을 자임했다.

일본 항복을 1주일 앞두고 이루어진 소련의 선전포고를 기회주의적 태도로 비난하기도 하지만, 2차대전 전체 흐름에서 당연한 일이었다. 테헤란회담 당시 독일의 주력군을 혼자 감당하고 있던 소련은 일본과의 불가침조약을 지킬 필요가 있었고, 독일 항복 3개월 후 일본 공격

1945년 7월 17일부터 열린 포츠담회담 중 영국 수상 애틀리, 미국 트루먼 대통령과 스탈린 소련 서기장(왼쪽부터). 처칠은 선거 결과를 확인하고 애틀리에게 자리를 넘긴 뒤 영국으로 돌아갔다.

에 참여하기로 미국과 영국의 양해를 얻었다. 그 며칠 전 루스벨트와 처칠이 장개석(蔣介石, 1887~1975)과 함께 동아시아·태평양 문제를 의논한 카이로회담에 스탈린이 참석하지 못하고 테헤란회담을 따로 열어야 했던 것도 일본에 대한 소련의 입장 때문이었다.

독일 항복 후 두 달여가 지난 7월 17일 포츠담회담이 시작될 때 트루먼은 전임자 루스벨트보다 인색한 협상자였다. 그리고 그는 상대를 위축시킬 새로운 무기를 가지고 있었다. 진짜 엄청난 무기였다. 원자폭탄.

회담 시작 바로 전날 뉴멕시코의 시험 폭발이 성공했다. 트루먼은 이 무기를 일본에 사용하기로 방침을 정하고 처칠과 먼저 합의한 다음 7월 25일에야 스탈린에게 이 무기의 존재를 밝혔다. 그 이튿날 발표된 대(對)일본 최후통첩 '포츠담선언'에서는 무조건 항복 요구에 불응할 경우 "신속하고 철저한 파괴"(prompt and utter destruction)를 명시해서 위협했다. 새 무기의 존재를 과시하는 듯한 문구였다.

일본에 핵폭탄을 사용하는 것이 과연 꼭 필요한 일이었는지 많은 논란이 있어왔다. 그에 대한 내 의견을 여기 굳이 내놓지 않겠다. 다만

미국에게 새 무기를 확실하게 데뷔시키고 싶은 강력한 동기가 있었다
는 사실을 지적한다. 스탈린을 겁주려는 동기.

아무리 굉장한 무기가 있더라도 실제 사용할 수 없는 것이라면 가치
가 제한된다. 도끼 든 사람이 바늘 든 사람 못 이기는 이치다. 원자폭
탄 같은 무차별적 파괴력을 가진 무기를 실전에 쓴다는 것은 웬만한
상황에서는 어려운 일이다. 일본 항복 전의 기회를 놓친다면 이 도끼
가 휘두를 수 있는 도끼라는 사실을 확인할 기회가 언제 다시 있을지
모를 일이었다. 한국이나 베트남에서 원자폭탄을 썼다면 한국인, 베트
남인만이 아니라 전세계인의 엄청난 지탄을 받았을 것이다. 미국 내의
여론도 용납하지 않았을 것이다.

원자폭탄 이야기를 듣고 스탈린이 불같이 화를 내는 모습을 보며 트
루먼은 (그리고 처칠도) 얼마나 기분이 좋았을까. 그후 소련은 이란, 터
키, 그리스, 베를린 등지에서 서방과 충돌이 있을 때마다 줄줄이 양보
했다. 그런데 불과 4년 후 소련이 원자폭탄 개발에 성공했다. 아무도
예측하지 못한 빠른 추격이었다.

원자폭탄을 믿고 탱자탱자하던 미국사회가 발칵 뒤집혔고, 그 불안
감에 편승해 매카시 광풍이 일어났다. 소련 해체 후 KGB 비밀문서에
서 소련이 스파이활동을 통해 미국 기술을 빼내온 사실, 포츠담회담
이전에 스탈린이 원자폭탄의 존재를 알고 있었다는 사실이 밝혀졌다.
그 스파이들은 매카시가 고발한 사람들이 아니었다.

원자폭탄 사용방침 합의가 포츠담회담의 가장 중요한 내용이었다고
나는 생각한다. 내일은 마침 특별히 눈에 띄는 사건도 따로 없으니 포
츠담회담 이야기를 더 해야겠다. 폴란드 처리에 관한 이야기다. '해
방' 후 한국이 겪은 상황 이해에 여러모로 참고가 되는 이야기다.

1945. 8. 3.

폴란드의 해방 아닌 해방

———

20년 전 이맘때 바르샤바를 며칠 방문했다. 그 얼마 전 한국에 체류중이던 안나와 알게 된 이후 연락이 이어지고 있던 참이라서 독일에서 루마니아 가는 길에 구경하러 들른 것이었다. (안나는 한국전쟁 때 북한 간호사 출신으로 폴란드 군의관과 결혼한 오가레크-최 여사의 딸이다.) 안나 내외가 함께 살고 있던 오가레크-최 여사의 아파트에서 묵었는데, 오가레크-최 여사는 마침 한국 방문중이어서 만나지 못했다.

새벽에 마중나온 안나 내외와 바르샤바역을 빠져나오니 거대한 과학궁전이 앞을 막고 있었다. 2차대전 직후에 소련이 지어준 '스탈린의 선물'이라는, 천박한 취향을 보통사람들도 쉽게 알아볼 수 있는 소위 스탈린-고딕 형식 건물이었다. 1990년 당시까지도 바르샤바시를 압도하는 위용을 뽐내고 있었다.

"바르샤바의 아름다운 경치를 제일 잘 즐길 수 있는 곳이 어딘지 아세요?" 의미심장한 미소를 띠고 안나가 물었다. 어디냐고 되물으니 남편이 답을 가르쳐준다. "과학궁전 꼭대기층입니다. 거기서는 그 못생긴 건물이 보이지 않거든요."

며칠 동안 두 사람에게 폴란드인의 소련에 대한 적대감에 대해 많이 들었다. 카틴학살* 이야기도 들었다. 그곳에서 폴란드의 정화(精華)

가 절멸된 이야기를 할 때는 두 사람 다 눈물을 글썽거렸다. 둘 다 친척 여럿이 그곳에서 희생당했고, 그 사람들 이야기를 들으며 자라난 것이다.

소련의 위성국에서 막 풀려난 나라 정도로 생각하고 있던 나는 러시아에 대한 폴란드의 뿌리 깊은 원한에 접하며 놀랐다. 우리의 반일감정은 폴란드인의 독일에 대한 감정과 비슷한 수준이라 할 수 있겠으나, 러시아에 대한 감정은 그와 차원이 달랐다.

2차대전 개전과 함께 유린되었던 폴란드를 종전 후 다시 세우는 과정에서 소련이 관철시킨 방침에 대한 폴란드인들의 분노는 대단했다. 포츠담회담에 옵서버로 참석한 외교관 츠비에르잔스키(Michael W. Zwierzanski)는 음식 접시를 스탈린의 무릎에 쏟은 '실수'로 국민적 영웅이 되었다. 그의 회고록의 영문판 제목은 "My Bungle: and the Conference That I Witnessed"(나의 실수: 그리고 내가 목격한 회담)였다.

18세기 말 프러시아, 러시아, 오스트리아의 3국 분할(1772, 1793, 1795)로 사라졌던 폴란드공화국이 1차대전 후 120여년 만에 재건된(1918) 데는 행운도 많이 작용했다. 폴란드를 갈라먹었던 오스트리아와 독일제국(프러시아를 승계)의 패전 덕분에 독립의 기회를 맞은 것인데, 또 하나의 침략자였던 러시아가 전쟁중에 공산혁명을 겪고 전쟁에서 빠졌기 때문에 발언권이 없는 상황이었다. 독일을 억누르는 것뿐

■ 2차대전 중 러시아의 스몰렌스크 근교에 있는 카틴숲에서 소련 비밀경찰이 폴란드군 장교·지식인·예술가·노동자·성직자 등 2만 2천여명을 학살하고 암매장한 사건. 1943년 4월 독일군에 의해 처음 발견된 이후 소련은 1941년 가을에 자행된 독일군의 만행이라고 우겼으나, 독일측의 조사로 1940년 봄 소련측이 행한 학살임이 입증되었다. 1992년 구소련 붕괴 후 공개된 문서로 이 학살이 스탈린의 지시로 이루어졌음이 드러났다. 그러나 러시아는 구소련이 자행한 만행임을 인정하면서도 국가적으로 책임질 일은 아니라는 입장을 고수하고 있어 지금까지 폴란드와 반목하고 있다.

아니라 소련도 견제할 필요를 느낀 서방국들이 자기네가 영향을 끼칠수 있는 나라로서 폴란드 독립을 지원했다. 그래서 영토도 최대한 크게 만들어줬다.

폴란드 현대사에서 매우 아쉽게 느껴지는 대목이 독립 직후 폴란드의 팽창정책이다. 독일이 억눌리고 소련이 혼란에 빠진 사이에 신생폴란드가 지역 맹주의 자리를 노린 것이다. 내전에 휩싸여 있던 소련으로부터 벨라루스, 우크라이나 등 17~18세기 폴란드공화국 전성기때의 영토를 회복하겠다고 나서서 소련과 깊은 원한을 맺었다. 19세기분할통치 기간에 러시아의 압제가 불러일으킨 원한이 이 전쟁으로 크게 증폭되고 심화되었다.

2차대전 내내 소련이 폴란드에 대해 적대적 내지 비협조적 태도를취한 데는 1919~21년의 전쟁 기억도 한몫했을 것이다. 1939년 개전과 함께 독일군이 폴란드로 진주할 때 폴란드와 동맹을 맺고 있던 영국과 프랑스는 방관했고, 소련은 독일과 미리 짜놓은 대로 폴란드를갈라먹었다. 1941년 독일과 싸우기 시작한 후에도 소련은 폴란드에대한 배려를 보이지 않았다. 가장 노골적인 사례가 1944년 8월의 바르샤바 항쟁이었다.

소련군의 진격으로 독일군이 밀려나고 있던 시점에 폴란드 독립군(Armia Krajowa)이 바르샤바 시내를 점령하고 독일군과 시가전을 벌였다. 독일군의 전력을 분산시켜 소련군이 쉽게 진격해 들어오도록 며칠만 버티면 된다는 작전이었다. 그런데 소련군은 진격을 늦추고 독립군이 두 달 넘게 항전하는 동안 시 외곽의 강 건너까지 와서 구경만 하고있었다. 독립군이 항복하고 독일군이 바르샤바를 참혹하게 파괴한 뒤에야 소련군은 강을 건너왔다.

소련군이 진격을 서둘러 폴란드 독립군과 호응했다면 전술·전략적 이득이 많았을 것이다. 이것을 거부한 것은 정치적 이유에서였다. 독립군의 '수도 해방'을 도와줌으로써 폴란드의 '자력 독립' 명분을 늘려주는 것은 소련의 전후 구상에 장애가 될 뿐이었다.

전쟁 후 동구권의 공산화 계획을 가진 소련에게 폴란드는 눈엣가시였던 것이다. 강한 민족의식을 갖고 있고 프랑스, 영국과의 유대관계도 전통적으로 긴밀한 나라였던 까닭에 위성국으로 삼기에 제일 까다로운 존재였다. 그러나 폴란드인들의 대독일 항전 노력을 무시할 수는 없었기에 독립을 시키지 않을 수 없었다. 그 때문에 소련 자신에게 대들 길이 없도록 전쟁이 진행되는 동안에도 온갖 획책을 다했다. 대다수 동유럽 국가에서 '해방군'이었던 소련군이 폴란드에서는 그렇게 단순한 존재가 아니었다.

연합군의 승리에 대한 폴란드의 공헌은 상당했다. 애초의 점령 당시에도 예상외의 완강한 저항으로 독일의 전략에 큰 차질을 준 것으로 평가되고, 바르샤바 항쟁 등 게릴라 항쟁 외에도 종전 당시 50만의 폴란드인이 소련군, 프랑스군, 영국군으로 참전하고 있었다. 망명정부도 폴란드인의 저항을 이끌어내는 데 큰 몫을 하고 있었다.

그런데 얄타와 포츠담에서 스탈린은 소련 중심의 폴란드 처리방식을 주장했고, 그것이 관철되었다. 망명정부는 무시당했고, 소련이 조종하는 '국민통합 임시정부'가 국가건설 주체가 되었다. 연합군에 종군한 폴란드 군인들은 신분보장 없는 '개인 자격'으로만 귀국이 허용되었다. 1795년까지의 분할에서 러시아가 얻었던, 그리고 1939년 나치 독일과의 분할에서 소련이 얻었던 몫은 그대로 소련에게 넘어갔고, 대신 독일땅 일부를 빼앗아 폴란드에게 넘겨줬다.

폴란드인은 한국인보다 더 독립을 위해 치열한 투쟁을 벌였고, 더 큰 희생을 치렀다. 3백만 유태인 외에 2백만 가까운 폴란드인이 2차대

폴란드 해방의 '서글픈 의미'가 풍겨져 나오는 사진. 늑대 발톱을 피해 호랑이 이빨에 걸려들었다고 할까? 폴란드는 연합군의 승리에 가장 큰 공을 세운 민족의 하나였지만 희생의 대가를 찾지 못했다.

전으로 목숨을 잃었다. 그런 폴란드마저 온전한 독립을 얻지 못한 것이 2차대전 종전 당시의 상황이었다. 1945년 8월에 우리가 얻은 '해방'의 의미를 파악함에 있어서도 감안하지 않으면 안 될 엄혹한 현실이다.

20세기 역사의 최대 피해자 중 하나인 폴란드의 역사에서 내내 아쉬운 점 하나가 1918년 독립한 제2공화국의 팽창정책이다. 폴란드 민족주의가 뿌리를 튼튼히 키운 것은 19세기 후반의 '조직작업'(praca organiczna)운동 덕분이었다. 1863~64년 마지막 무장봉기 이후 민족주의의 목표를 실력양성에 두고 교육, 문화와 산업의 발전에 노력을 집중한 것이다. 무장투쟁기의 폴란드 독립운동은 귀족층을 중심으로 전개되었는데, 이후 '조직작업'을 통해서 근대적 민족으로서 폴란드 민족이 완성되었다.

작가 볼레스와프 프루스(Bolesław Prus, 1847~1912)는 폴란드의 국제적 위상은 인류의 과학, 기술, 경제, 문화 발전에 대한 폴란드의 공헌에 따라 결정되는 것이라고 역설했다. 피보다 땀의 가치를 중시하는 '조직작업'의 정신이 드러나 있다. 그런 그가 1905년 러일전쟁 패전으로 러시아의 압제로부터 벗어날 기회가 보이자, 폭력 저항에 대한 태도를 바꾸며 한 말에서 착잡한 느낌을 받는다. "나는 틀렸었다! 이것을 인정하면서 나는 더없는 기쁨을 느낀다!" 폭력의 감염력이 무서움을 다시 한번 느끼지 않을 수 없다.

1945. 8. 4.

모겐소가 부끄러워한 지독한 점령정책,
'모겐소 플랜'

포츠담회담의 제일 중요한 결정은 원자폭탄 사용이었다고 나는 생각한다. 히로시마와 나가사키 투하로 핵무기는 '사용 가능한 무기'가 되었다. 핵무기가 사용되지 않은 채로 그 성격이 널리 알려졌다면 실제 사용에는 큰 저항이 있었을 것이고, 냉전의 성격을 일차적으로 결정하는 역할도 그토록 강력하지 않았을 것이다.

일본이 황인종의 나라여서 원자폭탄 사용이 쉽게 결정되었을 것이라는 주장이 있다. 나는 그렇게 보지 않는다. 포츠담의 최대 의제였던 독일 처리방침을 보면 추축국에 대한 증오심이 인종차이 같은 것보다 훨씬 더 격렬한 것이었음을 알 수 있다.

유럽 복구를 미국이 적극적으로 도와준 마셜플랜이 독일의 부흥여건도 만들어준 것으로 널리 알려져 있다. 그런데 사실 마셜플랜은 1947년 여름에야 시작되었다. 그때까지 2년 동안 미국의 점령정책은 합참명령(JCS) 1067호로 대표되는 소위 '모겐소 플랜'이었다. 독일 항복 직후 이 정책이 결정되자 그 집행을 맡은 헨리 모겐소(Henry Morgenthau Jr., 1891~1967) 재무장관이 "이 정책이 내 이름과 얽혀서 알려지지 않기를 빈다"고 했을 만큼 가혹한 정책이었다.

모겐소 플랜은 한마디로 독일의 발전을 무조건 틀어막는 정책이었다. 파괴된 산업시설을 재건하기는커녕 남아 있는 공장까지 철거해서 독일을 농업사회로 되돌려놓는다는 정책이었다. 독일인의 생활수준을 다른 나라들보다 낮게 유지한다는 구체적 지침까지 있었다. 기아와 질병조차 점령당국에 곤란을 일으키지 않는 한 방치한다는 방침이었다.

이 정책에는 루스벨트 대통령의 도덕관이 큰 작용을 한 것으로 알려져 있다. 종전을 앞두고 모겐소 장관이 독일의 조속한 부흥과 정상회복을 목표로 하는 점령정책을 건의하자, 루스벨트는 이렇게 반박했다고 한다.

"미국인과 영국인들 중에 지금까지 일어난 일의 책임이 독일인 전체가 아니라 소수의 나치에게 있다고 생각하는 사람들이 너무 많습니다. 유감스럽게도 그것은 사실이 아닙니다. 현대문명의 원리를 침해한 불법의 음모에 전민족이 참여했다는 사실을 독일인들에게 똑똑히 알려줘야 합니다."

합참명령 1067호를 작성할 당시 그러다가 독일 국민들이 다 굶어죽게 되면 어쩌냐는 말을 누군가 하자 루스벨트는 "그래서 안 될 이유가 뭐요?"라고 대꾸했다고 한다.

포츠담회담은 루스벨트가 죽은 지 석 달이 지나서 열렸지만, 그의 정책은 여기서도 관철되었다. 게다가 독일에 대한 소련의 원한까지 겹

■ 미국의 재무장관 헨리 모겐소가 입안한 제2차 세계대전 후의 독일처리에 관한 계획안. 1944년 9월 캐나다의 퀘벡에서 이루어진 루스벨트-처칠 회담에서 양 수뇌에 의하여 승인되었다. 주요 내용은 독일의 철저한 비군사화와 비공업화였는데, 특히 루르와 자르의 공업시설을 폐쇄하고 철거하여 독일에 의하여 황폐된 러시아와 기타 각국에게 손해배상으로서 그것을 이전한다는 것이었다. 그러나 그 지나친 극단성으로 인해 미국 국내외에서 심한 악평을 받고 트루먼 대통령에 의해 소멸되었다.

쳐졌다. 2천만이 넘는 민간인을 포함해 3천만 가까운 인명을 전쟁으로 잃고, 수백개 도시와 수만개 마을을 파괴당한 소련의 원한은 다른 연합국들과 차원이 달랐다. 전쟁이 막바지로 치닫던 무렵 독일군 중에는 소련군을 피해 서쪽으로 도망가 다른 연합군을 찾아 항복한 부대들도 있었다고 한다.

폴란드로 잘려나간 영토를 비롯해 동유럽 지역에 퍼져 있던 1천만 이상의 독일인이 소련 점령군에게 귀국 명령을 받았다. 그중에서 백만 이상이 기아와 질병 등의 이유로 목숨을 잃었다. 나치 시대에 독일인들이 저질렀던 만행을 독일인들 자신이 그대로 당하게 되었으니 응당한 업보로 볼 수도 있는 일이지만, 전쟁이 끝난 상태에서 저질러진 일이라는 점에서 그 야만성이 더 두드러진다.

길고 참혹한 전쟁을 통해 키워진 증오심이 이 야만성의 바닥에 깔려 있었다. 우리 사회에서 친일파 정리가 제대로 되지 않은 문제를 한탄할 때, 전후 프랑스에서 나치 협력자들을 엄격히 처단한 사실과 대비해서 생각하는 일이 많다. 친일파 정리가 미흡했던 것은 참으로 우리 사회에 많은 폐단을 남겼다. 그러나 프랑스의 나치 협력자 처단과 대비하는 데는 고려하지 않으면 안 될 차이점이 있다.

2차대전에서 프랑스의 역할에는 애매한 데가 있었다. 프랑스 본국은 개전 초기에 항복해서 전쟁 말기까지 나치 지배를 받으며 추축국 진영에 협력했고, 드골의 '자유프랑스'는 국민에게 선출된 정통성 있는 정부가 아니었다. 자유프랑스의 병력 중 태반이 세네갈, 토고 등 식민지 출신의 흑인이어서 파리 해방 때 앞장서서 행진할 부대를 고를 때도 흑인이 적은 부대를 고르느라 고심할 지경이었다.

프랑스는 얄타회담과 포츠담회담에 초청받지 못했다. 전승국 대열에 끼지 못한 것이다. 그러나 포츠담회담에서 독일과 오스트리아 분할

점령의 주체로 결정된 것은 연합국으로 인정받은 결과다. 이와 같이 되기 위해서는 1940년 7월부터 1944년 8월까지 프랑스를 통치한 비시정부의 정통성을 부정하고 모든 나치 협력을 '반프랑스' 또는 '비프랑스'적인 것으로 규정해야 했다.

비시정부의 정통성을 부정하는 것은 프랑스 정치계만이 아니라 학계에서도 대세이지만, 이것이 현실정치의 필요에 얽매인 것이 아닌가 하는 의혹을 지울 수 없다. 국가적 책임을 회피하는 부도덕성에 대한 지적도 있다. 1995년 시라크(Jacques R. Chirac, 1932~) 대통령이 한 연설에서 비시정부 시절 경찰의 나치 협력을 사과한 일이 있지만, 르펭(Jean-Marie Le Pen, 1928~) 같은 극우파는 비시정부의 정당성을 주장하고 있다. 의회 의결에 따라 세워진 비시정부의 정통성을 근본적으로 부정하는 것은 아직도 프랑스 역사의 짐으로 남아 있다.

프랑스 사회는 나치 협력 문제를 놓고 우리보다 훨씬 더 많은 고민을 해왔다. 거기에서 분명히 배울 점이 있다. '협력자'(collaborateur)와 '협력주의자'(collaborationniste)의 구분이 그런 예의 하나다. 당시의 프랑스에도 파시스트들이 있었고, 그들이 나치 독일에의 항복을 기화로 비시정부와 프랑스 사회를 파시즘으로 몰아가며 적극적인 나치 협력을 주도했다는 것이다. 이런 '협력주의자'들의 범죄성은 민족주의에 앞서 인도주의와 문명의 원리에서 파악이 된다. 우리 사회의 친일 문제 고찰에도 이처럼 보다 보편적인 기준을 보강하는 노력이 필요하다.

1945. 8. 5.

일본의 지정학적 위치는 '미국의 밥'

『뉴스위크』 잡지에 발표된 바 포츠담 최후통첩을 발표하기 전에 스탈린이 3거두회의에 소개하였던 일본의 평화조건은 아래와 같다.

  1. 아라사(러시아)와 일본 간에 평화를 계속할 것

  2. 만주에서 일본이 퇴출하되 아라사(러시아)가 간섭치 말 것

  3. 일본이 인도차이나, 버마(미얀마), 필리핀 들에게 독립 주는 원칙을 승인할 것

  4. 미국이 일본 내지에 돌입이나 점령하지 말 것

  5. 조선과 대만은 미국이 점령하도록 제공할 것

8월 1일자 『국민보』(1913년 이후 하와이 교민단체에서 발행한 주간신문) 기사다. 5월 초 독일 항복 이후 전세 역전의 가능성은 사라졌다. 태평양전선은 미군에게 모두 평정되어 일본 본토가 폭격에 무방비로 노출되어 있었다. 위 평화조건에는 종전을 간절히 바라는 일본의 태도가 드러나 보인다. 소련만은 끼어들지 말기를 바라고 본토를 점령하지 말아달라는 것 외에는 무조건 항복이나 마찬가지다.

1854년 개항 이래 일본이 걸어온 찬란한 성공의 길이 막다른 골목

에 이르렀다. 전세계 유색인종이 모두 침략과 지배의 대상이 되어 있는 가운데 유일하게 제국주의 강국으로 성장한 아시아 국가가 일본이었다. 개항 40년 만에 중국을 물리쳐 동아시아의 패권에 접근하고 그 10년 후에 러시아를 물리쳐 일류 열강의 대열에 끼어들면서 선망과 찬탄의 대상이 된 일본이었다.

파국의 출발점은 1940년 9월 베를린에서 독일, 이탈리아와 함께 서명한 추축동맹(Axis Pact)이었다. 그 동맹의 서문은 이런 내용이었다.

세계 모든 민족이 각자 차지할 만한 공간을 차지하고 있는 것이 지속성 있는 평화를 위한 필요조건이라고 일본, 독일과 이탈리아 정부는 생각한다. 그래서 세 정부는 유럽과 대동아에서 각자의 노력을 지원·협력하기로 결정했다. 이에 있어서 가장 중요한 목적은 관계된 민족들의 번영과 복지의 증진을 위해 설계된 새로운 질서를 세우고 지키는 것이다.

이 동맹을 맺을 때는 전쟁상황이 추축국 진영에 한껏 유리할 때였다. 중립국 몇을 빼고는 전 유럽을 추축국 진영이 휩쓸어 영국을 고립시켜 놓고 있었다. 소련과 미국이라는 주전급 선수 둘이 아직 끼어들지 않고 있었는데, 추축 3국은 이 동맹을 통해 단결을 과시함으로써 미국의 개입을 차단하려 했던 것이다.

동맹의 핵심은 "진행중인 유럽전쟁과 중일전쟁에 참여하고 있지 않은 국가가 동맹국을 공격할 때" 다른 동맹국들이 지원한다는 제3조였다. 다만 소련의 경우는 예외로 했다. 독일과 일본이 각각 소련과 불가침조약을 맺고 있었기 때문이다. 그래서 1941년 6월 소련과 독일이 개전한 뒤에도 소련과 일본 사이에는 종전 직전까지 불가침조약이 계속

1944년 말 태평양 전역 시찰에 나선 루스벨트 대통령이 하와이에서 니미츠 제독, 맥아더 장군 등의 브리핑을 받고 있다. 대공황에서 제2차 세계대전까지 격동의 12년간 미국을 이끈 루스벨트는 코델 헐 국무장관과 함께 유엔을 통한 '협력의 국제질서'를 구상했으나 그가 죽고 전쟁이 끝난 후 미국은 다른 길로 들어섰다.

유지되었다.

일본은 1894~95년의 청일전쟁 승리로 대륙 진출을 본격화했다. 이후 1904~05년의 러일전쟁 승리로 대륙침략의 발판을 넓힐 때 조선이 그 식민지가 되었다. 1930년대에 들어서는 1차대전과 러시아혁명으로 유럽 열강들의 경쟁이 둔화된 틈을 타서 만주를 먼저 탈취(1931)한 다음 1937년 중국 침략을 전면화하기 시작했다. 그 뒤 불과 3년 만에 중국 본토의 태반을 석권한 상태에서 추축국 진영에 가담(1940), 동남아시아의 연합국 식민지를 탈취함으로써 '대동아제국' 건설의 꿈을 부풀리고 있었다.

어찌 보면 일본은 추축동맹이라는 한차례 모험으로 근 백년간 쌓아온 성공의 실적을 한 방에 날려버린 것 같기도 하다. 그렇게 보면 군부의 호전성과 모험주의가 일본인들을 참혹한 고통에 몰아넣고 일본의 국운을 망쳐버린 것처럼 보인다.

그러나 좀더 넓은 눈으로 보면 페리(Matthew C. Perry, 1794~1858) 제독의 일본 개항 이래 태평양 건너편의 미국에게 그냥 놔둘 수 없는 지정학적 위치에 일본이 있었다고도 볼 수 있다. 마치 한국이 일본에게 그냥 놔둘 수 없는 위치에 있었던 것처럼. 미국에의 종속을 거부한 한차례 몸부림이 태평양전쟁이었다고 볼 수도 있지 않을지.

패전 후 일본이 미국에 종속적인 위치에 있으면서 번영의 길을 걸어 온 결과를 보면 일본군부의 도박이 국가 차원에서는 손해가 아니었던 것 같다. 파괴적이고 억압적인 국가의 힘을 한껏 과시한 것이 냉전의 보루로 미국의 낙점을 받게 된 결정적 조건 아니었겠는가. 국가로서 일본의 성공은 패전에도 불구하고 계속되었다. 대다수 국민이 고통을 겪었을 뿐이다. 국민이 국가를 자신과 동일시하는 국가주의의 문제점 을 극명하게 보여주는 사례다.

1945. 8. 6.

원폭의 참혹성은 인간성의 증발이었다

핵무기를 전술무기(tactical weapons)로 사용하려는 시도도 약간 있었지만, 핵무기는 원래 전략무기(strategic weapons)의 성격을 가진다. 전술무기란 전술적 목표를 위해 전술적 판단에 따라 사용되는 무기다. 전략무기는 사용이 아니라 존재를 통해 전략적 목표를 추구하는 것이며, 실제 사용에 이를 경우 그 자체가 전략적 실패를 뜻하게 된다.

재래식 화학폭탄도 전략무기의 성격을 가질 수 있다. 조선 초기에 남부 해안지역과 북부 국경지역에 배치된 대포는 전략무기였다. 화약 기술을 가지지 못한 여진인과 왜인의 도발을 그 존재만으로 억제한 것이다. 실제로 대포가 사용된 일은 거의 없고, 제조된 화약은 거의 모두가 사용기간을 넘겨 폐기되었다. 『삼국지연의』에 제갈공명이 남만정벌 중 한 전투에서 화약을 대량으로 사용한 후 이를 깊이 자책하는 이야기가 나오는데, 그것도 화약을 전략무기로 본 동아시아인의 관점을 보여주는 것이다.

무차별적이고 큰 파괴력을 가진 대량살상무기가 전술무기로 널리 채택되는 추세는 근대 유럽에서 일어난 것이다. 국가주의의 심화로 인해 비전투원까지도 적국 국민은 적으로 간주하는 경향이 확산되면서 전투방법이 극한적으로 잔인해지고 전쟁에 따르는 잔혹행위가 늘어났다. 적십자운동을 비롯한 인도주의 움직임은 이 추세에 대한 미약한 반발이었다.

독일 국민 전체를 처벌대상으로 여긴 루스벨트의 태도를 그저께 설명했는데, '적국'에 대한 당시 사람들의 일반적 태도가 비쳐진 것이다. 유럽의 경제·사회체제를 좀먹는 유태인에 대한 나치의 증오심과 세계 평화를 해친 독일인에 대한 루스벨트의 증오심은 같은 틀이다. 승전국들의 이런 인식틀로 인해 패전 후 많은 독일인들이 전에 자기들이 저질렀던 것과 비슷한 참상을 겪었다.

일본에 대한 원폭투하 결정도 같은 인식틀 위에서 이루어졌다. 핵폭탄 사용에는 종래 전쟁의 잔인성과 비교가 안 되는 전혀 다른 차원의 참혹성이 있다. 일본의 잔인성이 극한으로 나타난 1937년 12월의 남경대학살과 비교해 보자. 남경대학살과 원폭투하의 피해규모는 서로 비교할 만한 범위의 것이다. 그런데 양적으로는 비슷해도 질적인 차이가 있다. 원폭피해자들은 살려달라고 빌어볼 상대도 없이, 자기 삶이 끝나고 있다는 인식도 없이 죽어갔다. 남경대학살의 잔인성이 인간성의 타락이라면 원폭의 참혹성은 인간성의 증발이었다.

이 차이가 1945년 8월 이후의 전인류를 원폭피해자로 만들었다. 직접피해자는 당시 두 도시에 있던 수십만명이지만, 전인류가 핵폭탄의 그림자 속에서 살게 된 것이다. 핵폭탄이 실제로 사용되지 않고 전략무기로서의 기능만 발휘했다면 그 존재가 인류평화에 기여하는 면이 더 컸을지 모른다. 그러나 한번 사용해 본 경험 때문에 핵폭탄은 전술무기로서의 위험성을 가지게 되었고, 핵무기를 보유한 초강국의 오만과 횡포가 냉전시대의 억압구조를 심화시키게 되었다.

포츠담선언 전에 일본이 제출한 '평화'조건에는 '항복'의 뜻이 분명했던 것으로 나는 본다. 본토점령 반대 등 연합국 진영의 요구조건과의 차이는 협상을 통해 처리할 수 있는 범위였던 것으로 보인다. 원폭 투하 결정을 옹호하는 사람들이 내세우는, 원폭을 투하하지 않았으면 전쟁이 오래 계속되어 원폭투하보다 더 큰 피해를 불러왔을 것이라는 주장은 그와 반대로 보는 내 의견과 똑같이 입증도 반증도 불가능한 '주장'일 뿐이다. 설령 전쟁이 오래갈 것을 걱정한다 하더라도 원자폭탄에서 해결의 길을 찾는 것은 나치의 '궁극적 해법'(die Endlösung, final solution)■과 같은 차원의 사고방식이다.

거의 모든 사람이 핵무기 없는 세상을 바란다. 만약 그것이 현실적으로 불가능한 일이라면, 그냥 체념해 버릴 것이 아니라 핵무기가 전술무기가 아닌 전략무기로만 존재하기를 바라고 그를 위해 노력해야 할 것이다. 평화를 파괴하는 위협의 수단이 아니라 위협을 억지함으로써 평화를 지키고 키우는 수단이 되기를 바라야 할 것이다.

구체적으로 북핵 문제를 생각해 보자. 북한이 전략무기로서 핵무기를 보유할 필요조차 느끼지 않는 것이 가장 바람직한 일이다. 북한은 미국의 적대적 태도 때문에 그런 필요를 느낀다고 주장한다. 별다른 근거도 없이 "악의 축" 운운하는 것이나 북한이 개혁개방의 의지를 보이는데도 봉쇄정책을 거두지 않는 것을 보면 일면 타당성이 느껴지는 주장이다.

"악의 축". 역사를 아는 사람에게는 정말 무서운 말이다. 나치 독일과 군국주의 일본의 극악한 전쟁범죄에 대한 극도의 증오심을 담았던

■　2차대전 중 독일 나치의 '유럽 유태인 문제에 대한 해결책'을 지칭한다. 이미 백만명 이상의 유태인이 학살된 뒤였던 1942년 1월 20일, 베를린 반시 빌라에서 나치는 독일이 점령한 소련 영토 내에 있는 수백만의 유태인들을 조직적으로 학살하고 강제노동에 동원하기로 했다. 이어 홀로코스트의 참상이 벌어졌다. 이에 관한 자료가 거의 모두 연합군 손에 들어가 뉘른베르크 전범 재판의 중요한 증거가 되었다.

'추축'(axis, 중심 축)이라는 말을 뒤집어씌우는 데 다른 어떤 뜻이 담길 수 있을까. 나는 부시의 이 말에 대해 오바마가 북한에게 사과하는 것이 한반도 평화를 위해 꼭 필요한 일이라고 생각한다.

북한의 핵무기 보유가 어쩔 수 없는 일이라면, 그것이 전략무기로만 존재하고 전술무기로 사용되지 않기를 바랄 수밖에 없다. 사실 북한도 전략무기로서 억지력을 바라는 것이지 이것을 진짜 사용할 생각은 있을 리 없다. 아무리 폐쇄된 체제라 하더라도 핵무기의 실제 사용이 어떤 결과를 초래할지를 모를 수는 없다.

북한의 핵무기 보유 필요성을 해소시키기 위해서만이 아니라 인류 평화를 위해 꼭 필요한 것이 미국의 핵무기 감축이다. 철폐까지는 바라지도 않는다. 미국의 핵무기 보유량은 전략무기로서의 적정 수준을 너무 많이 넘어서 있다. 그리고 미국 극우파는 핵무기의 전술적 사용 가능성을 그치지 않고 주장해 왔다. 엄청난 예산과 외교적 노력을 쏟아부은 미사일디펜스(MD)도 핵무기의 전술무기화를 뒷받침하는 사업이다. 미국이 핵무기를 전술적으로 사용하지 않는다는 자세를 분명히 한다면 북한 같은 나라의 핵무기 보유 필요성이 해소될 것이다.

1945. 8. 9.

하늘에서 내려다본 참극

───

오늘은 나가사키. 7월 26일의 포츠담선언 이후 일본의 11개 도시에 주민 대피를 권하는 경고 전단지가 뿌려졌다. 원폭투하 대상으로 선정된 도시들이다. 투하에 임박해서 하나씩 선정된 것이 '6일에는 히로시마였고, 오늘은 나가사키다. 선정된 도시의 날씨가 적당치 않으면 대신 희생될 후보도시들이 정해져 있었다.

나가사키를 향한 폭격기 편대에 탑승했던 기술자 윌리엄 로렌스 (William T. Laurence, 1888~1977)는 이런 기록을 남겼다.

잠시 후 내 생각은 내가 참여한 이 작전으로 돌아온다. 흰 구름의 거대한 산들 저 너머 어딘가에 우리의 적국 일본이 있다. 우리를 위협하는 무기를 생산하는 그곳의 도시 하나가 앞으로 네 시간가량 뒤에는 인간이 만든 가장 위대한 무기에 의해 지도에서 지워지게 된다. 1초의 100만분의 1의 10분의 1도 안 되는, 어떤 시계로도 잴 수 없는 짧은 시간 동안에 하늘에서 떨어진 회오리바람이 그 도시에 있는 수천개의 건물과 수만명의 주민들을 가루로 만들어버릴 것이다.

그러나 지금 이 순간에는 목표로 선정된 몇 개의 도시 중 어느 것이 사라지게 될지 아무도 모르고 있다. 최후의 선택은 운명에 달려 있다. 일본 상공의 바람이 결정을 내려줄 것이다. 만일 두터운 구름을 우리의 일차 목표지 위에 데려다놓는다면 그 도시는 살아남을 것이다. 적어도 오늘은. 그 도시의 주민들은 얼마나 고마운 운명의 바람이 자기네 머리 위로 지나갔는지 영원히 모를 것이다. 그러나 바로 그 바람이 다른 도시 하나에는 재앙을 가져다주는 것이다. (존 캐리 엮음, 『역사의 원전』, 김기협 해설·옮김, 바다출판사 2006, 833~834쪽)

한 달 후 히로시마를 방문한 스위스인 의사 마르셀 쥐노(Marcel Junod, 1904~61)는 생존자에게 이런 증언을 들었다.

불과 몇 초 안에 도시 중심부의 길과 정원에 있던 사람들은 밀려오는 끔찍한 열기 속에 숯덩이가 되어버렸습니다. 많은 사람들은 그 순간 즉사하고, 다른 사람들은 땅바닥에 누워 꿈틀거리며 참을 수 없는 화상의 고통으로 처절한 비명을 지르고 있었습니다. 폭풍을 가로막고 서 있던 것들은 벽이고, 집이고, 공장이고, 어떤 건물이고 간에 모두 부서져버리고 그 잔해가 회오리바람에 말려 공중으로 날아올라갔습니다. 바람에 들어올려졌다가 옆으로 내동댕이쳐지는 전차는 무게도 없고 뼈대도 없는 물체 같았고, 철로에서 내던져지는 열차는 장난감 같았습니다. 말, 개, 소 등 가축도 인간과 똑같은 운명을 겪었습니다. 살아 있는 모든 것이 형언할 수 없는 고통 속에 숯덩어리로 변해 갔습니다. 초목도 예외가 아니었습니다. 나무가 불꽃을 뿜으며 날아다니는가 하면 논의 벼는 푸른색을 잃었고, 땅 위의 풀은 마른 볏짚처럼 타올랐습니다. (같은 책, 840~841쪽)

윌리엄 로렌스는 나가사키 상공에서 본 것을 이렇게 적었다.

왼쪽은 원자폭탄 투하 전(위)과 후(아래)의 나가사키 항공사진이고, 오른쪽은 전봇대만 남은 나가사키 사진이다. 핵무기는 근 70년간 인류를 두려움에 몰아넣었지만 처참한 경험을 직접 겪은 유일한 나라 가 일본이다. 후쿠시마에서 또 한차례 핵위기를 겪고 있는 일본의 모습에서 운명의 중압감을 느낀다.

미리 약속해 둔 신호를 무선으로 받은 우리는 용접용 안경을 꺼내 쓰 고 우리의 약 반마일 앞에 있는 주기(主機)의 움직임을 긴장해서 바 라보았다. "간다!" 누군가 말했다. 그레이트 아티스트의 배로부터 검 은 물체로 보이는 무언가가 아래로 떨어져갔다. 보크 대위는 폭발에 서 벗어나기 위해 기수를 크게 돌렸다. 그러나 우리 비행기가 반대방 향을 바라보고 있었는데도, 그리고 환한 대낮이었는데도, 우리 선실 을 강렬한 빛으로 가득 채우고 우리가 긴 용접용 안경의 검은 장벽까 지도 뚫고 들어온 거대한 섬광의 존재를 우리 모두 느끼지 않을 수 없었다. (…)

　우리 비행기가 폭발의 방향으로 다시 기수를 돌렸을 때 자줏빛 불 기둥은 우리와 같은 고도까지 올라와 있었다. 겨우 45초가 지난 때였

1장 · 해방은 도둑처럼 왔던 것인가?　　45

다. 혜성이 외계에서 떨어져내리는 것이 아니라 땅에서 솟아오르는 것 같은 그 광경, 흰 구름을 뚫고 하늘로 올라올수록 더욱 기세가 맹렬해지는 그 광경을 우리는 넋을 놓고 바라보았다. 그것은 생명체였다. 경이에 사로잡힌 우리의 눈앞에서 태어나고 있는 새로운 종의 생명체였다. (…)

우리가 200마일 거리에서 마지막으로 바라볼 때까지 그 모습을 하고 있었다. 여러 색깔로 끓어오르는 기둥 역시 그 거리에서 보였다. 무지개를 반죽해 놓은 거대한 산이 산고(産苦)를 겪고 있는 모습 같았다. 무지개들은 생명체로 보였다. 구름을 뚫고 아득하게 솟은 기둥의 꼭대기가 꿈틀대는 모습은 목 둘레에 털이 난 선사시대의 괴물처럼 보였다. 목 둘레의 부드러운 털은 모든 방향으로 눈길이 닿는 데까지 가득 펼쳐져 있었다. (같은 책, 835~837쪽)

오늘날의 우리에게는 마르셀 쥐노가 전달한 증언에 보이는 것 같은 핵폭탄의 피해자 입장이 잘 알려져 있다. 그러나 1945년 9월 9일 쥐노의 기사가 나갈 때까지 일본 밖의 사람들에게는 원폭피해의 구체적 모습이 전해지지 않고 있었다. 서방 독자들은 로렌스 같은 필자들이 보여주는 원자폭탄의 경이로운 위력에 찬탄하고 있을 뿐이었다.

참혹한 죽음과 파괴가 한 도시의 모든 생명과 모든 가치를 덮치고 있는 현장을 하늘에서 내려다보며 버섯구름의 아름다움에 황홀해하고 있는 저 인간! 로마를 불태운 네로 같은 괴물 아닌가. 그렇다면 얼마나 좋겠는가. 불행히도 윌리엄 로렌스는 우리와 크게 다를 바 없는 보통사람이었다. 한 도시가 겪을 수 있는 최악의 비극 앞에서 같은 시대의 보통사람들이 로렌스 같은 태도를 취하게 되었다는 것이 도시의 비극보다 더 큰 시대의 비극이었다.

1945. 8. 10.

일본의 항복 시점이 미·소 지분을 결정했다

미국 국무·전쟁·해군 3부 조정위원회(SWNCC)에서 딘 러스크(Dean Rusk, 1909~94)와 찰스 본스틸(Charles H. Bonesteel, 1909~77) 두 사람이 이날 밤 38선의 초안을 만들었다고 전해진다. 1960년대에 국무장관과 주한미군사령관을 지내게 될 사람들이지만 당시엔 아직 대령급 실무자들이었다. 두 사람은 윗선에서 정해진 방침의 세부사항을 다듬었을 뿐이다.

미·소 양대국의 존재감은 2차대전 진행중에 드러났다. 연합국 진영 5대 강국이 유엔에서 안보리의 상임이사국 자리를 차지하지만 실세는 미·소 두 나라였다. 프랑스와 중국은 해방을 얻은 입장이었고, 영국도 양대 강국 덕분에 살아남은 입장이었다. 세 나라 모두 종전 시점에 압도적 군사력과 생산력을 가지고 있던 미·소 두 나라의 눈치를 보는 입장이었던 것이다.

소련은 2차대전 전체에서 큰 지분을 가진 나라였다. 태평양전쟁은 미국의 독무대였지만 태평양 전역보다 유럽 전역이 더 중요한 싸움터였고, 그곳에서 소련의 역할이 컸기 때문이다. 소련은 유럽 전역에 집중하기 위해 일본과의 불가침조약을 계속 유지하는 것으로 다른 연합국들의 양해를 얻고 있었고, 독일 항복 3개월 후 일본에 선전포고를 하도록 예정되어 있었다.

미국이 원자폭탄 개발을 서둘러 일본에 얼른 떨어뜨린 목적이 동아시아에서 소련의 지분 확대를 제한하는 데 있었다는 해석이 많다. 정황으로 봐서 그럴싸한 해석이다. 원자폭탄 실험이 성공한 날이 포츠담 회담 개막 전날인 7월 16일이었고, 트루먼은 그 사실을 7월 25일에야 스탈린에게 알렸다고 한다. 8일간 매일 얼굴을 마주보며 회담을 진행하는 동안 감추고 있었다는 것은 신무기의 존재를 소련과의 관계에서 중요한 지렛대로 여겼다는 이야기다.

소련에게 알린 뒤 보름 내에 두 개의 폭탄을 터뜨렸다. 소련이 일본과의 전쟁을 개시한 뒤 전쟁 마무리 과정에서 자기 지분을 더 키울 여지를 주지 않으려는 의도였다. 원자폭탄 때문에 일본이 예상보다 일찍 항복하는 바람에 연합국은 점령방침도 구체적으로 정하지 못한 채로 항복을 맞았다. 그러나 급작스럽게 점령방침을 결정하는 과정에서도 원자폭탄의 존재는 소련의 입장을 적지 않게 위축시켰을 것이다.

일본의 항복이 몇 주일이라도 더 늦었다면, 그리고 원자폭탄의 존재가 소련의 입장을 위축시키지 않았다면 미국이 일본 본토를 통째로 점령하기는 어려웠을 것이다. 역사에서 가정(if)을 이야기하지 않는다고 하지만 이 글은 역사가 아니고 일기니까. 그리고 이건 너무나 뻔히 눈에 보이는 일이다.

일본 점령을 독점하게 된 것은 미국에게 갑자기 떨어진 대박이었다. 형식상으로는 아시아·태평양연합군 총사령부가 점령의 주체였지만, 소련이 빠진 연합군 총사령부는 미국의 전유물이나 마찬가지였다. 일본을 양보할 경우 소련은 그 대가로 한국을 통째로 달라고 할 수도 있는 상황이었다. 38선 제안에는 소련을 떠보려는 뜻이 있었는데, 소련이 이것을 받아들이면서 일본 방면으로는 쿠릴열도와 사할린만을 요구하는 것을 보고 미국 관계자들은 회심의 미소를 지었다고 한다.

1943년 11월의 카이로회담에서 미국, 영국, 중국은 일본의 무조건 항복을 요구하며 전후 처리 3개항을 발표했다. ① 1914년 1차대전 발발 이후 일본이 탈취한 태평양 도서들을 뱉어내고, ② 만주와 대만을 비롯해 중국으로부터 탈취한 영토를 돌려주고, ③ '적절한 과정을 거쳐'(in due course) 한국을 자유로운 독립국으로 만들라는 것이 그 내용이었다.

카이로회담의 3개항은 일본제국을 일본열도로 돌려보낸다는 것인데, 한국은 돌려받을 임자가 없는 나라였다. 중국이 힘이 강했다면 보호국으로라도 돌려받겠다고 나섰을 수도 있지만 자기 앞도 가리기 힘든 형편이었다. 미국과 영국은 한국을 어찌해야겠다는 생각 없이 일본 영토를 깎아내기 위해 한국의 독립 방침을 세웠을 뿐이다. 미국 국무부가 한국의 전략적 가치를 검토하기 시작한 것은 카이로회담 이후의 일이었다.

아무리 검토해도 한국의 전략적 가치가 그리 크게 인식되지는 않은 것 같다. 포츠담회담 때까지도 미국 전쟁성 작전국(OPD)에서는 한반도의 미·영·중·소 4국 분할점령안을 검토하고 있었다. 그러다가 포츠담에서 미국과 소련의 대립양상이 뚜렷해지고 원자폭탄의 등장으로 종전이 갑자기 닥쳐오면서 영국과 중국은 빠지고 미·소 두 나라가 서로 눈치를 살피는 상황이 되었다.

냉전의 공식적 기점은 1947년 3월의 트루먼 독트린이지만, 두 초강대국의 경쟁은 1945년 5월 독일 항복 이후 분명해지고 있었다. 러스크와 본스틸이 8월 10일 밤늦게까지 지도에 매달려 있었던 것은 일본이 포츠담선언 수락 의사를 밝혀왔고, 이틀 전 일본에 선전포고한 소련이 이미 한반도에 진주하기 시작한 상황에 쫓긴 것이었다.

8월 10일 일본이 스위스와 스웨덴 공사관을 통해 연합국에 보낸 문서 내용은 8월 16일자 『매일신보』에 이렇게 게재되었다.

● 포츠담선언 수락에 관한 8월 10일부 제국정부의 신청(申請)

제국정부에서는 항상 세계평화의 촉진을 희구하여 이번 전쟁의 계속에 의하여 초래될 참화에서 인류를 면하게 하기 위하여 속히 전투가 종결되기를 바란다. 천황폐하의 대어심(大御心)에 좇아 이미 수주일 전 당시 중립관계에 있던 소연방정부에 대하여 적국과의 평화회복을 위하여 알선을 의뢰하였는데 불행히 제국정부의 평화 초래에 대한 노력은 결실을 보지 못하였다. 이에 제국정부는 천황폐하의 일반적 평화회복에 대한 어희념(御希念)에 기하여 전쟁의 참화를 될 수 있는 한 속히 종지시키고자 다음과 같이 결정하였다.

제국정부는 1945년 7월 26일 포츠담에서 미, 영, 중 3국정부 수뇌자에 의하여 발표된 후 소련정부가 참여한 본 공동선언에 든 조건을, 천황의 국가통치의 대권을 변경하는 요구를 포함하지 않는다는 이해 하에 승낙함. 제국정부가 이와 같이 이해함에 있어서 그릇됨이 없음을 믿고 본건에 관한 명확한 의향이 속히 표시되기를 간절히 바람.

천황의 통치권 보전이 일본의 유일한 요구조건이었다. 이에 대해 연합국들은 이튿날 보낸 답신에서 "최종적으로 일본국 정부의 형태는 포츠담선언에 준(遵)하여 일본국 국민의 자유로 표명하는 의사에 의하여 결정할 수 있는 것으로 한다"고 하여 천황제 폐지 여부를 확정하지 않은 답신을 보냈고, 이를 14일에 일본이 받아들여 종전 합의에 이르렀다.

소련이 지분을 키우기 전에 서둘러 항복을 받아들이려는 미국의 의지가 작용한 것으로 보인다. 미·소간의 경쟁양상을 꿰뚫어보는 전략가가 일본에 있었다면 조속한 항복의 대가로 관대한 정책을 미국에게 흥정할 수 있는 상황이었다.

한반도에 38선이 그어진 것은 이처럼 일본 점령방침을 놓고 판세가 출렁일 때였다. 한반도의 점령가치는 일본에 비해 100분의 1도 안 되었을 것이다. 그래서 미국의 중견 실무자들이 한밤중에 만들어낸 분할점령안이 아무런 토론 없이 두 나라 사이에서 결정되었다.

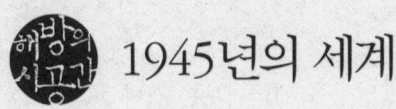

1945년의 세계

| 2차대전의 전개 |

포츠담회담(1945. 7~8) 트루먼
(미), 처칠, 애틀리(영), 스탈린(소)
일본에 대한 무조건 항복 요구

1943년 소련, 동부전선 승리

1945년 8월 6일, 9일 히로시마,
나가사키 원자폭탄 투하

얄타회담(1945. 2) 루스벨트(미),
처칠(영), 스탈린(소) 조선에 대한
신탁통치 논의

카이로회담(1943. 11) 루스벨트
(미), 처칠(영) 장개석(중) '적절한
절차를 거쳐' 조선 독립

1942년 12월 일본, 진주만 공습.

1939년 독일, 폴란드 침공.
2차 대전 시작

1939년	독일, 폴란드 침공 / 2차 대전 시작
1942년 12월	일본, 진주만 공습
1943년 1월	유럽 동부전선에서 소련군 승리
1944년 6월	미국, 영국 노르망디 상륙작전
1945년 2월 4~11일	얄타회담 / 연합국, 독일에 무조건 항복 요구
1945년 5월 8일	독일 항복
1945년 7월 16일	미국, 원자폭탄 시험 폭발 성공
1945년 7월 17일~8월	포츠담회담 / 일본에게 무조건 항복 요구
1945년 8월 8일	소련, 일본에 선전포고
1945년 8월 6일, 9일	히로시마, 나가사키 원자폭탄 투하
1945년 8월 15일	일본 항복

● 연합국 미국, 영국, 프랑스, 소련, 호주, 알바니아, 벨기에, 브라질, 캐나다, 중국, 코스타리카,
   덴마크, 도미니카공화국, 엘살바도르, 그리스, 아이티, 네덜란드, 뉴질랜드, 노르웨이,
   폴란드, 남아프리카, 유고슬라비아
● 추축국 독일, 이탈리아, 일본, 헝가리, 루마니아, 불가리아

세계 인구 **15%** 전쟁에 동원되어 5,000만명 이상 사망하였다.

3,000,000

전쟁이 끝난 시점에 3,000,000명이 실종되어 있었다.

2,194

2,194일의 전쟁기간 동안 70,000,000명 징병. 약 30,000,000명이 피난, 포로.

민간인 사망자는 군인 희생자의 2배가 넘었다.

196,222

두 번의 원자폭탄 투하로 196,222명 즉사. 히로시마 건물 **60%**가 사라지고 인구 **240,000**만명 중 **140,000**명이 죽었다.

일본, **5,000**명의 카미가제가 자살 공격.

폴란드 인구의 **17%**가 죽었다.

15%

소련인 인구의 **15%**인 27,000,000명 사망. 전쟁 중 죽은 전세계 인구의 약 절반에 해당.

85%

6,000,000

유대인 6,000,000명을 포함, 홀로코스트에서 10,000,000명 이상이 희생됨. 이중 공습으로 1,500,000명이 죽었다.

전쟁으로 죽은 사람의 **85%**가 연합국측이었다. 이들 나라는 특히 민간인 피해가 컸는데, 소련 **16,900,000**명, 중국 **10,000,000**명, 폴란드 **6,000,000**명, 유고슬라비아 **1,400,000**명 순이었다. 추축국의 **15%** 희생자 중 **2,000,000**명이 독일인이었다.

1945. 8. 11.

미·소의 '눈치 보기' 속에 그어진 38선

8일의 선전포고와 동시에 소련군은 시베리아와 연해주로부터 만주와 한반도 북부의 관동군 공격을 시작했다. 관동군의 저항은 생각보다 약했다. 러일전쟁 후 관동수비대로 출범해 일본 군국주의의 상징과 본산으로 위세를 떨쳐온 관동군은 전쟁 말기에 정예인원과 장비를 여러 전방부대에 넘겨준 결과 60만 병력 규모가 무색하게 허약한 '예비군'이 되어 있었다.

소련군의 진격이 빨랐기 때문에 미국으로서는 전쟁 종결이 급해졌다. 동유럽에서 독일 항복 전에 소련군이 진격한 지역이 소련 영향권으로 떨어진 일이 되풀이되는 것을 미국은 원하지 않았다. 그래서 10일에 일본이 항복 의사를 밝히자 이를 받아들이는 쪽으로 연합국의 태도를 조율하면서 '일반명령 제1호'를 서둘러 작성했다. 10일 밤늦게 러스크와 본스틸이 38선 분할점령안을 준비한 것은 일반명령 제1호에 넣기 위해서였다.

소련과 미국이 비교적 사이좋게 지낸 것은 루스벨트 대통령 재임기간(1933~45)뿐이었다. 1917년 공산혁명으로 소련이 탄생했을 때 이를 반가워한 자본주의 국가는 없었다. 그후 소련이 내전의 혼란을 겪는 동안 서방국가들은 비협조적 태도로 방관하거나 백군을 은근히 지원하기까지 했다. 그럼에도 1925년경까지는 대개 소련의 실체를 인정하고 외교관계를 맺었다. 미국만이 1933년 루스벨트 취임 때까지 소련을 승인하지 않고 버텼다.

계급과 국가를 타파하자는 공산주의를 표방하는 소련의 등장을 자본주의 국가들이 꺼려한 것은 당연한 일이다. 그중에서도 미국이 특히 소련을 멀리한 데는 1차대전 후 새로운 시대의 강대국으로 떠오르면서 잠재적 경쟁자를 견제하는 측면도 있었을 것 같다. 1차대전으로 산업화 선진국들이 심한 파괴를 당하고 식민지 통제도 어려워지던 상황에서 자원부국으로서 미국과 소련의 입지가 두드러지고 있었다.

2차대전이 파시즘을 중심으로 벌어진 것은 뜻밖의 상황이었다. 1930년대 유럽에서 가장 심각한 이념갈등은 공산주의를 둘러싼 것이었다. 소련과 자본주의 국가들 사이의 갈등이 한강이라면, 추축국과 서방 사이의 갈등은 샛강이었다. 그런데 샛강에서 홍수가 나는 바람에 서방과 소련 사이의 갈등은 눈에 보이지 않게 되었다.

전쟁이 끝나가면서 숨어 있던 갈등이 눈에 보이기 시작했다. 소련을 중심으로 한 공산권이 전쟁 전과는 비교가 되지 않는 어마어마한 위세로 떠오르고 있었다. 소련의 힘만이 문제가 아니었다. 추축국이 침공 또는 점령한 지역에서 항전의 주역은 대개 좌파였다. 투항하고 협조한 경우가 많았던 우파와 달리 좌파는 파시즘의 철천지원수였기 때문이다. 서방에서도 파시즘에 대한 반발로 좌파 세력이 성장해 있었다.

좌파는 전쟁기간 동안 동아시아 지역에서도 크게 자라났다. 중국에서는 국민당 정권이 일본 못지않은 파시즘 성향을 보임에 따라 양심적 저항세력을 위한 대안으로서 공산당 세력이 자라났다. 한국에서도 민족모순에만 매달린 우파가 투항과 협조의 길로 많이 돌아선 반면 계급모순을 함께 생각하는 좌파는 전향을 거부하는 추세가 강했다. 그리고

8월 10일 밤 미국 전략정책단이 미국과 소련의 점령지역 분할에 쓴 것으로 알려진 지도. 만주를 소련이, 일본을 미국이 차지하면서 그 사이의 한국은 38선으로 나눠 가진다는 콘셉트가 드러나 보인다. 장개석이 공산당에게 밀려나지 않았다면 만주를 결국 소련에게 넘겨주게 되지 않았을까 하는 생각이 이 지도를 보며 떠오른다. 장개석은 일본이 만주를 차지하는 데도 별로 아까워하는 기색이 없었으니까.

만주 지역의 대일항쟁을 중국 국민당이 외면하고 공산당만이 지원했기 때문에 독립운동과 좌파 사이의 상관관계가 더 깊어졌다.

1945~49년 중국의 국공내전에서 소련의 큰 지원 없이 공산당이 승리한 것과 얼마만큼 비슷한 사회경제적, 그리고 사상적 지형이 종전 당시의 한국에 형성되어 있었는지는 판단하기 어렵다. 그러나 비슷하게 보일 만한 요소들이 있었던 것은 분명한 사실이다. 그래서 소련은 한반도 적화를 낙관하는 편이었고, 미국은 두려워하는 편이었다.

러스크가 1945년 8월 10일의 일을 회고한 내용이, 1950년 7월 국무부 역사정책연구소의 문의에 응해 작성한 '러스크 메모'에 기록되어 있다(송남헌, 『해방 30년사 I』, 까치 1990, 84~85쪽). 이에 따르면 일본의 항복이 갑자기 닥쳐왔기 때문에 맥아더(Douglas MacArthur, 1880~1964)에게 내릴 명령과 연합국이 취할 조치의 긴급검토가 필요했고, 미군이 가능한 한 북쪽까지 올라가 일본의 항복을 받는 것이 좋겠다는 번스(James F. Byrnes, 1879~1972) 국무장관의 의견을 전제로 실무자들이 상황을 검토했다고 한다.

미군은 소련군보다 먼 곳에 있었고 병력도 적었기 때문에 각자 능력대로 군대를 보낼 경우 한반도는 거의 통째로 소련군이 점령할 상황이었다. 분할점령의 경계선을 너무 북쪽으로 잡으면 소련이 응하지 않을 것이 예상되었다. 그래서 서울을 경계선 이남에 넣는 38도선 안은 미국의 욕심을 최대한 내세운 것이었는데, "(본인은) 소련이 38선 안을 수락했다고 들었을 때 약간 놀랐던 것으로 기억한다"고 러스크는 회고했다.

8월 11일 작성되어 사흘 후 발령된 일반명령 제1호는 이런 내용을 담고 있다.

1. (만주를 제외한) 중국, 대만과 북위 16도 이북 프랑스령 인도차이나의 모든 일본군 선임지휘관은 장개석 장군에게 항복한다.

2. 만주와 북위 38도 이북의 한국, 그리고 남부 사할린의 모든 일본군 선임지휘관은 소련 극동군사령관에게 항복한다.

3. 안다만제도, 니코바르제도, 미얀마, 타이, 북위 16도 이남 프랑스령 인도차이나, 말레이, 보르네오, 네덜란드령 동인도제도, 뉴기니, 비스마르크제도와 솔로몬제도의 모든 일본군 선임지휘관은 동남아시아 연합군 최고사령관에게 항복한다.

4. 일본의 보호령 섬과 오키나와제도, 오가사와라제도 및 태평양 섬들의 모든 일본군 선임지휘관은 미국 태평양함대사령관에게 항복한다.

5. 대본영과 그 선임지휘관들, 그리고 일본 본토와 부속 도서, 북위 38도 이남의 한국과 필리핀의 모든 일본군은 미국 태평양육군사령관에게 항복한다. (Wikipedia "General Order No. 1"조)

이북에 주둔하고 있던 관동군 제34군은 이 명령에 따라 8월 21일에서 23일 사이에 소련군에게 항복하고 무장해제를 받았다. 소련군은 8월 22일 평양에 진주한 뒤 이튿날 일부 부대가 개성까지 남하했다가 38선 북쪽으로 물러갔다. 소련 제25군 약 12만 5천 병력이 북한에 진주했다. 반면 미군은 9월 8일에야 인천에 상륙해 이튿날 서울에 들어와 총독과 주둔군 사령관의 항복을 받았다. 진주한 미군 병력은 제24군단 7만여명이었다.

8월 15일 일본의 항복은 엄밀한 의미에서 항복 의사 표시일 뿐이었다. 물론 한국인에 대한 항복도 아니었다. 천황의 항복선언과 맥아더 사령부의 일반명령 제1호의 지침에 따라 각 지역의 각 부대가 항복할 때까지는 공식적으로 달라진 것이 없었다. 한국에서도 총독부의 행정권과 주둔군의 군사력은 9월 9일까지 유지되었다. 9월 9일에도 한국인에게 넘어온 것은 아무것도 없었다. 1945년 8월에 한국인에게 주어진 것은 광복이 아니라 광복의 기회일 뿐이었다.

1945. 8. 12.

다급해진 총독부가 붙잡고 매달린 인물

일본 항복 직후의 한국에서 가장 크고 눈에 띄는 역할을 맡은 것이 여운형(呂運亨, 1886~1947)이었다. 8월 15일 아침 총독부의 이인자 엔도 류사쿠(遠藤柳作, 1886~1963) 정무총감이 관저로 그를 불러 일본의 항복 방침을 알려주고 치안유지 협조를 부탁하면서 그의 특이한 역할이 시작되었다. 그는 그날로 건국준비위원회(이하 '건준'으로 줄임)를 조직했고, 건준은 3주 후 조선인민공화국(이하 '인공'으로 줄임)을 만들어냈다.

엔도 정무총감은 여운형을 만난 것은 치안유지 협조 부탁을 위한 것이지, 총독부의 권한을 넘겨준 것이 아니라고 후에 강조해서 밝힌다. 굳이 밝히지 않아도 당연한 사실이다. 권한을 넘겨줄 상황도 아니었고, 만약 넘겨준다면 정무총감이 아니라 총독이 나서야 할 일이었다.

치안유지 협조 부탁만 해도 작은 일이 아니었다. 부탁받는 입장에서는 불확실한 상황 속에서 정국 주도권의 큰 칼자루를 쥐게 되는 것이고, 부탁하는 입장에서는 엄청난 파국 앞에서 최악의 결과를 피하기 위해 자기 목숨을 맡길 상대를 고르는 것과 같은 일이다.

부탁하는 쪽에서 협력 상대를 고르는 데 어떤 기준에 따랐을까? 일본과 총독부의 입장을 존중해 줄 만한 사람이되, 친일파로 몰리지 않

1935년 백두산 탐방길에 오른 여운형. 사장으로 있던 조선중앙일보 경비행기 앞에서 포즈를 취하고 있다. 훤칠한 체격에 호방한 성격의 여운형은 만능 스포츠맨이기도 했다. 그러나 밝고 강한 성격의 뒷면에는 야무지지 못한 점도 있었던 듯. 1943년 7월 마지막 출옥 때 전향서를 낸 일, 1945년 9월 섣부른 인민공화국 설립을 막지 못한 일이 그의 이력에 오점으로 남았다.

을 사람이어야 했다. 그런 사람이 참 드문 상황이었다. 전쟁 막바지에 총력동원을 위해 억지로라도 끌어들일 만한 사람은 남김없이 친일파로 끌어들여 놓았기 때문이다.

　여운형 외에 총독부에서 접촉했던 사람으로 송진우(宋鎭禹, 1890~1945)가 있었다고 전해진다. 엔도 정무총감은 후에 한 인터뷰에서 그 사실을 부인했지만(1957), 성향이나 위상으로 보아 그럴싸하게 들리는 이야기다. 여운형이 건준에 송진우를 끌어들이기 위해 많은 공을 들인 것은 분명한 사실이다.

　여운형이 건준을 맡고 송진우가 끝내 참여를 거부한 것은 여운형이 송진우보다 좌익 인물들과 가까운 관계였기 때문일 것 같다. 일본 세력이 물러가는 상황에서 좌익은 잠재적 지도력과 조직력을 가진 큰 변수였다. 총독부 입장에서도 좌익의 급격한 득세가 가장 두려운 일이었을 것이다.

8월 15일 이후 여운형의 활동을 살펴볼 기회는 앞으로 여러 차례 있을 테니, 오늘은 그가 어떤 모습으로 8월 15일을 맞고 있었는지 살펴보겠다.

여운형이 해방 1년 전인 1944년 8월부터 비밀결사 '조선건국동맹'(이하 '건국동맹'으로 줄임)을 조직해 해방 상황에 대비하고 있었다는 이야기가 있다. 맹원 1만명을 확보해 외곽단체로 농민동맹도 조직하고 해외 연락사업을 벌였으며, 심지어 국외에서 편성한 병력을 국치 35주년을 맞는 1945년 8월 29일에 국내로 진공시킬 계획까지 추진했다고 한다. 건국동맹의 이같은 인력과 자원이 건준 활동의 발판이 되었다고 한다.

이것은 그럴싸하게 들리지 않는 이야기다. 1944년 8월이면 아직 추축국 진영의 패세가 명확하지 않을 때였다. 그리고 여운형의 주변 인물들이 집중적으로 일경의 단속대상이 된 것은 1945년 8월 들어서의 일이었다. 1만명은커녕 수백명의 조직이라도 당시의 엄혹한 여건 속에 1년간 활동하면서 한번도 정체를 드러내지 않았다는 것은 상상할 수 없는 일이다. 여운형이 건준과 인공에서 주도적 역할을 맡은 뒤에 그 지도력을 강조하기 위해 단편적인 사실들을 모아 하나의 체계적 조직활동처럼 윤색한 것이 아닐지.

건국동맹 활동의 진위는 차치하더라도, 여운형은 위기에 처한 총독부가 선후책을 부탁할 만한 거물임에 틀림없었다. 일본 당국이 그에게 강한 매력을 느낀 일은 1919년부터 있었다. 그는 1917년부터 상해에 체류하면서 임시정부(이하 '임정'으로 줄임) 수립에도 참여했지만 임정의 일부 노선에 불만을 갖고 거리를 두고 지냈다. 당시 조선에서 '문화통치'를 시작하고 있던 일본 당국은 그를 포섭할 만한 인물로 보고 안전을 보장하며 일본 방문을 권했다. 이 여행에서의 몇 차례 강연으로 34세의 여운형이 큰 성망을 얻게 되었다고 한다.

송건호는 『역사에 민족의 길을 묻다』에 1919년 12월 여운형의 도쿄 제국호텔 강연 일부를 옮겨놓았다.

> 일본에게 생존권이 있다면 똑같이 우리 조선민족에게도 생존권이 있을 것이다. 일본은 이같은 천리를 역행하고 있다. 왜 일본은 생존권의 자연적 발로로서 자유와 독립을 갈망하는 조선인들을 총검으로 위협하여 탄압하고 있는가.
>
> 한일합병은 순전히 일본의 이익만을 위해 강제된 치욕적 유물이다. 일본은 자신을 수호하고 상호안전을 위해서 부득이 합병을 할 수밖에 없었다고 말했지만 러시아가 물러난 오늘날에도 그러한 궤변을 고집할 수 있는가.
>
> 오히려 한국의 독립은 일본에 안전과 평화를 가져다줄 것이다. 즉 일본은 조선독립을 승인하고 조력함으로써만 조선인의 원한에서 풀리어 오히려 친구가 되고 중국과 그밖의 여러 이웃나라, 나아가 전세계의 불신과 의구심에서 벗어날 수 있을 것이며 이를 통해서 동양의 평화와 세계평화는 가능하게 될 것이다. (송건호, 『역사에 민족의 길을 묻다』, 한길사 2009, 65~66쪽)

호방한 성품의 소유자인 여운형은 식민지배를 비판하면서도 피해의식에 사로잡힌 감정적 비판보다 가해자의 문제점을 함께 걱정해 주는 대범함으로 식민지배자들의 존중도 받으면서 더불어 포섭 내지 협력의 희망을 버리기 힘들게 만든 것 같다. 중일전쟁 내내 일본 당국은 여운형에게 중국으로 가서 중국과 일본의 대립상황을 누그러뜨리는 역할을 맡아달라고 거듭거듭 회유했다.

여운형에 대한 중국행 부탁은 일본 본국 정부와 군 고위층의 양해하에 여운형 본인의 소신에 따라 중일 양국에 모두 이로운 길을 열어달라는 것이었다. 물론 침략전쟁을 벌이고 있던 일본 입장에서 전략적 이득을 노린 일이었겠지만, 독립운동가의 입장을 공공연히 밝히는 일개 식민지 언론인에게 그런 부탁을 한다는 것은 그 인물을 매우 크게 보았기 때문일 것이다. 종전에 임해 치안유지 협조를 부탁한 것도 그런 인식 위에서였을 것이다.

1945. 8. 13.

'항복'이라는 마지막 칼자루를 쥔 일본

6일 히로시마 원폭투하, 8일 소련의 선전포고, 9일 나가사키 원폭투하에 이어 10일 일본정부가 포츠담선언 수락 의사를 연합국에 통보했다. 단 하나 '천황의 통치권 계속'이라는 양해사항을 붙였다.

11일에 미국 번스 국무장관이 연합 4국을 대표해 일본정부에 보낸 답신 내용과 14일자 일본정부의 회신 내용은 16일자 『매일신보』에 이렇게 실렸다.

● 합중국, 연합왕국(聯合王國), 소련사회주의공화국 연방 및 중화민국, 각각 정부의 일본국 정부에 대한 회답

포츠담선언의 조항을 수락하나 위 선언(포츠담선언)은 천황의 국가통치의 대권을 변경하는 요구를 포함하지 않는다는 이해를 아울러 기술한 일본국 정부의 통보에 관하여 우리의 입장은 다음과 같다.

항복시부터 천황 및 일본정부의 국가통치의 권한은 항복조항의 실시를 위하여 필요하다고 인정하는 조치를 취할 연합군 최고사령관의 제한하에 둠.

천황은 일본국 정부 및 일본제국 대본영에 대하여 포츠담선언의 제 조항을 심의하기 위하여 필요한 항복조항 서명의 권한을 주고 또

한 이를 보장할 것을 요청하고 또 천황은 일절의 일본국 육·해·공군 관헌과 어느 지역인가를 불문하고 위 관헌의 지휘하에 있는 일절의 군대에 대하여 전투행위를 종결하여 무기를 인도하고, 항복조항 실시를 위하여 최고사령관이 요구하는 명령을 발할 수 있도록 명하는 것으로 한다. 일본국 정부는 항복 후 곧 포로 및 피억류자를 연합국 선박에 속히 승선시킬 수 있는 안전한 지역에 이송하기로 한다. 최종적으로 일본국 정부의 형태는 포츠담선언에 준하여 일본국 국민의 자유로 표명하는 의사에 의하여 결정할 수 있는 것으로 한다. 연합국 군대는 포츠담선언에 열거된 제 목적이 완수될 때까지 일본국 내에 머물러 있기로 한다.

● 미·영·소·중 4국에 대한 8월 14일부 일본정부 통고

포츠담선언의 조항 수락에 관한 8월 10일부 제국정부의 신청(申請) 및 8월 11일부 번스 미국 국무장관발 미·영·소·중 4국 정부의 회답과 관련해 일본국 정부는 위 4국 정부에 대하여 아래와 같이 통보하는 광영을 가짐.

1) 천황폐하께옵서는 포츠담선언의 조항 수락에 관한 조서를 발포하였다.

2) 천황폐하께옵서는 그 정부 및 대본영에 대하여 포츠담선언의 제 규정을 실시하기 위하여 필요로 하는 조항에 서명하는 권한을 주어 일찍이 이것을 보장할 용의가 있고 또 폐하께옵서는 일절의 일본국 육·해·공군 및 이들 관헌의 지휘하에 있는 일절의 군대에 대하여 전투행위를 종지하고 무기를 인도하여 전기(前記) 조항을 실시하기 위하여 연합국 최고사령관이 요구하는 명령을 발할 수 있도록 명할 용의가 있다.

　11일 보내온 번스 장관의 답신에 대해 일본정부는 14일 항복 통보로 답했다. 그 사흘 동안 양측 사이에 어떤 이야기가 오고갔는지 보여주는 자료는 아무것도 없다. 사흘 동안 일본 지도자들은 항복 여부를 저희끼리만 토론하고 있었을까? 연합국 수뇌부는 기한도 없이 일본의 항복 결정을 기다리고만 있었을까? 그럴 리가 없다. 일본과 미국 사이에는 무슨 메시지든 메시지가 오고갔을 것이다. 그 자료가 남아 있지 않은 것은 극비문서로조차 흔적을 남기지 않은 비밀교섭이었기 때문이다.

　이 사흘 동안 일본은 마지막 칼자루를 쥐고 있었다. 항복은 결정되었으나 언제 어떻게 항복하느냐에 따라 미국과 소련의 득실이 크게 갈라질 상황이었다.

　미국과 소련은 3개월 전까지만 해도 독일을 상대로 함께 싸운 전우였지만, 적대관계까지는 몰라도 적어도 경쟁관계라는 사실이 그사이에 이미 분명해졌다. 독일에서 누가 무엇을 챙길지를 놓고 며칠 전까지 양국 정상이 포츠담에서 옥신각신했다. 이제 일본에서는 또 누가 무엇을 챙길 수 있을지, 일본이 항복하는 시점과 방법에 많은 것이 걸려 있었다.

　일본에게는 두 가지 목표가 있었을 것이다. 첫째는 당연히 최대한 너그러운 조건을 확보하는 것. 전쟁을 이끌어온 자들이 지금 항복 문제도 결정할 위치에 있었다. 둘째는 소련보다 미국에게 운명을 맡길 것. 일본을 그 자리까지 이끌어온 것은 자본주의자들이었다. 그리고 영토가 인접한 소련은 국가적 이해관계가 일본과 대립하기 쉬웠다.

　너그러운 조건을 구질구질하게 열거하고 흥정할 상황이 아니었다. 그래서 10일의 문서에 '천황의 통치권' 한 항목만을 상징적으로 표시했다. 패전 독일은 국체를 지키지 못했다. 일본 지도자들은 일본이 그보다 나은 대접을 받기를 바랐다.

이에 대한 연합국의 공식 답변은 "일본국 정부의 형태는 포츠담선언에 준하여 일본국 국민의 자유로 표명하는 의사에 의하여 결정할 수 있는 것으로 한다"였다. 천황제를 꼭 폐지한다는 말도, 꼭 존속시킨다는 말도 아니다. 상당한 점령기간이 지나 투표에 부친다면 일본인의 투표라 하더라도 점령국의 의지에 좌우될 여지가 크다. 요컨대 일본인들 하는 것 봐서 이렇게도 할 수 있고 저렇게도 할 수 있다는 말이다.

소련은 천황제의 폐지를 원했을 것이다. 그러나 다른 연합국들이 미국을 지지하거나 순종했기 때문에 미국의 입장이 관철되었을 것이다. 일본인 자신의 의사에 맡긴다는 방침이 명분은 그럴싸하니까.

이 답신을 받아놓고 일본 지도자들이 미국과 흥정에 나서지 않았다면 직무유기다. 소련을 따돌려놓고 단둘이 거래할 경우 미국이 얻을 수 있는 이득을 미국 국무부 직원들보다 더 열심히 챙겨줬을 것이다. 미국에게 돌아갈 이득 중에 일본을 너그럽게 처리할 때 이득이 더 커질 수 있는 측면은 더욱 열심히 챙겨줬을 것이다.

731부대의 세균전 기술 같은 것이 큰 품목은 아니라도 전형적 흥정 대상으로 떠오른다. 그 기술이 얼마나 큰 가치를 가진 것인지 정확히 알지 못하는 미국 담당자들에게 온갖 비밀자료를 다 보여주며 세일즈를 벌였을 것이다. 그래서 미국은 기술을 얻고 731부대 관계자들은 전범재판을 면제받고……. 덤도 좀 있었을지 모른다.

가장 큰 흥정 품목은 항복 시점이었다. 소련이 지분을 키우기 전에 서둘러 항복하는 것. 그래서 전쟁에 패하고 항복하는 입장에서도 이 흥정만은 일본이 유리한 셀러즈마켓의 성격을 가졌을 것이다. 바이어가 이득을 얻을 수 있는 시한이 정해져 있는 흥정이니까.

오늘은 일기를 짐작으로 채워놓았다. 자료가 없으니까 짐작밖에 할 수 있는 것이 없다. 하지만 이 사흘 동안 흥정을 벌이지 않고 멀뚱멀뚱 앉아 있기에는 미국과 일본 두 나라가 함께 추구할 수 있는 이해관계가 너무나 많이 걸려 있었다. 그리고 이후 두 나라 관계의 전개를 봐도 항복 시점에서 두 나라의 이해관계가 상당한 수준으로 조율되어 있었다는 느낌을 받지 않을 수 없다.

1945. 8. 15.

일본이 망할 줄 시인은 정말 몰랐을까?

10년 전에 세상을 뜬 한 시인(詩人)이 일제 말기에 열성적으로 '협력' 했던 사실을 아주 간단한 말로 변명한 일이 있다. 일본이 망할 줄 몰랐었다고.

망하지 않을 것 같으면 그렇게 협력해야만 하는 것이냐고, 지성인의 자세로서 너무 비루한 것 아니냐고 따지고 싶은 사람들도 있을 것이다. 그러나 내게는 부질없게만 생각된다. 지금의 지성인들 중에 망할 것 같아 보이지 않는 권력을 상대로 시비를 따지려 드는 사람이 몇이나 되기에.

오히려 "망할 줄 몰랐다"는 말이 마음에 더 걸린다. 어떻게 그런 말이 나올 수 있나?

1937년 중일전쟁을 터뜨리고부터 1941년 말 진주만을 공격할 때까지야 일본의 승리 전망을 믿는 데 아무런 문제가 없었다. 태평양전쟁의 분수령인 1942년 6월의 미드웨이 해전 뒤에도 제국정부의 집요한 선전에 보통사람들이 의문을 품기는 어려웠을 것이다.

그러나 일본 해군이 궤멸한 1944년 6월의 사이판 전투˙와 10월의 레이테 전투˙ 이후로는 '유리한 전황'을 선전하고 싶어도 일관성 있게 선전할 밑천이 없어졌다. 이 무렵에는 유럽의 동맹국들도 곤경에 빠져

들고 있었다. 웬만한 정보와 판단력을 가진 사람이라면 일본의 패망을 걱정하지 않을 수 없는 단계로 접어들고 있었다.

더구나 1945년 2월부터 시작된 일본 본토 폭격을 접하고도 일본이 망할 줄 생각도 않은 사람이 있었을까? B-29기 335대가 출격해 1,700톤의 폭탄을 떨어뜨려 10만명의 목숨을 일거에 앗아간 3월 9일 밤의 '도쿄 대공습'을 겪고도? 5월 초 독일마저 항복한 뒤로는 일본에게 아무런 역전의 길이 없었다. 조금이라도 더 유리한 항복조건을 얻을 기회를 기다리며 버티고 있었을 뿐이다. '장렬한 산화'를 향해 '야마도다마시(大和魂·일본정신)'를 불사른 자들도 물론 있었지만, 냉정한 계산으로 그들의 희생을 이용한 사람들이 있었다.

시인은 종전의 그날까지 야마도 정신에 눈이 멀어 아름다운 정신력의 궁극적 승리를 믿고 있었을까? 그럴 리가 없다. 이 시인의 작품에 일관하는 관조의 시선을 놓고는 그런 맹신을 상상할 수 없다.

서정주(徐廷柱, 1915~2000)를 비롯해 1937년 이후 일제의 전쟁노력에 협력한 대부분의 지식인들은 한동안 승리의 환상을 제국주의자들과 공유했을 것이다. 1942년 중엽 그 꿈이 사그라지기 시작한 이후 그들은 무엇을 할 수 있었는가? 입 다물고 물러나 앉았든, 내친김에

■ 　　1944년 태평양전쟁 당시 미국과 일본이 태평양 사이판섬에서 치열하게 벌인 전투로 양측 모두 많은 사상자가 발생했고 특히 일본군은 이 전투에서 최초로 전원 옥쇄를 감행해 사이판에 살던 일본 민간인들까지 모두 자살했다.

■ 　　제2차 세계대전 때 필리핀의 레이테만에서 벌어진 미국과 일본 간의 전투. 1944년 10월 20일 미국의 레이테섬 공격으로 시작되었다. 일본의 작전계획은 미국의 제3함대를 산베르나르디노에서 북쪽으로 유인하는 한편, 3개군을 레이테만에 집결시켜 미국의 상륙군을 공격하는 것이었으나 실패로 끝나, 미군이 필리핀 진공에 성공함으로써 미군이 태평양을 지배하는 전기를 마련하였다.

계속 설쳐대든, 눈치 보는 일밖에 남은 것이 없었다. 돌아설 길이 없는 길에 들어선 사람들이었다.

그런 사람의 하나가 "일본이 망할 줄 몰라서" 그랬다는 변명을 했다. 그런 변명이 꽤 통할 만하다고 생각한 모양이고, 실제로 꽤 통하는 것 같다. 오늘의 한국에서 그런 변명이 꽤 통하는 상황에는 두 가지 병리적인 문제가 작용한다.

한 가지 문제는 승리지상주의다. 이길 것 같은 쪽에 베팅해서 이득을 노리는 것 자체는 아무 문제 없는 일이다. 그런데 이득을 위해 인간적 가치를 희생시키는 '지상주의'가 문제다. 시인의 변명에는 "당신이 내 입장이라면 어떻게 했겠어?" 하는 질문이 함축되어 있고, 우리 사회에는 "맞아! 인간적으로 이해가 돼" 하고 대답할 사람들이 너무나 많다. 베트남 참전도 이라크 파병도 '국익'을 위해서라면 다 이해해 주는 사회가 아닌가.

또 한 가지 문제는 역사인식의 허점이다. 65년 전의 오늘에 대한 우리의 회상이 감격과 흥분으로 뒤덮여 있다는 것이 단적인 예다. 그 감격을 강조하기 위해 해방이 누구도 예상하지 못한 상황에서 갑자기 주어졌다는 '신화'가 이 사회를 지금까지도 지배하고 있다. 역사학의 훈련을 웬만큼 받은 사람이 아니면 "일본이 망할 줄 몰랐다"는 노시인의 변명에 "무슨 그런 황당한 말씀을!" 하고 반박할 생각이 떠오르지 못한다. "맞아! 생각지도 못한 놀라운 사태 앞에서 시인의 저 순결한 영혼이 어떤 충격을 받았을까!" 하는 것이 우리 사회 일반인의 일반적 반응이다.

승리지상주의의 척결이 우리 사회를 좋은 사회로 만들기 위해 매우 중요한 일이라고 나는 생각한다. 잘 먹고 잘 살기 위해 각자 열심히 노력하되, 민족정체성과 평화를 훼손하는 천안함 사기극에까지는 말려

들지 않고, 하나밖에 없는 국토를 극단적으로 파괴하는 4대강 사업의 획책 기반을 없애고, 사회의 구조적 안정성을 해칠 정도로 무리한 경제성장정책을 억제하는 열쇠가 모두 여기에 있다고 생각한다.

그러나 승리지상주의 척결을 위해 내가 할 수 있는 일이 별로 없다. 나 자신이 승리에만 매몰되지 않는 생활자세를 지키고, 비슷한 식으로 사는 주변 사람들과 위로와 격려를 주고받으며, 그렇게 살아도 인생이 살 만하다는 사실을 사람들에게 보여주는 것밖에 없다. 말로는 아무리 설교를 해도 별 소용이 없는 줄 잘 안다.

다만 역사인식의 허점을 채우기 위해서는 힘껏 애쓸 필요를 느낀다. 불과 수십년 전의 상황조차 이런저런 이념에 입각한 신화화로 인해 역사적 고찰의 시선으로부터 가려져 있는 현실이 어쩌면 승리지상주의를 비롯한 이 사회의 온갖 집단적 정신질환의 온상일지도 모른다. 1945년 8월 15일 정오 일본천황의 항복 유시가 방송되던 시점에 이미 많은 한국인들이 꽤 오랫동안 이 상황을 예견, 여러 가지 입장에서 사태의 추이를 예의주시해 오고 있었다는 사실부터 밝혀놓는다.

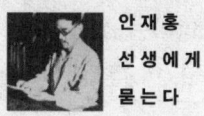

해방이 도둑처럼 찾아왔었나요?

김기협 인사드리겠습니다. 저는 1950년생으로 대한민국에서 태어나
역사 공부를 해온 사람입니다. 2010년 시점에서 대한민국이
생겨나던 상황을 정리해 볼 생각을 했습니다. 1945년 8월 해방에서
1948년 8~9월 분단 건국에 이르는 과정을 65년의 시차를 두고 하루
하루 더듬어보고자 합니다. 그동안 나온 연구성과를 힘닿는 대로 살펴
볼 텐데, 이따금 선생님 생각도 여쭙고자 합니다.

　선생님과 이야기 나누고 싶은 것은 무엇보다 역사를 공부하신 분이
기 때문입니다. 무슨 일이 있었느냐 하는 것 못지않게 그 일의 역사적
의미가 무엇인지를 그 시점에서 어떻게 인식하셨는지 궁금합니다.

안재홍 반갑습니다. 나도 역사를 공부하는 사람이라서 다른 분보다
나랑 얘기하고 싶은 생각이 든 모양인데, 실망시킬 것 같아서
미리 미안한 마음이 듭니다. 우리 세대는 공부할 여건이 워낙 열악해
서 공부에 어설픈 점이 많습니다. 독립된 우리나라에서 자라나고 공부
한 김선생 세대에게 가르쳐줄 만한 것이 뭐가 있을지……

　지금의 내 고민을 65년 뒤의 김선생도 계속 고민하고 있기에 내게
묻고 싶은 것이겠지요. 조금이라도 도움이 되어드리고 싶으니 뭐든 서
슴지 말고 물어보세요.

김기협　고맙습니다. 내일 천황의 항복선언이 있으리라는 소식을 막 들으셨죠. 식민지 상황에 전쟁 상황까지 겹쳐서 여러 해 동안 언론통제가 혹심했습니다. 그동안 선생님은 국내외 정보를 어떻게 입수하고 계셨는지요?

안재홍　나는 사람 많이 안 보고 틀어박혀 지냈지만, 신문사 간부를 오래 했기 때문에 중요한 정보가 있으면 찾아와서 전해 주는 이들이 좀 있었습니다. 1942년 말 단파방송 사건으로 개성방송국과 경성방송국이 적발되었는데, 단파라디오가 그 두 군데에만 있었겠습니까? 믿을 만한 분들에게서 이따금씩 이런저런 소식을 들으며 지냈습니다.

전쟁 말기가 되어서는 고위직 일본인에게서 중요한 정보를 꽤 얻게 되었습니다. 대화숙(大和塾)*을 통해서 포섭이 안 되니까 총독부와 경찰의 고위간부들이 내 협력을 얻겠다고 만나는 일이 종종 있었는데, 나를 설득하기 위해 상황을 설명하는 얘기 중에서 알아내거나 확인할 수 있는 정보가 있었지요.

김기협　"도둑처럼 찾아온 해방"이라는 말도 있었습니다. 예기치 않은 해방이었다는 뜻이죠. 그런데 아무리 정보를 통제한다 하더라도 온 나라가 파국으로 치닫는 상황을 그 안에서 감지하지 못할 수 있었을까 의아한 생각이 듭니다. 선생님은 일본의 패전을 꽤 오래 전

■　일제강점기 말기인 1941년 조직된 사상교양단체로, 독립운동가, 공산주의자 등 사상범들을 집단관리, 관찰, 전향을 시키기 위한 사상교화단체였다. 요시찰인물 7,600여 명 중 일제가 판단한 전향자는 1,280명 정도였다고 한다.

부터 예견하고 계셨다면서요?

안재홍 | 민간신문이 모두 폐간될 정도의 심한 통제였지만, 하늘을 손
바닥으로 가릴 수 있습니까? 어느 날 5천리 밖에서 진격하고
있다는 뉴스가 나오고, 보름 뒤에는 3천리 밖에서 진격, 또 보름 뒤에
는 2천리 밖에서 진격중이라고 하면, 후방을 향해 진격하고 있다는 얘
기겠습니까? 통제와 억압이 갈수록 심해지고 물자가 귀해지는 것만
보아도 전황이 불리하다는 사실을 모를 수가 없었지요.

역사 공부하는 사람이라서 더 일찍, 더 깊이 알아차릴 수 있는 면도
있기는 했습니다. 1938년 10월, 서대문형무소에 있을 때 중국의 무한
삼진(武漢三鎭) 점령 축하행사 소리가 형무소 안에까지 들려왔지요.
함께 갇힌 사람들이 낙담할 때, 나는 일본이 패망의 길로 들어선 것을
장담했습니다. 3년 후 태평양전쟁을 일으킬 때는 이제 시간문제라고
확신했습니다. 역사 공부가 없었다면 일본이 승승장구하는 것처럼 보
이던 그때 패망을 확실히 알아보기 어려웠겠죠.

나만 그랬던 것이 아닙니다. 1943년 초 조선어학회사건으로 홍원경
찰서에 있을 때, 일경의 학대는 겪어본 중에 최악이었습니다. 하루 종
일 매 맞고, 매달리고, 물벼락을 뒤집어쓰면서도 갇혀 있는 우리들 마
음은 밝았습니다. 터널의 끝이 보였기 때문이죠. 그래서 고문당하고
나서 감방에 돌아오면 해방이 되었을 때 이 사람을 총리 시키면 좋겠
다, 저 사람이 외교총장감이다, 우스개를 나누며 지낼 수 있었습니다.

김기협 | 그러나 선생님 못지않게 학식이 깊은 분들 중에도 일본의 패
망에 대비하고자 애쓴 이가 별로 없었습니다. 전혀 예견하지
못했다고 해방 후에는 대개들 얘기했지요.

안재홍 정상적인 사람이라면 전혀 예견하지 못한다는 것이 불가능했
지요. 물론 정확히 언제라고 말할 수는 없었습니다. 7월 말 시
점에서 나도 보름 후의 일로 생각지 못하고 있었습니다. 몇 달은 더 버
틸 줄 알았지요. 그러나 금년 들어서는 금년 중에 끝날 것을 확실히 내
다볼 수 있었습니다.

속으로는 예견하더라도 겉으로 드러내서 말할 수는 없는 상황이었
습니다. 일본의 패망을 거론한다는 것은 '비국민(非國民)' 정도가 아니
라 역적이었죠. 제대로 표현도 못하고 아무런 행동도 할 수 없었으니
속으로 생각만 했다고 하기가 더 부끄러운 겁니다.

대화숙에서 젊은이들이 징병·징용에 응하도록 설득하는 강연을 요
구할 때 나도 그 요구를 '거절'하지 못하고 '회피'했습니다. "어차피 질
싸움에 젊은이들 무의미하게 희생시키는 짓을 나는 못하겠소" 하고
당당히 거절하지 못하고 병으로 핑계를 댔습니다.

김기협 말귀가 통하지 않는 실무자들에게야 핑계를 대고 '회피'를 하
셨지만, 고위층 일본인들에게는 당당히 말씀하시지 않았습니
까. 해방 당시 여운형 선생과 함께 질서유지 협조를 부탁받아 건국준
비위원회 사업에 착수하신 것도 그 때문이었죠.

안재홍 "당당히" 얘기했다고 하기는 좀 뭣합니다. 일본이 패망할 것
이라고 똑바로 말한 것도 아니고, 지금 벌이고 있는 큰 전쟁
의 결과를 낙관만 하는 것은 논리적으로 문제가 있지 않느냐, 정치에
책임을 가진 사람이라면 어떤 경우에도 대비책을 세워놓아야 하는 것
아니냐 하는 차원의 얘기였습니다.

작년(1944) 봄부터 총독부, 일본군과 경찰의 최고위 간부들을 자주

보게 되었습니다. 조선의 '비협력 지도층' 회유를 그들이 큰 과제로 삼게 된 것이었죠. 나 외에 여운형, 송진우, 조만식, 홍명희 제씨였습니다.

그들과 여러 번 만나다 보니 빤한 사실을 접어놓고 딴전만 피우는 것이 답답했어요. 일본의 급작스런 패망이 이 땅에 어떤 참극을 가져올지도 걱정이 되었고요. 그래서 초겨울에 오카 히사오(岡久雄) 경기도 경찰부장을 만났을 때 그런 쪽으로 처음 얘기를 했습니다. 전쟁 결과를 낙관만 하고 무리한 정책을 폈다가 뜻밖의 결과가 벌어지면 조선인들의 쌓인 원한을 어떻게 감당할 거냐고 했죠. 그 사람이 다른 일본인들에게 그 얘기를 했고, 그후로는 금기(禁忌)를 접어놓고 얘기를 하게 되었습니다.

김기협   상식적인 얘기일 뿐이었다고 말씀하시지만, 당시 상황에서는 상식적인 얘기를 하는 데도 여간 용기가 필요한 것이 아니었죠. 그 때문에 신변의 위협도 많이 겪지 않으셨습니까. 일본인들끼리도 그런 상식적인 얘기를 나누기 힘든 시절이었는데, 여운형 선생과 선생님 두 분만이 패전 가능성을 당당히 언급할 수 있었던 것은 왜였나요?

안재홍   몽양과 내가 제일 늦게까지 옥살이를 한 까닭이 아닐지? 그건 농담이고, 몽양은 워낙 호방한 성품이라서 '일본 패망' 이야기를 주변 사람들에게 일찍부터 해왔죠. 1942년 말 내가 조선어학회사건으로 잡혀 들어갈 무렵에 몽양이 잡힌 것도 그 때문이라 하더군요. 믿고 얘기한 사람이 고발하는 바람에.

나는 몽양 같은 호걸이 아니지만, 내 한 몸의 이해관계 때문에 할 말을 못해서는 안 된다는 믿음을 가진 사람입니다. 내가 얼마간의 불이익이나 위험을 겪더라도 많은 사람의 피해를 줄이기 위해 필요한 말이라면 해야죠. 앞뒤 안 재는 성질이 꽤 알려져 있기 때문에 무슨 말을 하더라도 필요 이상 오해받을 염려는 별로 없었습니다.

나랑 얘기를 나누는 일본인들도 내 신변을 걱정해 줬습니다. 자기네는 이해하지만 헌병대에서는 나를 노리는 자들이 많다는 얘기도 해주고, 극우조직에서 나를 처치할 자객들까지 정해 놨다는 이야기도 있었죠. 그래서 마지막 몇 달 동안은 시골집에 내려가 있지 못하고 서울시내에서 숙소를 자주 옮겨가며 지냈습니다.

김기협 일본인 고위층과 속을 털어놓고 이야기를 나눈 사실 때문에 두 분에게 '친일파'라는 누명을 씌우려 한 자들도 있지 않습니까?

안재홍 말 같지 않은 소리 하는 놈은 사람같이 보지 않으니까 신경도 안 씁니다. 나보다 몽양이 많이 당했죠. 그놈의 전향서라는 것 때문에. 1943년 7월 그 양반 출옥한 다음날 찾아갔는데, 참혹한 지경이었어요. 그 지경에 이른 사람을 전향서를 써야 풀어준다고 하니까 가족들이 대신 써냈는데 막지를 못했다더군요.

일본인들 눈치만 보면서 별짓 다 하던 작자들이 그 종이 한 장 갖고 몽양을 모함하는 것은 정말 뭐 묻은 개가 뭐 묻은 개 나무라는 격이랄지. 그래도 한 가지 교훈은 얻습니다. 뜻 있는 사람이 뜻 나타내는 데는 정말 한치의 어그러짐도 없어야만 당당할 수 있다는 것을.

2

항복을 선언했으나
아직 항복하지 않은 자들

1945년 8월 16 ~ 31일

종로 YMCA회관에서 건국준비위원회 회의를 주재하고 있는 여운형. 일세의 쾌남아로서 뛰어난 지명
도와 호감도의 주인공인 그가 혼란스러운 상황에서는 가장 큰 역할을 맡을 수 있는 인물이었다. 그는
해방 후 2년 동안 열한 차례 테러습격을 당하고 열한번째 습격에 목숨을 잃었다.

1945. 8. 16.

여운형·안재홍, '건국 준비'에 나서다

오후 1시 휘문중학 교정에서 건국준비위원회 위원장 여운형의 연설이
있었다. 이튿날 『매일신보』에 이렇게 보도되었다.

> 16일 오후 1시 부내 계동 휘문중학 운동장에 조선건국준비위원회의
> 수반인 여운형이 나타나 5천여 군중 앞에서 해방의 제일성을 힘있게
> 외쳤다. (…) 연설은 약 20분간의 짧은 동안이었으나 그 골자는 다음
> 과 같다.
>
> 조선민족 해방의 날은 왔다. 어제 15일 아침 8시 엔도(遠藤) 조선
> 총독부 정무총감의 초청을 받아 "지나간 날 조선 일본 두 민족이 합
> 한 것이 조선민중에 합당하였는가 아닌가는 말할 것이 없고 다만 서
> 로 헤어질 오늘을 당하여 마음 좋게 헤어지자. 오해로써 피를 흘린다
> 든지 불상사가 일어나지 않도록 민중을 잘 지도하여 달라"는 요청을
> 받았다.
>
> 나는 이에 대하여 다섯 가지 요구를 제출하였는데 즉석에서 무조
> 건 응낙을 하였다. 즉
>
> 1) 전 조선 각지에 구속되어 있는 정치경제범을 즉시 석방하라.
>
> 2) 집단생활인 만치 식량이 제일 문제이니 8, 9, 10 3개월간의 식

량을 확보 명도하여 달라.

3) 치안유지와 건설사업에 있어서 아무 구속과 간섭을 하지 말라.

4) 조선 안에 있어서 민족해방의 모든 추진력이 되는 학생훈련과 청년조직에 대하여 간섭을 말라.

5) 전 조선 각 사업장에 있는 노동자를 우리들의 건설사업에 협력시키며 아무 괴로움을 주지 말라.

이것으로 우리 민족해방의 첫걸음을 내디디게 되었으니 우리가 지난날에 아프고 쓰렸던 것은 이 자리에서 모두 잊어버리자. 그리하여 이 땅을 참으로 합리적인 이상적 낙원으로 건설하여야 한다. 이때 개인의 영웅주의는 단연코 없애고 끝까지 집단적 일사불란의 단결로 나아가자. 머지않아 각국 군대가 입성하게 될 것이며 그들이 들어오면 우리 민족의 모양을 그대로 보게 될 터이니 우리들의 태도는 조금도 부끄럽지 않게 하여야 한다. 세계 각국은 우리들을 주목할 것이다. 그리고 백기를 든 일본의 심흉을 잘 살피자. 물론 우리들의 아량을 보이자. 세계 신문화 건설에 백두산 아래에 자라난 우리 민족의 힘을 바치자. 이미 전문대학 학생의 경비원은 배치되었다. 이제 곧 여러 곳으로부터 훌륭한 지도자가 오게 될 터이니 그들이 올 때까지 우리는 힘은 적으나마 서로 협력하지 않으면 안 될 것이다.

(「건준위원장 여운형, 엔도와의 회담경과 보고」, 『매일신보』 1945년 8월 17일)

오후 3시 10분부터는 경성중앙방송국˚에서 건준 부위원장 안재홍(安在鴻, 1891~1965)의 약 20분간의 연설이 방송되었다. 여운형의 휘문중학 연설과 대략 같은 취지였다.

연설도 방송도 총독부 당국의 협조로 이루어진 일이 분명하다. 총독부는 나름대로 순탄한 마무리를 위해 고심하고 있었을 것이다. 일본

정부는 10일에 항복 의사를 연합국에 알린 사실을 조선총독부에 공식적으로 통보하지 않았지만, 총독부에서는 단파방송을 통해 그 사실을 알고 있었다고 한다. 여운형도 단파방송을 들은 사람에게 전해 들어 알고 있었다고 한다. 일방적 항복 의사 표명이었기 때문에 공식적인 통보가 없었던 것이지, 엄중한 기밀로 취급되지는 않았던 모양이다. 총독부에 알려주면서도 책임 문제를 줄이기 위해 공식화하지 않은 것일 수도 있다.

여운형과 안재홍, 그리고 총독부에서 비슷한 부탁을 했다는 얘기가 전해지는 송진우, 이 세 사람은 신문사 대표를 지낸 조선 언론계의 거물로서 일제 막바지의 전쟁노력에 협력하지 않은 사람들이다. 거물이면서 협력하지 않은 사람, 그리고 유종의 미를 거두려는 총독부의 선의를 이해하고 북돋워줄 만한 식견과 도량을 가진 사람, 그것이 이 시점에서 총독부가 내세우고 싶은 사람이었다.

송진우에게 총독부의 부탁이 있었다는 사실을 부정하는 증언도 있는 모양이지만, 정황을 볼 때 부탁이 있었다고 봐야 할 것 같다. 당시의 증언 중에는 정치적 입장에 따라 굴절된 것이 많이 있어서 조심스럽게 받아들여야 한다.

여운형과 안재홍도 연설에서 14일 이전에 항복 사실을 알고 있었다는 사실은 밝히지 않았다. 15일 정오에야 이 기쁜 소식을 처음 들은 대다수 청중과 일체감을 잃지 않기 위해서였을 것이다. 악의적인 것은

■ 1927년 2월 16일에 본방송을 시작한 우리나라 최초 무선방송국 경성방송국이 1935년에 경성중앙방송국으로 이름을 바꾸었다. 1942년에는 한국어 방송이 중단되었다. 라디오 단말기를 구입한 뒤 등록세 2원을 내고 등록했는데, 1927년 12월 31일에 등록된 전국의 라디오 수는 5,260대(한국인 949대, 일본인 4,161대, 기타 150대)였고, 1944년 12월 31일에는 총 30만 50대로 크게 증가했다.

해방 조선의 첫 군중집회. 8월 16일 건국준비위원회 주최로 휘문중학 교정에서 열린 연설회에서 여운형 위원장이 환호하는 군중에게 둘러싸여 있다.

아니지만 정치적 효과를 위해 표현을 조절한 일이다.

'정치경제범 석방 요구'는 표현 조절을 넘은 '조작'의 냄새가 난다. 정치경제범 석방은 누구의 요구를 받기 전에 총독부에서 준비해 온 일이었다. 14일 밤 여운형을 초청하러 엔도 정무총감이 보낸 사람이 총독부의 입장을 브리핑할 때 그 계획을 알려주었고, 이것을 건준이 요청하고 총독부가 수용하는 모양새를 취하는 것이 건준의 권위를 세우고 총독부의 선의를 과시하는 데 좋지 않겠냐는 합의가 된 것으로 짐작된다. 이것도 악의적인 것은 아니지만 당시 상황이 이런 기교를 필요로 하고 있었다는 사실은 이해해야겠다.

여, 안, 송 세 사람은 변절하지 않은 민족주의자로 성망을 가지고 있었지만, 세 사람의 지조가 꼭 같은 수준이었다고 볼 수는 없다. 세 사람은 언론계의 '거물'이었기 때문에 일제의 전향 압력도 비교적 적었고, '먹고살기 위해' 협력에 나설 필요도 없는 입장이었다. 이를 악물고 지조를 지켜야 했던 일반인에 비하면 냉정한 판단에 따라 태도를 취할 여유를 가진 위치였다.

여운형과 송진우에 비해 안재홍은 후세 사람들에게 행적이 덜 알려져 있는데, 이번 일기작업에서 그의 모습을 드러내는 것을 나는 하나

같은 날 휘문중학에서
안재홍이 연설을 준비하고 있다.

의 중요한 목표로 생각하고 있다. 덜 알려져 있다는 사실 자체가 바로
그의 지도자로서의 뛰어난 미덕 때문인 것으로 보이는 측면이 많다.
송건호의 『역사에 민족의 길을 묻다』에 이날 휘문중학에 갔던 이야기
가 나오는데, 라디오 연설을 마치고 그리로 온 안재홍을 보았다고 한
다. 그 묘사를 보면 적어도 안재홍에게만은 민족주의자의 길이 냉정한
판단이나 편안한 선택의 대상이 아니었던 것 같다.

해방 다음날인 1945년 8월 16일 오후 늦게 종로 계동 휘문중학 교정
에 운집한 시민들 앞에서 말할 수 없이 초라한, 어떻게 보면 걸인 같
은 모습의 한 50대 중반의 신사가 해방된 민족의 앞날에 관하여 열변
을 토하고 있었다. 얼굴이 영양실조와 고생으로 윤기 없이 까맣게 탄
이 노신사야말로 민중이 존경해 마지않는 민족지도자 안재홍이었다.
삼엄한 일제의 총검 치하에서, 그들의 온갖 유혹과 협박을 물리치고
끝내 조선민족의 양심을 지킨 민족지도자 민세 안재홍의 있는 그대
로의 모습이었다. (『역사에 민족의 길을 묻다』, 153쪽)

1945. 8. 17.

총독부는 무엇을 알고 있었을까?

사람들의 움직임이 빨라지기 시작했다. 그 움직임을 따라다니기에 앞서 8월 15일의 상황에 대한 내 생각을 더 정리해 놓아야겠다. 무엇보다 사태의 진행에 관한 정보가 어떻게 분포되어 있었을지 살펴볼 필요가 있다. 많은 일이 비밀리에 진행되고 있을 때였으므로 상황을 판단할 증거가 적은데, 겉으로 드러난 사실로부터 논리와 상식에 따라 추정할 수 있는 것을 정리해 놓으면 이후 진행상황을 이해하는 데 도움이 될 것이다.

10일 일본정부의 포츠담선언 수용 의사 표명 이후 15일 천황의 항복선언 방송 때까지 중요한 정보의 생산자는 미국정부와 일본정부, 둘이었다. 최종결정권은 미국의 손에 쥐어져 있었지만 일본도 중요한 지렛대를 쥐고 있어서 양자간의 교섭을 통해 가장 핵심적인 정보가 생산되었다고 볼 수 있다.

총독부를 비롯해 한국에 있던 어느 누구도 미국측 정보를 제대로 공급받은 사람은 없었다. 당시 조선에 들어온 최고급 정보는 일본정부가 제공한 것이었다.

10일의 항복 의사 표명을 일본정부가 조선총독부에 공식적으로 알리지 않아서 단파방송 청취를 통해 그 사실을 알게 되었다고 하는데,

믿기 힘든 이야기다. 항복한다고 해서 모든 것을 포기하는 것이 아니었다. 일본정부에서 열심히 최선의 대책을 마련하고 있었는데, 조선총독에게 최소한의 정보제공도 없이 알아서 하라고 내버려뒀을 리가 없다. 가치가 큰 정보는 어떤 상황에서도 활용되게 마련이다.

어떤 식으로든 알렸을 것이다. 정보를 받은 수뇌부는 일부 정보를 하급자들에게 알리고 대책을 준비하게 하면서 "단파방송으로 청취한 것"이라고 말했을 것이다. 정보 접수 사실을 비밀로 한 것은 그에 따른 책임 문제가 제기될 개연성이 있기 때문이었을 것이다. 일본인 거주자가 "항복한다는 사실을 총독부가 알면서 빨리 알려주지 않았기 때문에 더 큰 피해를 입었다"고 관계자의 책임을 추궁할 수도 있는 일 아닌가.

문장이 계속 추측의 형태로 나가고 있다. 증거가 없기 때문이다. 사실이 그랬다는 증거도 없고 안 그랬다는 증거도 없다. 상식과 논리에 따라 추측할 수밖에 없다. 진행되고 있는 종전협상 내용을 일본정부가 조선총독에게 전혀 알리지 않을 수 없었다고 나는 생각한다.

10일 이후 총독부가 상당 수준의 정보를 가지고 있었으리라는 가정 하에 이야기를 계속하겠다. 없앨 문서 없애는 것을 비롯해서 총독부가 할 일도 많았겠지만, 이 정보를 누구에게 어떻게 나눠주느냐 하는 것이 무엇보다 큰일이었다.

어느 범위의 일본인 거주민과 친일파 조선인들에게는 "공식 정보는 아니지만……" 하면서 대비를 하도록 흘려줬을 것이다. 그동안 협력해 준 사람들이 아무 대비 없이 세상 뒤집히는 일 당하게 하는 것이 미안해서라면 "머지않아 손을 들게 될 수도 있다"는 귀띔 정도로 충분했을 것이다.

좁은 범위의 일본인 간부와 중요한 조선인 협력자들에게는 더 많은 정보를 솔직하게 제공했을 것이다. 항복 후의 수습과정에서 협력이 필요한 사람들이다. 그중에는 그동안 일제에 협력해 온 자세 그대로 계속 협력할 사람들만이 아니라 여운형, 안재홍처럼 지금까지는 협력을 하지 않았으나 파국과 혼란의 극복이라는 새로운 과제를 위해 협력이 필요한 사람들도 있었다.

총독부 당국자들이 원한 협력은 어떤 내용이었을까? 여운형과 안재홍의 건준 활동을 통해 일본인들의 희망 중 일부가 드러났다. 과거의 잘잘못을 따지는 것보다 일본 항복에 따른 혼란을 최소화하는 것이 한국민중을 위해서도 더 시급하고 중요한 일이라는 점에 입각해 불필요한 갈등을 최대한 피하자는 것이다.

일본인들의 희망 중 '일부'라고 했다. 건준 인사들에게 털어놓지 않은 다른 희망사항도 있었을 것이다.

총독부 당국자들은 좌익 대책에 부심해 왔다. 제국주의에 대한 가장 극렬한 반대자가 공산주의자들이었고, 일본 본국에서도 군국주의 정부가 좌익을 탄압해 왔다. 미국과의 항복 흥정과정에서 '반공'정책이 중요한 거래품목이었을 것이다. 전쟁책임의 범위를 최소화하는 것은 일본 지도층에 물론 유리한 일이었는데, 이것이 미국에게도 '반공'전선 구축을 위해 바람직한 일이었다.

8월 10일에 총독부가 송진우에게 '정권 인수'를 교섭했고 송이 이에 불응했다는 증언들이 있다. 여운형과 안재홍은 좌익에 대한 일본인들의 태도에 동조하지 않을 사람들이었다. 송진우는 그들과 달리 '좌익 배제' 방침을 거리낌없이 의논할 수 있는 상대였다.

식민지시대 사람들의 정치적 태도를 친일과 반일의 이분법으로 봐서는 현실이해에 한계가 있다. 반일과 친일은 민족주의와 '반민족주의'의 대립을 연상시킨다. 그런데 '반민족주의'라는 것은 '반공주의'나 마찬가지로 정책이나 노선을 가리키는 말일 수는 있어도, 하나의 이념으로는 성립되지 않는 개념이다.

'반민족주의'보다는 '탈민족주의'가 더 적절한 개념 같다. 서양문명의 침투가 넓고 깊어지면서 민족 이외의 여러 가지 정체성이 대안으로 떠오르고 있었다. 기독교, 자본주의와 공산주의가 대표적인 통로였다.

새로운 이념에 입각한 대안 정체성을 가진 사람들은 민족정체성을 절대시하지 않았다. 그중에는 민족주의 극복을 필수 과제로 여긴 사람들도 있고, 민족주의와의 화합을 추구한 사람들도 있었다. 일본인의 한국인 통치라는 민족모순이 식민지시대의 표면을 덮고 있었지만, 실제로는 다른 이념적 모순들이 그 밑에서 전개되고 있었다.

송진우는 김성수(金性洙, 1891~1955) 형제 등 자본가집단을 대표하는 입장이 강했고, 그 때문에 좌우합작을 꺼렸던 것으로 생각된다. 이점은 앞으로 더 천착하겠지만, 1944년 가을 안재홍이 함께 독립운동을 하자고 권했을 때 대답한 말에서 송진우의 생각 방향을 알아볼 수 있다.

방금 미국은 전세계를 영도하고 있다. 소련은 미국의 요청에 응하여 이미 코민테른의 해산조차 단행하였다. (…) 소련은 미국에 잘 협력할 것이요 국제적 난관은 없을 것이다. 한편 중경의 임시정부는 이미 연합 열강의 정식 승인을 얻었고, 그 배하 10만의 독립군을 옹유하였으며, 미국으로부터 10억불의 차관이 성립되어 이미 1억불의 전도금을 받고 있는 터인즉, 일제가 붕괴되는 때에 10만군을 거느리고 10억불의 거금을 들고 조선에 돌아와, 친일거두 몇 무리만 처단하고 그로써 행호시령(行號施令)하기로 하면 조선인은 원래 출입우세(出入于世)를 잘하는 터이니까, 만사는 큰 문제 없이 해결될 것이다. (안재홍 선집간행위원회 편, 『민세 안재홍 선집 2』, 지식산업사 1983, 261쪽에 '모씨 某氏'의 말로 인용되어 있음)

1945. 8. 18.

좌익도 움직이기 시작했다

좌익도 움직이기 시작했다. 16일 새벽 조선공산당(장안파)이 결성된 데 이어 오늘은 조선공산주의청년동맹이 결성되었다.

조선의 공산주의운동은 일찍 시작되었다. 코민테른이 만들어지기도 전인 1918년에 이동휘(李東輝, 1873~1935)가 세운 한인사회당은 소련 연해주의 조선인 망명자가 중심이 되어 1922년까지 7천여명의 당원을 모았다. 1922년 1월 모스크바에서 열린 극동피압박인민대회에서 조선 인 대표단이 전체 참가자의 3분의 1에 달했다.

국내에서도 여러 갈래로 공산주의운동이 펼쳐지다가 코민테른의 일 국일당 원리에 따라 통합된 조선공산당이 1925년 4월 17일 결성되고, 그 이튿날 고려공산청년동맹이 결성되었다. 그러나 그해 11월과 이듬 해 6월, 그리고 1928년 2월의 거듭된 대규모 검거로 붕괴와 재건을 거 듭하다가 1928년 7월의 4차 검거 이후 조직이 소멸되었다. 이후 국내 에서 공산주의 활동이 불가능해지자 종래의 활동가들은 지하로 잠복 하거나 해외로 망명했다.

해외로 망명한 공산주의자들은 소련과 중국의 공산당에 들어갔다. 만주에서는 조선공산당 지부 명목으로 중국공산당과 별도의 조직활동 을 벌이기도 했으나 1928년 12월 이후 중국공산당에 흡수되었다. 당시 만주에서는 공산주의운동이 아직 활발하지 않아서 그 지역 공산당원의 90% 이상을 조선인이 점하는 기현상이 벌어졌다. 그리고 1933~36년의 민생단 사건■으로 조선인 정예당원들이 무더기로 숙청당하기도 했다.

해외에 한국인의 공산주의 정당이 존재하지 않게 되자 국내에서도 조직적 지하활동이 불가능했다. '지하로 잠복'했다고는 하지만 조직활동이 없는 이상 공산주의운동을 포기한 것이나 다름없었다.

공산주의운동은 사라졌지만 좌익 사조는 자라났다. 1930년대 들어 일본 정치가 군국주의에 빠지면서 그 모순을 자본주의의 구조적 문제에서 찾는 일본 지식층의 의식화가 조선에 전파되었다. 극우파의 눈에 자기들과 다른 사람은 모두 좌파로 보이는 것은 예나 지금이나 마찬가지다. 1930년대 일본에서도 조선에서도 군국주의 반대자들은 특별한 이유가 없는 한 모두 좌익의 딱지를 붙였다.

민족주의 입장에서 일본제국주의를 비판하던 사람들은 차츰 일본의 군국주의도 아울러 비판하게 되었고, 일제가 그들을 '좌익'으로 부를 때 그들도 그 이름을 받아들였다. 이리하여 공산혁명을 꿈꾸지는 않으면서도 사회주의적 개혁을 바라는 사람들이 늘어나 일제 치하의 '좌익'은 매우 넓은 스펙트럼을 가지게 되었다. 오늘날 정권의 신자유주의에 반대하는 넓은 범위의 비판자들이 '진보'의 이름을 공유하는 것

■ 1930년대 간도 지역에서 수많은 조선인 항일운동가들이 민생단과 관련된 일본 첩자라는 혐의를 쓰고 체포, 살해된 사건이다. 민생단은 만주사변 이후인 1932년 2월 간도 지역에서 결성된 조선 이주민단체로 일본군의 만주침략을 환영하는 선전문을 살포하는 등 친일기관으로서의 구실을 하였다. 겨우 5개월 만에 해체되었으나 중국인과 이주민 사이의 갈등을 확대시켜 중국공산당과 항일부대에서 조선인 항일운동가 1천여명이 억울하게 숙청을 당한 '민생단 사건'이 일어나는 계기가 되었다.

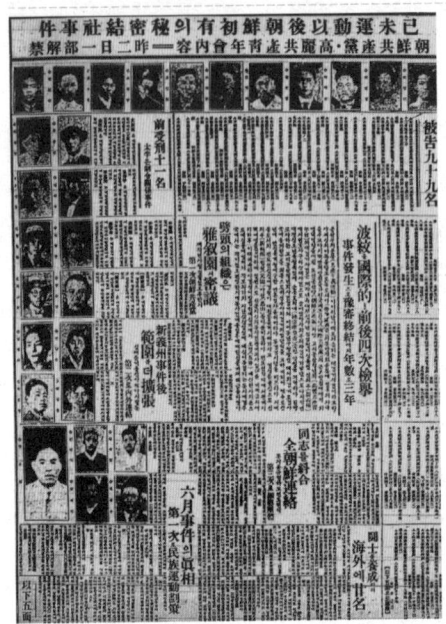

제1, 2차 조선공산당 사건의 예심이 1927년 3월 31일 종결되어, 예심에 회부된 105명 가운데 99명이 기소되었다는 『동아일보』 1927년 4월 3일자 기사. 이 사건 와중에 박헌영(맨 윗줄 오른쪽에서 세번째)이 병보석으로 풀려나 소련으로 탈출할 수 있었던 것은 불가사의한 일이다.

과 마찬가지다.

코민테른의 지도를 받으며 조직활동을 한 공산주의자는 극소수였다. 그들은 다른 좌익분자들에게 '볼셰비키'란 이름으로 불리기도 했다. 볼셰비키는 1903년 8월 러시아 사회민주노동당 2차 대회에서 당원 정예화를 주장하는 레닌(Vladimir I. Lenin, 1870~1924) 일파가 문호 개방을 주장하는 마르토프(L. Martov, 1873~1923) 일파의 '멘셰비키'와 결별하면서 얻은 이름이다. 볼셰비키는 '다수파'란 뜻인데, 팽팽한 대결에서 가까스로 승리를 거머쥔 레닌 일파가 승리를 강조하기 위해 스스로 붙인 이름이다. 이 이름(볼셰비키)은 스탈린이 1952년 "우리는 이제 더 이상 다수파가 아니다. 우리가 당의 모두다!"라고 선언하면서 공식적으로 폐기되었다.

당원 정예화는 민주집권제(democratic centralism)의 초석이었다. '토론은 자유, 행동은 통일'이라는 민주집권제는 레닌주의의 핵심이었고 코민테른의 중심 원리가 되었다. 스탈린이 볼셰비즘을 배신했다고 주장한 트로츠키(Leon Trotsky, 1879~1940)의 비판은 '토론은 자유' 없이 '행동은 통일'만 요구한다는 데 초점이 있었다.

소련과 코민테른을 지배한 볼셰비즘은 다른 공산주의운동에 비해 외부와의 협력을 최소화하고 엄격한 규율을 강조하는 경향이 있었다. 따라서 코민테른의 지도에 따른 각국 공산주의운동은 폐쇄적인 조직성을 가졌다. 이 폐쇄성 덕분에 일본 군국주의와 같은 불리한 환경 속에서 끈질긴 생명력을 가질 수 있었고, 군국주의가 패퇴하는 시점에서는 군국주의에 대한 반감으로 광범위하게 형성되어 있던 '좌익'을 규합 동원하는 잠재력을 가지게 되었다.

코민테른의 정통 공산주의는 민족주의를 부정했다. 전술적 제휴는 가능한 상대로 보았지만, 공산당 내부의 분파 위험을 극도로 꺼렸다. 만주에서 일어난 민생단 사건의 참극도 이 때문이었다.

그런데 일본제국주의에 반대하며 형성된 조선의 좌익은 민족주의를 널리 공유했다. 공산당 조직활동을 해온 '볼셰비키' 중에도 투철한 민족주의자들이 많이 있었다. 기독교와 민족주의의 관계, 자본주의와 민족주의의 관계와 함께 공산주의와 민족주의의 관계도 해방 후 조선의 진로를 결정하는 하나의 중요한 변수가 된다.

1945. 8. 19.

조선의 기독교와 민족주의

해방 시점에서 지존의 자리를 차지한 이념은 민족주의였다. 일본 지배에서 벗어나는 상황에서 어떤 다른 이념도 민족주의에 대항할 수 없었다. 그렇다고 다른 이념들이 모두 사라져버릴 수는 없는 일이었다. 민족주의의 그늘 밑에서 나름대로 진로를 모색하고 있었다.

대표적으로 자본주의, 공산주의와 종교가 있었다. 종교 중에서 불교와 천주교는 식민지시대 동안 민족주의와 큰 교섭이 없었기 때문에 개신교와 천도교가 해방 시점에서 눈에 띄는 위치에 있었다. 이 가운데 천도교는 민족주의와 단순한 결합을 이루고 있었던 데 반해 개신교는 민족주의와 복잡한 관계를 가지고 있어서 한국사회의 진로에 특히 큰 의미를 가진 변수였다.

개신교는 1880년대에 한국 선교를 처음 시작하면서부터 정치적 의미를 강하게 띠었다. 미국인 선교의사 알렌(Horace N. Allen, 1858~1932)의 경우만 보아도 갑신정변 때(1884) 민비 세력의 중심인물 민영익을 잘 치료해 주었다는 이유로 왕실의 신임과 총애를 받아 병원도 열고, 각종 이권도 얻고, 외교무대에서 활약까지 하게 되었다. 치료 잘한 데 대한 사례를 한참 넘어서는 일이다. 일본의 힘을 견제하기 위해 서양 세력을 끌어들이는 길로 기독교를 우대하게 된 것이다.

기독교 중 천주교회는 여러 차례 박해로 조선왕조와 원한이 쌓인 사이였고, 특히 이 원한에 깊이 얽매인 뮈텔(Gustave C. M. Mutel, 1854~1933) 주교가 오랫동안(1891~1933) 교구장으로 있었던 까닭에 왕실과 협력관계를 맺기 힘들었다. 따라서 서양을 대표하는 종교로서 개신교가 왕실의 특별한 우대를 받게 된 것이다. 그후 많은 정치인들이 서양 세력을 가까이하고 싶은 동기에서 개신교를 받아들였다.

15세기 말 이후 대항해시대 유럽인의 항로 개척단계에서는 교황과 결탁한 가톨릭 국가들이 항해활동을 장악하고 있었고, 가톨릭 선교사들이 세계 각지로 퍼져나갔다. 18세기 들어 항해활동의 주도권을 넘겨받은 영국과 네덜란드 동인도회사는 교회와 긴밀한 관계를 가지고 있지 않았다. 그러나 19세기 들어 산업혁명의 결과로 경제력이 늘어남에 따라 개신교 선교활동이 크게 일어나기 시작했다. 19세기 후반에는 미국에서도 많은 선교사들이 나오기 시작했다.

중국에서는 아편전쟁 후 1840년대부터, 일본에서는 개항 후 1850년대부터 개신교 선교활동이 본격적으로 시작되었다. 1880년대에 조선에서 선교사업을 시작할 때는 활용할 만한 경험이 상당히 축적되어 있었다고 할 수 있다. 대표적인 사례가 미국 장로회의 네비우스 노선▪이다. 존 네비우스(John L. Nevius, 1829~93)가 다년간의 중국 활동을 통해 창안해 낸 교회토착화 정책을 조선 선교에 채택해 큰 성과를 거둔 것이다.

1890년대 들어 동아시아 선교사업에서 미국의 비중이 크게 늘어나

▪ 19세기 말 한국에 파견된 선교사들을 위해 미국 북장로회 선교부가 네비우스 선교사의 제안에 따라 채택한 선교정책(Nevius Mission Plan). 네비우스는 선교사업의 궁극 목적을 '독립적이고 자립적이며 진취적인 토착교회 형성'에 두고, 선교정책의 기본 이념으로 자진 전도, 자력 운영, 자주 치리(治理)의 '3자(三自)' 이념을 내세웠다.

고, 선교 노선도 개인 구원에 목적을 둔 복음주의로부터 문명 전파 쪽으로 넓혀지고 있었다. 조선에서도 교육, 의료 등 문화활동에 비중을 둔 선교사업이 감리교회와 장로교회를 중심으로 펼쳐졌다.

개신교가 한국에서 융성하게 된 데는 선교 초기의 식민지 상황이 큰 몫을 했다. 이민족의 폭압적 통치 현실에 불만을 가진 식민지인은 기독교에서 위안을 찾기도 하고 희망을 찾기도 했다. 기독교인의 정체성으로 조선인의 정체성을 대신함으로써 피지배민족의 질곡으로부터 도피하기도 하고, 서양인들과의 유대를 강화하여 그들의 도움으로 일본의 폭압이 제거되기를 바라기도 했다. 국가의 역할을 기대할 수 없는 상황이었기 때문에 종교로부터 그 역할을 대신 기대한 것이라고 볼 수 있다.

3·1운동의 대표 33인 중 16인이 개신교계였다. 억압적인 당시 상황에서도 어느 정도 조직활동이 가능했던 종교계가 앞장선 운동이기는 했지만 개신교의 비중이 참으로 컸다. 그해 6월까지 투옥된 사람 가운데 기독교인이 2,190명으로, 천도교·불교·유교계를 합한 1,556명보다 훨씬 더 많았다고 한다(『한국민족문화대백과사전』, 「기독교 II」조). 그래도 이때까지는 기독교인과 조선인의 정체성이 상당히 안정된 상태로 결합되어 있었다고 볼 수 있다.

1920년대를 지나면서 조선 기독교계에 많은 변화가 일어났다. 기독교에 대해 관용적인 일제의 '문화정책' 영향으로 억압에 대한 반감이 줄어드는 한편 서양 출신의 다른 이념인 공산주의가 새로 들어와 기독교와 충돌을 일으켰다. 또한 농촌의 황폐가 심해짐에 따라 초기 교회조직의 기반이 위축되면서 다양한 종교현상이 도시를 무대로 펼쳐지게 되었다.

1930년대의 조선 기독교계는 하나의 실체로 묶어서 고찰할 수 없을 만큼 다양한 모습으로 분화되어 있었다. 그런 가운데에서도 하나의 큰 흐름을 1925년 결성되었다가 1938년 일제의 단속으로 해소된 흥업구락부 주변에서 확인할 수 있다. 조선YMCA와 감리교회의 요인들이 대거 참여했던 이 움직임이 해방 후 남한의 기독교 발전뿐 아니라 정치 상황의 전개방향에도 많은 시사점을 보여준다.

1945. 8. 20.

식민지배가 키워준 지주층의 '민족자본'

자기보다 힘이 약한 사람이 옆에 있을 때 괴롭히려 드는 사람에게는 대개 두 가지 동기가 얽혀서 작용한다. 상대를 괴롭힘으로써 돈을 빼앗든가 무슨 이득을 취하려는 것은 쉽게 이해가 가는 동기다. 그런데 실제로 별 이득이 없는데도 괴롭히기 위해 괴롭히는 경우도 있다. 이것은 가해자가 가해행위를 통해 자아 확인을 할 필요가 있다든가 하는 심리적 문제로 이해할 수 있다.

일본은 왜 한국을 침략했는가. 결과적으로 보면 일본의 산업화에 따라 식민지가 필요했던 것으로 이해할 수 있다. 그러나 정한론(征韓論)을 들먹거렸던 1870년대의 일본은 산업화가 겨우 시작된 단계였다. 식민지에 대한 필요가 없을 때였다. 그때의 침략동기는 임진왜란과 별 차이가 없는, 국내 체제의 불안을 잠재우기 위해 외부 침략으로 위세를 과시하려는 수준이었다.

실제 식민지로 만든 1910년까지도 일본의 산업화는 근대적 의미의 식민지가 필요한 단계가 아니었다. 긴 안목으로 내다보는 사람에게는 20년 후의 필요가 감지되었을 수도 있지만, 그런 식민지로 일본에게 필요한 곳은 근대적 개발의 여지가 큰 만주와 시베리아였다. 일본 본토와 비슷한 농업사회가 자리잡고 있던 한국이 아니었다. 조선의 병합은 현실적 필요에 대한 냉정한 판단보다 단순한 야욕에 의해 이루어진 면이 크다.

그래서 조선 식민지 경영은 일본에게 그다지 수지맞는 장사가 아니었다. 통치비용의 상당 부분을 일본정부에서 지불해야 했다. 손실을 줄이기 위해 기껏 할 수 있는 일이 지세(地稅) 증대였고, 그를 위한 토지조사사업이 1910년대 식민통치의 가장 큰 내용이었다. 이 단계에서 식민지로서 조선의 제일 큰 가치는 산업화에 따라 수요가 늘어나는 일본 내 쌀의 공급에 있었다.

유럽 산업국들이 큰 파괴를 겪은 제1차 세계대전은 일본 산업화의 비약적 발전을 위한 기회가 되었다. 그에 따라 한반도에도 초보적 수준의 산업화가 시작되었지만, 그보다는 쌀 공급지로서의 식민지 조선의 기본 가치가 더욱 요구되었다. 일제 통치자들은 쌀생산을 늘리고 지세 수취를 원활히 하기 위해 소농민과 소작인을 억압하면서 지주를 보호하고 육성하는 정책을 광범위하게 시행했다. 그 결과 조선의 소작인 경작비율과 소작료율은 조선시대에 상상도 하지 못한 수준으로 뛰어올랐다.

식민통치의 혜택을 가장 크게 받은 집단이 지주층이었다. 지주층은 '친일'이라고 딱지붙인 행위를 따로 행하지 않더라도 그 존재양태 자체가 최고의 친일이었다. 전통사회에서 허용되지 않던 가혹한 조건으로 소작인을 착취할 수 있게 된 것은 일제 식민통치 덕분이었고, 그에 대한 보답으로 일본에 쌀을 보내 식민지의 임무를 수행하고 지세를 납부함으로써 식민통치의 비용을 조달했다.

전통사회에서 지주-소작인 관계는 경제적 관계만이 아니라 인간적 관계이기도 했다. 소작인은 경작하는 땅에 대해 관습적 경작권을 가지고 있었고, 지주의 소유권은 절대적인 것이 아니었다. 지주가 소작인

1930년대 미쓰코시백화점(현 신세계백화점 본점) 옥상 카페 풍경. 일본인과 조선인 부유층의 상징적
장소였던 이 건물 5층에 해방 후에는 최고로 물 좋은 댄스홀이 들어서 미군정 간부들을 끌어들였다.
총독부 간부들에게 받은 자금으로 댄스홀을 연 김계조의 간첩죄 사건을 둘러싸고 담당판사 오승근이
대법원장 김용무에게 대들다가 전남 장흥지원으로 발령을 받자 옷을 벗었다.

의 경작권을 무시하고 소유권을 자의적으로 행사하면 여론의 표적이
되기도 하고 관부의 제재를 받기도 했다.

일제의 토지조사사업은 토지소유권을 절대화했고, 산미증식정책은
소유권 행사방식을 '자유화'했다. 요샛말로 '규제철폐'였다. 조선 후기
의 조정은 지방 지주세력에 대한 통제가 약해져 소작료가 수확량의 절
반을 넘게 된 현실을 개탄하곤 했다. 식민지시대에는 소작료가 80%를
넘기는 경우까지 나타났다. 소작인의 최저생계비가 보장되지 않는 이
런 사태는 정상적 국가 경영에서는 있을 수 없는 일이다. 식민지 경영
이기 때문에 일어난 일이다. 자본주의 체제라도 지속 가능성을 염두에
둔 체제에서는 나타날 수 없는 현상이었다.

이런 상황에서 식민지 조선의 재부는 지주층에 집중되었다. 1920년

대에 나타나 1930년대에 확장된 초보적 산업화에 나선 '민족자본'의 압도적 비중을 차지한 것도 당연히 지주층이었다. 그래서 식민지 조선의 '민족자본가'들은 행동양식에서 지주층의 특성을 일반적으로 나타내게 된다.

지주층의 첫번째 특성은 지배계급으로서의 자의식이다. 자기네 활동범위 내에서 공권력의 제약을 거의 받지 않는 지주들은 자기 동네에서 왕과 같은 존재였다. 대지주들은 자기 땅을 경작하는 사람들의 인적 사항도 알 필요가 없었다. 지주와 소작인의 신분관계만 있었다. 조선시대의 전통적 양반 지주가 맡고 있던 가부장적 책임도 그들에게는 없었다.

이들 중 상당수는 전통적 양반 지주의 기반 없이 조선 말기의 혼란 속에서 치부의 기회를 잡은 아전과 모리배들이었다. 유서 깊은 양반 지주들은 이 신흥지주층의 행동양식을 따라가든지, 아니면 도태되었다. 박경리의 『토지』에 나오는 최씨 집안은 도태된 경우다. 이영훈은 『대한민국 이야기』(기파랑 2007)에서 "그들의 사회적 성공을 가져다준 일제의 식민지 지배에 협력적"이었던 이 신흥지주층이 "한국의 근대화를 주도한 계층"이 되었다고 했다. 그들이 일제에 협력적일 수 있었던 것은 소작인들을 같은 동포가 아니라 자본가인 자신에게 지배받는 노동력으로 인식했기 때문이다.

1920년대 이후엔 지주층이 산업자본으로 진출하기 시작하는데, 이때 그들은 '민족자본'의 간판을 이용했다. 일본제 경쟁상품보다 여러모로 불리한 조건을 만회하고 조선 내에서 독점적인 지위를 확보하기 위해서였다. 그들의 민족정체성은 사업을 위한 방편일 뿐이었다.

친일 여부도 이들 자본가들에게는 부차적인 문제였다. 그들은 국가의 힘에 도취된 이념적 친일파처럼 노골적으로 친일에 나설 필요가 없었다. 민족과 마찬가지로 국가도 그들에게는 사업을 위한 이용대상일 뿐이었다. 그들의 속성을 이해하고 있던 식민당국은 그들에게 노골적인 충성 표시를 요구하지 않았다. 친일과 반일의 회색지대에 그들은 서 있었고, 국가와 민족보다 더 확실한 자본가로서의 정체성을 가지고 있다고 자임했다.

식민지시대도 그들에게는 괜찮은 세월이었다. 그 세월이 끝나고 세상이 바뀔 때 그들은 지금까지의 특권을 잃고 싶지 않았다. 그리고 사회가 흘러갈 방향을 좌우할 만한 상당한 역량을 자기들이 가지고 있다고 생각했다. 온 세상이 독립과 건국 이야기만 하고 있을 때 그들은 특권을 지키려는 자기네 속셈을 드러내 떠들지 않았다. 세상의 흐름 속에서 자기네에게 유리한 것과 불리한 것을 밀고 당기며 해방된 한국의 진로에 꾸준히 작용했다.

1945. 8. 23.

소련군의 인민위원회 지지와 지원

이북 지역의 일본군 주력인 관동군 제34군의 무장해제가 함흥에서 이루어졌다. 서울에서는 15일부터 소련군과 미군이 곧 진주할 것처럼 온갖 소문이 떠돌고, 17일에는 소문에 들뜬 군중이 서울역 앞에 모여들기까지 했다. 당시 미군은 아직 어느 부대를 한국에 진주시킬지조차 결정하지 않고 있었고, 소련은 연변 방면에 주둔하고 있던 적군 제15군을 21일부터 한반도에 진주시키기 시작했다.

소련의 점령방침이 미국과 다른 점 하나가 바로 나타났다. 소련군 치스차코프(Ivan M. Chischakov) 사령관은 함경남도의 행정권을 접수하자 그 즉시 조선민족 함경남도 집행위원회에 넘겨줬다. 함흥에서는 16일 함흥형무소에서 석방된 정치범들을 중심으로 함경남도 공산주의자협의회가 결성되고, 또 건준 함경남도 지부도 결성되어 있었다. 소련군이 진주하자 두 단체가 합쳐 조선민족 함경남도 집행위원회를 만들어 도행정권을 넘겨받은 것이다.

소련군은 이 방침을 계속 견지했다. 26일 평양관구 일본군을 무장해제하고 평안남도 행정권을 접수하면서 바로 평안남도 인민정치위원회에 넘겨줬다. 15일에 조만식(曺晩植, 1883~1950)을 위원장으로 하는 평안남도 치안유지회가 결성되었다가 건준 평안남도 지부로 이름을

1945년 8월 26일 평안남도 도청에서 거행된 일본군 항복식 장면. 앉은 사람 왼쪽부터 조만식, 후루카와 평안남도 지사, 치스차코프 소련군 사령관. 소련군은 반공독재시대에 행해진 선전처럼 공산주의자들만 끼고 돌지 않고 민족주의자들을 우대했다. 오른쪽은 8월 20일 소련군의 원산항 상륙 장면.

바꿔놓고 있었다. 공산당 평안남도 지국위원회도 15일부터 현준혁(玄俊爀, 1906~45)을 중심으로 활동을 시작하고 있었다.

치스차코프 사령관은 26일 저녁 조만식, 현준혁, 일본인 지사 후루카와와 함께한 자리에서 "오늘 오후 8시를 기해 평안남도의 행정권은 조만식을 위원장으로 하는 평안남도 인민정치위원회에 인계된다"고 선언하고, 각 도의 정부가 수립된 후 통일정부가 수립될 것이며 "새 정부의 소재지는 서울에 한정되지 않는다"고 덧붙였다고 한다(송남헌, 『해방 3년사 1』, 까치 1985, 108쪽). 평안남도 인민정치위원회는 건준측 16인과 공산당측 16인, 모두 32인으로 구성되었다.

8월 31일에 평안북도 임시인민정치위원회가, 9월 13일에 황해도 인민위원회가 도행정권을 넘겨받고 9월 말 함경북도 인민위원회가 결성되어 38선 이북 5도 인민위원회체제의 얼개가 완성되었다. 소련군 사령부에는 로마넨코(Andrei A. Romanenko) 소장 휘하의 민정부를 설치했다. 10월 10일 김일성(金日成, 1912~94)이 입국할 때는 민정부의 지도 아래 북조선 5도 인민위원회 대표대회가 평양에서 열리고 있었다.

약탈, 강간 등 소련군의 횡포에 관한 이야기를 함경도에서 피난 오
신 외조부모님께 어렸을 때 많이 들었다. 소련군의 무질서한 민간인
침해행태는 당시 세계적인 명성을 떨치고 있었다. 미육군 정보국에서
는 1945년 12월 이런 내용의 보고도 있었다고 한다.

> 소련이 이북에 주둔할 의사가 있는지 의심스럽다. 그들은 조선인민
> 의 존경을 받을 일은 거의 하지 않고 그들과 멀어질 일만 일삼고 있
> 다. 그들은 점령태도에서 무례하다. (…) 약탈, 강간, 그리고 식량공
> 급과 수송을 위해 주민들의 재산을 빼앗고 징발하는 것은 붉은 군대
> 에 대한 염증만을 가져올 것으로 판단된다. (찰스 암스트롱, 『북조선 탄생』,
> 김연철·이정우 옮김, 서해문집 2006, 78쪽에서 재인용)

10월 들어 소련군의 폭력적 행태가 많이 줄어들기 시작하고 11월에
는 이북 주둔군의 20%가 여군으로 구성되어 있었다고 한다. 주둔과
점령 방법의 세밀한 면까지 그사이에 점검된 결과일 것이다. 그러나
행정을 현지인에게 맡긴다는 기본방침은 8월 하순 진주할 때부터 일
관되게 시행되었다.

미군은 소련군보다 보름 이상 늦게 진주했고, 꽤 오랫동안 총독부
산하 조직에 행정과 경찰을 맡겨놓았다. 그 이후로도 많은 일본인 간
부들을 고문으로 채용해서 역할을 맡겼다. 소련군이라 해서 현지인들
이 마음대로 하도록 아주 풀어놓은 것은 물론 아니겠지만, 인민위원회
가 상당한 책임과 권한을 누리는 상태가 한국사회의 장래를 모색해 나
가기에, 그리고 점령군과 현지인 사이에 신뢰를 쌓아나가기에 훨씬 유
리한 조건이었을 것은 틀림없는 일이다. 왜 소련군은 한 것을 미군은
하지 못했을까? 또는 하지 않았을까?

공산주의 군대의 일반적 특징, 즉 정치를 중시하는 점이 작용한 면도 있을 것이다. 공산주의 군대에서는 각급 부대에서 정치장교가 지휘관 바로 아래 차석이다. 반면 미군이나 한국군에서 민정참모는 참모 서열 5위, 지휘관과 부지휘관을 넣으면 부대 내 서열 7위다. 병사들의 기율은 아무리 엉망이더라도 소련군 지휘부의 정치개념은 미군에 비하면 프로급이었다.

그러나 지휘관의 정치능력보다 더 큰 이유가 있었을 것 같다. 소련은 현지 사정을 적극적으로 통제할 필요까지는 느끼지 않고, 형편 돌아가는 데 따라 최소한의 조정만 하면 될 것으로 판단한 것이 아닐까? 동유럽에서 소련군은 현지 주민들의 열렬한 환영을 받았고(폴란드와 동독을 제외하고) 현지 공산주의자들이 정권 세우는 것을 도와주며 최소한의 감독만 하면 되었다. 한국에서도 소련에 유리한 조건이 상당히 존재할 것으로 기대했을 것이다.

반면 미국은 신뢰할 만한 세력이 현지에 있을 것을 기대하지 못하는 입장이었다. 일본이 35년간 지배해 온 지역이고, 안정된 영향력을 입증해 온 저항조직도 없었다. 이 지역 사정이 미국의 이해관계를 거스르는 쪽으로 펼쳐지지 않으리라는 보장이 없었다. 일본의 통치체제를 그대로 유지하는 것이 가장 안전한 길로 보였을 것이다.

한국 주둔 미군과 군정청은 일본에 주둔한 맥아더 사령부 예하에 있었다. 아직 냉전체제가 분명히 드러나지 않은 때였지만, '가이진 쇼군 (外人將軍)' 맥아더는 공산주의와의 대결의식을 가다듬고 있었다. 그는 일본을 극동의 보루로 키우고 있었고, 남한 경영의 목적은 그에 종속되는 것이었다. 한국을 한국인의 손에 맡겨놓는 것보다 미국의 국익에 더 잘 들어맞는 길을 찾아낼 수 있다고 그는 생각했을 것이다. 그래서 10월에 이승만이 찾아왔을 때 그렇게 반가워했을 것이다.

1945. 8. 24.

정회(町會), 민중과의 접점

경성 120만 부민의 치안유지에 대하여 긴급히 협의하고자 19일 오후 1시부터 대륙극장에서 부내 전 총대대회를 개최한다. 아직 통지를 받지 못했더라도 총대는 반드시 시작 전까지 집합하기를 발기인측에서는 바라고 있다.

경성부내 각 정회에서는 자주적으로 연합하고 부민의 자치 강화와 자위를 담당하기로 되어 전경성정총대연합회를 조직하였다.

이 연합회는 본부와 각 구(區)에 지부 정회의 조직으로 되어 본부는 총무, 경제, 자위, 위생의 4부로 나누었는데 위원장은 소완규(蘇完奎)로 결정되었다. 본부사무소는 서대문 2정목 피어선(皮魚善)성경학원이다.

(「전경성정총대연합회(全京城町總代聯合會) 결성」,

『매일신보』 1945년 8월 18일〔위〕, 8월 24일〔아래〕)

8월 24일자 기사의 더 상세한 내용이 김영미의 『동원과 저항』에 인용되어 있다.

훌륭한 국체는 국민들의 뿔뿔이 흐터진 영웅적인 행동이나 진부한 이론으로 만드러지는 것이 아니라 반석과 가치 확고한 민중의 일상 생활을 토대로 하야 싹이 터나는 것이니 백만 경성시민은 일상생활의 질서를 혼란시키는 일이 업시 오직 조선사람의 하나로서 마껴진 바 직책과 가사에 정진하자고 소완규 외 유지들의 협력으로 결성된 것…… (김영미, 『동원과 저항』, 푸른역사 2009, 210쪽)

요즘은 '주민센터'란 간판이 붙어 있지만 대개 '동사무소'라 부른다. 그리고 나이든 분들에게는 '동회'란 이름이 더 익숙하다. 1955년 4월 동설치조례 시행을 계기로 공식적 명칭으로서 자치조직 '동회'는 행정 기구 '동'에 자리를 내주고 사라졌지만, 여전히 사람들의 기억 속에 남아 있는 것이다. 일제시대에는 '정회(町會)'라고 부르던 것이다.

정회·동회를 중심으로 '해방 전후 서울의 주민사회사'를 탐구한 『동원과 저항』에는 흥미로운 시각을 새로 열어주는 면이 많다. 주민의 일상생활에 접근한다는 점에서 거시적 현상을 추적하는 통상적 연구와 달리 상식적으로 쉽게 이해가 가는 사실들을 역사의 맥락에 맞춰 제시해 주는 장점이 있다. 읽어나가면서 「서문」의 아래 대목에 실감을 느낀다.

해방은 결코 없던 세상이 새로 나타난 것이 아니었다. 기존 체제하의 작은 변화들이 뒤엉켜 해방공간의 사회를 형성하고 있었다. 일상의 반란조차 기존의 시스템을 타고 나타났으며 의외로 형태적인 변화는 적었다. 해방 직후 사회상에 대한 조명은 식민지사회에 대한 이해 없이는 도달할 수 없음을 절감했다. (같은 책, 22~23쪽)

조선의 백성이 식민지 백성이 된 것이고, 식민지 백성이 독립된 나라의 백성이 된 것이다. 그 실체의 연속성을 제일 분명하게 확인해 주는 제도가 백성들의 생활에 가장 밀착해 있던 동회제도였다. 조선 후기에 동수(洞首)를 대표로 하는 동이 형성된 것도 주민의 자치 욕구와 국가의 통제 필요가 절충된 결과였다. 식민지시대의 정회와 총대(總代)도 양쪽 측면이 비슷한 방식으로 합쳐진 것이었다. 그리고 해방된 사회에서도 비슷한 방식으로 동회의 역할이 제기되었다.

질서유지를 1차 과제로, 신국가 건설을 궁극적 과제로 하는 건준이 지방조직을 갖춰나가는 데 인프라로서 큰 잠재적 가치를 가진 것이 도시지역의 동회·총대와 같은 주민조직이었다. 자경단, 보안대 등 해방 직후의 질서유지 조직은 이런 인프라로부터 제일 먼저 도출되었다. 전경성정총대연합회는 이런 목적으로 결성된 것이고, 9월 27일 부산에서 부산부정총대연합회가 결성된 것도 같은 목적이었다.

그런데 9월 초 인공이 출범하고 건준이 물러나자 서울시 인민위원회 최원택(崔元澤, 1895~1973) 위원장은 친일잔재 청산을 위한 시정 개혁의 일환으로 종래의 정회를 부정하고 정인민위원회를 새로 구성할 것을 주장했다. 화요파 출신 공산주의자인 최원택은 기존 정회조직의 성분이 좋지 않다고 생각한 모양이다.

위에 옮겨놓은 8월 24일자 『매일신보』 기사는 전경성정총대연합회의 보도자료에 기초해 작성된 것일 텐데, "뿔뿔이 흩어진 영웅적인 행동이나 진부한 이론"보다 "확고한 민중의 일상생활"을 중시하는 태도가 공산주의자에게 만족스럽게 보일 수 없었을 것이다. 그리고 위원장으로 뽑힌 소완규 변호사도 『친일인명사전』에 수록된 인물이다.

소완규(蘇完奎, 1902~?)는 1932년 변호사 개업 이후 정치범 변호를 많이 맡았고, 조선임전보국단과 국민동원총진회 등을 통한 친일행위가 밝혀져 있지만 악질 친일파는 아니었던 것 같다. 해방 후 전경성정총대연합회를 비롯해 몇 가지 민족사업 조직에서 활동하고 헌법위원으로 있다가 1950년 9월 납북되었다. 『친일인명사전』의 기사에서 떠오르는 모습은 나름대로 양심적인 개량주의자의 인상이다.

생활과 밀착된 주민조직인 동회(정회)에서는 비교적 보수적인 인물들이 총대로 뽑히는 경향이 있었을 것으로 짐작할 수 있다. 통치자의 필요와 주민의 자치 욕구가 절충된 조직에서 다소 보수적 성향을 보이는 것은 통치자의 필요 측면이 반영되기 때문이다. 그러나 주민의 자치 욕구가 이를 견제해서 극단으로 흐르지 못하게 하는 절충조직의 성격이 있었다. 이런 밑바닥 조직마저 친일잔재로 규정해 거부한 것은 지나친 교조주의라고 생각된다.

해방 당시에 일반인민이 바란 것은 무엇이었을까? 수십년 이민족 지배에서 벗어나 민족자결의 세상에서 살고 싶은 마음도 물론 있었을 것이다. 그러나 어쩌면 군국주의의 폭력성을 벗어나 평화를 누리고 싶은 마음, 전쟁 말기의 궁핍에서 벗어나 여유 있는 생활을 즐기고 싶은 마음이 많은 사람에게 더 절실했을지도 모른다. 그런 행복한 생활을 보장해 주는 장치로 민주주의를 바랐을 것이다.

좌익이건 우익이건 강한 정치적 열망을 가진 사람들이 일반인민의 이런 소박한 욕망을 일부러 짓밟으려 들지는 않았을 것이다. 인민이 바라는 것보다도 더 좋은 세상을 만들겠다고 나섰을 것이다. 모두 '인민의 정치' '인민을 위한 정치'가 어떤 것인지 열심히 궁리했을 것이다. 그런데 '인민에 의한 정치'에 대해서는 생각이 아쉽게 느껴진다.

풀뿌리 주민조직을 활용하려 한 건준의 노력은 적절한 것이었다. 총독부 정무총감의 협조 요청은 건준 활동의 최소한의 근거였고, 여운형과 안재홍의 명망은 인민에게 거부당하지 않을 최소한의 조건이었다.

그 근거와 조건 위에서 건준 사업의 기반조건 확충을 위해서는 주민조
직과의 접촉면을 꾸준히 지키고 키우는 것이 필요한 일이었다. 9월 초
인공 설립을 계기로 그 접촉면이 위축되면서 인민대중의 모습이 정치
현장에서 흐려지고 말았다.

1945. 8. 25.

황폐한 이념시장 안의 '적대적 공생'

보수를 자처하는 정당이나 정치인들이 합리성 등 보수주의의 전통적 덕목을 보이지 않는 것을 놓고 "이 나라에 진정한 보수가 존재하는가?" 한탄하는 사람들이 있다. 나도 그 한탄에 공감한다. 보수주의자들은 있다. 그러나 정치세력으로서 보수의 모습은 명확치 않다.

제대로 된 보수가 잘 보이지 않는 이유는 막상 생각해 보면 간단하다. 이 나라에 제대로 된 정치가 없기 때문이다.

정치란 무엇인가? 사회의 바람직한 진로를 찾아나가는 과정이다. '바람직한' 진로에 대한 생각은 엄밀히 따지면 사람마다 서로 다르게 마련인데, 사회의 수많은 구성원들이 각자 자기주장을 따로 내놓으면 현실적으로 절충해 나가기 어렵다. 정치가 제대로 이루어지는 나라에서는 국민 요구의 평균점이 대략 파악되어 있다. 그 평균점을 기준으로 빠르고 큰 변화를 원하는 사람들은 좌파, 느리고 작은 변화를 원하는 사람들은 우파라 할 수 있다.

좌파 뒤쪽의 유난히 성질 급한 사람들이 극좌고, 우파 뒤쪽의 각별히 완고한 사람들이 극우다. 극좌와 극우는 정치작용을 활성화하는 건전한 역할을 맡을 수도 있다. 그런데 현실에서는 교조주의, 모험주의, 패권주의 등의 성향으로 정상적 정치작용을 저해하는 일이 많다. 이것은 반사회적 성향을 가진 인간들의 '반(反)정치' 현상으로 이해할 수 있다. 사회의 평화와 번영을 추구하는 정치의 목적에 역행하는 것이다.

한국의 정치에 많은 국민들이 불만을 가지고 있다. 그런데 정치에 대한 비판은 대개 도덕성을 기준으로 행해진다. 합리성 기준의 비판이 보완될 필요를 나는 느낀다. 개별 정치인에 대한 비판에는 도덕성이 기준이 되더라도, 오랫동안 지속되는 구조적 문제에 대해서는 합리성 기준의 비판이 필요하다.

65년 전 한국인이 국가 차원의 정치를 시작할 때의 상황에서부터 이 구조적 문제를 검토해 보자.

좌파건 우파건 이념으로 경쟁하는 마당에서는 대중을 설득하기 위해 노력한다. 도그마를 최소화하고 합리성을 최대화해야 대중의 선택을 받을 수 있다. 가격을 최소화하고 품질을 최대화하려 노력하는 상품시장과 같은 이치다.

그런데 상품시장에도 시장실패 상황이 있는 것처럼 이념시장에도 시장실패가 있다. 인프라가 미비하면 어느 시장에서든 합리적 시장원리가 제대로 작동하지 못하고 폭력적 전술에 시장이 좌우될 수 있다. 그런 상황의 이념시장에서 극좌와 극우가, 아니 극좌와 극우를 가장한 야심가와 모리배들이 판을 친다. 대중의 자발적 선택의 길을 차단하고 책략을 통해 현실적 힘을 추구하는 것이다.

65년 전의 한국 이념시장은 인프라가 참 형편없었다. 무엇보다 일본의 식민지배 수준이 저열했기 때문이다. 식민지배라 해서 똑같이 야만스러운 것은 아니다. 20세기 전반 전세계의 식민지 가운데 조선처럼 문화수준이 높은 사회가 지방 차원의 자치경험조차 쌓지 못했던 곳은 따로 없었다. 1920년대 '문화정책'이 나름대로 식민지배의 세계적 수준을 따라가려는 노력이었으나 1930년대 일본의 군국화로 인해 원점

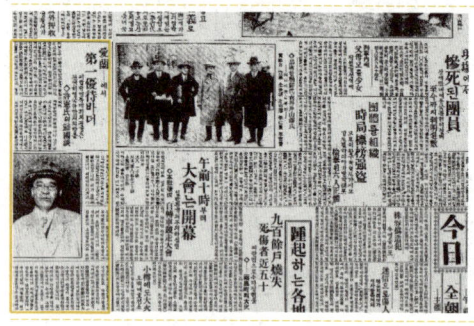

1927년 5월 14일자 『동아일보』.
테두리를 친 부분이 허헌이 아일
랜드에서 겪은 일을 기행문으로
쓴 글이고, 사진은 허헌이다.

으로 돌아갔다.

　김병로(金炳魯, 1887~1964), 이인(李仁, 1896~1979)과 함께 식민지
시대 민족주의 '변호사 3인'으로 꼽히던 허헌(許憲, 1885~1951)은
1927년 1월 영국 지배하의 아일랜드를 관광하고 그 '실질적 독립' 상
태에 경탄해 마지않았다(심지연, 『허헌 연구』, 역사비평사 1994, 56~57
쪽). 당시 세계에서 조선과 비교할 만한 문화수준을 가진 식민지의 하
나가 아일랜드였다.

　해방 시점 한국 이념시장에서 절대적 마력을 가진 상품은 '민족주
의'와 '민주주의'였다. 굶주린 사람이 먹을 것 이외의 가치를 돌아보지
못하듯, 일제의 억압 아래 굶주렸던 두 가지 이념에 맹목적으로 매달
렸다. 두 이념은 너무 절대화되어 그 본질이 오히려 퇴화할 지경이었
다. 어떤 고상한 이념도 비판적 검토 없이는 그 실질적 가치를 제대로
살리지 못하고 마녀사냥 따위에 이용되기 쉽다.

　좌익과 우익이 대립했다고 하지만, 사회주의 노선과 자본주의 노선
이 대중의 선택을 받기 위해 합리적으로 경쟁하는 모습은 거의 보이지
않았다. 압도적 힘을 가진 상표 '민족주의'와 '민주주의'를 간판으로
내건 뒤에서 책략과 폭력을 통해 정파적 투쟁이 펼쳐졌다. 이런 풍토

에서 노선을 액면대로 밝히는 순진한 중도파는 이용대상에 그칠 수밖에 없다. '반탁'처럼 비합리적인 구호라도 '민족'에 겹쳐지기만 하면 막강한 힘을 발휘했다.

제대로 작동되는 이념시장에서는 좌익과 우익의 대립이 대중의 수요를 수렴해 들어가 미세한 폭의 진동(oscillation) 상태로 안정을 취한다. 그런데 해방정국에서는 대중의 수요가 무시되거나 쉽게 조작되어 (쉽게 조작되는 것은 무시되는 것과 마찬가지다) 각 진영의 극단적 요소들이 진영논리를 통해 득세하는 '적대적 공생관계'가 이루어졌고, 그 결과는 이념의 양극화였다. 겉보기에는 양극화지만 실제로는 이념의 증발이었다. 경쟁 없는 이념에는 이념의 의미가 없는 것이니까.

각각의 진영 속에서 중도파가 몰락하고 극단파가 득세하는 과정을 이제부터 살펴보며 진영간 대결이라는 허구의 틀 속에서 어떤 현실적 투쟁이 벌어졌는지 검토할 것이다.

이와 나란히 검토할 또 하나의 변수는 미국과 소련의 역할이다. 냉전 개시를 앞둔 시점에서 두 나라의 대립과 그에 따른 이기적 점령정책이 해방 한국의 이념시장을 더욱 황폐하게 만든 측면이 크다.

 일지로 보는 1945년 8월과 9월

- **2일** 만주신문, 일본 무조건 항복설 보도로 발매금지
- **6일** 미군, 히로시마에 원자폭탄 투하
- **7일** 의친왕자 이우, 일본 히로시마에서 원자폭탄 맞고 사망(34세)
- **8일** 소련, 대일 선전포고, 경흥 일대로 한반도에 진군 / 일본, 포츠담선언의 조건부 수락 의사를 연합국에 통고
- **9일** 미군, 일본 나가사키에 원자폭탄 투하
- **10일** 미국, SWNCC에서 딘 러스크와 찰스 본스틸이 38선 초안 작성
- **12일** 소련군, 나진, 청진에 상륙
- **14일** 여운형, 총독부 엔도 류사쿠 정무총감과 치안유지 교섭에 동의
- **15일** 일황 히로히토, '무조건 항복' 조서 방송 / 조선건국준비위원회 발기(위원장 여운형, 부위원장 안재홍) / 광복 당시 서울의 학교 수는 중등학교 약 40개교, 국민학교가 약 70개교 정도
- **16일** 여운형, 휘문중학 교정에서 연설. 안재홍, 경성방송 통해 연설 / 조선공산당(장안파) 결성. 소련군이 입경한다는 풍설에 10만여 군중 경성역에 쇄도
- **17일** 인도네시아공화국 독립 선언
- **18일** 만주국 해체(황제 퇴위) / 이범석 장군 등 광복군 정진대가 중국 서안에서 미 특별기로 여의도공항에 도착
- **20일** 조선공산당 재건협의회(재건파) 결성, 박헌영 '8월 테제' 발표 / 소련군(제25군) 사령관 치스차코프 대장, 조선인민에게 첫 포고
- **21일** 건준, 선언과 강령 발표
- **24일** 소련군, 평양 진주(소련 제25군 약 12만 5천여명)
- **25일** 미소 양군의 북위 38도선 분할점령을 미국에서 방송
- **26일** 건준, 기구 및 위원 명단 발표 / 서울~해주간 유선 단절로 남북 통화 처음 끊김

- **28일** 베트남공화국 임정 수립(호치민)
- **29일** 임정, 중경에서 대외방송
- **30일** 맥아더 장군, 일본 아쓰기(厚木)비행장 도착
- **31일** 건준, 위원장 여운형 및 집행부 전원 사표 제출

9월

- **1일** 안재홍, 국민당 결성
- **2일** 일본과 연합국측 항복협정 조인식, 요코하마 근해 미 함대 미주리호 선상에서 거행 / 하지 중장 남한민중에게 포고 발표. 미 제24군단 경성지구 진주 결정
- **3일** 임정, 중경에서 조직 개편(주석 김구, 부주석 김규식)
- **6일** 건준, 조선인민공화국 선언. 한국민주당, 700여명으로 발기
- **7일** 미극동사령부, 남한에 군정 선포
- **8일** 미군 24군단 인천상륙(병력 약 7만여명)
- **9일** 경성역 앞(구 세브란스병원 앞)에서 미군의 서울입성 실황중계 / 군정 선포로 미군정 시대 개막 / 하지 중장과 아베 노부유키 조선총독이 항복조인식 거행
- **11일** 하지, 첫 기자회견을 통해 점령군으로서의 기본노선 제시
- **12일** 군정장관에 아놀드 소장 임명, 부민관에서 제 단체 대표 600여명과 회담
- **14일** 건준, 인공 선언문 및 조각 발표. 이승만을 주석에 추대했으나 11월 7일 이승만이 취임 거부
- **15일** 군정청, 경성중앙방송국 접수. 방송국은 '인공' 조각발표 방송요청 거부
- **16일** 한민당 결성(수석총무 송진우)
- **19일** 김일성 귀국. 전 조선총독 아베 노부유키 일본 도쿄로 떠남
- **20일** 미군정청 정식 발족
- **22일** 미군정, 토지소유권 변동 없음을 발표

1945. 8. 26.

건준을 외면한 자본가집단

조선건국준비위원회 기획부 전선(全鮮)직역자치조직본부에서는 26
일 전선 각 회사, 공장 등 직역 종업원들에게 격을 발하여 직역별 자
치회를 시급히 조직하여 자원 확보와 앞으로의 운영에 만전을 다할
것을 요망하는 한편 본부와의 연락을 구하였다.

「건준 기획부 전선직역자치조직본부, 자치회 조직화 요망」,

『매일신보』 1945년 9월 2일)

건준이 총독부의 협조와 지도자들의 성망을 발판으로 사업을 시작
했지만, 시간이 지남에 따라 '자원 확보'의 필요성을 절실하게 느꼈으
리라는 것은 충분히 짐작할 만한 일이다. 당면한 질서유지에서 시작해
정치의 불모지 위에 전국적 정치조직을 형성해 나간다는 건준의 목표
성취를 위해서는 방대한 인적 자원과 물적 자원이 필요했다.

여운형과 안재홍이 건준에 끌어들이기 위해 가장 공들인 상대가 송
진우였다. 그들이 송진우를 중시한 까닭은 개인의 성망만이 아니었을
것 같다. 성망만으로 보자면 조만식, 홍명희(洪命熹, 1888~1968) 등 송
진우보다 더 그럴싸한 인물이 많이 있었다. 두 사람은 송진우의 영향
력과 교섭력, 특히 김성수가 대표하는 자본가집단과의 관계를 고려하

지 않았을 리 없다.

15일에서 25일 사이에 건준 지도부와 송진우, 그리고 자본가집단 사이에 어떤 이야기가 어떤 채널을 통해 오고갔는지 밝혀주는 자료는 별로 없다. 그러나 양측의 입장으로 봐서 긴장된 의논이 적지 않았을 것이다. 9월 이후 양측의 대립은 이 시기에 보이지 않는 뿌리를 둔 것이 분명하다. 이 뿌리를 더듬기 위해 오늘도 추측을 좀 많이 해야겠다.

자본가란 식민통치자와 아무런 협력관계 없이는 성립할 수 없는 존재였다. 군국주의 정책에 앞장서는 적극적 협력은 말할 것도 없고, '민족자본'의 간판을 내걸고 통치자와 거리를 두는 입장이더라도 다년간 다방면의 사업을 성공적으로 이끌어가기 위해서는 상당한 수준의 협력이 '필요조건'이었다.

식민통치 종식이라는 체제변혁 앞에서 자본가그룹은 갈림길에 섰다. 민족모순과 계급모순의 동시 해결을 주장하는 공산주의자들에게 그들은 타도대상이었다. 비교적 양심적이라고 자부하는 자본가들은 옥석구분(玉石俱焚)의 억울함을 느꼈을 것이다.

공산주의의 위협이 없었다면 자본가그룹 속에서 분화 현상이 크게 일어났을지 모른다. 어느 사회에나 사업가들 중에는 경제논리에 따라 성실한 경영을 하는 정상적 사업가와 정치논리를 끌어들여 부당이득을 노리는 투기적 모리배들이 있다. 정상적 사업가임을 자임하는 자본가들은 일제 말기 상황에서 적극적 친일에 발벗고 나섰던 투기적 모리배들과 자신을 구분하고 싶은 마음이 있었을 것이다.

자본가 전체에 대한 공산주의의 무조건적 위협이 실제로 존재했을까? 그 위협이 그리 심각했던 것은 아닌데 해방 후의 자본가그룹이 과장해서 인식한 것이 아닐까 나는 추측한다. 자본계급의 전면적 숙청 주장이 좌익에 있기는 있었다. 그러나 실질적 저항의 길이 막혀 있던

1935년 동아일보 사장 시절의 송진우(1890~1945). 19살 때 가족 몰래 김성수를 따라 일본으로 유학을 떠난 이래 '김성수의 사람'으로 일관했다.

식민지배 상황에서는 이상주의적이고 도식적인 주장에 비중이 있었지만, 식민지배가 해소된 상황에서는 좌익에서도 보다 현실적인 주장이 힘을 얻게 되어 있었다.

여운형을 공격한 사람들은 그를 좌익으로 몰아붙였고, 그를 옹호한 사람들은 이것을 부인했다. '좌익'을 어떻게 정의하느냐에 달린 문제다. 통상적인 기준으로는 좌익이 아니지만, 군국주의 일본의 기준으로는 좌익일 수 있었다. 그를 좌익으로 몰아붙인 사람들은 군국주의 일본의 기준을 따른 것이다. 좌익의 위협을 과장해서 인식한 사람들이다.

아무튼, 여운형이 송진우를 통해 자본가집단의 협조를 청한 것은 좌익과 자본가집단 사이에 타협의 길을 열기 위한 것으로 보인다. 비교적 합리적이고 정상적인 사업가들을 향한 이런 메시지가 들리는 것 같다.

"당신들은 부득이한 상황에서 본의 아니게 식민지배에 협조한 문제를 다소간 가지고 있소. 그에 대해 책임지는 자세로 건준 사업에 협력하시오. 좌익에는 자본계급 전체를 타도해야 한다는 극단적 주장도 있지만, 좀더 합리적인 생각을 하는 사람들이 더 많습니다. 당신들이 민족사회에 자발적으로 공헌하는 책임지는 자세를 보인다면 좌익의 여론도 당신들을 옹호하는 쪽으로 움직이고 일부 악질적 자본가들만이 공격의 대상이 될 것이오."

송진우가 건준에 참여하지 않은 것은 자본가집단이 이 제안을 거절했기 때문일 것이다. 자본가들은 뛰어난 정보력을 가지고 있었다. 총독부만 하더라도 겉으로는 건준과 협력하는 모양새를 취하면서도 속으로는 자본가집단과 더 긴밀한 협력을 꾀하며 최고급 정보를 제공했을 것이다. 합리적 사업가라면 체제변혁이라는 큰 고비에서 안전한 타협의 길을 택하기 쉽다. 중국에서도 국공내전(1945~49)의 막바지에 이르러서는 대다수 자본가가 공산당 진영에 귀의하고 일부만이 국민당을 따라갔다.

자본가집단이 타협의 길을 거부하고 한민당 결성에 나선 것은 미군정의 성격이 어떤 것이 될지 꽤 정확한 정보를 얻었기 때문인 것으로 보인다. 일본을 반공의 보루로 삼기 위해 기존 체제를 가능한 한 온존시키려 한 맥아더의 정책은 15일 항복선언이 나올 시점에서 예측 가능한 것이었다. 맥아더 사령부가 지휘하는 남한 군정이 일본과 마찬가지로 기존 체제 온존을 꾀하리라는 것도 총독부의 정보력으로는 충분히 예상할 수 있는 일이었다.

26일에 건준이 직역별 자치회 결성을 독려하고 나선 것은 자본가집단의 협조를 기대할 수 없게 되었기 때문일 것이다. 성망과 명분만으로는 사업추진에 한계가 있었다. 인적 자원과 물적 자원이 필요했다. 산업현장이 인적·물적 자원을 제공할 만한 조직력을 가진 대안이었고, 그곳은 좌익의 잠재적 영향력이 큰 곳이었다.

인적·물적 자원을 산업현장에서 찾게 되고서는 건준의 좌경화는 피할 수 없는 일이었다. 자본가집단과 보수층이 건준을 통해 체제변혁에 나서는 길이 이로써 막히게 되었다.

1945. 8. 28.

알타의 배신, 폴란드의 비극

1990년 12월 22일 런던에 있던 폴란드 망명정부의 카초로브스키 (Ryszard Kaczorowski, 1919~2010) 대통령이 사임했다. 후임자는 없었다. 망명정부는 1939년 9월 파리에서 세워진 지 51년 만에 사라졌다.

본국에서 바웬사(Lech Wałesa, 1943~) 대통령이 당선되었을 때였다. 망명정부는 대통령기와 휘장, 국새, 1935년 헌법 원본 등 제2공화국의 유산을 바웬사 정부에 넘겨주었다. 그래서 바웬사 정부는 공산정권을 청산하면서 제2공화국의 법통을 이어받을 수 있었다.

1939년 폴란드공화국이 독일과 소련에게 유린당할 때 파리에 체류 중이던 상원의장 라츠키에비츠(Władysław Raczkiewicz, 1885~1947)가 대통령으로 취임하며 세워진 망명정부가 임시정부(provisional government) 아닌 망명정부(government in exile)였던 것은 제2공화국의 법통을 계승하였기 때문이다. 폴란드의 1935년 헌법에는 이런 규정이 있었다.

전쟁중에는 대통령직의 임기가 전쟁종료 3개월 후까지 연장된다. 그런 상황에서 공화국 대통령은 전쟁종료 전에 대통령직이 궐위될 경우에 대비해 후계자를 지명한다. 지명된 후계자가 승계할 경우 그 임기는 전쟁종료 후 3개월까지다.

독일과 소련의 침공을 받자 모시치츠키(Ignacy Mościcki, 1867~
1946) 대통령은 9월 17일 라츠키에비츠를 후계자로 지명하고 30일에
사임했다. 라츠키에비츠는 파리에서 즉각 대통령에 취임하고 망명정
부를 주재하기 시작했다. 이듬해 6월 프랑스가 나치에 항복할 때 폴란
드 망명정부는 런던으로 자리를 옮겨 50년 후까지도 국무회의를 격주
로 열고 있었다.

제2차 세계대전에서 폴란드 망명정부의 역할은 작은 것이 아니었
다. 폴란드 해군의 거의 전부, 그리고 수만명의 육군이 폴란드를 벗어
나 나치에 대한 항전을 계속했다. 1941년 6월에 소련이, 그리고 12월
에 미국이 참전하기 전에 연합군 중에서 폴란드군이 영국군과 자유프
랑스를 이어 세번째로 큰 군대였다. 소련 참전 후 동부전선에 편성되
어 소련군 지휘계통에 편입된 폴란드 부대도 망명정부의 지도를 받았
다. 폴란드 국내에도 망명정부를 따르는 독립군 세력이 있었다. 연합
국들은 모두 폴란드 망명정부를 승인했다.

1943년 4월 독일이 카틴숲 학살을 공개한 것은 연합국 사이를 이간
하기 위해서였다. 카틴학살은 1939년 폴란드 동부에 침공한 소련군이
포로로 끌고 간 폴란드군 장교와 지식인 등을 학살한 사건이다. 독일
은 1만명이 학살당했다고 했는데, 그후 4,443구의 시체가 확인되었다.
소련은 조작이라고 주장했고, 다른 연합국들은 그 해명을 받아들였다.
적어도 받아들이는 척했다. 그러나 폴란드 망명정부는 받아들이지 않
았다. 스탈린은 폴란드 망명정부와의 관계를 끊었다.

연합국 지도자들, 특히 처칠은 폴란드 망명정부와 소련 사이의 관계
를 회복시키려고 애를 많이 썼다. 그러나 폴란드 망명정부 입장에서

도저히 용납할 수 없는 일 몇 가지가 있었다. 카틴학살만이 아니라 1939년 침략 때 저지른 갖가지 만행을 소련이 인정조차 하지 않고 있었다. 또 소련은 1939년 침략 당시 점령했던 폴란드 영토를 돌려줄 생각이 없었다. 그리고 폴란드에 공산정권을 세우려는 소련의 방침도 망명정부로서는 받아들일 수 없는 것이었다.

1944년 말 폴란드 지역으로 진군해 들어가면서 소련은 망명정부를 무시하고 공산정권을 세울 준비를 시작했다. 1945년 1월 1일을 기해 임시정부를 출범시키고 2월 초에 열린 얄타회담에서 이것을 기정사실로 주장했다.

얄타회담 때까지도 연합국의 승리는 소련의 역할에 걸려 있었다. 그런데 그 시점에도 20만의 폴란드 장병들이 영국군 지휘 아래 독일군과 싸우고 있었다. 얄타회담에서 폴란드에 대한 배신은 이른바 '서방의 배신'(Western Betrayal) 중에서도 제일 비열한 사례로 꼽힌다. 처칠은 귀국 후 의회에서 곤욕을 치렀고, 한 의원은 항의하는 뜻으로 의원직을 사임하기까지 했다.

폴란드 국내의 독립군은 망명정부를 받들고 있었다. 망명정부는 독립군이 소련군과 '전술적 협조'를 하도록 지도함으로써 민족주의 세력의 발언권을 확보하려고 했다. 소련군은 이에 불응, 1944년 8월부터 10월까지 바르샤바 봉기에서 독립군이 궤멸당하는 것을 강 건너에서 구경하고 있기까지 했다.

전쟁이 끝난 뒤 소련과 폴란드 공산정부는 독립군과 영국군 출신을 오랫동안 탄압했다. 15만의 폴란드인이 귀국을 거부해서 영국 의회는 이들을 위해 이민법을 개정해야 했다. 그 15만과 그 자손들이 1990년까지 망명정부를 지탱해 왔다. 망명정부 청사로 쓰던 옛 대사관 건물을 영국정부가 폴란드 공산정부에 넘겨주자 대통령 사택으로 사무실을 옮겼다. 그리고 자유로운 공화국이 반세기 만에 폴란드에 되살아나자 망명정부를 거두게 된 것이다.

1945년 8월 28일 상해에서 한국독립당이 대표대회를 열고 선언문을 발표했다.

본당은 선조선열(先祖先烈)의 장엄한 전통적 민족정기를 계승하여 민주독립의 위대한 시대적 정신에 기인하여 국내외 동지 동포에게 정중히 선언을 발표한다.

본당은 유구한 역사적 계통을 가진 반일투쟁을 계속해서 강렬히 전개하여 왔다. 그러나 우리의 투쟁대상이 소멸된 이때에 있어서는 과거를 다시 검토하면서 신단계의 임무를 규정하지 아니할 수 없게 되었다.

일본제국주의가 한국에 침입한 이후 70년래로 우리는 우리 민족의 자주독립을 위하여 분전하였다. 이것은 왜적을 박멸하고 조국의 완전한 주권을 쟁취하려는 민족정신의 표현이었다. 회고하건대 갑신혁명, 갑오경장, 의병의 유격전, 독립협회, 대한자강회, 반일구국, 3·1대혁명 등은 그 대표적 운동이었다. 그 발전과정에 있어서 비록 객관적 정세로 인하여 그 환절(環節)의 대소가 불일하고 형태가 부동하였지만 금일까지 꾸준히 생장하고 발전하여 왔다. 그 최후의 환절이 곧 한국독립당이다. 따라서 혁명역사가 한국독립당에게 부여한 임무는 원수 일본의 침탈세력을 박멸하고 조국을 완전 광복하는 것이다. 본당은 여사히 유구한 연원을 가진 광영스러운 역사적 임무를 완성하기 위하여 우리의 민족운동을 복국(復國), 건국(建國), 치국(治國)의 계단으로 분기(分期) 진행할 필요를 확인하였다. 그리고 특히 건국과 치국의 전과정을 통하여 본당의 일관한 목표는 정치, 경제,

교육의 균등을 기초로 한 신민주국을 건립하는 동시에 족여족(族與族) 국여국(國與國)의 평등을 실현하고 나아가 세계일가(世界一家)의 진로로 향함에 있는 것이다. (…)

우리는 본당의 당의(黨義)와 수정한 당강(黨綱)과 당책(黨策)을 친애하는 동지 동포 앞에 제공하여서 공정한 비판을 청한다. 이에 공명하는 자매형제여 한국독립당의 기치 아래 모이자. 조국의 완전한 독립을 성취하며 또 정치, 경제, 교육의 균등을 기초로 한 신민주국을 완성하기 위하여 공동분투하자! (…)

대한민국 27년 8월 28일
한국독립당 제8차 임시대표대회

임시정부 쪽에서 움직임을 보이기 시작한 것이다. 이틀 뒤에는 임정 대표들이 중경의 미대사관을 방문해서 귀국 희망을 표명했다. 서중석에 따르면 "미국식 민주주의를 신봉하고 기독교 신자가 많은 자신들이 러시아를 배경으로 한 공산주의자들의 대거 입국 때문에 희망을 잃고 있다고 표명하고, 임정의 지도적 요인들이 점령군의 보좌역 또는 통역의 자격 등으로 입국시켜 줄 것을 요망하면서, 미국의 도움으로 입국한다면 그들은 미 점령군이나 혹은 국무성의 의사에 반하는 일을 결코 하지 않을 것이라는 비망록을 남겼다"고 한다(서중석, 『한국현대민족운동연구』, 역사비평사 1992, 275쪽).

임정 대표들이 공산주의자들을 들먹인 것을 서중석은 "미국정부로 하여금 대소 경계를 불러일으키게 하기 위한 극우적 발상"이라고 했는데 너무 각박한 논평 같다. 누추한 자세인 것은 사실이다. 그러나 몇 달 전 폴란드 사람들이 어떤 일을 겪었는지 이 사람들이 알고 있었으리라는 가정 아래 다시 살펴보기 바란다. '얄타의 배신'은 상당 기간

서방 언론을 도배한 주제였으므로 중경의 임정 인사들도 알고 있었을
것이다.

1945. 8. 30.

해방을 맞은 임시정부의 모습

1919년 봄 한국 임시정부를 칭하는 조직 7개가 나타났다. 그중에는 전 단만 뿌렸을 뿐 실체를 드러내지 않은 것도 있었지만, 서울에서 조직 된 한성 임시정부와 연해주에서 조직된 노령 임시정부, 그리고 상해 임시정부는 상당한 수준의 조직을 갖추고 있었다. 세 조직은 그해 9월 상해의 대한민국 임시정부로 통합되었다.

많은 사람들이 그때 임시정부 수립에 나선 것은 제1차 세계대전 종 전에 임해 윌슨(Thomas W. Wilson, 1856~1924)의 '민족자결주의'가 널 리 선전되면서 독립의 희망을 갖게 되었기 때문이다. 만세운동이 예상 외로 큰 반향을 불러일으키면서 이 희망은 더욱 고무되었다.

그해 초 고종이 죽은 것도 계기가 되었다. 얼마 전까지도 상해의 독 립운동가 중에는 고종을 조선에서 탈출시켜 '망명정부'를 만들 구상을 하던 사람들이 있었다. 임시정부나 망명정부나 실제 통치권이 없다는 점은 마찬가지지만, 망명정부는 실체를 인정받기에 훨씬 유리한 조건 이다. 국내외의 독립운동을 촉구하고 지도하는 데도 역시 유리하다. 명분이 집중되기 때문이다.

임시정부 없이도 독립운동은 가능하고, 실제로 해외 독립운동의 상 당 부분은 상해 임시정부와 아무 관계 없이 진행되었다. 그러나 임시정부라는 이름이 있으면 더 많은 독립운동을 이끌어내는 데도, 그리고 독립운동을 더욱 효율적으로 조율하는 데도, 또 독립운동에 대한 다른 나라의 도움을 청하는 데도 좋은 조건이 될 수 있었다.

그러나 임시정부는 소수의 사람들이 마음대로 만들 수 있는 것이기 때문에 대표성을 갖기 힘들다는 문제가 있다. 이념이나 이해관계를 공유하는 사람들끼리 각기 임시정부를 칭하며 난립한다면 대내적으로도 대외적으로도 간판의 가치가 없다. 그래서 1919년 중에 큰 조직들이 통합해서 단일 임시정부를 만들었고, 1945년까지 단일 임시정부가 유지된 것은 '임시정부'의 한계 내에서는 최대한의 대표성을 키우고 지켜낸 것이라 할 수 있다.

임시정부는 1919년에서 1932년까지 상해에 있었고, 1940년에서 1945년까지 중경에 있었다. 1932년에서 1940년 사이에는 항주, 진강, 장사, 광동, 유주, 기강 등지로 옮겨다녔는데, 그 기간에는 활동이 저조했으므로 임시정부 소재지로 중요한 곳은 상해와 중경이다. 그중 중경은 중일전쟁의 상황으로 부득이하게 중국 국민당 정부를 따라간 것이고, 임시정부가 스스로 선택한 원래 장소는 상해였다.

상해는 임시정부의 대내적 기능과 대외적 기능이 겹쳐지는 곳이었다. 대외적 기능은 여러 국가와의 교섭인데, 당시 상해는 동아시아에서 가장 국제화된 도시였다. 대내적 기능은 재외 한국인의 독립운동을 이끄는 것인데, 중국은 가장 많은 한국인들이 나와 살고 있던 나라였고 중국정부의 태도는 한국 독립운동을 좌우하는 가장 중요한 외적 요인이었다.

1919년 파리강화회담 참석 좌절로 임시정부의 대외적 기능이 막히자 임시정부의 기능은 항일운동에 집중되지 않을 수 없었다. 처음에 이승만(李承晩, 1875~1965)을 대통령으로 추대한 것은 임시정부의 목적이 외교에 치우쳐 있었기 때문인데, 임시정부가 독립운동에 집중하면서부터는 민족주의에 투철하지 못한 이승만을 축출했다.

무장투쟁의 현장인 만주·연해주 지역에서 멀리 떨어진 상해에서는 독립운동을 이끄는 데 어려움이 있었고, 중국의 혼란한 상황으로 인해 제약이 더 심했다. 초기에는 서로군정서와 북로군정서를 통해 만주 지역 독립군과 연결을 가졌으나 일본이 만주 지역에 진출하면서 이 연결마저 끊어졌다. 임시정부는 국민당 정부의 관할지역에 있었는데 국민당 정부가 일본의 만주 진출에 순응하는 정책을 취했기 때문에 어떤 협조도 얻을 수 없었다.

독립군의 활동이 중국공산당과 소련에 기대어 펼쳐지는 동안 임시정부는 외교적인 돌파구도 찾지 못하고 독립군 활동에도 연결되지 못한 채 무기력한 상태에 빠졌다. 1932년 윤봉길(尹奉吉, 1908~32)의 의거가 마침 일본의 만주 침략에 분개하고 있던 중국인들의 관심을 모아 국민당 정부와의 협력이 촉진되었다. 장개석의 예산지원을 받고 중국 중앙군관학교에 한인특별반이 만들어짐으로써 임시정부는 표류상태를 벗어나 지속적인 사업을 해나가게 되었다.

1937년 중일전쟁 발발 이후로는 장개석의 김구(金九, 1876~1949)에 대한 개인적 지원이 국민당 정부의 임시정부에 대한 공식적 지원으로 바뀐다. 그런 가운데 외부와의 연락이 거의 두절되다시피 하면서 임시정부의 국민당 정부에 대한 의존이 예속에 가깝게 되었다. 한편 북중국과 만주 지역의 독립운동은 공산당과의 연계가 깊어졌다. 이에 따라 임시정부와 북부 독립운동 세력과의 관계가 중국 국민당과 공산당의 대립·합작관계에 좌우되는 양상이 펼쳐지게 되었다.

1945년 들어 연합군의 승리가 확실해진 뒤에야 임시정부는 광복군의 작전권을 중국으로부터 넘겨받고 연합군의 일원으로 전쟁에서의

왼쪽은 상해 임시정부 청사. 오른쪽은 1923년 임시정부 의정원 신년축하식 기념사진. 앞줄 왼쪽에서 세번째가 김구.

역할을 키우려고 노력했다. 해방된 나라의 대접이 전쟁에서의 역할에 비례한다는 국제적 관례를 앞서 해방된 유럽에서 확인했기 때문이다. 하지만 큰 성과를 보지 못한 채 종전을 맞았다.

　1945년 8월 15일에 대한민국 임시정부는 연합국들에게 해방된 한국의 관리를 맡길 만큼 믿음직한 존재로 인식되지 못하였다. 일본과의 전쟁에서 뚜렷한 역할도 없었고, 국내에 조직된 지지세력도 없었다. 임시정부를 지지한 유일한 연합국인 중국은 다른 연합국의 존중을 받지 못했고, 중국마저 임시정부를 정식으로 승인하지 않고 있었다.

　연합국들, 특히 미국의 한반도정책 관계자들이 실상을 더 잘 알았더라면 임시정부의 가치를 알아볼 만한 것이 있었다. 26년 동안 민족주의 입장을 지켜온 임시정부의 일관성은 신뢰의 대상으로서 가치를 가진 한민족의 자산이었다. 반민족적인 짓은 할 수 없는 집단이라는 확실한 믿음이 어떤 뛰어난 일을 할 수 있는 능력보다도 갑자기 해방된 한국에서는 소중한 자산이었다.

1948년 들어 김규식(金奎植, 1881~1950)과 김구가 단정에 반대하며 남북협상에 나섰을 때 국민들이 보여준 뜨거운 호응이 바로 이 자산의 가치가 드러난 것이다. 그 2년 전, 좌익진영이 아직 굳어지기 전에, 이승만·한민당의 단정 노선이 형성되기 전에, 극한적인 반탁 대신 그런 협상의 자세를 보여줬다면 얼마나 큰 효과를 일으켰을까.

해방 시점에서 임시정부라는 민족의 자산은 완성된 건축물이 아니었다. 한덩이 좋은 목재였다. 대들보로 삼을 수도 있고 기둥으로 쓸 수도 있는 목재였다. 해방은 임시정부에게 종착역이 아니라 출발점의 의미가 더 큰 기회였다.

국내의 지도적 인사들 중에 해방을 맞아 임시정부를 받들겠다, 임시정부에 주도권을 맡기겠다고 나선 사람들이 많았다. 그중에는 임시정부의 가치를 진심으로 아끼고 그 가치가 잘 살아나기 바란 사람들도 있었지만, 임시정부를 내세워 다른 세력을 견제하려는 정략적 태도도 있었던 것 같다. 9월이 되면 그들이 모습을 나타내기 시작한다.

1945. 8. 31.

식민지시대의 엘리트계층

눈치만 살피고 있던 '실력자'들이 움직이기 시작했다. '전재동포 구제' 같은, 비난받을 염려 없는 명분 아래 함께 뭉칠 접점을 만들기 시작한 것이다.

(…) 중국, 일본, 만주 등 각처에서 거리에서 방황을 하며 형언키 어려운 고초를 겪고 있는 동포들이 수백만이나 되는 형편이므로 이들 곤경에 빠져 있는 동포들을 구원하고자 8월 31일 오후 1시 경성부 수송정(壽松町) 중동학교(中東學校) 대강당에서 유지 다수 참석하여 조선재외전재동포구제회 창립총회를 개최하였다. 이 회에서는 돈이고 물건이고 힘닿는 대로 유지들의 기부금을 거두기로 되었는데 사무소는 경성부 태평통(太平通) 전 조선일보사 일층이며 이 회의 역원은 다음과 같다.

위원장: 유억겸(俞億兼)
부위원장: 소완규(蘇完奎), 김상의(金相毅)
총무부장: 조기금(趙基棽)
구휼부장: 이용설(李容卨)
선전부장: 정태희(鄭泰熙)

재정부장: 김경호(金競浩)

간사: 이해규(李海珪), 홍종헌(洪鍾憲),이봉업(李鳳業), 원용훼(元容毀), 최주용(崔周容)

고문: 김성수(金性洙), 김활란(金活蘭), 김병로(金炳魯), 김관식(金觀植), 김응순(金應珣), 조만식(曺晚植), 도용호(都容浩), 이종린(李鍾麟), 여운형(呂運亨), 이종만(李鍾萬), 백관수(白寬洙), 방응모(方應模), 송진우(宋鎭禹), 서상일(徐相日), 안재홍(安在鴻), 양주삼(梁柱三), 윤하영(尹河英), 윤희중(尹希重), 윤홍렬(尹洪烈), 윤상은(尹相殷), 최석모(崔錫模), 허헌(許憲), 홍명희(洪命熹)

평의원 : 김준연(金俊淵), 김도연(金度演), 고황경(高凰京), 정인보(鄭寅普), 이숙종(李淑鍾), 류석현(劉錫鉉), 이상은(李相殷), 오한영(吳漢泳), 윤보선(尹潽善), 양윤식(楊潤植), 유각경(兪珏卿), 최승만(崔承萬), 황신덕(黃信德)

「조선재외전재동포구제회 창립총회」, 『매일신보』1945년 9월 2일)

색글자로 표시된 이름은 『친일인명사전』에 등재되어 있다. 사전에 등재된 사람들은 대개 종교(특히 개신교)·교육·여성계 인사로, 식민지 조선에서 최고의 교육을 받은 상류층 사람들이다. 친일파라도 친일을 통해 출세한 것이 아니고 자기 능력과 노력으로 출세한 뒤에 일제의 포섭을 받은 사람들로, 식민지 엘리트층이다.

식민지 엘리트층의 가장 중요한 지표가 교육수준이었다고 나는 생각한다. 물론 재산도 중요한 지표이고, 교육수준과 큰 상관관계를 가진다. 그러나 급격한 문명전환을 겪고 있던 당시에는 새 문명체계를 어떻게 받아들이느냐 하는 것이 평상시보다 엄청나게 큰 의미를 가지고 있었다.

실제로 식민지시대 초기에 일본 명문대학에 유학한 사람들은 다른 배경 없이도 20대 나이에 언론사와 학교의 간부로 발탁되어 일반 기자와 교사들의 몇 배 되는 봉급을 받는 일이 예사였다. 서양에 유학한 소수의 사람들은 유학 사실만으로 명사 대접을 받았다. 이승만이 인품에 비해 과도한 명성을 누린 한 가지 중요한 원인이 '미국 박사'였다. 서양 유학은 거의가 선교사들의 도움으로 미국에 가는 것이었다.

식민지시대 후기가 되면 국내의 중등교육도 확충되고 일본 거주 조선인도 늘어나면서 본인의 능력만으로 유학하는 고학생이 늘어나지만, 초기에는 유학 자체가 상당한 배경을 필요로 했다. 따라서 초기에는 유학생 수도 적고 그 대부분이 식민지 특권층과 긴밀한 관계에 있었다. 그런 의미에서 개신교회도 일종의 특권층이었다.

정병준의 『우남 이승만 연구』(역사비평사 2006)에 '국내 인맥의 기원'을 밝힌 절이 있는데, 그 가운데 이승만이 1899~1904년의 옥중생활중 기독교로 끌어들인 수감자 집단이 눈길을 끈다. 배재학당 시절부터 선교사들과 친밀한 관계를 맺어온 이승만은 1902년 옥중에서 세례를 받고 이후 열성적으로 죄수들에게 전도해 40여명의 죄수와 심지어 옥리까지 개종시켰다고 한다.

이승만이 인도한 동료 죄수 중에는 이상재(李商在)·이승인(李承仁) 부자, 유성준(兪星濬, 1860~1935. 유길준의 동생), 이원긍(李源兢, 1849~?), 홍재기(洪在箕), 신흥우(申興雨, 1883~1959) 등 고위층 인사들이 많이 있었다. 이들은 출옥 후 YMCA를 중심으로 활동하며 그때까지 비교적 낮은 계층에 치중돼 있던 조선 기독교회의 위상을 격상시켰다. 그리고 대부분이 이승만의 중요한 지지자가 되었다. 또한 식민지시대 엘리트층 가운데 교회와 연결된 미국유학파의 초석이 되었다.

이승만이 개종시킨 감방 동료들 중 대부분은 독립협회 활동을 통해 이승만과 접촉을 가졌던 개화파 지식인들이었다. 이들이 1902년에서 1904년 기간에 옥중에서 기독교를 받아들이고 이승만의 지지자가 된 이유는 무엇일까? 그중 이상재(李商在, 1850~1927)는 초년의 미국공사관 근무를 비롯해 고위관직을 지내고 독립협회 부회장을 역임하는 등 지도자의 위치에 있던 사람인데, 개종 이후 20여세 연하의 이승만을 오히려 지도자로 받드는 것처럼 보일 정도로 극진하게 뒷받침해 주었다.

이 그룹의 개종에 새로운 정체성 모색의 뜻이 있었다고 나는 생각한다. 일본과 대한제국 양쪽에 환멸을 느낀 독립협회의 민족주의자들이 제3의 길을 찾은 것이라고. 국가가 국가 노릇을 못하는 상황에서 침략자에게 투항하지 않는 길로 기독교를 택한 것이 아닐까?

3·1운동에 대해 이 그룹 인사들이 애매한 태도를 취한 것도 여기에 원인이 있는 것 같다. 개신교회가 3·1운동에서 주도적 역할을 맡은 데 비해 이 그룹과 연결된 교회 엘리트층은 참여를 거부하거나 드러나지 않는 위치를 지켰다. 민족정체성을 부정하지는 않지만 기독교인으로서의 정체성을 더 중시한 이 그룹의 성향이 나타난 것으로 보인다. 두 정체성 사이에서 예민하게 갈등하지 않아서 만세운동에 전심전력으로 임한 낮은 신분의 교인들과 차이가 있었을 것 같다.

유억겸(兪億兼, 1895~1947)이 조선재외전재동포구제회(朝鮮在外戰災同胞救濟會, 이하 '구제회'로 줄임) 위원장을 맡은 것을 보며 이 그룹 생각이 났다. 연희전문 교장이던 유억겸은 유길준의 아들로서 옥중 개종그룹 멤버였던 유성준의 조카다. 이 그룹을 이어받은 기독교파 엘리트층의 대표적 인사였다. 부위원장인 경성정총대연합회 위원장 소완규는 약간의 친일행위에도 불구하고 대중적 성망을 유지하고 있던 변호사였다.

열렬한 민족주의자가 아니면서 대중의 호감을 모을 수 있는 인물들을 앞세워 인도적으로 타당성 있는 사업을 내세운 것이 이 구제회였다. 당시 서울에는 일본과 중국에서 귀환하는 동포들의 수용 문제가 심각해지고 있었다. 이들을 '구제'하는 것도 중요한 인도적 과제였고, 또한 정치적 동원의 대상으로서 잠재적 가치를 가지고 있었다. 이들에게 도움을 줄 '실력'을 가진 집단이 존재를 드러낸 첫 움직임이 이 구제회였다.

고문단을 비롯한 구제회의 인적 구성을 보면 상당한 흠을 가진 친일파 집단부터 투철한 민족주의자까지 망라되어 있다. 민족주의자들은 실력을 가진 집단이 이런 명분 있는 사업을 통해 경미한 친일행위에 대해 책임지는 자세를 보이면서 민족주의의 길에 합류하기를 바라는 마음으로 호응했을 것이다. 한편 실력자 집단은 자기네 실력을 과시하면서 가급적 유리한 타협의 길을 모색하고 있었을 것이다.

결과적으로는 민족주의자와 실력자 집단의 타협은 동상이몽으로 끝나고 말았다. 그렇다고 타협의 모색이 원천적으로 불가능한 일이었다고 단정할 수는 없다. 실력자 집단은 민족정체성보다 엘리트의 정체성을 앞세우는 경향이 있었다. 엘리트로서의 특권이 어느 정도 보장된다면 민족주의와 타협할 수 있는 입장이었다. 그 특권을 철저히 부정하는 좌익이 그들에게는 기피대상이었고, 좌익의 위협을 완화하기 위해 민족주의와 타협할 동기가 있었다.

그런데 그들이 민족주의와 타협하고 건준에서 좌익과 경쟁할 것을 거부한 것은 무슨 까닭이었을까? 며칠 후 그들이 한민당을 결성해 건준을 맹렬히 비난하고 나서는 상황을 면밀히 살펴봐야겠다.

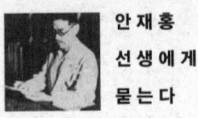
안 재 홍
선 생 에 게
묻 는 다

'만일의 사태'에 대비해 온 사람들

김기협 선생님 15일부터 많이 바쁘셨죠? 16일 오후 3시에 경성방송
국에 가서 연설방송을 하고 바로 휘문중학으로 건너와 군중
에게 하신 연설을 들은 어느 중학생이 "운집한 시민들 앞에서 말할 수
없이 초라한, 어떻게 보면 걸인 같은 모습의 한 50대 중반의 신사가 해
방된 민족의 앞날에 관하여 열변을 토하고 있었다"고 회고한 것을 보
았습니다(『역사에 민족의 길을 묻다』, 153쪽). 많은 사람들 앞에 나서면
서 차림에 너무 신경을 안 쓰신 것 아닙니까?

안재홍 내 풍채가 원래 변변찮아서 아무리 차려입어봤자 별수도 없
지만 옷 갈아입을 틈은커녕 며칠씩 잠도 못 자고 지냈습니다.
14일 밤 해방을 알고서부터 너무 좋아서 밥을 안 먹어도 배고픈 줄 모
르고 잠을 안 자도 졸린 줄을 모르겠더니, 며칠 안 가 한계에 이르렀습
니다. 이제 늙었나 봅니다.

김기협 55세면 한창 일하실 나이인데, 늙으셨다뇨. 하지만 몹시 피곤
해 보이시기는 합니다. 건강에 별문제는 없으신지요? 1943년
초 조선어학회사건으로 홍원경찰서에서 고생하면서 건강이 많이 상하
셨다는 이야기는 들었습니다.

안재홍 아, 홍원경찰서! 지독했습니다. 3·1운동이 있던 해부터 시작해 전후 8차, 연 7년간 옥중생활을 했으니 감옥살이에는 이골이 날 만한데도 홍원경찰서는 정말 힘들었습니다. 두 분이 거기서 돌아가셨죠. 12월 20일에 끌려갔다가 석 달 만에 나왔는데, 한 달만 거기 더 있었어도 살아서 나왔을지 죽어서 나왔을지 알 수 없는 일입니다. 맞습니다. 그때 팍삭 늙어버렸습니다.

김기협 민족지도자들 중에 여운형 선생과 선생님, 두 분이 가장 끝까지 옥고를 겪은 분들로 알려져 있습니다. 건준 사업을 일본인들이 두 분께 부탁하면서 그 점도 생각하지 않았을까요? 인민의 신뢰를 받을 수 있는 분들이라고.

안재홍 해방되던 날까지 고생한 분들이 숱하게 많죠. 특히 좌익 쪽에. 몽양이나 나는 나이도 있는 편이고 신문사 대표를 했던 사람이니까 사람들 입에 많이 오르내린 거죠. 일본인들이 좌익 사람들에게 부탁할 생각도 없었을 거고요.

몽양은 나보다 다섯살이나 연상인데, 그때 들어가기는 하루이틀 상관으로 들어갔다가 나보다 넉 달이나 오래 붙잡혀 있었어요. 다행히 홍원경찰서처럼 끔찍한 데는 아니라서 살아나오기는 했지만, 출옥한 이튿날 찾아가 보니까 얼이 다 빠져 있더라고요. 늘 그렇게 씩씩하던 분이 아주 참혹한 모습이 되어 있습디다.

총독부에서 우리에게 질서유지 협조를 부탁한 것은 '만일의 상황'을 터놓고 얘기해 왔기 때문이지요. 전쟁 막바지 그 엄혹한 상황에서 일본인 고관, 장군들에게 "너희들 전쟁 지면 어떻게 하나? 대비책을 만들어놔야 하지 않냐?" 소리를 대놓고 한 것은 우리 둘뿐이었던 것 같습니다. 하긴 막판까지 감옥살이를 한 입장이니까 그런 말을 거리낌없이 할 수 있었던 것이긴 하죠.

김기협 전쟁에 질 가능성을 입에 올리기만 해도 반역죄에 걸릴 상황이었는데, 그런 말씀을 거리낌없이 하셨다니 정말 대단하십니다. 그 말을 들은 일본인들이 기절하거나 발광하지는 않았습니까?

안재홍 "거리낌없이"는 좀 과장입니다. 기절, 발광할 사람들한테 함부로 말하지는 않았죠. 원래 소심한 나는 말할 것도 없고 몽양 같은 호걸도 그 얘기 하는 데는 무척 조심했죠.

1943년 출옥 후 우리를 전향시키려고 자꾸 집적거리는데, 말귀도 안 통하는 조무래기들한테 마음에도 없는 소리로 하루하루 둘러대면서 지내다 보니까 안 되겠어요. 마침 경기도 경찰부장 오카 히사오씨가 이해심도 있고 배짱도 있는 사람이라서 마음먹고 한번 이야기를 했더니 심각하게 받아들이더군요. 작년 12월 초였습니다. 그후로 그에게 전해 들은 요인들이 의논을 청해 와서 몇 차례 자리가 있었습니다. 지난 5월 하순 백운장에서 몽양과 함께 니시히로 경무국장 등 몇 사람을 만났을 때는 '민족대회' 소집 제안 등 구체적인 방법까지 의논하기에 이르렀죠.

이런 과정을 갖고 몽양과 나를 '친일'했다고 손가락질하는 사람들이 있는데, 그런 친일이라면 백번이라도 합니다. 맞아요. 일본사람들 걱정해 주는 입장에서 꺼낸 얘깁니다. 일본인 스스로를 보호하는 방책이 조선인 피해도 줄이는 방향이 되기를 바란 것입니다. "위기가 곧 기회"라는 말은 뒤집어보면 "기회가 곧 위기"이기도 한 것입니다. 합리적 대책을 마련해 두지 않으면 혼란 때문에 불필요한 희생이 일어날 것을 걱정한 것입니다.

일본인들 사이에서 이 얘기가 널리 알려지니까 거품을 물고 펄펄 뛴 자들도 있었던 모양입니다. 특히 헌병대 쪽에서요. 시골집 습격 음모가 있다고 오카 부장이 알려줘서 마지막 몇 달은 서울시내에서 숙소를 자주 옮겨가며 지냈습니다.

김기협　패전 상황을 걱정해 준 것이 '친일'이라면 정말 자비롭고도 용감한 친일이군요. 그런 데 어떤 사람들이 손가락질을 할지는 안 봐도 빤합니다. 자기 뒤가 구린 사람들이 남 걸고넘어지는 데 열심이죠.

민족자주, 호양협력, 마찰방지의 3대 원칙을 두 분이 내세웠고, 일본인 요인들 중에도 그 필요성을 인식한 사람들이 있어서 항복 시점에 두 분의 협조를 요청한 것이었죠. 그래서 항복선언 즉시 건국준비위원회를 세우시게 된 것이고요.

해방 후 두 주일 지난 시점에서 전망이 어떠하신지? 어떤 어려운 점을 느끼시는지?

안재홍　시작단계에서 섣불리 전망을 얘기할 일은 아닙니다만, 생각보다 어려운 점을 꽤 느낍니다. 건준을 통한 활동은 한계에 온 것 같습니다.

첫째, 일본인들이 우리에게 협조를 요청해 놓고도 자기네가 할 협조를 잘 안 해줍니다. 무엇보다도 정보를 충분히 제공하지 않아요. 총독부와 일본군이 어떤 조치를 취해 나갈지 계획을 정확히 알려주지 않고 있습니다. 지금 돈을 엄청나게 찍고 있다는데, 어디에 뿌리고 있는지도 우리는 모르고 있어요. 우리와의 협력관계에 대해 간부들 사이에 저항이 꽤 있는 것 같습니다.

둘째, 건준 참여를 주저하는 사람들이 많습니다. 우리가 충분한 정보를 얻지 못하는 데서 파생되는 문제이기도 합니다. 온갖 허황한 소문이 떠돌고, 각자 자기에게 유리한 쪽으로 상황을 판단합니다. 좌익 사람들은 소련군이 진주할 것이라고 하고, 우익 사람들은 미군이 들어올 것이라고 하는 식이죠.

셋째로, 건준을 함께 하겠다고 모인 사람들도 전심전력으로 달려들지 않고 각자 다른 궁리들을 하고 있습니다. 특히 좌익 사람들. 건준을 꾸린 바로 그날 밤에 공산당 설립 모임이 있었다는군요. 일에 선후가 있는 것이지, 당파 만드는 일이 나라 세우는 일보다 급할 수 있습니까? 이튿날 몇 사람과 앉았을 때 신간회 망치던 짓을 또 되풀이할 거냐고 따졌더니, 이번에는 절대 그런 일이 없을 거라고 다짐하더군요. 그러나 쓸데없는 다짐이었습니다.

3

———

남과 북 점령군의
서로 다른 모습

———

1945년 9월 1 ~ 15일

1945년 9월 미군 전투기에서 내려다본 세종로.

1945. 9. 1.

'건국'의 주체가 되지 못한 건국준비위원회

건준은 8월을 넘기지 못하고 심각한 파탄을 드러냈다. 8월 31일 위원장 여운형이 사퇴했고, 뒤이어 부위원장 안재홍과 집행부 간부들도 내부혼란의 책임을 지고 총사퇴했다. 며칠 후 35인 간부회의에서 지도부 재신임이 의결되었지만 다시 며칠 되지 않아 건준 일부에서 인공을 선포하자 건준은 자취를 감추고 만다.

건준의 좌절을 놓고 좌익 책임이니 우익 책임이니 따지는 얘기가 많았는데, 나는 총독부에 근본적 책임이 있다고 생각한다. 총독부가 진심으로 협력할 생각 없이 건준을 이용하려고만 했기 때문에 건준의 입지가 없었던 것이다.

구체적 갈등의 사례야 수없이 많지만, 그것들은 모두 우발적 사건으로 치부할 수 있다. 근본적 문제는 총독부가 건준에게 '협력'만을 요구하고 상응한 권력이양을 거부한 데 있다.

총독부는 16일 안재홍의 방송 직후 그 내용 중에 '질서유지'를 넘어서는 건국사업 이야기가 들어 있다고 항의하며 건준 해산을 들먹였다. 20일에는 경기도 경찰부장이 모든 정당, 단체의 해산을 명령하면서 건준에게도 이름에서 '건국'을 뺄 것을 요구했다. 그동안 일본 군경과 건준 치안대 사이의 충돌이 꼬리를 물고 있었다.

15일 아침 여운형이 엔도 정무총감과 만났을 때, 두 사람이 계약서 쓰고 도장 찍지는 않았을 것이다. '지금 상황이 이러한데, 지나친 혼란은 우리에게나 당신네에게나 피차 바람직하지 않은 것이니 함께 도와가며 혼란을 최소화하도록 노력합시다' 하는 원칙에 공감을 확인하고 약간의 구체적 방법을 의논했을 것이다. 8월 16일 휘문중학 연설에서 여운형이 발표한 5개항은 의논한 내용 중 대중에게 발표하기 적합한 일부를 정리한 것이었을 것이다.

거래란 받는 것이 있으면 주는 것도 있어야 하는 법이다. 총독부는 '질서유지 협조'를 절실하게 필요로 하고 있었다. 아직은 총독부가 형식적 통치권과 실질적 무력을 갖고 있지만 정권 이양과 무장해제 방침은 이미 정해져 있었다. 질서가 무너지면 총독부가 감당할 수 없는 상황이었다. 총독부가 여운형과 건준을 월급 주고 고용하는 것도 아닌 이상 여운형과 건준에게, 그리고 그들을 통해 한국인에게 뭔가 도와주는 일이 있어야 했다.

도와줄 일이 뭐가 있었을까? 건국 준비보다 더 중요한 일이 뭐가 있었겠는가? 총독부와 일본군의 순조로운 퇴출을 도와주는 작업은 그 자체가 건국 준비의 뜻을 가지는 것이었다. '질서유지'를 적극적으로 할 수 있도록 총독부가 건준을 도울 수 있는 대로 돕는 것이 바로 한국 건국을 도와주는 길이었다.

정치적 야심이 있는 사람이라면 이런 작업을 맡는 것이 정치 주도권을 쥘 좋은 기회임은 말할 나위 없다. 일본이 연합군에 항복하면서도 어느 시점에 누구에게 항복하느냐를 놓고 흥정 밑천을 삼을 수 있었던 것과 마찬가지로 항복선언 시점에서 누구에게 협조를 청하느냐 하는 것이 총독부가 쥔 칼자루일 수도 있었다.

총독부의 선택에는 현실적 제약이 있었다. 친일파 딱지가 너무 선명한 사람에게 맡겨서는 한국인을 설득할 수 없었다. 명망 있는 거물이면서 친일파가 아니고, 그러면서도 일본의 순조로운 퇴출에 동의할 만한 대국적 식견을 가진 사람을 찾아야 했다.

그래서 여운형을 선택한 것이다. 그런데 여운형과 건준의 성공을 도와주려는 태도를 보이지 않았다. 건준이 한국인의 신뢰를 모으고 지키기 위해서는 총독부와 너무 가까운 관계는 피할 필요가 있었다. 그래도 건준의 요구에 따라 총독부와 일본군이 필요한 조치를 취할 만한 것은 얼마든지 있었다. 그런데 오히려 '질서유지'의 의미를 좁게 제한하고 '건국사업'을 막으려고만 들었다.

여운형과 안재홍이 송진우를 건준에 끌어들이기 위해 공들인 데는 송진우와 연계된 자본가그룹으로부터 인적·물적 자원을 지원받으려는 의도가 있었을 것이다. 송진우가 움직이지 않자 민중에게 손을 내밀지 않을 수 없었고, 그것이 26일 전선직역자치조직본부의 움직임이었다. 건준에서 좌익의 역할을 키워주는 길이었다.

건준은 발족 직후부터 광범위한 지지층을 확보하기 위해 전국유지자대회를 열려고 노력했으나 어수선한 가운데 지연되고 있었다. 송남헌은 『해방 3년사』 1권에서 박헌영계 공산주의자들에게 이 지연의 책임이 있다고 했다(45쪽). 18일에 여운형이 괴한의 습격을 받아 1주일간 활동을 못하면서 대회 개최가 계속 늦춰졌다.

25일 건준 지도부와 우익인사들이 만나 전국유지자대회 대신 확대위원회를 열기로 하고 62명의 확대위원 명단을 작성했다. 그런데 그날 밤 건준측에서 일방적으로 73명을 추가해 발표하는 바람에 신뢰가 무너져버렸다. 여운형이 퇴원하던 25일까지는 공산주의자들이 건준의 요충을 장악한 것으로 보인다.

아래 붙이는 9월 1일자 『매일신보』 기사의 명단이 25일에 작성된 것이 아닌가 생각된다. 2일에 열려던 확대위원회도 결국 열리지 못하고 말았다.

건국준비위원회에서는 2일 오후 5시부터 경성부 안국정 휘문소학교 준비위원회 사무실에서 동회 위원 선정 후 제1회 위원회를 개최하기로 되어 1일 그 안내장을 발송하였다. 이날 위원회에서는 그동안 정세의 성숙과 사업발전에 따라 널리 각계각층으로부터 진보적인 의사를 대표할 만한 인물을 망라하여 한층 더 강력한 지도부를 확립할 터이며 따라서 이 준비위원회 중앙집행부 전원은 지난 8월 31일 총사직장을 여위원장에게 제출하였으므로 여위원장 통솔하에 새 중앙집행위원 선거를 비롯하여 여러 가지 당면한 요구를 협의하게 될 터인데 안내장을 받은 이는 다음의 135명이다.

위원

오세창(吳世昌), 권동진(權東鎭), 여운형(呂運亨), 허헌(許憲), 안재홍(安在鴻), 홍명희(洪命憙), 조만식(曹晩植), 김성수(金性洙), 명제세(明濟世), 김항규(金恒圭), 권태석(權泰錫), 이인(李仁), 정백(鄭栢), 조병옥(趙炳玉), 이두열(李斗烈), 이증림(李增林), 최규동(崔奎東), 백관수(白寬洙), 김도연(金度演), 이극로(李克魯), 최현배(崔鉉培), 조동우(趙東祐), 이영(李英), 정재달(鄭在達), 최선익(崔善益), 윤홍렬(尹洪烈), 조한용(趙漢用), 도유호(都宥浩), 이만규(李萬珪), 김중화(金重華), 김병숙(金丙淑), 원세훈(元世勳), 박찬희(朴瓚熙), 오봉선(吳鳳善), 이유필(李裕弼), 이강국(李康國), 최용달(崔容達), 구자옥(具滋玉), 김교영(金敎英), 이영학(李英學), 김명수(金銘洙), 방응모(方應謨), 유억겸(兪億兼), 손재기(孫在基), 이규갑(李奎甲), 김준연(金俊淵), 이여성(李如星), 정인보(鄭寅普), 백남운(白南雲),

최익한(崔益翰), 서세충(徐世忠), 최익환(崔益煥), 이광(李珖), 이승복(李昇馥), 류석현(劉錫鉉), 함명찬(咸明燦), 이종수(李鍾洙), 김약수(金若水), 정구충(鄭求忠), 함상훈(咸尙勳), 송진우(宋鎭禹), 장덕수(張德秀), 양재하(梁在廈), 홍기문(洪起文), 정열모(鄭烈模), 윤형식(尹亨植), 이용설(李容卨), 고경흠(高景欽), 홍증식(洪增植), 양주삼(梁柱三), 홍영전(洪永傳), 이관구(李寬求), 김양하(金良瑕), 서광설(徐光卨), 이의식(李義植), 박문규(朴文圭), 김관식(金觀植), 강기덕(康基德), 정세용(鄭世容), 정운영(鄭雲永), 현동완(玄東完), 이원혁(李源赫), 허영호(許永鎬), 박명환(朴明煥), 김진국(金振國), 나태휘(羅泰彙), 김광진(金光鎭), 최근우(崔謹愚), 장준(張埈), 오하영(吳夏英), 최용복(崔容馥), 이규봉(李圭鳳), 정운해(鄭雲海), 박형병(朴衡秉), 홍남표(洪南杓), 김성수(金成壽), 오덕연(吳德淵), 전영택(全永澤), 김법린(金法麟), 이 수(李 洙), 윤병호(尹炳浩), 이종익(李鍾翊), 김세용(金世鎔), 이병학(李丙學), 정의식(鄭宜植), 장권(張權), 정진용(鄭珍容), 이관술(李觀述), 김태준(金台俊), 김병찬(金炳燦), 이선근(李瑄根), 김리용(金利龍), 최윤동(崔允東), 백남훈(白南薰), 김석황(金錫璜), 김양수(金良洙), 박의양(朴儀陽), 주의국(朱義國), 이우식(李佑植), 이용(李鏞), 정일형(鄭一亨), 서상일(徐相日), 구여순(具汝順), 이봉수(李鳳洙), 채규항(蔡奎恒), 고지영(高志英), 주종의(朱鍾宜), 김홍진(金弘鎭), 박병원(朴秉源), 한림(韓林), 김성업(金性業), 한설야(韓雪野), 최성환(崔星煥), 이상훈(李相薰), 이동화(李東華), 정화준(鄭和濬) 이상

「건준, 제1회 위원회 개최를 위한 초청장 발송(135인)」,

『매일신보』 1945년 9월 1일)

여운형이 좌익과 우익 사이에서 샌드위치 신세가 된 꼴이다. 그런 상황을 만들어놓은 것이 총독부의 협조 거부를 넘어서는 건준 박해였다. 건준이 총독부의 적극적 협조를 받고 있었다면 송진우 일파가 그토록 냉담한 태도를 취할 수 없었을 것이고, 건준이 무기력하게 공산주의자들 수중에 떨어지는 대신 좌우익간의 공개적 경쟁의 장이 되었을 것이다.

총독부는 여운형에게 협조를 부탁하면서도 실제로는 건준의 협조를 요긴하게 여기지 않고 있었다. 맥아더는 항복선언 두 주일 후에야 일본에 상륙했지만, 그 두 주일 동안 일본정부와 맥아더 사령부 사이에 온갖 의논이 오고갔을 것이다. 맥아더 취향의 통치노선도 드러나고 새로운 정보의 일부는 조선총독부에도 계속 전해지고 있었을 것이다. 그에 따라 건준의 협력에 대한 총독부의 수요는 계속 줄어들었을 것이다.

1945. 9. 2.

전쟁광 맥아더의 손에 맡겨진 극동지역

일본과 연합국측의 항복협정 조인식은 2일 오전 9시 요코하마(橫濱) 근해 40리 지점에 투묘(投錨)한 미함 '미주리'호상에서 거행되어 연합국군 최고사령관 맥아더 원수, 미군 대표 니미츠 원수, 영군 대표 프레이서 대장, 소련 대표 데레비얀코 중장, 중국 대표 서영창(徐永昌) 군령부장, 호주 대표 블레이미 대장, 네덜란드 대표 헬프리히 제독, 프랑스 대표 르클레르크 대장, 기타 각국 대표와 일본 대표 시게미쓰(重光) 외상, 우메즈(梅津) 참모총장 양 전권 사이에 거행되었으며 동 9시 15분 조인을 전부 완료하였다. (…)

정각 9시 맥아더 원수의 사회로 조인식은 개시되었다. 1척(尺) 5촌(寸)에 1척가량 되는 항복문서 2통이 테이블 중앙에 놓여 있다. 일본 전권은 각국 대표 맞은편에서 테이블로부터 5보(步)가량 되는 위치에 시게미쓰, 우메즈 양 전권을 최전열로 하여 3열로 늘어섰다. 맥아더 원수의 지시에 따라 먼저 시게미쓰 외상이 문서 2통에 각각 서명하고 이어서 우메즈 참모총장의 서명이 끝나자 연합국측의 서명으로 들어가 제일로 최고사령관 맥아더 원수가 서명하였다.

맥아더 원수의 뒤에는 웬라이트 미(美) 중장, 파시발 영(英) 중장이 서 있다. 다음으로 미국 대표 니미츠 원수, 중국 대표 서영창 군령부장, 영국 대표 프레이서 대장, 소련 대표 데레비얀코 중장, 호주 대표 블레이미 대장, 캐나다 대표 코스그레이브 대좌, 프랑스 대표 르클레르크 대장, 네덜란드 대표 헬프리히 제독, 뉴질랜드 대표 이시트 공군중장의 순서로 순차 서명이 진행될 때 시게미쓰, 우메즈 양 전권을 위시한 일본측 수행원은 부동자세로 냉정히 서명하는 각 대표를 주시하였다.

이리하여 오전 9시 15분 쌍방의 서명을 종료하고 항복문서 1통은 맥아더 원수로부터 일본측에 수교되어 시게미쓰, 우메즈 양 전권 이하 일본측 수행원은 미주리호를 퇴함하였다. 이에 항복문서 조인식은 종료되었다.

(「일본 항복조인식, 미함 '미주리' 號上에서 거행」, 『매일신보』 1945년 9월 2일)

미주리호 함상의 항복조인식. 잘 알려진 장면이다. 나도 학생시절부터 눈앞에 보듯 잘 알고 있던 장면이다. 그런데 이 장면의 어색한 점 하나를 근년에 와서야 알아보게 되었다. 항복하는 자가 '일본국'도 아니고 '일본천황'도 아니었던 것이다.

항복의 주체는 일본정부와 일본군부였다. 위 기사에도 '일본 대표' '전권 대표'라는 표현이 나오지만, 시게미쓰 마모루(重光葵, 1887~1957) 외상은 정부대표였고 우메즈 요시지로(梅津美治郎, 1882~1949) 참모총장은 군부대표였다. 두 사람은 천황의 '항복 명령'에 따라 항복한 것이고, 연합군은 그것으로 만족했다. 전쟁책임은 일본 정부와 군부에 있을 뿐, 일본국과 일본천황에게 있지 않다는 것이었다. 항복조인식에서도 천황은 초연한 위치를 지키고 있었다.

8월 4일에 적은 것처럼 연합국들은 독일에 대해 가혹한 점령정책을 펴고 있었다. 루스벨트는 전쟁책임이 독일 국민 전체에게 있다고 공공연하게 주장했다. 1947년 여름, 냉전이 공식화된 뒤에야 독일을 '살리는' 마셜플랜이 도입되기에 이른다. 그런데 더 오래 버틴 일본에게 이리도 너그러웠던 것은 무슨 까닭일까? 오래 버틴 만큼 원한도 더 쌓였을 텐데.

일본을 '반공의 보루'로 삼으려 한 미국의 의도는 널리 알려져 있고 나도 이미 언급한 바 있다. 그런 의도가 다른 연합국이나 미국 내 여론의 견제를 받지 않고 관철될 수 있었다는 사실이 설명을 필요로 한다.

연합국 중 일본에 대한 원한이 가장 큰 나라는 중국이었다. 그런데 중국은 전쟁수행 과정에서 약자의 입장에 있었고, 전쟁이 끝나고도 공산당의 도전에 직면해 미국에 의존하는 입장이었다. 중국은 거의 발언권이 없었다.

발언권이 크고 일본에 대해 큰 이해관계를 가진 연합국은 소련이었다. 미국도 소련의 개입을 최소화하는 것이 일본 처리의 가장 큰 목표였다. 소련이 더 적극적인 태도를 보이지 않은 까닭은 나도 충분히 이해하지 못하지만, 원자폭탄의 존재가 상당한 역할을 했을 것으로 생각된다.

미국 내 여론이 예민하지 않았던 것은 동양인에 대한 관심이 적었기 때문이다. 가해자도 동양인이고 피해자도 거의 다 동양인인 일본의 전쟁범죄에 대해서는 백인 사이의 범죄였던 독일의 경우와 관심 수준이 달랐다.

이 차이를 보여주는 대표적 사례가 '마닐라 학살'의 전범재판이었다. 1945년 2월 미군의 진격 앞에서 주(駐)필리핀 일본군 사령관 야마시타 도모유키(山下奉文, 1885~1946) 대장은 휘하 전부대에 마닐라 철수를 명했는데 이와부치 산지 해군중장이 이에 불복, 해병대 1만명을 이끌고 마닐라 사수에 나서 많은 민간인을 학살했다. 이와부치는 함락 직전에 자살했는데, 직접 책임이 없던 야마시타가 전범재판에서 교수형 판결을 받아 큰 논란을 일으켰다. 서양화되어 있던 필리핀에 대한 전범재판소의 시각이 다른 '동양' 지역에 대한 것과 달랐음을 보여주는 사례다. 훨씬 더 심한 가혹행위의 책임자인 731부대의 재판 면제에 대해서는 당시 여론의 항의가 거의 없었다.

1945년 8월 시점에 미국의 소련에 대한 태도는 경쟁과 적대 사이의 애매한 상태에 있었다. 이 애매한 상태로 인해 주일본 연합군 최고사령관에 취임한 맥아더는 이례적으로 큰 재량권을 누렸다. 맥아더는 한 개인으로서 전후 일본과 한국의 진로에 가장 큰 영향을 끼친 인물이었다. 그는 어떤 인간이었는가?

매우 독특한 개성으로 일화도 많이 남긴 사람이고 그 특성도 여러 가지가 지적되어 왔다. 그 경력을 더듬어보면서 일본과 한국의 상황 전개에 영향을 미쳤을 만한 특성을 생각하니, 전쟁을 좋아했다는 점이 가장 크게 보인다. 그는 전술에 뛰어난 재능과 상상력을 가진 사람이었고, 그 재능을 최대한 발휘하고 싶어서 안달이 난 사람이었다.

그의 전쟁광 성향을 단적으로 보여주는 것이 그의 '경적(輕敵)' 성향이다. 그는 적세를 실제보다 크게 평가한 일이 단 한번도 없었다. 참모들이 제공하는 정보를 묵살하면서 작전을 벌인 일도 수없이 많았다. 그러다 보니 참모들도 그의 취향을 따라가지 않을 수 없었다. 1944년 말 필리핀 탈환작전에 나설 때 맥아더의 참모진은 루손섬의 일본군 병력을 137,000명으로 추정했는데 실제로는 287,000명이었다.

경적으로 인해 실패한 작전도 더러 있었지만, 대개는 치열한 전투가 유발되고 이를 극복함으로써 화려한 전공이 더해지는 일이 많았다. 그는 진짜 생각보다 '경적' 쪽으로 치우쳐 주장함으로써 '확전(擴戰)'의 계기를 만드는 책략을 쓴 것 같다.

전투를 확대하는 데 그는 참으로 뛰어난 재능을 보였다. 1942년 4월

9월 27일 쇼와 천황이 미국대사관으로 맥아더를 찾아가 첫 대면을 했다. 맥아더의 캐주얼한 자세와 일왕의 단정한 자세의 대조가 이 시기 두 나라 관계를 보여주는 듯하다. 천황제의 존속 여부, 존속의 경우 쇼와의 퇴위 여부는 일본의 변화방향을 가리키는 가장 중요한 지표의 하나였다.

남서태평양관구 연합군 최고사령관으로 태평양전쟁에 뛰어든 그가 주도한 '카트휠(Cartwheel) 작전'에서도 그 재능을 알아볼 수 있다. 1943년 3월 태평양군사회의에서 채택된 이 작전에서 그는 종래의 '섬 건너뛰기'(hopping islands) 전략을 '재래식'으로 격하하면서 전략적 요충에 공격을 집중하는 전략을 제시했다. 단시간 내에 전선을 확대하고 심화시키는 전략이었다.

맥아더가 일본과 한국을 통치하면서 내세운 '반공'이 얼마만큼 그의 진정한 정치사상에 입각한 것인지는 알 수 없다. 그러나 그것이 동아시아 지역에 군사적 긴장을 일으키고 전쟁의 기회를 늘리는 길이라 생각했을 것은 분명히 짐작할 수 있다.

위에서 그의 '전쟁광' 성향을 언급했는데, 통상적 용례에 비추어보면 '전쟁광' 규정은 적절치 않다. 편집광적 증세보다는 취미나 도락에 가까운 것 같으니까. '군사적 모험주의자'라는 표현이 더 적당할까?

전쟁영웅의 이미지에 오랫동안 가려져 있던 맥아더의 약점 하나가 1979년에 드러났다. 1935년 커먼웰스˙로 준독립국이 된 필리핀에 초빙되어 '필리핀 건군의 아버지' 노릇을 하던 맥아더가 1942년 초 일본군의 침공을 앞둔 시점에서 케손(Manuel L. Quezon, 1878~1944) 대통령에게 "그동안의 공로에 대한 보상"으로 50만달러(위키피디아에 의하면 지금 돈 740만달러의 가치라 한다)를 받은 사실을 37년 만에 한 역사학자가 밝혀낸 것이다.

압도적인 적군의 침공을 코앞에 둔 풍전등화의 상황에서 이런 돈을 주고받는 장면, 과연 필리핀에서만 벌어진 것이었을까?

▪   필리핀 연방(commonwealth)을 뜻한다. 필리핀은 1898년에 미국에 양도될 때까지 스페인의 지배를 받다가 1935년에 연방을 채택하고 독립을 준비하다 1946년 미국식의 필리핀공화국을 수립했다.

1945. 9. 3.

임시정부의 가치는 무엇에 있었는가?

● 3천만 동포에게 고함

친애하는 국내외 동포 자매형제여 파시스트 강도의 최후의 첩벽을 고수하던 일본제국주의는 9월 2일에 항서에 서명을 하였다.

일본제국주의자의 패망으로 인하여 온 세상이 기뻐 뛰는 중에 있어서 조국의 해방을 눈앞에 목도하면서 3천만 한국민족이 흔희작약(欣喜雀躍)하는 중에 있어서 본 정부가 근 30년간에 주야로 그리던 조국을 향하여 전진하려는 전석(前夕)에 있어서 일찍이 조국의 독립을 완성하기 위하여 본 정부를 애호하고 독려하던 절대다수의 동포와 또 이것을 위하여 본 정부와 유리전전하면서 공동분투하던 동포의 앞에 본 정부의 포부를 고하려 할 때에 본 주석은 비상한 감분을 금치 못하는 바이다.

일국의 흥망과 일민족의 성쇠가 결코 우연한 것이 아니라 우리의 국운이 단절되는 데 있어 수치스러운 일이 허다하였다. 하면 금일의 조국이 해방되는 데 있어 각고하고 장절한 노력이 있었을 것은 3척의 동자도 알 수 있는 것이다. 만일 허다한 우리 선열의 고귀한 열혈의 대가와 중·미·소·영 등 동맹군의 영용한 전공이 없었으면 어찌 조국의 해방이 있을 수 있었으랴. 그러므로 우리가 조국의 독립을 눈앞에 전망하고 있는 이때에 있어서는 마땅히 먼저 선열의 업적을 추상하여 만강의 경의를 올릴 것이며 동맹군의 위업을 선양하여 열렬한 사의를 표할 것이다.

우리가 처한 현 계단은 건국강령에 명시한 바와 같이 건국의 시기로 들어가려는 과도적 계단이다. 다시 말하면 복국(復國) 임무를 아직 완전히 끝내지 못하고 건국의 초기가 개시되려는 계단이다. 그러므로 현하 우리의 임무는 번다하고도 복잡하며 우리 책임은 중대한 것이다. 따라서 우리가 우리 조국의 독립을 완성함에는 우리의 일언일구와 일거수일투족이 모두 다 영향을 주는 것을 명백하게 인식하고 매사를 임할 때에 먼저 치밀하게 분석하여 명확한 판단을 내리고 명확한 판단 위에서 용기 있게 처리하여야 한다.

본 정부는 이때에 당면정책을 아래와 같이 제정 반포하였다. 이것으로써 현 계단에 처한 본 정부의 포부를 나라 안팎에 천명하고자 함이며 이것으로써 전진노선의 지침을 삼고자 함이다. 또한 이것으로써 동포 제위의 당면노선의 지침까지 삼으려 하는 것이다. 친애하는 우리 동포 자매형제여 우리 조국의 독립과 우리 민족의 민주단결을 완성하며 국제간의 안전과 인류의 평화를 증진하기 위하여 본 정부의 당면정책을 실행하기에 공동노력하자.

● 임시정부 당면정책

1) 본 임시정부는 가장 빠른 기간 내에 곧 입국할 것.

2) 우리 민족의 해방 및 독립을 위하여 혈전한 중·미·소·영 등 우방민족과 더불어 절실히 제휴하고 연합국 헌장에 의하여 세계일가의 안전 및 평화를 실현함에 협조할 것.

3) 연합국 중에 주요한 국가인 중·미·소·영·불 5강에 향하여 먼저 우호협정을 체결하고 외교도경(外交途徑)을 배부할 것.

4) 동맹군 주재기간 내에 일체 필요한 업무에 적극 협조할 것.

5) 평화회의 및 각종 국제집회에 참가하여 한국의 마땅한 발언권을 행사할 것.

6) 국외임무의 결속과 국내임무의 전개가 서로 접속되매 필수한 과도조치를 집행하되 전국적 보선(보통선거)에 의한 정식 정권이 수립되기까지의 국내 과도정권을 수립하기 위하여 국내외 각층 각 혁명당파, 각 종교집단, 각 지방대표와 저명한 각 민주영수회의를 소집하도록 적극 노력할 것.

7) 국내 과도정권이 수립된 즉시에 본 정부의 임무는 완료된 것으로 인정하고 본 정부의 일체 직능 및 소유 물건은 과도정권에게 교환할 것.

8) 국내에서 건립된 정식 정권은 반드시 독립국가, 민주정부, 균등사회를 원칙으로 한 신헌장에 의하여 조직할 것.

9) 국내의 과도정권이 성립되기 전에는 국내 일체 질서와 대외 일체 관계를 본 정부가 책임지고 유지할 것.

10) 교포의 안전 및 귀국과 국내외에 거주하는 동포의 구제를 신속 처리할 것.

11) 적의 일체 법령의 무효와 신법령의 유효를 선포하는 동시에 적의 통치하에 발생된 일체 범인을 사면할 것.

12) 적산(敵産)을 몰수하고 적교(敵僑·재한일본인)를 처리하되 동맹군과 협상을 진행할 것.

13) 적군의 강요에 못 이겨 출전한 한적 군인을 국군으로 편입하되 동맹군과 협상 진행할 것.

14) 독립운동을 방해한 자와 매국적에 대하여는 공개적으로 엄중히 처분할 것.

대한민국 27년 9월 3일
대한민국 임시정부 국무위원회 주석 김구

일본인 통치의 종식이 목전에 다가온 상황에서 대한민국 임시정부를 대표한 김구의 성명은 보는 입장에 따라 다르게 읽힐 수 있다. 임시정부의 법통을 이어받은 대한민국 백성으로 교육받고 살아온 우리 눈에는 이 성명의 내용이 당연한 것으로 보인다. 그러나 당시에 칼자루를 쥐고 있던 미군측에서는 군정의 통치권을 침해하는 월권으로 보일 내용도 있고, 당시 한국인의 입장에서 보더라도 주어진 상황을 순조롭게 풀어가는 길이 될지 의아하게 생각될 만한 내용이 있었다.

호소문 속에서 해방의 공로는 선열과 연합군의 양쪽에 있다. 임정의 공로라고 하기가 겸연쩍어서 "우리 선열"을 내세웠겠지만, 그 선열의 자격을 임정이 대표한다는 뜻은 드러내 표현하지 않아도 분명하다. 선열의 뜻을 이어받은 임정이 해방의 주체로서 도와준 연합군에게 감사한다는 것이다.

그런데 사실에 있어서 선열이나 임정이 일본을 격파한 공로는 그리 크지 않았다. 연합군 입장에서는 아무 공로도 없는 것으로 보였을 것이다. 임정이 이렇게 주인 행세에 나서는 것이 연합군측, 특히 군정 담당자들 눈에는 재외한국인 집단 하나가 종전에 편승해 한국을 집어먹으려 달려드는 것으로 보일 수도 있었다.

파렴치한 획책으로 보일 수도 있는 일이었다. 연합군은 힘들여 전쟁을 끝내놓고, 일본의 통치지역에 대한 점령방침까지 발표해 놓았다. 한국은 미국과 소련이 분할해서 관리하기로 해놓았다. 그런데 임정이 "아, 그동안 수고 많았어요. 이제 도움이 더 필요 없으니까 잘 가세요. 고맙습니다" 하는 것 아닌가. "당면정책" 중 3조, 5조, 9조, 11조 등은 완벽한 주권국가 노릇을 즉각 시작하겠다는 것이다.

정말 임정에 그런 자격과 능력이 있다면 그것을 연합국들에게 인정받기 위해 노력하는 과정을 거쳐야 했다. 임정 사정을 좀 아는 사람이 보면 임정에 큰 기대를 걸 모퉁이가 별로 없었다. 자기 앞가림도 잘 못하는 장개석 밑에서 놀던 조무래기들 아닌가.

물론 우리는 안다. 장개석 밑에 매여 있었던 것이 어떤 부득이한 사정 때문이었는지. 겉으로 드러난 창대한 업적은 없더라도 어려운 세월 동안 그 깃발 하나 지켜온 것이 얼마나 힘든 일이었는지. 그리고 민족의 앞날을 위한 어떤 훌륭한 생각들이 임정을 중심으로 어떻게 펼쳐져 왔는지.

그러나 이런 것은 우리 한국인끼리나 알 수 있고 평가할 수 있는 것이다. 폴란드를 다시 한번 떠올려보자. 망명정부를 지키며 백만 가까운 병력을 연합군에 제공하고 국내의 독립운동도 치열했던 폴란드를. 그 폴란드가 패전국 일본보다 더 참혹한 대접을 받지 않았던가. 연합군은 힘이 뛰어난 존재였지, 덕이 뛰어난 존재가 아니었다. 우리 임정이 그들에게 폴란드보다 좋은 대접을 받을 밑천이 무엇이 있었는가?

이 성명서를 본 미국 관계자들 중에는 며칠 전 임정 요인들이 중경의 대사관을 찾아와 귀국을 도와달라고 부탁한 얘기가 떠올랐을지도 모른다. 우리를 빨리 돌려보내주지 않으면 공산주의자들이 득세할 수 있으니 빨리 귀국시켜 달라고 한 얘기. 미국의 도움으로 귀국한다면 미 점령군이나 혹은 국무성의 의사에 반하는 일을 결코 하지 않을 것이라는 비망록을 남겼다는 얘기. 그러던 임정이 해방된 나라의 주인 입장에서 성명을 발표하고 나선 것은 점령군에게 신뢰를 심어줄 수 없는 행위였다.

임정은 당시 한민족의 중요한 자산이었다. 구체적 기능을 가진 조직으로서의 물질적 자산이라기보다 힘겹게 지켜온 민족의 깃발로서 상징적 자산이자 정신적 자산이었다. 그 가치를 잘 살려내는 길은 조직의 힘을 키우는 데보다 민족의 뜻을 잘 대변하는 데 있었다. 대다수 민족구성원들이 공감하고 연합군측에서도 받아들일 만한 입장과 방안을 강구하는 것이 참으로 임정이 민족사회를 위해 할 수 있는 일이자 '임시정부' 역할을 해내는 길이었다.

8월 30일 임정 요인들의 미대사관 방문과 오늘의 성명서를 보면 임정의 자세가 걱정스럽다. 공산주의자들 때문에 자기네를 빨리 돌려보내줘야 한다는 것은 너무 현실주의적으로 보이고, 선열의 공로를 내세워 주인 행세를 하려는 것은 너무 비현실적으로 보인다.

"우리는 별로 해놓은 것이 없다. 그러나 지금의 한국인들은 우리에게 큰 신뢰와 기대를 걸고 있으며, 우리가 그 기대에 전력으로 부응한다면 한국의 새 질서를 원만하게 형성하는 데 큰 공헌을 할 수 있으리라고 믿는다. 이 일의 성공 여부는 점령군의 노력에도 크게 달려 있는 것이니, 우리는 점령군의 입장도 최대한 존중하겠다. 한국인과 점령군의 협력관계를 원활히 하는 것을 우리의 사명으로 삼겠다."

이런 겸손하고 솔직한 태도가 임정의 성공을 바라볼 수 있는 자세였다고 나는 생각한다. 공산주의자들을 들먹이는 것도, 선열의 공로를 과장하는 것도, 당시 상황에 맞지 않는 잔꾀였다고 생각한다. 연합군은 덕이 없고 힘만 있는 존재였는데, 힘은 없어도 덕이 있는 존재로서 임정의 가치를 세워야 할 상황이었다. 그런 상황에서 힘이 있는 척 잔꾀를 부리는 것은 덕도 없고 힘도 없는 존재가 되는 길이었다.

1945. 9. 4.

중도 좌파와 중도 우파의 결별

건준 부위원장직을 떠나 조선국민당 위원장을 맡은 안재홍이 성명을
발표했다.

> 지난 1일 종로 영보빌딩에서 결성된 조선국민당에 관하여 내가 그
> 위원장으로 임명되었으므로 나의 공인으로서의 성명을 하여두기로
> 한다. 나는 방금 조선건국준비위원회의 한 사람이면서 그 직책을 다
> 하지 못하므로 거기에 대하여서도 즉시 태도를 표명할 필요가 있거
> 니와 나로서의 정견은 정치적 현단계에서 가장 긴급한 사항은 민족
> 주의, 공산주의 하는 사상문제를 정치공작의 최상층에 올려놓고 마
> 찰을 일으킴과 같은 것은 절대로 배제하여야 할 것이다. 이 양대 주
> 의가 대중 사이에 병립 쌍행할 것은 필연한 형세라 하고 목하 건국
> 준비의 처음에서는 절대로 공고한 협동정신을 맺어 통일민족국가를
> 완성하는 데에 전민족의 총역량을 집결하는 것이 결정적인 목표가
> 되어야 한다. 통일민족국가를 하루바삐 완성한다는 것은 통일된 중
> 앙정부로서 하루바삐 조선국가 내부에서의 그 통치력을 발휘하는 데
> 있고 그리하여야 조선에 막대한 호의를 가지는 연합국에 대한 의리
> 상 문제로도 만사가 파란 없이 결말될 것이라고 본다.

정당 결성 문제에 있어서도 이상으로서는 전민족 단일당에 있겠지만 그것이 불가능하다면 민족주의 진영은 반드시 대동단결하여 그 방면의 총역량을 집결하는 것이 절대 필요한 것은 두말할 바 아니다. 나와 평시부터 신뢰 깊은 동지들이 국민당 결성 문제로써 가끔 모이어 토의하는 중인데 그도 머지않아 구현될 줄 믿거니와 서로 연락하면서 신민족주의에 의한 결당을 협의하고 나에게 그 지도자가 되라고 하는데 나는 워낙 지도자의 자격도 없고 그 의사도 없으나 상당한 다수의 인사들이 모처럼 일심을 가지고 움직이는 그 주장과 태도인즉 나의 그것과 잘 합치되는 터이므로 그대로 중지할 바도 아니고 또 나의 말로 지금 각 방면의 유력한 분들이 국민당을 결성하려고 모두 노력하고 있는 중이니 그들과 합류하여 민족주의 정당으로서 대동단결할 용의를 하자고 하였더니 그편의 여러분도 전원일치로 그 용의 있음을 표명하므로 나도 우선 그 위원장의 자리를 맡아두게 된 것이다.

한동안 소당분립(小黨分立)은 필연한 현세이나 하루바삐 집중통일함을 요하는 터이요 통일도정에서 상호의 지장이 안 되도록 각각 선입적인 주견은 가지지 말아야 할 것이다. 대동단결을 완성하는 날에는 나는 한 개의 졸오(卒伍)로 나가겠고 협동통일을 항상 신조로 삼아 나가려고 한다.

(「안재홍, 조선국민당 결성에 관한 성명 발표」, 『매일신보』 1945년 9월 4일)

나는 이번 작업에서 안재홍의 모습을 밝히는 데 상당한 역점을 두고자 한다. 첫째로 나 자신 그의 당시 생각에서 배울 것이 많다고 생각하기 때문이고, 둘째로 그의 눈을 빌리는 것이 지금 독자들에게도 당시의 상황을 잘 보여줄 수 있는 길이라고 생각하기 때문이다.

내가 배우고자 하는 것은 '신민족주의'다. 『밖에서 본 한국사』(돌베개 2008)에서 밝힌 것처럼 나는 우리 민족주의의 거품을 걷어내는 구조조정이 필요하다는 생각을 가지고 있다. 해방 시점에서 안재홍이 제안한 신민족주의는 식민지시대의 민족주의와 독립국가의 민족주의는 달라야 한다는 전제 아래 구조조정을 시도한 것으로 보인다. 그래서 구조조정이라는 틀에서 신민족주의의 의미를 깊이 검토하고 싶은 것이다.

그의 눈이 당시의 상황을 잘 보여줄 수 있다고 생각하는 것은 그에게 야심이나 편견의 색안경이 없기 때문이다. 이 성명에서도 그는 자연스럽게 "나는 워낙 지도자의 자격도 없고 그 의사도 없는" 사람이라고 밝히고 있다. 급격한 변화의 상황 속에서 지도자의 반열에 드는 사람들은 설령 본인에게 숨겨진 야심이 따로 없더라도, 주변 사람들에 대한 책임감 때문에라도 본심을 그대로 드러내기 어려운 사정이 많이 있었다. 안재홍은 이례적으로 그런 부담이 적었던 사람 같다.

해방 시점부터 건준 부위원장으로 여운형과 함께 건준을 이끌어온 안재홍이 9월 1일 결성된 조선국민당 위원장으로 나선 것은 건준에서 한계를 느꼈기 때문이다. 그는 그 전날 건준 부위원장직을 사퇴했고, 4일 간부회의에서 재신임을 받고도 직무에 복귀하지 않았다.

건준 자체가 지리멸렬하게 된 이 시점의 상태를 생각하면 안재홍이 한계를 느낀 점이 한두 가지가 아니었겠지만, 결정적인 한계는 여운형과의 관계에서 느낀 것이 아니었을까 생각된다. 애초의 건준 참여도 여운형에 대한 신뢰 덕분에 가능했을 것이다. 지도자로 나서기 싫어하던 그는 지도자 역할을 여운형이 잘 맡아줄 것이라고 믿었기 때문에 그 곁에서 자기 역할을 찾을 수 있을 것으로 생각했을 것이다.

여운형에 대한 안재홍의 신뢰가 뒤집혔을 것 같지는 않다. 아마 약해지고 불안해진 정도였을 듯하다. 신뢰 약화의 원인은 여러 가지 있겠지만, 두드러져 보이는 것이 임정에 대한 태도의 차이다.

안재홍은 임정 지지를 주장했다. 며칠 후면 한국민주당(이하 '한민당'으로 줄임)도 임정 지지를 표방하고 나선다. 그러나 같은 '지지'라도 안재홍의 지지와 한민당의 지지는 의미가 다른 것이었다.

안재홍은 민족주의와 공산주의를 '양대 주의'로 파악하고 있었다. 해방이 민족모순 해결과 계급모순 해결이라는 두 가지 과제를 가져온 것으로 본 것이다. 계급모순 해결의 과제를 그는 근본적으로 부정하지는 않았다. 그러나 '통일민족국가' 수립을 우선적 과제로 보았기 때문에 민족주의를 앞세울 것을 주장했다.

통일민족국가 수립이라는 우선적 과제 앞에서는 공산주의자들이 양보해야 하고, 그 과제가 성취된 뒤에 공산주의 주장이 나올 수 있다고 안재홍은 생각했다. 그러니까 임정에 대한 그의 지지는 엄밀한 의미에서 절대적인 것이 아니었다. 임정측에서 공산주의를 배제하는 것을 그는 반대했다. 공산주의자까지 포괄하는 전민족을 대표한다는 전제하에 임정을 지지한 것이다.

그런데 여운형은 임정의 의미를 제한해서 보는 견해를 발표하고 있었다. 임정도 여러 독립운동 세력의 하나일 뿐이라고 하는 것이었다.

임정의 의미를 제한해서 보는 것은 좌익의 일반적 관점이었다. 좌익 인사들은 중국 국민당 정부와 밀착되어 있던 임정이 우파에 치우쳤다고 보았다. 8월 30일 임정 요인들이 중경 미대사관에 가서 했다는 말을 보면 타당성이 있는 관점이다. 일부 공산주의자들은 자기네 몫을 키우기 위해 임정을 깎아내리고 싶은 의도도 있었을 것이다.

여운형이 임정에 대한 좌익의 관점을 섣불리 받아들인 것이 건준 몰락의 결정적 계기였다고 나는 생각한다. 당시의 좌익 중에 민족의 입장을 무시하고 소련에 종속해야 한다는 극단론자는 많지 않았다. 대부분의 좌익은 민족모순 해결의 과제도 인정하는 민족주의자이기도 했다. 민족주의 진영이 좌익을 원천적으로 배제하지만 않는다면 통일민족국가 수립 때까지 민족주의 깃발을 앞세우자는 안재홍의 주장은 좌익의 통일전선 전략과 호응할 수 있는 것이었다.

임정의 의미를 축소해서 보는 관점이 불합리한 것만은 아니었다. 그러나 임정의 권위나마 세워주지 않는다면 대안이 무엇이었는가? 여운형이 건준의 권위를 임정보다 높여 그것을 발판으로 권력을 획득하려는 천박한 야심을 가졌다고 생각되지는 않는다. 총독부도 건준을 박대하고 우익도 건준을 외면하는 상황에서 인민의 힘에 의지한 정면돌파의 의지를 다진 것일까? 8월 26일 전선직역자치조직본부 움직임은 그런 방향이었다.

안재홍은 여운형과 보조를 맞출 수 없게 되었다고 판단하자 건준을 통한 '공중전'을 포기하고 '지상전'으로 방향을 돌려 정당을 만든 것이었다. 우익에 속하면서 좌익을 배제하지 않는 중도 우파의 길을 안재홍은 택했고, 좌익과 함께하면서 민족주의를 버리지 않겠다는 중도 좌파의 길을 여운형은 택한 것이다. 그 사이의 합작이 한계를 보이기 시작한 것이다.

1945. 9. 6.

극좌와 극우의 대두

균열이 드디어 드러나기 시작했다. 좌익은 조선인민공화국(인공)을 만들고 우익은 한국민주당(한민당)을 만들었다.

건국대업을 공론에 부치고자 그동안 전국인민대표자대회를 준비하고 있던 조선건국준비위원회에서는 9월 6일 오후 9시 경기고녀 강당에서 전국대표 1천여명의 결합 아래 대회를 개최하였다.

맨 먼저 건준 선전부 이여성(李如星)의 개회선언이 있은 후 곧 의장 선출에 들어가 위원장 여운형 의장석에 등단하자 개회사를 한 다음 전원 기립하여 해방전선에서 희생한 선배동지들의 추도묵상이 있고 국가제창이 있은 후 부위원장 허헌 경과보고가 있고 이어 '조선인민공화국' 조직 기본법 초안을 축조(逐條) 낭독하여 다소의 수정을 가하여 이를 통과시킨 후 인민위원 선거에 들어가 위원장, 부위원장을 가(加)한 5명의 전형위원을 선정하여 55명의 위원, 후보위원 20명, 고문 12명으로 발표하였다.

● 전국인민위원

이승만(李承晩), 여운형(呂運亨), 허헌(許憲), 김규식(金奎植), 이관술(李觀述), 김구(金九), 김성수(金性洙), 김원봉(金元鳳), 이용설

(李容卨), 홍남표(洪南杓), 김병로(金炳魯), 신익희(申翼熙), 안재홍(安在鴻), 이주상(李胄相), 조만식(曺晩植), 김기전(金起田), 최익한(崔益翰), 최용달(崔容達), 이강국(李康國), 김용암(金龍岩), 강근(姜近), 하필원(河弼源), 김계림(金桂林), 박낙종(朴洛鍾), 김태준(金台俊), 이만규(李萬珪), 이여성(李如星), 김일성(金日成), 정백(鄭栢), 김형선(金炯善), 이정윤(李廷允), 김정권(金正權), 한명찬(韓明燦), 류축운(柳丑運), 이승엽(李承燁), 강기덕(康基德), 조두원(趙斗元), 이기석(李基錫), 김철수(金綴洙), 김상혁(金相赫), 정태극(鄭泰極), 정종근(鄭鍾根), 조동우(趙東祐), 서중석(徐重錫), 박문규(朴文圭), 박광희(朴光熙), 김세용(金世鎔), 강병도(姜炳度), 이순근(李舜根), 김무정(金武亭), 장기욱(張基郁), 정진태(鄭鎭泰), 이순금(李順今), 이상훈(李相勳) (이상 55명)

● 후보

최창익(崔昌益), 황태성(黃泰成), 홍덕유(洪德裕), 이청원(李淸源), 최근우(崔謹愚), 김준연(金俊淵), 한빈(韓彬), 양명(梁明), 최원택(崔元澤), 안기성(安基成), 정재달(鄭在達), 김두성(金斗星), 권오직(權五稷), 김두수(金斗洙), 장순명(張順明), 이광(李珖), 최성환(崔星煥), 이임수(李林洙), 현준혁(玄俊赫), 김덕영(金德泳) (이상 20명)

● 고문

오세창(吳世昌), 권동진(權東鎭), 김창숙(金昌淑), 정운수(鄭雲水), 이시영(李始榮), 홍명희(洪命憙), 김항규(金恒奎), 김상은(金相殷), 장도빈(張道斌), 김용기(金容起), 김관식(金觀植), 이영(李英) (이상 12명) (…)

「건준, 전국인민대표자대회 개최, '인공' 임시조직법안 상정 통과」,

『매일신보』 1945년 9월 7일)

대한민주당과 한국국민당에서는 같은 목적과 같은 정책을 가지고 있으면서도 두 단체가 분립해 있을 필요가 없다고 양 기관의 대표자가 모여 합동문제를 협의하여 오던 중 6일 오후 4시 부내 협성실업학교 강당에서 약 7백명이 모여 한국민주당이라는 명칭으로 합동 발기회를 열었다.

이로써 민족적 대동단결을 목표로 하는 한국민주당이 결성되었는데 그 강령과 정책위원 진용은 다음과 같다. 그런데 지난 8일 오전 11시에 긴급상무위원회를 열고 대한민국 임시정부를 절대로 지지할 것을 결의하였다.

한국민주당의 사무소는 임시로 전 종로구역소 자리인 협성실업학교 안에 두었다. (…)

(「한국민주당발기회 개최」, 『매일신보』 1945년 9월 9일)

이 시점에 균열이 드러난 것은 미군 진주를 앞두고 좌익에서 바쁘게 움직였기 때문이다. 1928년 이후 좌익의 공식활동이 봉쇄되어 있었기 때문에 해방을 맞은 이제 좌익은 대중운동을 시작할 여건을 갖추게 되었지만 공식적 근거를 가지지 못하고 있었다. 우익에서 회사, 학교, 언론, 종교단체 등의 근거를 가지고 있던 것과 대비되는 형편이었다. 바둑에 비유하자면 좌익은 세력을, 우익은 실리를 가진 상황이었다.

여운형, 안재홍 등 중도파가 이끄는 건준이 총독부의 배척을 받고 우익 주류로부터 외면을 받는 상황에서 좌익은 건준 장악에 노력을 집중했다. 9월 들어 안재홍이 물러난 것은 건준의 중도적 입장이 무너진 사실을 보여준다.

9월 4일에 허헌이 부위원장으로 건준에 합류했는데, 해방 이전의 경력으로 봐서는 중도적 입장을 기대할 만한 인물이었다. 그러나 9월 이

후 허헌은 모든 일에서 박헌영(朴憲永, 1900~55)의 가장 충실한 지지
자로 나선다. 안재홍이 퇴진을 고집함에 따라 안재홍을 대신할 파트너
로 허헌을 받아들이면서 여운형은 허헌이 그토록 강경한 좌익노선으
로 나갈 줄은 몰랐을 것 같다.

인공 건설을 서두른 것은 원래 여운형의 계획이 아니라 허헌이 위원
장단에 들어오면서 그동안 좌익이 준비해 둔 프로그램을 전격적으로
작동시킨 것 같다. 좌익은 제도적 근거의 확충을 절실하게 필요로 하
고 있었다.

좌익에서 인공 건설을 서두른 이유가 "이북에 진주한 소련군이 전
행정권을 인민위원회에 이양하였고 남한에 있어서도 당연히 이것이
이양되어야 할 것이며 또 그렇게 되기를 기대하고 이에 순응키" 위해
서였다고 한다(민주주의민족전선 사무국 편, 『조선해방연보』 1946년판 136
쪽, 『해방 3년사 1』, 178쪽에서 재인용). 좌익은 건준 장악의 성과를 극대
화하기 위해 미군 진주 전에 서둘러 인공을 만든 것이다.

1946년 10월에 출간된 『조선해방연보』를 재발간한 『해방조선 1』에
도 좌익의 이런 의도가 나타나 있다.

조선인민공화국은 조선인민의 절대 다수를 차지하고 있는 노동자,
농민, 소시민층 등 광범한 근로대중의 이익을 대표할 수 있는 것으로
써, 과거에 조선민족의 해방을 위하여 과감히 항쟁하여 왔고 현재에
도 진정한 민주주의 조선의 건설을 위하여 싸우고 있는 가장 진보적
이며 혁명적인 세력이 그것을 영도하여야 함은 물론이다. (민족주의민
족전선 편, 『해방조선 1』, 과학과사상 1988, 95쪽)

인민위원회는 조선인민의 손으로, 조선인민의 이익을 위한, 조선인

민 자신의 주권을 세우려는 혁명적 정부기관이었다. 그리고 이것은 미군이 진주하기 전에 조직된 일이었다. 그래서 각지의 인민위원회는 치안을 유지하고, 물자를 확보하였으며, 교통의 복구 및 일제잔재 척결에 노력하는 등, 실로 불면불휴의 활동을 벌였다. (같은 책, 99쪽)

민중의 대일항쟁과 건준의 업적을 모두 묶어 "미군이 진주하기 전"의 기정사실로 내세움으로써 조선민족을 대표하는 위치를 독점하겠다는 의도였다.

중도파는 '독점'에 집착하지 않는다. 임정을 대하는 태도에서 여운형과 안재홍 사이에 이견이 있었지만 그것은 정도의 차이였다. 안재홍은 임정을 앞세우고 건준이 보조적 역할을 맡는다는 주장이고, 여운형은 임정과 건준이 대등한 입장에서 협력한다는 주장이었다. 인공의 대표권 독점 주장은 중도파의 입장을 벗어난 것이었고, 결국 여운형도 11월에 가서 조선인민당을 만들게 된다. 9월 초에 조선국민당을 만든 안재홍의 뒤를 이어 건준을 통한 '공중전'을 포기한 것이다.

한민당 결성은 좌익의 인공 건설에 대항한 것이었다. 한민당의 첫 긴급상무위원회의 결정사항은 "임시정부 절대 지지"였다. 당시 한민당 당원 중에는 임정을 진심으로 존중하고 임정의 주도적 역할을 기대한 이들도 있었겠지만, 좌익에 대항해 인공을 공격하는 데 임정을 이용하려는 동기도 있었으리라는 것을 무엇보다 한민당의 결성 시점에서 알아볼 수 있다.

9월 8일에 한민당이 600여 발기인 명의로 발표한 첫 성명서(「한민당, 임정 외에 정권 참칭하는 단체 및 행동 배격 결의 성명서」)에는 임정을 이용하려는 한민당 일각의 동기가 드러나 있다. 노골적인 비난과 신랄한 표현이 개방적 정치토론이 아니라 정략적 선전전의 양상을 보여준

다. 이름이 오른 발기인 모두의 동의를 받은 내용이 아니었으리라고
믿는다. 내용보다 표현수준이 볼 만한 문서다.

● 결의

우리 독립운동의 결정체요 현하 국제적으로 승인된 대한민국 임시
정부의 소위 정권을 참칭하는 일체의 단체 및 그 행동은 그 어떤 종
류를 불문하고 이것을 단호 배격함을 결의함.

● 성명서

1. 일본의 포츠담선언 수락에 의하여 우리 조선은 오래지 않아 자
유독립한 국가가 될 국제적 약속하에 놓여 있다. 36년간 일본제국주
의의 철제하에 압박받고 신음하던 3천만 민중이 이 광명과 자유의
날을 맞이할 때 그 환희와 열광이 어떠하랴. 우리는 연합국 특히 미,
중, 소, 영 4개 우방과 경술 이래 해외에 망명하여 혹은 포연탄우(砲
烟彈雨)의 전장에서 혹은 음산냉혹한 철창하에서 조국의 광복을 애
쓰다가 쓰러진 무수한 동포 제 영령 및 선배 제공에게 감사를 드리지
않을 수 없다. 동시에 우리는 국내적으로 사상을 통일하고 결속을 공
고히 하여 해외로부터 돌아오는 우리 대한민국 임시정부를 맞이하고
이 정부로 하여금 하루바삐 4국 공동관리의 군정으로부터 완전한 자
유독립 정부가 되도록 지지 육성하지 않으면 안 될 것이다.

2. 그런데 이 민족적 대의무(大義務) 대공도(大公道)가 정해져 있
음에도 불구하고 소수인이 당파를 지어 건국이니 '인민공화국' 정부
를 참칭하여 기미 이래의 독립운동의 결정이요 국제적으로 승인된
재외 우리 임시정부를 부인하는 도배가 있다면 어찌 3천만 민중이
허용할 바이랴. 지난 8월 15일 일본항복의 보도를 듣자 총독부 정무
총감으로부터 치안유지에 대한 협력의 의뢰를 받은 여운형은 마치

독립정권 수립의 특권이나 맡은 듯이 4·5인으로써 소위 건국준비위원회를 조직하고 혹은 신문사를 접수하며 혹은 방송국을 점령하여 국가건설에 착수한 뜻을 천하에 공포하였을 뿐 아니라 경찰서, 재판소 내지 은행, 회사까지 접수하려다가 실패하였다.

이같은 중대한 시기에 한두 명의 소수인으로써 방대한 치안문제가 해결되며 행정기구가 운행될 것으로 생각함은 망상이다. 과연 처처에서 약탈 폭행이 일어나고 무질서 무통제가 연출되었다. 군헌은 권력을 발동하여 시민에게 위협을 가하였다. 건준의 일파는 신문사, 방송국으로부터 축출되고 가두로부터 숨어 들어가지 않을 수 없게 되었다.

3. 그후의 하는 일은 무엇인가. 사면초가중의 여·안은 소위 위원을 확대한다 하여 소수의 지명인사를 그 건국준비위원회의 좁은 기구에 끌어 집어넣기에 광분하였다. 그러나 건준을 비난하는 자가 엽관(獵官)운동자가 아닌 이상 그 위원 중의 하나로 임명된다고 옳다할 자는 없었다. 인심은 이탈하고 비난은 가중하매 그들은 각계각층을 망라한 450인의 인사를 초청하여 일당에서 시국대책을 협의할 것을 사회에 약속하였다. 그럼에 동 건준 내에도 분열이 발생하여 간부반대론이 대두하였다. 이에 그 간부들 전원은 사표를 제출하고 소위 각계각층의 150명에게 초청장을 띄웠다고 신문에 발표하였다. 그러나 사실은 동 간부들 35명이 그대로 집합하여 여·안 사표수리안은 18표 대 17표의 1표의 차로 겨우 유임되게 되었다.

4. 일이 여기까지 이르면 발악밖에 남는 것이 없다. 그들은 이제 반역적인 소위 인민대회란 것을 개최하고 '조선인민공화국' 정부란 것을 조직하였다고 발표하였다. 가소타 하기에는 너무도 사태가 중대하다. 출석도 않고 동의도 않은 국내 지명인사의 이름을 도용한 것

은 말할 것도 없고 해외 우리 정부의 엄연한 주석, 부주석, 영수 되는 제 영웅의 영명(令名)을 자기의 어깨에다 같이 놓아 모모 위원 운운한 것은 인심을 현혹하고 질서를 교란하는 죄 실로 만사에 당한다. 그들의 언명을 들으면 해외의 임시정부는 국제적으로 승인받은 것도 아니요 또 하등 국민의 토대가 없이 수립된 것이니 이것을 시인할 것이 아니라는 것이다.

오호라 사도(邪徒)여, 너희들은 현 대한임시정부의 요인이 기미독립운동 당시의 임시정부의 요인이었으며 그후 상해사변, 지나사변, 대동아전쟁 발발 후 중국 국민정부와 미국정부의 지지를 받아 중경, 워싱턴, 사이판, 오키나와 등지를 전전하여 지금에 이른 사실을 모르느냐. 동 정부가 카이로회담의 3거두로부터 승인되고 상항(桑港·샌프란시스코)회의에 대표를 파견한 사실을 너희들은 왜 일부러 은폐하려 하는가. 대한임시정부는 대한독립당의 토대 위에 섰고 국내 3천만 민중의 환호리에 입경하려 한다.

지명인사의 영명을 빌려다 자기 위세를 보이려는 도배야. 일찍이 너희는 고이소(小磯) 총독관저에서 합법운동을 일으키려다 비웃음을 당한 도배이며 해운대온천에서 일인 마나베(眞鍋某)와 조선의 라우렐이 될 것을 꿈꾸던 도배이며 일본의 압박이 사라지자 정무총감 경기도 경찰부장으로부터 치안유지 협력의 위촉을 받고 피를 흘리지 않고 정권을 탈취하겠다는 야망을 가지고 나선 일본제국의 주구들이다.

5. 우리는 장구히 너희들의 방약무인한 민심혹란의 광태를 묵인할 수는 없다. 정부를 참칭하고 광복의 영웅을 오욕하는 너희들의 행동은 좌시할 수 없다. 우리의 정의의 쾌도는 파사현정의 대의거를 단행할 것이다. 3천만 민중이여 제군은 이같은 도배들의 반역적 언동에

현혹치 말고 민중의 진정한 의사를 대표한 우리의 주의에 공명하여 민족적 일대운동을 전개하지 않으려는가. (…)

1945. 9. 7.

해방공간의 실패는 우익의 실패였다

(…) 15일 이래 경성에 모여든 전국 각지의 각층 각계 유지 3백여명 은 7일 오후 세시부터 광화문통 전 동아일보사 강당에 집합하고 3천 만의 총의를 한데 모을 국민대회를 소집할 준비회를 개최하였다.

이날 준비회는 김준연(金俊淵)으로부터 국민대회에 관한 취지를 설명하는 개회사가 있었고, 의장에 대구에서 올라온 서상일(徐相日) 을 추대하였다. 송진우(宋鎭禹)로부터 준비회 개회에 이르기까지의 경과보고가 있고 곧 결의사항으로 들어가

1) 재외 대한민국 임시정부 지지에 관한 건을 상정하여 전원 총기 립으로 찬동의 결의를 표명하고

2) 연합국에 대한 감사표시에 관한 건을 상정 협의한 결과 송진우, 장택상(張澤相), 윤치영(尹致暎), 김창숙(金昌淑), 최윤동(崔潤東), 백상규(白象圭) 6씨를 선출하여 일임하기로 되었다.

3) 당면의 제 문제에 관한 건과 국민대회 소집에 대한 준비는 전국 각지 각층을 총망라한 백명의 집행위원을 선출하여 일임하기로 하였 다. 이로써 3천만 민중의 총의와 총역량을 집결할 국민대회 소집과 연합국에 대한 감사표시는 착착 진행될 것으로 기대된다. (…)

「우익진영, 임시정부 지지를 표명하며 국민대회준비회 개최」,

송진우가 표면에 나섰다. 회의장소도 동아일보 사옥이었다. 송진우는 김성수의 사람이었고 동아일보의 사람이었다. 1907년 김성수와 처음 만나고 함께 일본유학을 떠났다. 메이지대학 졸업 후 1916년 귀국하자 바로 김성수의 중앙학교 일을 도와 학감과 교장을 맡았고, 1921년부터 사장, 고문, 주필 등의 직함으로 동아일보를 이끌었다. 1940년 폐간 후에도 동아일보사 청산위원회와 그 뒤를 이은 동본사를 대표하고 있다가 해방을 맞았다.

1944년 7월경 안재홍이 해방을 대비한 움직임을 권할 때 송진우가 거절한 이야기를 지난 8월 17일에 적었다. 그때 송진우의 말을 다시 한번 옮겨놓는다.

> 방금 미국은 전세계를 영도하고 있다. 소련은 미국의 요청에 응하여 이미 코민테른의 해산조차 단행하였다. (…) 소련은 미국에 잘 협력할 것이요 국제적 난관은 없을 것이다. 한편 중경의 임시정부는 이미 연합 열강의 정식 승인을 얻었고, 그 배하 10만의 독립군을 옹유하였으며, 미국으로부터 10억불의 차관이 성립되어 이미 1억불의 전도금을 받고 있는 터인즉, 일제가 붕괴되는 때에 10만군을 거느리고 10억불의 거금을 들고 조선에 돌아와, 친일거두 몇 무리만 처단하고 그로써 행호시령(行號施令)하기로 하면 조선인은 원래 출입우세(出入于世)를 잘하는 터이니까, 만사는 큰 문제 없이 해결될 것이다. (『민세 안재홍 선집 2』, 261쪽)

송진우는 미국의 실력과 중경 임시정부의 역량을 과장해서 인식하고 있었다. 그리고 "조선인은 원래 출입우세를 잘하니까" 외부의 막강한 힘이 들어오면 그 힘에 따라 사태가 낙착될 것이니 안에서 미리 애쓸 필요가 없다고 했다.

해방 직후에도 송진우는 건준 참여를 거부했다. 서중석은 송진우가 여운형과 안재홍의 좌우합작운동에 동조할 수 없었던 이유 몇 가지를 아래와 같이 짚어보았다(『한국현대민족운동연구』, 203~207쪽).

(1) 송진우 세력은 일제 말기에 민족해방운동에 관여하지 않았기 때문에 앞에 나설 경우 반민족행위자로 공격받을 위험이 있었다.

(2) 일제시기에 동아일보가 자치운동·민족개량주의의 본산으로 지목되어 사회주의자들에게 혹독한 공격을 받은 것은 감정적 차원을 넘어선 체제적 성격의 대립이었다.

(3) 송진우는 협동전선운동에 부정적 시각을 갖고 있었다.

(4) 송진우는 미국과 임정의 위력을 과신하고 있었다.

(5) 기업, 학교, 언론 등 자파 세력 근거가 있으므로 독자적 진로를 찾을 자신이 있었다.

(6) 자존심이 강하고 뱃심이 있고 인간관계에 편협한 송진우의 개인적 성격.

이 모두가 어느 정도 타당성 있는 요인이겠지만, (4)와 관련해서는 좀더 생각할 점이 있는 것 같다. (4)의 근거는 위에 옮겨놓은 안재홍과의 대화 내용인데, 해방 시점에는 그보다 정확한 정보를 접하고 있었을 것이다. 임정이 미국의 어마어마한 지원을 받거나 10만 대군을 거느리고 있지 않다는 사실 정도는 알고 있었을 것이다.

미국의 위력에 대한 믿음은 결코 "과신"이라 할 수 없다. 그리고 송

1922년 3월 중앙고보 제1회 졸업식장에서 찍은 기념사진. 왼쪽부터 김성수, 최두선, 송진우, 현상윤.

진우는 남한에 미군이 진주하리라는 사실을 꽤 일찍부터 알고 있었을 것 같다. 서중석은 미군의 남한 진주가 8월 말에 알려졌다고 보았지만 (같은 책, 208~210쪽), 그보다 훨씬 빨랐을 것 같다. 이 정보는 8월 10일 밤에 만들어져 14일까지는 일본정부에 확실하게 알린 것이었다. 이런 중요한 정보가 두 주일 동안 한국에 전혀 전파되지 않았다고 볼 수는 없는 일이다. 총독부가 '자기편'에게만 몰래 알려주었으리라는 것이 합리적인 추측이다.

　해방 후 송진우의 행보는 해방 전 자치운동·민족개량주의의 연장선 위에서 볼 수 있다. 자치운동·민족개량주의가 '반민족주의'처럼 인식되지만, 민족의 발전을 표방했다는 점에서는 넓은 의미의 민족주의에 포함될 수 있다. 굳이 민족주의와의 관계를 따지자면 자본주의적 가치관을 앞세운다는 점에서 '탈민족주의' 성향 정도로 얘기할 수 있을 것이다.

　민족개량주의 비판에는 민족주의보다 사회경제적 기준이 더 적절하다. 민족개량주의는 토지와 자본의 과도한 집중 등 식민통치의 구조적 문제를 저항 없이 받아들이는 입장이다. 식민지체제에서 상대적 특권을 얻은 계층의 이익에 집착함으로써 계급모순을 더욱 심화시킨다는 것이 민족모순을 호도하는 것보다 더 본질적인 민족개량주의의 문제점이다.

　식민지시대에 민족개량주의와 사회주의가 정면충돌한 이유는 계급모순에 대한 상반된 입장에 있었으므로 서중석의 지적대로 체제적 성격의 대립이었다. 식민지시대에는 민족모순 밑에서 계급모순이 자라나고 있었고, 해방은 민족모순의 해결이면서 계급모순 해결을 위한 기회였다.

　좌우를 막론하고 중도파는 민족모순 해결의 성과를 확고히 하기 위해 계급모순에 관해서는 '가진 자'와 '없는 자' 양측이 양보하며 서서히 풀어갈 것을 주장했다. 그런데 결과적으로는 계급문제에 상황이 휘말려 해방의 당연한 소득으로 여겨졌던 민족문제까지 오히려 실패하고 말았다.

　프롤레타리아 독재를 꿈꾸는 투철한 공산주의자는 민족주의에 가치를 두지 않고 분단을 꺼려하지 않을 수도 있다. 그러나 우익을 표방하던 해방 당시의 '가진 자'들 대부분은 민족이 갈라지고 식민지시대의 악질 경찰이 사회를 다시 주름잡는 상황을 피하기 위해서라면 기득권의 상당 부분을 양보할 용의가 있었다.

　그런 의미에서 분단은 좌익보다 우익의 실패였다. 그래서 해방공간에서의 민족의 실패를 살펴봄에 있어서 나는 우익의 관점을 앞세워 보

려고 한다. 민족의 비극을 불러온 데는 우익이 제 몫을 제대로 못한 탓
이 컸고, 그 실패가 충분히 반성되지 못했기 때문에 지금도 우익의 실
패가 우리 사회의 미래를 위협하고 있다고 생각하기 때문이다.

1945. 9. 8.

건국동맹은 어디에 있었는가?

그저께 소개한 한민당 성명서를 작성한 사람이 장덕수(張德秀, 1894~
1947)로 보인다고 한다(『한국현대민족운동연구』, 197쪽). 선동적이고 악
의적인 정치논설에 익숙해진 지금 사람 눈에도 정말 대단한 물건이다.
사실의 조작과 왜곡에서 야비한 표현에 이르기까지 황색언론의 전범
으로 삼을 만한 이 문서는 1945년 9월 당시의 공식문서로는 이례적인
것이었다. 출범 당시 한민당의 정책·정강보다 이런 표현을 공공연하
게 구사하고 있었다는 사실이 한민당의 성격을 더 분명하게 보여준다.

　작성자를 장덕수로 보는 근거를 찾아 확인하지는 못했지만 수긍이
간다. 처음 이 성명서를 보고 이런 '독극물'이 당시에도 생산되고 있었
는가 깜짝 놀라면서, 속으로 '설마 송진우가?' 하는 생각이 스쳐갔다.
그에게서 이런 막가파 글은 상상할 수 없었기 때문이다.

　장덕수라면 그럴싸하다. 『친일파 99인』(돌베개 1993) 2권에 수록된
서중석의 「장덕수, 근대화 지상주의에 매몰된 재사」에는 '재사'로서
그의 면모가 여실히 그려져 있다. '재사'의 조건은 재주가 많은 점 외
에 도덕성이 약하다는 점도 포함한다.

　이 성명서의 공격 표적인 여운형과의 인연을 생각해도 착잡한 생각
을 금할 수 없다. 1918년 상해에서 25세의 장덕수는 33세의 여운형을

1935년 중앙일보 사장 여운형
(왼쪽)과 조선일보 사장 조만식
(오른쪽)이 1932년 체포되었다
가 막 가출옥한 도산 안창호와
함께.

따라 신한청년단 결성에 참여했다. 이듬해 초 그는 국내에 잠입했다가
체포되는데, 몇 달 후 여운형이 일본측 요청으로 일본을 방문할 때 통
역으로 장덕수를 지명해서 석방시키고 비서로 일본여행에 대동했다.

그러나 장덕수는 이 여행 후 여운형과 갈라섰다. 그후 1920년 동아
일보 창간에 주필로 참여해서 동아일보의 민족개량주의를 주도했고,
1923~36년의 미국체류 이후에는 극단적 친일활동에 나섰다. 식민지
시대 말기의 친일활동에서 장덕수의 웅변은 이광수의 글과 쌍벽을 이
루었다.

한민당 핵심간부 장덕수가 여운형의 비서 출신이라는 사실도 여운
형이 얼마나 거물이었는지 보여주는 하나의 사례다. 여운형의 임시정
부 경시가 건준의 행로에 하나의 중요한 변수였는데, 여기에도 여운형
의 경력에서 유래하는 문제가 있었다.

여운형은 1914년부터 남경 금릉대학에 유학하고 있다가 1918년 상
해에서 신한청년단을 만들어 김규식을 파리강화회의에 파견하는 등
활발한 활동을 펼치던 중 3·1운동을 맞았다. 그로 인해 임시정부 수
립에도 중요한 역할을 맡게 되었는데, 그는 '정부'라는 명칭이 실제에

맞지 않으니 '정당'을 결성하자고 주장했다. 이 주장이 통하지 않았고, 또 황실 우대 등 시의에 어긋나는 노선을 초기 임정이 택하자 그는 임정과 거리를 두고 지냈다.

나는 1919년 상해의 독립운동가들이 '정부'라는 이름을 세운 것이 꼭 잘못된 일이라고 생각지는 않는다. 그러나 '정당' 형태를 취하자는 여운형의 주장에 더 타당성이 있고, 실제 임정의 행로에서 드러난 문제들도 이에 기인한 것이 많았다고 생각한다. 명분과 실제가 맞지 않는 문제 때문에 기회주의자들이 끼어들 여지를 만들어준 것이다.

절반 차 있는 잔을 놓고 "절반이나 있네" 할 수도 있고 "절반밖에 없네" 할 수도 있는 것이다. 해방 당시의 임정을 절반 채워진 잔으로 볼 수 있다. '임시정부'라는 명분에 실제가 따라오지 못한 아쉬움이 있다. 그러나 다른 한편 26년간 명분이나마 지켜온 것은 훌륭한 자산이었다. 그런데 여운형에게는 아쉬운 면이 더 크게 느껴졌던 것 같다.

여운형이 임정을 부정하거나 무시한 것은 결코 아니다. 문자 그대로 경시한 것이다. 임정의 역량만으로 상황을 감당하기에 부족하다고 생각해서 건준을 키우려 애쓴 것이다. 그리고 '건국동맹'을 내세운 것이다.

서중석 등 연구자들도 대개 건국동맹의 실체를 인정하는 것 같다 (『한국현대민족운동연구』, 106~112쪽). 그러나 회의적으로 볼 점이 많다. 무엇보다 국내 근거가 거의 없던 임정의 약점을 안성맞춤으로 보완할 수 있는 국내의 대중운동이라는 점에서, 건국의 발판으로 삼기 위해 만들어낼 동기가 있었던 존재다.

해방을 1년 앞둔 1944년 8월에 건국동맹이 결성되었다고 관계자들은 증언했다. 가입자수가 7만명이었다는 설도 있고 1만이라는 설도 있다. 1944년 10월에는 강령도 작성되었다고 한다. 외곽단체로 농민동맹도 거느리고 있었고, 해외 연락활동도 했다고 한다.

전쟁 막바지 상황에서 대중적 독립운동이 얼마나 가능했을까? 내가 보기에는 여운형이 관여했던 모든 움직임이 해방 후에 '건국동맹'이란 이름으로 묶여진 것이지, 그 모든 활동이 당시에 '건국동맹'의 이름을 내걸고 행해진 것은 아니었던 것 같다.

안재홍의 참여 여부가 단적인 예다. 이만규(李萬珪, 1882~1978) 등 건국동맹 관계자들은 안재홍도 참여했다고 한결같이 증언했다. 그러나 본인은 이것을 부인했다. 이것이 일반적인 양상 아니었을까?

해방 직전에 여운형과 관계를 가졌던 사람들의 대부분은 '건국동맹'의 존재를 모르고 있다가 해방 후에 그 관계를 '건국동맹'이라고 부를 때 부정하기 어려웠을 것이다. 건국동맹을 띄우는 여운형의 동기가 민족을 위한 선의라 믿기도 했을 것이고, 또 그에 관여된 것이 자신의 경력에 도움이 된다고 믿은 사람도 있었을 것이다. 안재홍처럼 고지식하게 "건국동맹이오? 저는 모르는 건데요?"라고 한 사람은 드물었을 것이다.

건국동맹의 이름과 강령은 여운형 주위의 아주 좁은 범위에서만 논의되고 있었을 것이다. 해방 후 여운형의 가장 중요한 협력자로 나선 안재홍은 해방 전에도 여운형과 마음을 털어놓고 지내는 사이였다. 여운형의 측근들도 모두 안재홍을 '동지'로 여기고 있었다. 그러나 안재홍은 '건국동맹'이란 이름을 들은 적이 없다고 했다.

여운형이 죽은 후 안재홍이 쓴 『몽양 여운형씨의 추억』에 해방 직전 어느 시점의 일로, "그리고 몽양은 '자신 있게 비밀을 지킬 2백여명의 동지가 있으니 지하조직을 하자'는 것이었다. 나는 그렇게까지는 생각지 않으므로 지하조직은 그만둔다고 하였다"라고 한 대목이 있다(『민세 안재홍 선집 2』, 204쪽). 건국동맹의 실체가 있었다면 안재홍처럼 중요하고도 믿음직한 잠재적 협력자에게 조직의 이름조차 밝히지 않았을 리 없다고 생각된다.

나는 여운형의 선의를 믿는다. 그러나 당시 사람들 중에는 그의 선의를 믿지 않거나, 속으로는 믿으면서도 일부러 무시하려 든 사람들이 있었다. 그리고 그의 선의를 믿은 사람들도 그가 건국동맹의 실체를 과장 내지 조작했다는 의심만은 품지 않을 수 없었을 것이다.

나 역시 아무리 여운형의 선의를 믿어도, 그나마 뚜렷한 실체가 있는 임정에 힘을 실어주는 대신 다른 힘을 만들어내려 한 여운형의 시도에는 불확실한 상황을 더욱 혼란스럽게 만든 허물이 있다고 생각한다.

1945년 주요 정당의 계보도

| 주요 정치단체의 계보도 |

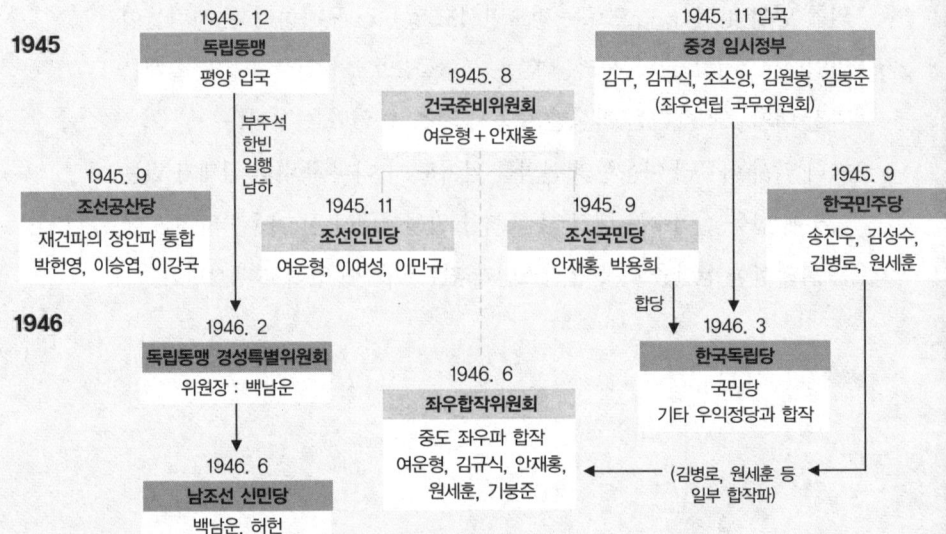

- **중도파의 안재홍과 여운형**
안재홍은 우익에 속하면서 좌익을 배제하지 않는 중도 우파의 길을 택하였고, 여운형은 좌익과 함께하면서 민족주의를 버리지 않겠다는 중도 좌파의 길을 택하였다.

- **여운형(1886~1947)**
1914년 남경 금릉대학에 입학해 영문학을 전공하다 1918년 상해로 가 신한청년단을 만들어 김규식을 파리강화회의에 파견하는 등 활발한 활동을 펼치던 중 3·1운동을 맞았다. 임정 수립에도 중요한 역할을 하였다. 조선중앙일보사 사장, 조선체육회 회장을 지내기도 하였다. 해방을 1년 앞둔 1944년 8월에 건국동맹을 결성하였다. 해방정국에서 좌우익 양측으로부터 10여차례 테러를 당했으며 1947년 7월 19일 이필형의 저격을 받아 암살되었다.

- **안재홍(1891~1965)**
식민지시대에 조선일보 사장과 교육계에서 활동하였다. 상해 임시정부 관련으로 3년간(1919~22) 옥고를 치렀는가 하면 신간회에서 중요한 역할을 맡았고, 민족개량주의에 입각한 것으로 알려진 물산장려운동에도 관여하였다. 40대 중반 이후에는 민족주의 역사학에 노력을 쏟았고, 조선어학회사건으로 2년간(1942~44) 옥고를 치렀다.

| 주요 정당들 |

● 건국준비위원회
중도 좌파인 여운형(위원장)과 중도 우파인 안재홍(부위원장)을 비롯하여 좌·우파가 고루 참여하였다. 독립국가를 만들기 위한 초기적 임수를 수행하면서 8월 말까지 145개의 지부를 아울렀다. 그러나 건준은 9월 6일 조선공산당 주도로 성급하게 조선인민공화국을 선포함에 따라 우익이 빠지는 등 결정적 결함을 가지게 된다. 10월 7일 공식 해산되었다.

● 한국민주당
김성수와 조병옥 등이 우익을 통합하여 9월 16일 한민당을 결성하였다. 당대표인 수석총무는 송진우였다. 한민당의 중심세력은 송진우와 김성수 등 '동아일보' 계로 지주나 자본가 세력을 대표하였다. 특히 한민당이 위세를 떨칠 수 있었던 것은 일제강점기뿐만 아니라 미군정하에서 권력을 휘두른 경찰을 장악했기 때문이다. 이승만은 명성과는 달리 국내 조직 기반이 없었기 때문에 한민당과 손을 잡았다.

● 조선국민당
한민당보다는 약했지만 우익정당으로 9월 24일 안재홍을 위원장으로 하여 결성된 국민당도 영향력이 있었다. 일제강점기의 비타협적 민족주의자들이 주요 간부인 국민당은 만민공생의 신민주주의와 신민족주의를 표방했으며, 좌우 협조를 중시하는 중도 우파의 정치노선을 대표했다.

● 조선인민당
11월 12일 중도 좌파 정당으로 여운형을 위원장으로 한 조선인민당이 결성되었다. 인민당은 좌우 갈등을 최소화하고 민족통일전선을 형성하여 좌우연합 정부를 수립하려고 했다. 일제강점기와 해방 직후의 정치상황을 반영하여 자본가부터 공산주의자들까지 폭넓게 참여하였다.

● 조선공산당
국내에서 항일운동을 계속 해왔던 공산주의자들이 해방 후에 결성한 조직이다. 해방 직후 장안파와 재건파 공산당으로 나뉘어 있던 공산주의 세력은 9월 8일 열성자대회를 거쳐 9월 11일 박헌영의 재건파를 중심으로 한 조선공산당으로 통합되었다. 해방 직후 다른 정치세력에 비해 강력한 대중조직 기반을 가지고 있었으며, 사회주의 국가 건설을 목표로 삼았다.

1945. 9. 9.

미군과 소련군, 어떻게 달랐나?

미육군 24군단이 남한 점령군으로 들어왔다. 미군의 남한 점령을 명시한 일반명령 1호는 9월 2일자로 발령되었지만, 그 내용은 맥아더가 마닐라에서 일본 전권대사 가와베에게 8월 20일 이미 교부해 놓았다. 가와베는 21일 일본으로 돌아갔고, 22일 일본 내무차관이 조선총독부 정무총감에게 전문으로 알려놓았었다.

24군단장 하지(John R. Hodge, 1893~1963) 중장은 오후 4시를 기해 조선총독과 조선 주재 일본군의 항복을 받고 한국인을 상대로 성명서를 발표했다.

조선인민 제군이여!

태평양방면 육군총사령관이요 연합국 총사령관 맥아더 대장을 대신하여 본인은 오늘 남조선 지역의 일본군의 항복을 받았다. 주(駐) 조선 미합중국 사령관으로서 본인은 아래에 적은 항복에 관한 제 조건을 굳게 지키게 하노라. 본인은 이에 법률과 질서를 유지하는 동시에 조선의 경제상태를 앙양시키며 인민의 생명재산을 보호하며 기타 국제법에 의하여 점령군에게 과하여진 기타 제 의무를 이행하노니 점령지역에 있는 제군도 또한 의무를 다하여라. 본인의 지휘하에 있는 제군은 연합국군 총사령관의 명령에 의하여 장차 발할 본인의 각종 명령을 엄숙히 지켜라.

제군은 평화를 유지하며 정직한 행동을 하여라. 이를 지키는 이상 공포의 마음을 가질 필요는 없다. 만약 명령을 아니 지킨다든지 또는 혼란상태를 일으킨다면 본인은 즉시 적당하다고 생각하는 수단을 취하겠노라. 이미 확정된 항복조건을 이행함에는 본인은 시초에 있어서는 현 행정기구를 사용할 필요가 있노라. 동시에 본인은 장차 나의 지휘하에 있을 관리의 명령에 복종하기 바란다.

조선인민을 위하여 정부의 정책은 장차 필요에 응하여 개정될 것이다. 법제, 상업, 공업, 학교교육에 있던 종래의 여러 가지 인류적 차별은 곧 끝이 날 것이다. 신앙의 자유, 언론·사상의 자유는 제군에게 돌아갈 것이다. 신문, 라디오는 금후 곧 조선사람을 위한 기관이 될 것이다. 본인은 조선인 제군이 장구하고 또 귀중한 역사를 가지고 있는 것을 아노라. 또 제군이 과거 수십년간 제 압박하에 신음하여 온 것도 잘 알며 제군의 대망이 무엇이라는 것도 잘 아는 바이며 제군이 생활상태 개선을 하루바삐 수행하고자 하는 열망을 가슴 깊이 품고 있는 것도 잘 아노라.

이 점에 관하여는 제군이 그때가 올 때까지 좀 기다려주기 바란다. 제군이 참아온 수십년에 걸친 폐정을 수일 사이에 전부 교정코자 하는 것은 불가능한 일이라는 것을 알지어다.

장차 다가올 몇 개월에 걸친 제군의 언어 행동으로서 제군은 전세계 민주주의 국민 및 그들의 대표자인 본인에게 전세계라는 일가족의 구성분자로서의 명예 있는 지위를 받을 일민족의 자격능력을 표시하게 될 줄 아노라.

1945년 9월 9일

(『매일신보 호외』 1945년 9월 9일)

그 얼마 전 이북에 진주한 소련군 사령관 치스차코프 대장의 포고문
과 대비되는 면이 있다. 치스차코프의 포고문은 이런 내용이었다.

조선인민들이여! 붉은 군대와 동맹국 군대들이 조선에서 일본 약탈
자들을 구축하였다. 조선은 자유국이 되었다. 그러나 이것은 오직 새
조선 역사의 첫 페이지가 될 뿐이다. 화려한 과수원은 사람의 노력과
고심의 결과이다. 이와 같이 조선의 행복도 조선인민의 영웅적인 투
쟁과 꾸준한 노력에 의해서만 달성된다.

일본 통치하에서 살던 고통의 시일을 추억하라! 담 위에 놓인 돌
멩이까지도, 조각돌까지도 괴로운 노력과 피땀에 대하여 말하지 않
는가? 누구를 위하여 당신들이 일하였는가? 왜놈들이 고대광실에서
호의호식하며 조선의 풍속과 문화를 굴욕한 것은 당신들이 잘 안다.
이러한 노예적 과거는 다시 돌아오지 않을 것이다. 진절머리나는 악
몽과 같은 그 과거는 영구히 없어져버렸다. 조선사람들이여 기억하
라! 행복은 당신들의 수중에 있다. 당신들은 자유와 독립을 찾았다.
이제는 모든 것이 죄다 당신들에게 달렸다.

붉은 군대는 조선인민들이 자유롭게 창작적 노력에 착수할 만한
모든 조건을 지어주었다. 조선인민 자체가 반드시 자기의 행복을 창
조하는 자로 되어야 할 것이다.

공장, 제조소 및 공작소 주인들과 상업가, 기업가들이여! 왜놈들
이 파괴한 공장과 제조소들을 회복시켜라. 새 산업 기업소들을 개시
하라. 붉은 군대 사령부는 모든 조선 기업소들의 재산보호를 담보하
며 그 기업소들의 정상적 작업을 보장함에 백방으로 원조할 것이다.

조선 노동자들이여! 노력에서의 영웅심과 창작적 노력을 발휘하라. 조선사람의 훌륭한 민족성 중 하나인 노력에 대한 애착심을 발휘하라. 진정한 사업으로서 조선의 경제적, 문화적 발전에 대하여 고려하는 자라야만 모국 조선의 애국자가 되며 충실한 조선사람이 된다.

해방된 조선인민 만세!

붉은 군대 사령부

(『해방 3년사 1』, 105~106쪽에서 재인용)

치스차코프의 포고문이 당시의 한국인이 할 일에 대해 한국인이 듣고 싶어하는 이야기를 담은 것이라면, 하지의 성명서는 한국인이 하지 말아야 할 일에 대해 미국인이 하고 싶어하는 이야기를 담은 것이라는 데 차이가 있다. 이 차이는 어디에서 온 것이고, 또 어떤 결과를 낳을 것인가?

어떤 결과를 낳을지는 얼마간의 상상을 떠올리는 정도로 놓아두었다가 앞으로 전개되는 상황에 따라 차츰 음미해 보기로 한다. 지금은 우선 이런 차이가 생긴 이유를 생각해 보자.

먼저 하지 중장이 어떤 사람인지, 당시 공표된 약력을 살펴보자.

제20군 사령관 존 R. 하지 중장은 당년 51세 군인 중의 군인이요 전쟁을 가장 잘 아는 전형적 군인이다. 지휘관으로서의 냉정한 판단과 전선에서 항상 병졸들과 같이 있는 점은 부하병졸의 신임을 크게 사고 있다.

제1차대전시에는 육군대위로 독일군과 센트 미히엘 뮤스알공에서 싸웠고 이번 제2차대전에는 장관(將官)으로 과달카날 뉴조지아 부겐빌에서 일본군과 싸웠다.

1945년 9월 9일 총독부 회의실에서 아베 노부유키 총독이 항복문서에 서명하고 있다. 합방 직후 경복궁 전면을 가로막고 세워진 총독부 건물은 미군이 군정청사로 쓰면서 '중앙청'이란 이름을 얻고 대한민국 정부청사로 계속 사용되다가 1986년 박물관으로 용도가 바뀌었고 1995년 철거되었다.

하지 중장은 일본군과의 정글전투의 권위이다. 처음 과달카날에 나타나기는 1942년 12월, 큰 성공을 세우고 1943년 5월 솔로몬도(島)를 떠나 7월에 뉴조지아에 도착 이곳에서도 일본군을 대파하였다.

1944년 3월에는 부겐빌전투에 참가하였다. 이 전투에 참가한 일본군은 가장 맹렬한 것이었으나 이를 격파하였다.

중장은 일생의 대부분을 군인으로 지냈으니 1917년에 정규군 육군소위가 되었고 4년간 육군성 참모부에 근무하였고 육군대학, 참모학교, 보병학교, 화학전학원 등을 졸업하였으며 항공부대 전술학교까지 졸업하였다.

그가 제일 싫어하는 것은 장발이다. 그는 짧게 기른 회색 머리털을 갖고 있다. 그는 병졸에게 가장 길어서 2인치 이상의 머리를 인정하지 않고 있다. 그리고 유언비어를 엄중히 삼가게 하므로 그의 부하들 사이에는 터무니없는 뜬소문이 없다. 그는 장관이 병졸의 이름을 일일이 기억해야 한다고 말하고 있다. 그는 미국 군인이 세계제일의 훌륭한 군인이라고 말하고 있다.

그는 지난 6월에 오키니와(沖繩)에서 중장으로 승진하였다.

(「하지 중장의 약력」, 『매일신보』 1945년 9월 11일)

"전쟁을 가장 잘 아는 전형적 군인" 하지 장군을 멋진 모습으로 부각시키려고 애쓴 글인데, 정치력이나 이해심을 돋보이게 할 여지는 없었던 모양이다.

한국 점령이 전투가 아니라 통치를 위한 것이라면, 전쟁만 아는 '전형적 군인'보다 정치도 아는 '참모형 군인'이 더 적당할 것이다. 중국에 주둔하고 있었기 때문에 지역 사정을 잘 아는 웨드마이어(A. C. Wedemeyer, 1897~1989) 장군이 더 적당하지 않겠냐는 논의도 있었는데, 결국 하지 같은 '전형적 군인'으로 낙점된 것은 한국 점령에 정치력이 따로 필요 없다고 판단한 결과일 것이다. 맥아더 사령부뿐 아니라 미국 국무부에서도 한국은 큰 관심의 대상이 아니었고, 한국 점령정책은 일본 점령정책에 부수적인 것으로 인식되었다.

소련과 미국의 군대 성격의 차이도 작용했을 것이다. 소련 군대는 정치장교의 역할이 컸다. 초기에는 정치위원(commissar)이 중대급 이상 각 부대에서 지휘관과 대등한 위치를 가진 시기도 있었다. 중국의 인민해방군 각급 부대에서도 '정위'(정치위원)는 지휘관에 버금가는 위치에서 큰 역할을 맡는다. 일반장교의 정치교육도 서방의 군대보다 훨씬 비중이 크다. 소련 장군들 중에는 하지처럼 순진한 사람을 찾기 어려웠을 것 같다.

그 이유는 군대가 국가의 군대이기 이전에 당의 군대이기 때문이다. 공산국가에서 당과 국가의 관계는 서방과 다르다. 북한의 헌법 11조에는 "조선민주주의인민공화국은 조선로동당의 령도 밑에 모든 활동을 진행한다"고 되어 있다. 우리는 이것을 '일당독재'라고 홍보는 교육을 받으며 컸지만, 이는 국가와 정당의 개념이 다르기 때문일 뿐이다.

며칠 전 안재홍의 성명에도 "정당 결성 문제에 있어서도 이상으로 서는 전민족 단일당에 있겠지만" 하는 대목이 있었다. 안재홍이 생각한 이상적 정당이란 국민의 모든 요구를 수렴하는 존재로서, 중국의 공산당처럼 국가사회의 '엘리트계층' 역할을 하는 것이 아니었나 생각된다.

1945. 9. 10.

좌익과 우익은 어떻게 구분되었는가?

———

안재홍이 건준에 대한 입장을 밝히는 성명을 다시 냈다. 8월 31일에
부위원장직을 사퇴하고 9월 4일에 재신임을 받았지만 사퇴의 뜻을 굽
히지 않고 있던 상황에서 9월 8일에 한민당 발기인 명의의 건준 비난
성명이 나오자 자신의 입장을 더 분명히 밝힐 필요를 느낀 것이다.

● 조선건국준비위원회와 나의 처지

조선건국준비위원회는 8월 15일로써 발족하였다. 탄압과 혼란이
교착하는 도중에서 강고한 독립적인 목적의식으로 그 사명의 완수에
매진하여 온 것은 부인할 바 못 된다. 나는 최초부터 이 신조에서 행
동하였다. 현하 조선의 정치적 단계에서 나의 신봉하는 정견은 각계
각층의 남녀들이 초계급적 또는 초당파적인 처지를 견지하면서 하루
바삐 우리 3천만 민족대중에게 부과된 일민족 국가건설의 대업을 완
수하기에 총의 총력을 집결하는 데 있는 것이니 모든 것을 이 목표에
서 출발 발전 귀결시켜야 할 것이다.

즉 건준은 정강을 가진 정당도 아니요, 그 운영자 자신들을 위한
조각본부도 아니요, 따라서 다년간 해외에서 해방운동에 진췌하여
오던 혁명전사들의 지도적 집결체인 해외정권과 대립되는 존재도 아

닌 것이다. 또 그 일시 당면한 임무는 국내질서의 자주적 유지와 대중생활의 확보와 신국가 건설의 기술적인 주비로서 각 방면의 전문적인 대책과 연구와 자료자재의 보관관리에 관한 공작 등등이다. 즉 사상 기술 방면에 걸치어 엄숙과감한 실천을 요하는 것이다. 나는 이 굳은 일념에서 총총 20일간 노력해 왔다. 그러나 이 모든 것이 나의 의도와는 배치되는 결과로 됨에 따라 나는 단연히 인책 면퇴 부위원장의 자리를 떠났다.

一. 초계급적 초당파적 견지에서 각계 세력을 총망라하는 목표로 나로서의 최선을 다하였다. 나로서의 만족할 성과는 아직 불가능에 가까운 사태이라 나의 인퇴는 당연하다.

一. 전술 기술적인 제 방면에 있어서도 나로서는 책임감을 느끼지 않을 수 없을 만치 조사 연구 입안 기획 등 여러 점에서 아직 다분히 미비한 점이 있다. 나의 인퇴는 당연하다.

一. 해외정권은 그 지역 및 사상체계에 있어 아직 귀일되지 아니하였고 그 혁명전사로서의 공렬(功烈)에는 각각 일률적인 존경과 우의를 가질 바이지만 나는 중경 임시정부에 최대한 임무를 허용하는 것이 당면필수의 정책이라고 믿는다. 중경 임시정부를 전적으로 승인하느냐, 이의 개조를 요하느냐는 금후의 사실문제로 미루어두고 중경 임시정부를 기준으로 하루바삐 신국가 건설 정권으로 하여 급속히 국내질서를 확립하고서 통일민족국가 건설도정에서 추호의 막힘 없도록 함을 요함은 두말을 요치 않는 바이니 이 긴급당면한 정치적 요청에서 이를 지지하여야 할 것이요 현실 당면한 국제정국에의 구안자(具眼者)로서 누구나 일치할 바이다. 모든 화려한 이론도 실천에서 국민대중에게 선악을 미치는 한 그것은 지대한 과오인 것이다. 이 점에 관하여 나의 처지는 건준에서 전면적으로는 허락되지 않는다.

나는 인퇴를 요한다.

상술한 여러 문제에서 첫째 인책의 의미로, 둘째 의견 상이로 인한 모순의 소각을 위하여 건준 부위원장의 자리를 떠났고 사정에 의하여는 전면적 인퇴까지도 마음먹고 있다. 나는 건준을 떠날 때 있어 그곳 동지 제씨에게 석별의 정이 깊고 특히 외경하는 여운형씨에게는 인정상 차마 할 수 없는 일이나 여운형 또한 공인으로서 좇는 바 있을 줄 확신한다.

추기(追記)

나는 건준을 사실상 퇴각한 지 이미 4일 이래의 일이다. 잘 알다시피 조선국민당은 이미 합동위원을 뽑고 외지 각 계통과 합동 준비중이므로 그 위원장의 책(責)을 해제하였고, 일절 정치 간여를 끊은 나는 방금 각 방면과 아주 무관계한 야인으로 돌아갔다. 세간 무근한 풍설과 오보에 현혹 없도록 늦으나마 일언(一言)한 것이다.

9월 10일 안재홍

자신을 지지해 달라는 주장을 담은 성명서가 아니다. "세간의 무근한 풍설과 오보"를 막기 위한 해명이다. 안재홍은 식민지시대에 기독교계, 교육계, 언론계에서 활동했고, 상해 임시정부 관련으로 3년간 (1919~22) 옥고를 치렀는가 하면 신간회에서 중요한 역할을 맡았고, 민족개량주의에 입각한 것으로 알려진 물산장려운동에도 관여했다. 40대 중반 이후에는 민족주의 역사학에 노력을 쏟았고 조선어학회사건으로 2년간(1942~44) 옥고를 치렀다. 넓은 의미의 민족주의운동 모든 분야에서 활동했던 사람이다.

8월 16일에 송건호가 그린 안재홍의 "걸인 같은 모습"을 소개했는데, 무슨 뛰어난 일을 할 '능력'에 대한 기대감보다 민족주의를 벗어나는 짓은 어떤 것도 할 리가 없는 '지조'에 대한 신뢰감을 주는 인물로서 당시 사람들의 안재홍에 대한 인식을 알아볼 수 있다. 건준을 이끄는 입장에서도 건준이 기능적 임무만을 맡음으로써 중경 임시정부의 정치적 권위와 대립하지 않고 보완관계를 맺기 바란 것은 힘보다 신뢰를 중히 여기는 그의 개인적 태도가 연장된 것으로 볼 수 있다.

해방공간 당시의 좌익과 우익 구분 기준을 일의적으로 말하기는 힘들다. 일본 식민통치자들이 사회주의와 공산주의를 좌익으로 규정한 기준에 따라 좌익의 존재가 일차적으로 인식되고, 좌익이 아닌 사람을 우익으로 보았던 것 같다. 당시 우익의 기준은 자본주의가 아니라 민족주의였다. 민족주의 과제를 앞세우는 사람은 우익이고, 사회경제적 문제를 앞세우는 사람은 좌익이었던 셈이다.

안재홍은 해방 조선이 추구할 정치원리로 '신민주주의'와 '신민족주의'를 제창했는데, 그의 신민주주의는 사회주의에 가까운 것이었다. 다만 그가 민족주의 과제를 더 시급한 것으로 제시했기 때문에 우익인사로 통했던 것이다. 그만이 아니라 당시 우익으로 분류된 민족주의자들 중에 자본주의와 사회주의 사이에서 선택하라고 하면 자본주의를 택할 사람은 거의 없었다. 자본주의는 일본의 억압체제와 통하는 것으로 인식되었던 때문이다.

일본의 경제체제가 물론 표준적인 자본주의는 아니었다. 그러나 강자를 존중하고 약자 보호를 거부하는 제국주의 원리는 분명 자본주의와 통하는 것이었다. 독립운동의 정신은 일본인의 침해에서 조선인을 해방시키는 데 그치지 않고 강자의 침해로부터 약자를 보호하는 방향을 중시하고 있었다.

중국공산당을 성공시킨 '통일전선'은 억압체제의 해소를 바라는 보편적 민심을 끌어들인 것이었다. 민심의 눈에는 장개석의 국민당 정부가 일본과 다를 바 없는 억압의 주체로 보였던 것이다. 해방 조선의 좌우익 구분은 일차적으로 좌익측 입장에 달려 있었다. 안재홍의 신민주주의나 조소앙(趙素昻, 1887~1958)의 삼균주의는 좌익에서 좌익으로 받아들이면 좌익이 되고 우익으로 몰면 우익이 될 수 있는 위치에 있었다.

좌익으로까지 받아들이지 않더라도 중도로 인정해서 우익에 대항하는 합작대상으로 삼는 것도 통일전선 결성의 한 방법이었다. 그러나 건준과 인공을 장악하고 좌익의 대표성을 획득해 가던 박헌영 일당은 '민주주의' 진영과 '민족주의' 진영으로 좌우를 구분했다. 사회주의 원리를 승인하는 사람이라도 민족주의를 앞세우기만 하면 '국수(國粹)' '파쇼'로 몰아 적대시했던 것이다. 한편 식민지시대에 확보한 강자 입장에 집착하는 수구파는 좌파에 편입되지 않은 민족주의자들을 '우익'의 간판으로 끌어들였다.

보다 정의롭고 평등한 사회를 추구하는 진보적 노력도 현실을 무시하는 오만에 빠진다면 '사람 사는 세상'의 기반조건을 악화시키는 부작용을 가져올 수 있다. 약자 옹호라는 소박한 수준에서라도 사회주의 원리에 공감하는 사람들이 힘을 합쳐 극소수의 수구파를 배제하는 것이 당시 현실의 필요였다. 그런데 좌파 일각의 헤게모니 추구가 중도파를 우익으로 내몰거나 무력화시켰다. 비극적 역사전개의 발판인 '적대적 공생'의 길이 열린 것이다.

1945. 9. 13.

하지 사령관의 첫 기자회견

하지 중장은 서울에 들어온 이틀 후인 11일 오후 기자회견을 열었다. 군정을 시작하는 사령관의 관점과 입장을 폭넓게 보여준 회견인 만큼 미군정의 성격과 문제점을 상당 부분 여기에서 알아볼 수 있다. 회견 기사를 옮겨싣고, 몇 가지 음미할 점에 간단한 생각을 붙인다.

11일 오후 2시 40분 존 R. 하지 중장은 아놀드 소장과 헤이워드 중좌를 대동하고 시내 각 대표 신문기자들과의 회견석상에서 제일성을 발하였는데 (…) 사령관과의 회담은 2시간 40분에 걸쳐 진행되었으며 (…) 이날의 내용은 다음과 같다.

"조선에 부임한 이래 여러분을 만날 기회를 얻은 것은 참으로 반가웁다. 나는 이 기회에 소신을 몇 가지 전하고자 하는 바이다. 내가 조선에 온 것은 연합군을 대표해서 온 것으로 태평양 미국육군 총사령관 맥아더 원수는 곧 나의 상사이다.

나는 군사방면의 일만을 맡은 만큼 이 이외의 문제에 대해서는 대답할 수 없는 것이 있을는지 모르겠다. 나의 사명을 말한다면, 일본은 무조건 항복을 하였는데 그것을 힘써 행하는 데 첫째 사명이 있고, 둘째 사명은 조선인의 인권과 종교상의 권리를 확보하여 안녕질서를 유지함으로써 정부가 수립되면 그 정부로 하여금 조선을 맡도록 하는 데 있다.

> 군정이란 군사적이면서 정치적인 사업이다. 군정 사령관은 군정 지역의 군사적 수장일 뿐 아니라 정치적 수장이기도 한 것이다. 그런 자리를 맡으면서 "군사방면의 일만을", 즉 무력행사의 역할만을 맡았다고 하는 제일성에서 군정의 성격에 대한 하지의 이해에 근본적 한계가 있음을 알아볼 수 있다.

포고를 마음에 새기라.

또한 여러분이 알고자 원하고 주목해야 할 것은 맥아더 원수의 제1, 제2, 제3 각호의 포고문일 것이다. 만일 아직도 이것을 읽지 못한 분이 있다면 잘 읽어주기를 바란다. 이 포고문을 읽음으로써 여러분이 물으시려는 의문은 저절로 해명될 줄 안다.

> 맥아더 포고문 내용 이외의 의문은 품어서 안 된다는 말이다. 남한 군정 사령관이라면 남한의 일에 대해 독자적 책임을 가져야 할 입장이다. 그러나 하지는 연합군사령부 휘하 미 24군단 군단장으로서 맥아더 사령관의 지휘체계 속에서 자신의 위치를 인식하고 있었다.

카이로회담에서 작정한 것으로 말하면, 조선의 자주독립은 곧 되는 것은 아니고 당분간 어느 정도의 시간을 거쳐 적당한 시기가 도래한 후라야 되리라고 했다.

이 적당한 시기라고 하면 곧 조선 안의 치안이 잘 되고 못 됨에 달렸다. 그 말은 곧 조선인이 치안을 잘 해나가고 못해 나가는 것에 있고 잘 해나간다는 것은 각 개인이 맡은 직능에 따라 평온하게 일상대로 종사하는 것이다.

조선정부가 수립된다면 근본적으로 민주주의에 입각한 정부로서 조선백성을 위하고 조선백성으로 되는 정부라야 할 것이다.

하지가 말하는 '민주주의'는 물론 미국식 민주주의를 가리킨다. 그러나 해방 후의 한국에서 '민주주의'는 우익의 민족주의와 대칭되는 좌익의 구호로서, 미국식 형식적·정치적 민주주의와 다른 사회경제적 민주주의였다. 현지의 사회경제적 조건에 관계없이 미국식 민주주의가 무조건 최고라고 하는 독선적인 하지의 민주주의관보다 더 실질적이고 효과적인 한국정책을 미점령군은 가지고 있지 못했다.

이것은 맥아더 원수의 의사로 되는 것도 아니고 연합군 의사에 의하여 인정되는 것이다. 그리고 현재는 잠정적 방편으로서 현존한 조선의 행정기관을 이용하려 한다. 지금의 현존기관은 지금 있는 사람이 운영해 간다는 것이 아니고, 기계를 가지고 예를 든다면 단지 기계적인 역할만을 시키는 것이다.

이승만정권의 통치체제가 일본의 식민지 통치체제를 많이 답습하게 된 것은 미군정의 일제 통치체제 온존 때문이었다. 맥아더가 일본 통치에 있어서 천황제 등 구체제를 최대한 온존시킨 방침이 한국의 미군정에도 투영된 것으로 보인다.

여러분이 공장원이라면 단지 그 공장의 기계를 이용하는 것이 목적인 것이다. 그러므로 다시 새 기계가 놓이기까지의 일을 방편적으로 맡아 한다는 것이다.

다음으로 우리는 태평양육군총사령부의 조선주민에 고한다는 포고 제1호, 제2호에 정부 공동단체 또는 기타의 명예직원과 고용인 및 공익사업 공중위생을 포함한 온갖 공공사업에 종사하는 직원 고용인은 유급 또는 봉사의 다름을 불문하고 또한 제반 중요한 직무에 종사하는 사람은 별도의 명령이 있을 때까지 그의 정상한 기능과 의무를 실행하고 모든 기록과 재산을 보존 보호하여야 한다는 조목이 있다. 여러분은 특히 이 점에 유의하여 범사를 힘써 행해 나가도록 하여야 하겠다.

이것을 잘 준행한다는 것은 곧 신생조선의 첫출발이 되고 다음 출발의 기반이 된다는 것을 잘 알아주어야 한다. 물론 조선인 여러분은 어떠한 방법으로 언제 조선정부가 수립될 것인가가 가장 관심을 가지고 살피는 핵심일 것인데 그렇다면 그럴수록 그 시기의 재래는 조선인의 행동 여하에 달렸다고 보겠다. 그 행동 여하가 곧 정부수립을 좌우할 것으로 믿는다. 여러분이 동경하는 정부수립은 여러분의 단결 노력이 종래부터의 일에 충실히 종사하는 데 있다고 본다. 즉 농사하는 농민은 농사에, 상인은 상업에, 또한 다른 생업을 가진 이는 그 생업을 계속하여 그 직능에 따라 전념하는 것이 곧 조선독립과 정부수립을 위하고 노력하는 것이 된다. 그 반면에 조선사람 사이에 알력이라든가 반란이 생겨 치안을 교란하는 사람이 있다면 이는 곧 조선독립을 방해하는 자인 것이다.

미군이 진주해 온 후인 현재 조선에는 문자 그대로의 절대한 언론자유가 있는 것이다. 미군은 조선사람의 사상과 의사발표에 간섭도 안 하고 방해도 안 할 것이며 출판에 대하여 검열 같은 것을 하려 하지도 않는다. 언론과 신문의 자유는 여러분들을 위하여서 대중의 의견을 제기하고 또한 여론을 소소하게 알리는 데 그 직능을 다해야 할 것이다. 이와 같이 미군은 언론자유에 대하여 취재를 방해하고 검열

9월 8일 선발대로 서울에 온 미군. 미군은 총독부와 일본군에게 상륙 계획을 알리고 협조를 요청해 놓았으며, 환영 군중이 지시를 따르지 않는다고 일본경찰이 발포하여 두명이 죽고 아홉명이 다치는 사고가 있었으나 이를 질서유지를 위해 정당한 것으로 인정했다. 미군이 일본인을 조선지배의 선임자로 존중한 자세를 보여준 상징적 사건이었다. 오른쪽은 하지 사령관과 마셜 미육군 참모총장의 사진을 담은 미군 홍보포스터.

을 하려 하지는 않으나 그것이 정당한 의미의 치안을 방해하는 것이라면 이런 경우는 별도로 강구하려 한다. 그러나 나는 이러한 필요까지는 없으리라고 믿는다. 나는 조선에 온 뒤로 조선의 역사와 조선의 신문사를 통해서 조선이 어떠한 지경에 처해 있다는 것도 잘 알고 있다. 그런 만큼 나는 바라노니 부디 여러분은 이 기회를 조선 신문사상의 일대 혁신전환 단계로 삼아주기를 바란다.

"조선에 온 뒤로" 조선에 관한 공부를 해서 사흘 만에 조선이 처해 있는 지경을 잘 알게 되었다고 하는 것을 보면, 과달카날전투에 투입되면서 과달카날섬이 어떤 곳인지 공부했던 정도로 조선에 관한 공부도 충분히 할 수 있다고 생각한 모양이다. 1946년 1월 한국에 와서 하지의 고문으로 일하게 되는 레너드 버치(Leonard Bertsch) 중위가 출발 전에 샌프란시스코의 서점 하나를 뒤져 한국에 관한

| 글을 다 찾아보았다는 이야기와 대조적이다.

　미국의 제 신문과 같이 신문의 역할을 다하는 데 있어서는 대중을 지도하고 여론을 일으키는 지대한 역할을 하여야 할 것이다."

　이제껏 침체되고 은폐된 언론은 민중을 위하여 개방하라고 말하는 중장은 이때 의미 있는 듯 일동을 휘돌아보며 마도로스파이프에 담배를 한 대 담아 유유히 연기를 토하며 말을 계속한다. 다시 조선에 대한 가지가지의 신정책을 펼 기본자료가 되는 수첩을 꺼내든 사령관은 화제를 돌려 구체적인 방면으로 진전시켜 행정방면에 대하여 언급하였다.

| 지금까지의 하지의 이야기는 참모들의 손을 어떤 식으로든 거쳐서 준비되었을 것이므로, 하지 개인의 관점보다 하지 사령부의 관점이라고 볼 수 있겠다. 이에 비해 지금부터의 이야기는 하지 개인의 것으로 볼 수 있다.

　"나는 기왕의 용어를 빌려 말한다면 조선총독인 셈으로 특히 북위 38도 이남 조선에 있어서 여러 가지 시책을 펴기에 주력하겠다. 행정의 중점은 가급적 속히 조선정부가 수립되고 조선사람이 조선을 다스려주기를 원하는 데 있다.

　나는 군문(軍門)의 무관으로서 외교관도 아닌 동시에 외교관이 되려고도 하지 않는다. 다만 앞으로 조선에 대한 시정방침이 확립되면 그때는 종래의 예와 같은 기만정책을 쓰는 것이 아니라 정정당당히 일반에 널리 공개하고자 한다. 여러분이 대동단결해서 각 직능에 따라 충실히 종사하여 재산을 지키면 그것이 곧 여러분의 것이 되고 국가의 것이 될 것이다.

하지의 눈에 세상을 움직이는 사람들은 군인과 외교관, 두 종류뿐인 모양이다. "예와 같은 기만정책"을 안 쓰겠다고 한 데서 그것이 외교관의 방식이라는 생각을 간접적으로 드러낸 것이다. 미군정이 의도하지 않은 부작용을 많이 일으키게 되는 것은 군인과 외교관 사이에 '정치가'의 입장을 설정할 줄 몰랐기 때문이라고 볼 수 있다.

나의 군제조직은 제한되어 있다. 나를 보조하는 사람들은 주소를 불문하고 조선의 과거 현재를 통해서 조선이 어떠한 것인가를 연구 조사하고 있다. 연구의 결과에 따라 조선의 현실을 잘 파악하여 여러 각도로 개정된 안이 나오게 될 줄 안다. 특히 나는 신문인을 통해서 도시뿐만 아니라 방방곡곡의 부락인들과 그들의 지도자들에게 정부 수립을 위하여서 충실히 노력해 달라는 것을 부탁하는 바이다.

나는 아직 지방의 여러분들과 접촉이 없는 것을 크게 유감되게 생각하는 만큼 신문보도로서 상세히 진의를 깨달아주기를 바란다.

현재 조선 안에는 여러 종류의 단체와 조직체가 있으며 이들 중에는 나에게 면회를 청하는 사람도 많은데 이들의 의견은 거의 다 위대한 조선 건설을 바란다는 한 가지 점에 귀착되고 있다. 만일 이와 같이 여러 단체가 다 훌륭한 조선이 이루어지기를 바란다면 그 지도자들은 하루바삐 대동단결하여 알력을 없애고 사리사욕에서 벗어나 소아(小我)를 버리고 대아(大我)에 따라 나와 협력하고 나의 뜻에 좇아 주기를 바란다. 나는 통일된 의견과 방책을 듣고자 12일 오후 2시 반에 부민관에서 각계 각 조직체의 대표 2인씩을 만나 나의 일에 협조할 것을 희망한다.

| "위대한 조선" "훌륭한 조선"은 원문을 확인하지 못했지만 아마

'great Korea'란 표현이었을 것 같다. '통일조선'으로 해석해야 할 말이 아닐지. 분할점령으로 인한 민족분단의 위험이 이미 떠올라 있었던 사실은 이 밑의 질문에도 나타난다.

그리고 경성지구와 경기도지구는 제24군단 제7보병사단장 아놀드 소장이 책임지고 치안에 관한 문제와 다른 제반 문제를 담당하고 있다. 다른 지방은 앞으로 미군이 더 상륙해 옴에 따라서 점차로 행정을 펴고자 한다. 한편 나는 매일 각 지방으로 부하 선견대(先遣隊)를 파견하여 실정이 어떠한가를 조사시키고 있다.

내 생각으로는 미군이 가는 곳마다 반가이 맞이하고 잘 협조하여 줄 줄 알고 잘 협조가 됨에 따라 지방행정도 잘 될 줄로 안다.

나는 이 자리에서 그동안 나에게 들어온 몇 가지 질문에 대하여 대답하고자 한다.

1) 제1문제는 일본재주의 조선동포 구제 문제이다. 일본에 있는 조선동포는 매우 비참한 경우에 빠져 있다는 정황을 듣고 나는 곧 맥아더 최고지휘관에게 될 수 있는 대로 속히 조선동포를 고국으로 돌아오도록 해달라고 하는 전보를 쳤다.

그러나 금명일간에 이것이 실현되리라고는 생각지 않는다. 이런 문제는 비단 조선사람뿐이 아니라 각기 고국으로 돌아가기를 원하고 있을 것이므로 운송상 속히 안 될 것이다. 또한 미국의 선박은 동양에 있어 제한을 받고 있을뿐더러 아직도 해면에 기뢰 등의 장애물이 많이 부유하고 있는 관계상 선박이 민첩한 행동을 못하는 것도 사실이다. 미국 함대는 전력을 다하여 장애물을 제거하고 항만을 열고자 노력하며 수송에 있어서는 음식물, 의료기관을 우선적으로 실어 소기의 목적을 달성하려 한다. 이러한 긴급한 수송을 마친 다음 많은 사람을 수송하려 하므로 단기일에는 다 되지 않을 줄로 안다.

2) 제2문제는 학교 재개에 관한 것이다. 조선인을 위한 교육기관은 될 수 있는 한 속히 개교시킬 예정이다. 우선 초등학교를 개학하고 잠정적으로 중등, 전문, 대학을 개교할 터이다. 그러나 제일 큰 문제가 조선의 국어교육이고 이에 대한 교재편찬과 이밖에 다른 교재 선택 과목결정 등의 제 문제로 인하여 어느 정도 기간이 필요할 줄 안다.

3) 제3문제로는 통화 등 경제문제이다. 이 문제에 대해서는 포고 제3호를 보면 잘 알 것이나 조선은행 발행의 원(圓)지폐로 통용하게 된다.

그리고 머지않아 공정한 물가와 노임을 정하여 경제면의 정상을 도모하고자 한다. 나는 조선 내 물가가 없는 실정에 비추어 부하장병들에게 시장에 나가서 물건을 사지 말도록 명하고 있다. 즉 미군이 물건을 사면 통화가 새로 생기고 물자는 부족하게 되므로 조선민중의 생활에 위협을 주어서는 안 되겠으므로 미군은 미군의 것을 가지고 자급하려 한다. 그러나 여러분이 쓰고 남는 것은 정당한 값을 치르고 쓰겠다. 또한 미군은 앞으로 조선인 노동자를 많이 사용하려 하는데 이에 임금은 지방의 군정부에서 책임지고 지불할 터이다. 일본인을 사용하지 않는 이유는 조선사람을 사용하여 임금을 지불하면 조선 노동계급의 생활이 윤택해지리라고 생각하기 때문이다."

하지 중장은 대략 위에서 서술한 것과 같은 요지의 소신을 말한 다음 일동에게 담배 피우기를 권해 가며 국제외교, 즉 워싱턴 국무원에서 결정될 사항에 드는 것은 말할 수 없다는 것과 조선이 언제 독립되느냐의 문제는 여러분 자신의 문제이므로 대답하지 못한다는 전제를 두고 무엇이고 물으라고 말하며 조선역사를 통해서 자기는 조선인의 위대한 것도 잘 알고 민족을 찬양하느니만치 조선에 머지않아 자유로운 날이 있을 것을 확신하노라고 말하며 일문일답의 질문으로 들어갔다.

(문) 군제(軍制)에 있어 현존 행정기관을 이용하는 까닭은?

(답) 군제나 군정(軍政)은 사실에 있어서 퍽 엄격한 것이므로 이 제도를 쓰지 않고 우선 행정기관을 이용한다. 다만 현존 행정기관에서 일본인이 계급에 있어 상위에 있고 조선인이 그 밑에 있게 되었지만 이때 다시 한번 자중하여 조선인은 조선인을 위한다는 마음을 가지고 제반 일을 살피고 실행하면 곧 조선을 위하게 되는 것이다. 이렇게 하는 것이 모두 방편적이므로 곧 새로운 기구를 정하게 될 것이다. 조선과 마찬가지로 일본에서도 군정을 펴지 않고 있는 것은 민본주의를 일본인 대중에게 철저하게 하려는 데 그 본의가 있는 것이다.

(문) 북위 38도 이남이라지만 그 경계는 어디며, 경성은 미소가 공동관리를 하게 되는가?

(답) 38도의 경계를 조사하고자 12일 조사대가 출발한다. 경성을 공동관리한다는 말은 들은 일이 없다.

(문) 조선은 남북으로 양단되고 미소의 정책이 다르기 때문에 조선 통일에 지장이 있다고는 생각지 않는가?

(답) 분할점령은 한 방편으로 앞으로 조선정부가 생길 때까지이다. 미국은 역사상으로 본다면 여러 나라가 점령하였지만 그중에서도 연면한 민본주의는 기어코 오늘날과 같이 통일된 것을 나는 역사상에서 보았다. 조선도 마찬가지라고 믿는다.

분할점령의 '방편설'은 미국이 내내 주장해 온 것인데 많은 연구자들이 이와 다른 견해를 제시해 왔다. 『해방전후사의 인식 1』(한길사 2004)에 수록된 진덕규의 「미군정의 정치사적 인식」에 잘 정리되어 있다. 하지 본인은 방편설을 굳게 믿고 있었던 것 같다.

(문) 종전의 경찰은 매우 강압적이었다. 8월 15일 이후는 무정부적 상태로 되어 있는데 치안수습의 방책 여하는?

(답) 일본경찰이 악질적인 것은 나도 잘 알고 그 경찰대책을 연구 중에 있다. 이에도 일반의 협력이 있기를 바라는 바이다. 자치를 해나가는 사람은 경찰력이 불필요하다. 각자가 신중하고 조선의 장래를 생각하는 태도로써 단속하고 사회질서를 유지한다면 경찰은 그리 필요한 것이 아니다. 기왕의 경찰은 압제와 악정의 표본이었으므로 우리는 곧 이것을 개편하려 한다.

이 회견에 배석했던 공보관 헤이워드 중령이 사흘 후인 9월 14일 정례 기자회견에서 일제 경찰의 존속과 자율적 치안조직의 금지 방침을 밝혔다.

미국에서는 국민들이 관용성을 가지고 일하고 있다. 예를 들면 미국에 거주하는 일본인이 많이 있었는데 전쟁이 끝나기 전에 그들의 동경하는 고국 일본으로 귀환시키었다. 관용성은 남의 권리 남의 재산을 존중하며, 미국민은 육혈포 한 발도 발사하지 않았다. 나는 미군이 점령하고 있는 동안 탄환 하나라도 쓰지 않고 우의적으로 체류하다가 조·일 양 민족이 헤어지기를 바란다.

(문) 미군과 소련군 사이에 조선통치에 대한 협동기관은 두지 않는가?

(답) 미군은 평양으로 가서 소련군 대표와 여러 가지 방책을 협의하려 한다. 곧 협의를 진척 못한 것은 소련군 대표가 어디 있는지 몰라서였다. 협의는 순조로울 것으로 믿는다.

(문) 치안이 잘되면 완전한 나라가 된다고 하지만 먼저 완전한 나라가 되면 치안도 확보될 줄 아는데?

(답) 앞서도 말한 바와 같이 나 개인으로는 조선 정치에 관한 문제는 말할 수 없다. 미국뿐 아니라 연합군 의사에 달렸다고 본다. 따라서 현재 여러분이 치안을 잘 해나간다면 그 노력은 결코 헛되지 않을 줄 생각한다.

(문) 일본인은 우리를 착취하던 민족인데 당분간이라도 관리로서 그대로 쓰는 이유와 일본인의 재산은 어찌하려는가?

(답) (ㄱ) 그 점 나는 조선사람 여러분께 진실로 동정하여 마지않는다. 총독부가 어떠한 일을 해왔다는 것을 잘 알지 못하고 졸지에 이용할 만한 기관이 없어 부득이 행정기관과 그곳에 있는 일본인을 이용하는 것이다. 또한 조선인민은 선량하고 신사적이라는 것도 잘 아는 만큼 조선의 실정에 맞는 방책과 아울러 모든 실정을 최고사령관에 낱낱이 보고하고자 한다. 이로써 최고사령부에서도 여러분이 만족할 만한 적합한 지시의 선물이 오리라고 믿는다.

(ㄴ) 한국의 독립은 경제적 독립 없이는 성립될 수 없다. 조선이 독립되면 조선 안의 재산은 조선의 것이다. 카이로회담에서도 조선 내에서 일본의 세력과 모든 권리를 제거하도록 하였고 나도 앞으로 더욱 이 방면에 대하여 연구하겠다.

민주주의 국가의 부라는 것은 각 개인의 노력에 의하여 생기는 것이다. 미국에서는 부지런히 두뇌를 쓰는 사람은 그에 알맞은 부를 얻고 있다. 미국에는 부자도 있고 나와 같이 빈한한 군인도 있다. 부의 소유 여하로 사람의 인권을 제한하는 것은 아니다. 부의 차는 있더라도 정신적으로는 같다. 독립을 한다고 누구나 다 대통령이 되는 것은 아니다. 각자의 노력 여하에 따른 것이다. 또한 일본인의 재산을 제거하는 것은 곧 부녀자를 쫓아내고 집을 차지하는 것은 아니고 모든 일이 진행됨에 따라 순조로이 조선에 남게 될 줄 안다. 재산문제에 있어 구체안이 설 때까지 파괴 또는 소모될 염려가 있는 것에 대하여는 조선사람이 관리 보존할 책임이 있는 것이다. 이밖에 공공의 소유물을 점유하는 일은 모두 우리 최고사령관의 명에 복종하지 않는 것으로 본다.

(문) 일본인들은 그간 식량을 고의로 소각하고 강물에 집어넣는 등 금후 식량사정이 매우 절박한데 이에 대한 방책은?

(답) 일본인이 식량을 낭비 또는 소실시킨 사실은 잘 알고 있으며 식량이 얼마나 필요한가도 잘 알고 있으므로 이에 대책과 새 방책을 연구중이다. 만일 최선을 다해도 식량이 부족하다면 외국에서라도 수입해서 식량만은 불안이 없도록 확보하겠다.

8월 15일 여운형이 엔도 정무총감과의 회담에서 "3개월치 식량 확보"를 기본사항으로 요구했던 것처럼, 식량 확보는 치안만이 아니라 모든 정치의 기본이다. 몇 달 후 미군정이 대책 없는 배급제 폐지로 일으킨 '식량 공황' 사태는 좌익 약진의 기회를 만들어주었다.

(문) 일본은 8월 15일 이후 미군에 대하여 조선인에 대한 좋지 못한 모략을 하는데 어찌 생각하는가?

(답) 일본인이 무어라고 하는지 나는 믿지 않는다. 나는 내 눈으로 본 연후에 모든 것을 결정하겠다. 아직 시일관계로 미처 다 못 본 것은 유감이다.

(하지 사령부는 진주 전부터 조선 주둔 일본군 17방면군과 긴밀한 연락을 취하고 있었고, 여기서 얻은 왜곡된 정보가 점령 직후의 어리석은 정책에 많이 작용했다고 대부분의 연구자들이 보고 있다.)

(문) 일본인이 인천과 경성에서 발포하여 10여명의 부상자를 내었는데 이에 관하여서는?

(답) 방금 경찰을 재편하고 있으며 그 사실도 잘 알고 있다. 이 점은 제7사단장이 맡아볼 것이니 잠시 기다리면 된다.

(문) 조선 내의 신문은 이제껏 특수사정에 놓였는데 이에 대하여서는 어찌하려는가?

(답) 무엇보다도 먼저 시급한 대책을 강구하고 있다. 조선인의 언론은 자유이니 여러분들은 훌륭한 언론을 구사하여 국민의 여론을 계발지도하기에 전력을 다하기 바란다. 따라서 현재의 기구 안에서는 그 직원이 직장을 지켜 소임을 다해 주기 바란다. 이외에 다른 일이 있다면 결국 나와 협력지 않는 것이다. 일본인과의 관계가 있는 것 또한 새로운 안이 되면 곧 해결될 줄 안다. 모든 점에 있어 포고에 의하여 준행해 주기를 바랄 뿐이다.

（「하지, 기자회견에서 미군 시정방침을 발표」, 『매일신보』 1945년 9월 12일）

1945. 9. 14.

유치하고 졸렬한 '인민공화국'

조선인민공화국의 첫 선언문이 나왔다. 그런데 인공의 선언문을 건준
이 발표하는 어정쩡한 모습이다. 건준을 장악한 공산주의자들은 미군
진주를 앞두고 인공 수립을 서둘러 건준을 형해화해 놓았는데, 막상 이
시점에서는 대중이 실체를 알고 있던 건준을 앞세운 것이다.

건국준비위원회에서는 다음과 같이 조선인민공화국 중앙인민위원회
에서 결정한 선언, 정강, 시정방침을 발표했다.

● 선언

1945년 9월 6일은 8월 15일과 함께 우리 조선민족 해방사상에 있
어서 획기적인 날이다.

이날 조선민족 해방을 위하여 일본제국주의와 투쟁을 계속하여 온
해내 해외의 각계각층을 망라한 혁명적 투사 천여명의 회합하에 전
국인민대표회의가 개최되었다. 이 대회에서 조선인민공화국은 비로
소 발생하였으며 정부를 조직하고 이를 운영할 인민위원이 선출되었
다. 이리하여 조선민족은 그 독립의 거대한 제일보를 내어딛게 되었
다. 지난 반세기 동안 우리 조선은 제국주의 일본의 식민지로서 제국
주의적 봉건적 탈취와 압박하에 모든 방면에 있어서 자유발전의 길

이 막히어 있었다.

그러나 우리는 항상 우리의 해방을 위하여 혁명적 투쟁을 계속하여 왔다. 이 끊임없는 혁명적 투쟁과 전후문제의 민주주의적 국제해결에 따라 조선은 제국주의 일본의 기반으로부터 벗어나게 되었다. 그러나 이것은 조선민족의 다난한 해방운동사상에 있어서 새로운 제일보를 내어디디었음에 불과하다.

완전한 독립을 위한 허다한 투쟁은 아직 남아 있다. 우리는 우리 앞에 가로놓여 있는 모든 난관을 돌파하고 우리들이 선출한 혁명동지와 인민대중의 기본적 요구에 응하여 일본제국주의의 잔존세력을 완전히 구축하는 동시에 우리의 자주독립을 방해하는 외래세력과 반민주주의적 반동적 모든 세력에 대한 철저한 투쟁을 통하여 완전한 독립국가를 건설하여 진정한 민주주의 사회의 실현을 기한다. 그리고 우리는 안으로는 조선인민 대중생활의 급진적 향상과 정치적 자유를 확보하고 밖으로는 소련, 미국, 중국, 영국을 비롯하여 평화를 사랑하는 모든 민주주의적 제 국가와 제휴하여 세계평화의 확보에 노력하려 한다. 우리는 이와 같은 의도하에서 아래와 같은 정강과 시정방침을 발표한다. (…)

1945년 9월 14일

조선인민공화국 중앙인민위원회

(「건준, 인공중앙인민위 결정 선언 정강 시정방침 발표」, 『매일신보』 1945년 9월 19일)

선언문 첫줄에서 9월 6일 인공 수립의 날을 8·15와 나란히 "해방사상의 획기적인 날"로 내세운 데서 근년 우리 사회 일각의 '건국절' 주장을 떠올린다. 당시 건준이 민의를 수렴하는 데는 한계가 있었다. 그 한계 안에서 최선을 다하며 성실한 노력을 쌓아나가는 것이 진정한

9월 중순 조선인민공화국(인공) 준비 집회의 한 장면. 미군 환영 플래카드도 보인다. 점령군을 상대로 조선인을 대표하는 '국가' 행세를 하겠다고 서둘러 만든 인공은 당시의 지나치게 낙관적인 분위기가 낳은 것이었다. 주석으로 받든 이승만에게조차 가볍게 무시당한 데서 그 맹랑함이 여실하게 드러난다.

'건국 준비'의 길이었다. 그런데 건준은 서둘러 인공을 만들어냄으로써 성실한 노력을 쌓아나갈 근거를 스스로 포기해 버렸고, 인공은 정부로서의 권위를 무리하게 주장함으로써 분열과 대립의 길을 열었다.

　이 대목에서 우리는 '모험주의'의 속성을 이해할 필요가 있다. 승산 없는 도발을 일삼는 모험주의의 진정한 목적은 눈앞에 보이는 승부에서 이기는 것보다 대립의 격화 자체에 있다. 타협의 길을 막아 중도파의 입지를 없애는 것이고, 극단파에게 유리한 '선명성 경쟁'의 국면을 만드는 것이다. 그래서 '극좌'나 '극우'의 이름이 실제 이념과는 관계 없는 파시스트 성향의 집단에게 이용당하는 일이 많다. 근래에도 일부 정치인들의 극단적 변신을 보고 놀라는 사람들이 있는데, 이념보다 '모험주의'라는 전술 차원에서 바라보는 편이 이해하기 쉽다.

해방 시점에서 중경 임시정부가 민족의 자산으로서 가치는 가졌으되 완성품이 아니라 재료 상태였다는 내 관점을 말한 바 있다. 건준도 마찬가지로 잘 활용할 경우 가치를 크게 키울 수 있는 재료였다. 그 재료가 제대로 활용되지 못하고 망가져버린 것은 여러 측의 책임이 어울린 결과였다.

건준의 목을 조른 것은 총독부였다. 조선인민의 열망과 의지를 건준으로 모으게 해놓고는 그 활동근거를 옥죄어버렸다. 동아일보계로 대표되는 엘리트집단은 건준의 손발을 잡아 묶었다. 그리고 박헌영이 이끄는 공산주의자들이 건준의 목을 비틀어버렸다.

인공은 집권을 위해서가 아니라 대립 격화를 위해 만들어진 존재였다. 결국 인민이 바라던 성실한 '건국 준비' 대신 분란의 소지로밖에 의미가 없는 이름만의 '공화국'이 남았다. 정부의 부서를 정한다면서 아직 귀국도 못한, 그리고 귀국하더라도 참여할 리가 없는 인물들의 이름을 올려 균형을 맞추는 시늉을 한 것을 보면, 그 저열한 의도에 앞서 치졸한 수법에 탄식을 금할 수 없다.

조선인민공화국에서는 지난 6일 전국인민대표회의에서 선출된 인민대표들이 그동안 연일 정부 조각에 주력한 결과 다음과 같은 부서를 결정 14일 정부로부터 발표하다.

● 조선인민공화국 정부 부서

주석 이승만(李承晩)

부주석 여운형(呂運亨)

국무총리 허헌(許憲)

내부부장 김구(金九, 임시대리 허헌許憲)

외교부장 김규식(金奎植, 임시대리 여운형呂運亨)

군사부장 김원봉(金元鳳, 임시대리 김세용金世鎔)

재정부장 조만식(曺晩植)

보안부장 최용달(崔容達)

사법부장 김병로(金炳魯, 임시대리 허헌許憲)

문교부장 김성수(金性洙, 임시대리 이만규李萬珪)

선전부장 이관술(李觀述)

경제부장 하필원(河弼源)

농림부장 강기덕(康基德)

보건부장 이만규(李萬珪)

체신부장 신익희(申翼熙, 임시대리 이강국李康國)

교통부장 홍남표(洪南杓)

노동부장 이위상(李胃相)

서기장 신강옥(申康玉)

법제국장 최익한(崔益翰)

기획국장 정백(鄭栢)

(「인공의 정부부서 발표」, 『매일신보』 1945년 9월 15일)

　　미점령군 사령부의 정보부장이며 공보관 격인 헤이워드 중령은 총독부의 경찰조직과 인력을 그대로 활용할 것이며 민간의 자발적 치안 활동을 금지한다는 방침을 기자회견에서 밝혔다. 일본인들과 한민당측의 건준·인공 폄훼도 작용했겠지만, 결정적인 빌미는 인공 자신이 제공한 것이다. 선언문의 "우리의 자주독립을 방해하는 외래세력"은 누구를 가리킨 말인가? 미군정을 좀 겪어본 뒤라면 몰라도 막 시작되는 시점에서 할 말이 아니었다.

헤이워드 중령의 회견 기사를 붙인다.

14일 오전 10시부터 전총독부 제1회의실에서 미국 주둔군측과 신문기자단의 정례회견석상에서 헤이워드 중좌는 기자단의 질문에 대하여 다음과 같이 미국 조선주둔군측의 소식을 말하였다.

(문) 아놀드 군정장관에게 조선인 정치고문을 둔다는 말이 있는데.

(답) 이에 대하여서는 아직 아무런 결정도 하지 않았다. 금후의 모든 문제도 하지 중장 자신이 또는 부하를 통하여 또는 조선의 정당 관계자와 실업가 기타 각계 유지들과 만나보고 그 의견을 들어서 시책에 참고로 하겠다.

(문) 경찰조직에 대하여서는 개혁할 생각은 없는가?

(답) 당분간은 현존해 있는 경찰조직을 그대로 이용하겠다. 현재 귀향군인 또는 귀환학도들이 치안대라 하여 경찰의 임무를 하고 있는데 앞으로는 이러한 일은 금지할 방침이다.

(문) 그러면 현존해 있는 일본경관도 그대로 용인한단 말인가?

(답) 당분간은 그대로 두겠다. 미국군으로서는 될 수 있는 대로 빨리 조선인을 경찰관으로 양성하여 전부 조선인으로 재편성하겠다. 하지 중장은 현존 경찰관에게 제일로 무기를 가질 권리를 주었다. 그리고 검거할 권리와 폭동이 일어나면 진압할 수도 있으며 또는 치안유지에 대하여서도 권리를 주었다.

(문) 미국군에서 경전(京電)을 접수하였다는 말이 있는데.

(답) 지난 목요일에 정식으로 접수하였다. 종업원 가운데는 아직도 돌아오지 않은 사람이 많은데 하루라도 빨리 돌아와서 취업하기를 바란다. 임금은 당분간 현재 지급하는 액을 급여하겠다. 그리고 경전에 소속되어 있는 조선인 기술자의 일부는 현재 일본군대에서 접수한 화물자동차를 수리하고 있다. 금후 조선사람이 먹을 식량을 운반하기 위해서다. 거듭 부탁하거니와 하지 중장은 모든 직장에 있던 사람들은 하루라도 빨리 각자의 직장으로 돌아와서 성실히 일하기를 바라고 있다. 또 일부 출판관계 인쇄공장의 직공들이 직장을 옮기는 등 동요가 있다는 말을 들었는데 이 방면에도 여러분이 신문을 통하여 빨리 직장으로 돌아가도록 널리 알려주기 바란다.

(「헤이워드 정보부장, 경찰조직 경전(京電)접수 등에 관해 문답」,

『매일신보』 1945년 9월 14일)

1945. 9. 15.

일본인 대신 '통치' 하러 온 미군

9일에 항복을 받고 군정을 선포한 뒤 12일에 총독과 경찰국장을 해임하고 15일에 국장급 이상을 해임했다. 해임된 간부들은 미군정의 '고문'으로 위촉되었고, 과장급 이하 일본인 실무자들은 아직도 업무를 보고 있었다. 미군정은 일본인 축출을 서두를 필요를 느끼지 않고 있었다. 해방군이 아닌 점령군이니까.

연합군 중의 미군 제24군단은 방금 북위 38도 이남 각지에 진주중인데 지난 12일과 15일에 총독과 총독부 각 수뇌부를 전부 해임시켰다.
이에 대하여 미군 보도책임자 헤이워드 중좌는 15일 다음과 같이 발표하였다. "금 15일부 미군 최고지휘관 하지 중장은 지난 12일 전 총독 아베 노부유키(阿部信行)와 전 경찰국장 西廣忠男 해임에 계속하여 다음과 같이 총독부 내 각 국장을 해임시켰다. 정무총감 엔도(遠藤柳作), 재무국장 미즈타(水田直昌), 광공국장 시오타(鹽田正洪), 농상국장 시라이시(白石光治郎), 법무국장 하야타(早田福藏), 학무국장 다케나가(武永憲樹), 체신국장 이토(伊藤泰吉), 교통국장 고바야시(小林泰一)"

(「하지, 총독부 수뇌부를 해임」, 『매일신보』 1945년 9월 15일)

서방 연합국들은 나치에 협력한 비시정부의 프랑스만이 아니라 추축국 일원이던 이탈리아에 진주하면서도 '점령'이 아니라 '해방'을 표방했다. 소련이 동유럽 국가들에 진주하면서도 마찬가지였다. 이북에 대해서도 그랬다. '해방'이라면 진주하는 국가나 국민을 위한 것이라는 명분이 되기 때문에 주민들의 협조를 바랄 수 있다.

그런데 남한에서 미군은 '점령군'(occupying force)을 표방했다. 일본 및 독일 진주에서와 같은 자세였다. 주민을 적대시하고 협조를 기대하지 않는 자세였다.

표현만이 아니라 실제로도 점령의 방식이었다. 남한 점령에 1개 군단이 필요하다는 판단 아래 가장 가까운 곳에 주둔중이던 군단을 보냈고, 그 지휘관에게 점령군 사령관을 맡긴 것이다. 군단장 하지 중장은 13일에 소개한 기자회견 기사에 보이는 것처럼 자신이 외교관 아닌 군인임을 자랑스럽게 생각하는 사람이었다. 군인과 외교관 사이에 정치가의 입장이 있을 수 있다는 사실을 생각하지 않는 사람이었다. 정치감각을 기대할 수 없는 사람이었다.

점령군 사령관으로서 하지에게 정치적 목적의식이 전혀 없는 것은 아니었다. 미국식 민주주의로 한국을 이끈다는 것이었다. 그런데 순진하다면 순진하고 독선적이라면 독선적인 이 목적을 실현할 효과적인 방법은 별로 보여주지 않았다. 목표를 내거는 데 만족하고 실제로는 점령군의 통제력 유지에만 모든 노력을 기울였다.

하지의 공산주의 혐오가 군정 노선에 작용했다고 본 연구자들도 있는데, 내가 보기에는 이념이 아니라 취향문제일 뿐이었다. 미국제일주의가 하지에게는 이념이라면 이념이었다. 그가 정말 반공'이념'을 가진 사람이었다면 공산주의 세력 확장에 유리한 방향으로 그토록 꾸준히 군정을 이끌 수는 없었을 것이다.

총독부 앞의 일장기가 내려오고 성조기가 올라가는 장면. 태극기는 3년 후에야 이 자리를 차지하게 된다. 미군이 일본인을 대신한 지배자라는 사실을 그동안 이 성조기가 말해 주고 있었다.

11일의 기자회견에서 하지는 9일자 맥아더 포고문을 군정 기본노선으로 제시했다. 남한 점령군 사령관으로서 하지의 신분은 '최고지휘관'(Supreme Commander) 맥아더의 대리인이었다. 맥아더의 3개 포고문 중 경제·통화 문제를 다룬 제3호를 뺀 두 개를 옮겨놓는다.

● 포고 제1호
조선주민에게 포고함
태평양미국육군 최고지휘관으로서 아래와 같이 포고함.
일본국 천황과 정부와 대본영을 대표하여서 서명한 항복문서의 조항에 의하여 본관 휘하의 전첩군(戰捷軍)은 오늘 북위 38도 이남의 조선 지역을 점령함.
오랫동안 조선인의 노예화된 사실과 적당한 시기에 조선을 해방 독립시킬 결정을 고려한 결과 조선 점령의 목적이 항복문서 조항 이행과 조선인의 인권 및 종교상의 권리를 보호함에 있음을 조선인은 인식할 줄로 확신하고 이 목적을 위하여 적극적 원조와 협력을 요구함.

본관은 본관에게 부여된 태평양미국육군 최고지휘관의 권한을 가지고 이로부터 조선 북위 38도 이남의 지역과 그 지역 주민에 대하여 군정을 설립함에 따라서 점령에 관한 조건을 아래와 같이 포고함.

제1조 조선 북위 38도 이남의 지역과 동 주민에 대한 모든 행정권은 당분간 본관의 권한하에서 실행함.

제2조 정부 공공단체 또는 기타의 명예직원과 고용과 또는 공익사업 공중위생을 포함한 공공사업에 종사하는 직원과 고용인은 유급무급을 불문하고 또 기타 제반 중요한 직업에 종사하는 자는 별도의 명령이 있을 때까지 종래의 직무에 종사하고 또한 모든 기록과 재산의 보관에 임할사.

제3조 주민은 본관 및 본관의 권한하에서 발포한 명령에 즉시 복종할사. 점령군에 대하여 반항행동을 하거나 또는 질서 보안을 교란하는 행위를 하는 자는 용서 없이 엄벌에 처함.

제4조 주민의 소유권은 그대로 존중함. 주민은 본관의 별명이 있을 때까지 일상의 업무에 종사할사.

제5조 군정기간 중 영어를 가지고 모든 목적에 사용하는 공어로 함. 영어와 조선어 또는 일본어 간에 해석 및 정의가 분명하지 아니하거나 또는 서로 같지 않을 때는 영어를 기본으로 함.

제6조 이후 공포하게 되는 포고 법령 규약 고시 지시 및 조례는 본관 또는 본관의 권한하에서 발포하여 주민이 이행하여야 될 사항을 명기함.

위와 같이 포고함

1945년 9월 7일

요코하마에서

태평양미국육군 최고지휘관

미국육군대장 더글러스 맥아더

● 포고 제2호

범죄 또는 법규위반

조선주민에게 포고함.

본관은 본관 지휘하에 있는 점령군의 보전을 도모하고 점령지역의 공중치안질서의 안전을 기하기 위하여 태평양미국육군 최고지휘관으로서 아래와 같이 포고함.

항복문서의 조항 또는 태평양미국육군 최고지휘관의 권한하에 발한 포고 명령 지시를 범한 자, 미국인과 기타 연합국인의 인명 또는 소유물 또는 보안을 해한 자, 공중치안질서를 교란한 자, 정당한 행정을 방해하는 자, 또는 연합군에 대하여 고의로 적대행위를 하는 자는 점령군 군율회의에서 유죄로 결정한 후 동 회의에서 결정하는 대로 사형 또는 다른 형벌에 처함.

1945년 9월 7일

요코하마에서

태평양미국육군 최고지휘관

미국육군대장 더글러스 맥아더

(「태평양미국육군총사령부, 포고 제1 · 2 · 3호 공포」, 『매일신보』 1945년 9월 11일)

제1호 포고문 첫줄에서 미군이 조선의 '점령군'임을 분명히 했고, 그 밖의 내용도 점령군의 통치에 순응하라는 것이며, 제2호 포고문에서는

'사형'까지 들먹이며 복종을 강요했다. 적어도 형식상으로는 미군이 조선을 해방한 것이 아니라 일본을 대신해서 통치하러 들어온 것이었다. 9월 9일에 소개한 소련군 사령관의 포고문과는 개념이 달랐다.

남한을 '통치'하러 온 것이라면 미군이 한국인보다 일본인을 더 가깝게 느끼고 믿은 것이 자연스러운 일이다. 피터지게 싸우던 것은 지난 일이고, 조선통치의 후임자로서 인수인계를 받는 입장 아닌가. 통치의 노하우를 넘겨주는 것이 일본인이었고, 조선인의 일본 통치에 대한 반항적 자세는 자기네 통치에 대한 반항으로 이어질 소지가 있는 것이었다.

'통치'라도 수준 높은 통치라면 피통치자의 입장을 이해하려는 노력이 따른다. 일본의 통치도 무단통치보다는 '문화정책'이 수준 높은 것이었다. 그런데 맥아더의 조선통치 개념은 일본의 무단통치 수준이었고, 하지 사령부에는 이 개념의 적용방법을 향상시킬 의지도 능력도 없었다.

이북에서 소련군은 조선인들에게 행정권과 경찰권을 열심히 넘겨주고 있었다. 설령 속으로는 통제와 조종을 하더라도 겉으로는 주민들의 역할을 키워주고 있었다. 그런데 이남에서 미군은 주민들에게 권리를 주지 않고 일본인에게서 통치자의 역할만 넘겨받고 있었다.

그러니 일본인의 도움이 요긴하지 않을 수 없었다. 통치자의 입장에 도전할 염려가 없는 일본인에게 최대한 도움을 받고, 일본인들이 오랜 노력으로 만들어놓은 통치기구를 소중하게 물려받아야 했다. 일본인들이 귀국한 뒤에는 일본의 통치를 돕던 한국인들의 도움을 물려받았다. 일본 통치체제를 온존하는 것은 '점령군'의 어쩔 수 없는 속성이었다.

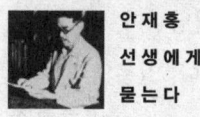
해방은 독립운동의 종착점 아닌 출발점

김기협 14일 조선인민공화국에서 주석, 부주석, 총리와 14개 부서장
등 정부 부서를 발표했습니다. 웬만한 분들은 본인 의사와 관
계없이 이름을 올려놓은 것 같던데, 인공의 모체인 건국준비위원회를
이끌던 선생님 함자가 발표에 빠진 것을 보면 불참여의 뜻을 아주 분
명히 하신 모양입니다.

인공은 해방된 조선의 임시정부 역할을 지향하는 것인데, 선생님은
중경 임시정부를 존중하는 입장에서 인공 수립에 반대하셨지요. 인공
을 추진하는 이들은 중경 임정이 해외 먼 곳에 고립되어 있어서 정부
역할에 한계가 너무 크다는 점을 지적합니다. 일리가 없지 않은 지적
이지요. 선생님이 임정의 역할을 특별히 중시하는 이유는 무엇입니
까? 건준을 함께 이끌던 여운형 선생은 26년 전 임정 수립에 참여까지
한 분인데도 임정을 선생님처럼 중시하지 않는 것 같은데요.

안재홍 몽양은 좌익 입장, 나는 우익 입장에서 민족독립을 추구하는
것이기 때문에 생각이 같아도 표현이 다를 수 있습니다. 몽양
도 임정의 역할을 일체 무시하는 것이 아니고 나도 임정의 가치를 절
대시하는 것이 아닙니다. '지지적 비판'과 '비판적 지지'의 차이 정도
로 생각합니다.

한 달 전 맞은 '해방'은 해방일 뿐이지 '독립'이 아닙니다. 독립운동의 종착점이 아니라 본격적 독립운동의 출발점입니다. 일본의 방해가 없어져 독립운동이 제대로 펼쳐지게 된 것입니다. 지금부터의 독립운동을 어떤 기준으로 펼쳐나갈지 막연한 점이 많습니다. 지금까지의 독립운동 전통 중에서 가장 뚜렷한 흐름을 골라 지금부터의 모색을 위한 표준으로 삼는 것이 가장 혼란의 위험을 줄이면서 훌륭한 성공을 바라볼 수 있는 길입니다.

임정의 가장 큰 가치는 26년간 '독립'의 깃발을 한결같이 지켜온 데 있습니다. 그사이에 내부적으로는 대립과 혼란, 침체의 고비들이 있었어도, 대외적으로는 그 깃발을 접은 적이 없습니다. 지금까지 그 깃발을 지키며 살아 있어준 것, 그것이 어느 다른 독립운동과도 다른 임정의 큰 공로입니다.

국내에서도 독립을 위한 여러 형태의 노력과 투쟁이 있었지만 일본 제국주의의 탄압 때문에 뚜렷한 형체를 키울 수 없었습니다. 앞으로의 독립운동을 위한 자원은 국내에서 더 풍성하게 발굴되겠지만, 틀이 만들어져 있지 않습니다. 다른 데서 얻을 수 없는 요긴한 가치를 임정의 틀이 가졌다는 사실에는 몽양도 동의합니다.

지금의 임정 구성도 아주 훌륭합니다. 김구 주석의 반공 성향에 좌익에서 의구심을 품는다고 합니다만, 임정이 중국 국민당의 보호와 지원을 받는 상황에 말미암은 것으로 봅니다. 그곳의 국·공 대립기에는 임정이 좌익을 배척했지만, 중일전쟁 발발 후 국·공 합작기에는 임정에서도 좌우합작이 이루어져 좌익에서 존경할 만한 분들도 많이 참여하게 되었지요.

김기협 ｜ 선생님이 보름 전 건준을 떠날 때 건준에서 인공 수립이 진행되고 있었죠. 선생님은 임정을 이제부터 독립운동의 틀로 삼기 바라는데, 인공이란 틀을 따로 준비한다는 것이 혼란을 불러오는 길로 여겼을 것을 이해합니다. 어쩌다가 건준이 그런 길로 접어들게 되었습니까? 여운형 선생은 임정에 대한 기대가 별로 없는 것 아닌가요?

안재홍 임정에 대해 몽양과 나 사이에 생각의 차이가 있기는 해도 그렇게 크지는 않습니다. 건준의 실권을 장악한 좌익인사들의 요구에 어쩔 수 없이 따라갔고, 끝까지 막으려던 부서 조직까지 해치우는 데는 그분도 너무 화가 나서 직무집행 거부까지 했죠. 인공을 상징적인 존재로 만들어놓고 실제 사업은 건준을 통해 진행하는 선까지 그는 동의했을 것입니다.

그런데 정부 조직을 만들고 현실성도 없고 타당성도 없는 명단으로 보직을 채운 것은 정말 너무했어요. 인공 수립을 주도한 좌익은 인공을 진심으로 받드는 것도 아니고 하나의 투쟁도구로 여기는 것이며, 그 진의는 건준의 좌우통합 목적을 좌절시킴으로써 정국을 대결국면으로 몰고 가는 데 있다고 나는 생각합니다.

9월 10일 내 입장을 밝힌 성명서의 한 대목을 되풀이하겠습니다.

"건준은 정강을 가진 정당도 아니요, 그 운영자 자신들을 위한 조각 본부도 아니요, 따라서 다년간 해외에서 해방운동에 진췌하여 오던 혁명전사들의 지도적 집결체인 해외정권과 대립되는 존재도 아닌 것이다. 또 그 일시 당면한 임무는 국내질서의 자주적 유지와 대중생활의 확보와 신국가 건설의 기술적인 주비로서 각 방면의 전문적인 대책과 연구와 자료자재의 보관관리에 관한 공작 등등이다. 즉 사상 기술 방면에 걸치어 엄숙과감한 실천을 요하는 것이다. 나는 이 굳은 일념에서 총총 20일간 노력해 왔다. 그러나 이 모든 것이 나의 의도와는 배치되는 결과로 됨에 따라 나는 단연히 인책 면퇴 부위원장의 자리를 떠났다."

이 뜻이 꺾인 것은 표면상 좌익인사들의 극단적 행동 때문이지만, 더 근본적인 이유는 우익인사들의 비협조에 있었습니다. 건준의 실패에는 몽양보다 내 책임이 더 컸죠. 우익인사들이 어느 정도 호응만 해줬어도 건준이 그리 쉽게 좌익의 극단노선에 휩쓸리지는 않았을 텐데.

김기협 선생님은 우익에서 가장 큰 존경과 신뢰를 모으는 인물의 한 분이죠. 선생님 주장이 대다수 민족주의자들에게 합리적인 것으로 받아들여질 것 같은데, 어째서 그렇게 호응이 약했나요?

안재홍 존경까지는 몰라도 신뢰라면 과분할 정도로 많이 받죠. 지금까지도 확실히 이해되지가 않습니다. 건준의 좌익 편향을 막기 위해 우익 문호를 넓히도록 부위원장 권한을 남용하다시피 하고 몽양도 그것을 용인해 줬는데.

한민당은 건준과 인공 공격을 존재이유로 삼고 있습니다. 화해와 타협을 주장하는 우리 국민당과 경쟁하는 입장이죠. 그런데 내가 존경하는 많은 선배, 동지들이 한민당에 참여하고 있는 것이 안타까운 현실입니다.

그럴싸한 명분에 일시 현혹될 수는 있어도, 실제 행동을 보면 명확한 판단을 하게 되죠. 한민당이 결성되기도 전인 9월 8일의 발기인 성명서, 건준과 인공을 혹독하게 비난한 문서에 한민당의 본색이 드러나 있습니다. 내용이 옳고 그름을 떠나, 그 야만스럽고 저열한 표현을 보고 이 정당이 과연 정치의 발전을 바라는 정당인지 정치의 파괴를 꾀하는 정당인지 판단 못할 사람은 없을 것입니다.

그 성명서를 보고 발기인에서 빠져나간 분들도 더러 있지만, 대개는 꾹 참고 눌러앉아 한민당을 더 좋은 방향으로 이끌고 싶은 마음이리라 이해합니다. 한민당의 주류라 할 만한, 식민지시대에 괜찮은 위치를 누리던 사람들의 향배가 민족의 장래에 큰 관건입니다. 고등교육을 받고 각종 각급의 경영 경험을 가진 이 사람들이 건국사업에 적극적으로 나서주기를 나는 바랍니다. 정말 중요한 인적 자원이에요.

이 아까운 사람들이 민족단합을 등지는 방향으로 나가지 않기를 나는 간절히 바랍니다. 한국 상황을 잘 이해하지 못하는 미군정이 그런 쪽으로 여건을 만들어줄까봐 걱정입니다. 지금 미군정은 일본 통치체제를 그대로 되살리고 사람만 일본인 대신 미군과 한국인으로 바꾼다고 합니다. 영어를 잘하는 한민당 사람들이 거기 바짝 달라붙고 있고요. 이런 길로는 식민지체제의 억압성을 벗어나고자 하는 민중의 염원에 부응할 수가 없습니다.

우리 민족국가의 중요한 인적 자원이 이런 상황 속에서 망가져 갈 것이 무엇보다 걱정입니다. 좌익의 인재들은 새 국가의 정신이 되고 우익의 인재들은 그 육체가 되어야 합니다. 육체와 정신이 서로 믿고 어울리지 못할 때, 사람이 살아날 수 있습니까?

김기협 임정을 지지한다는 점에서 한민당은 선생님과 같은 입장입니다. 하지만 한민당이 '절대 지지'를 부르짖는 데 반해 선생님의 '영입보강론(迎入補強論)'은 '비판적 지지'랄까, 임정의 한계를 전제로 하는 감을 줍니다. 이 차이를 설명해 주시지요.

안재홍 나는 지금의 임정이 26년의 역사를 통해 가장 훌륭한 진용과 자세를 갖추고 있다고 생각합니다. 그러나 어느 인간도 어느 조직도 완전무결할 수 없습니다. 그래서 '절대 지지'라는 것을 믿지 않습니다. 나를 '절대 지지'한다는 사람이 있으면 그 사람을 나는 믿지 못합니다. 나를 이용하려는 사람이기 쉽습니다.

임정에게는 독립건국의 주체로서 크나큰 역사적 역할이 지워져 있습니다. 임정 밖의 사람들이 그 역할을 인정하지 않고 다른 주체를 세우려 한다면 건국사업이 엄청나게 힘든 일이 됩니다. 임정을 영입해야 합니다. 그러나 지금의 임정 구성원만으로는 역할에 한계가 있습니다. 임정은 보강되어야 합니다.

임정이 이 역할을 성공적으로 수행하느냐 여부는 임정의 현 요원들 손에 일차적으로 달려 있습니다. 이념에서는 자신감을 갖되 실력에서는 오만하지 말아야 합니다. 그래야 건국사업의 노선을 명확히 밝혀주면서 민족의 역량을 최대한 끌어모을 수 있습니다. 임정의 역할에 대한 민족의 기대감을 확인해서 임정의 자신감을 뒷받침하는 것이 내 할 일입니다.

그분들이 한민당의 '절대 지지'에 현혹되지 않기 바랍니다. 그 '절대 지지'에는 임정의 자신감을 지나치게 키워 다른 독립운동 세력, 특히 좌익을 경시하는 오만에 이르게 할 위험이 있습니다. 우리 민족의 독립운동이 이제 본격적 단계의 출발점에 있는 것과 같이 임정의 지금까지 사업도 완결되어 과일을 따먹는 단계가 아니라 지금부터의 본격적 사업을 위한 준비였다는 인식을 그분들도 가지고 있으리라 믿습니다.

4

—

댄스홀과 요정이
그토록 번창한 이유는?

—

1945년 9월 16 ~ 30일

9월 9일 서울역에서 남대문을 향해 탱크를 앞세우고 행진해 들어오는 미군. 전날 인천에서 환영 군중이 죽고 다친 때문일까? 해방자와 피해방자가 기쁨을 함께 나누는 분위기가 아니다.

1945. 9. 16.

한민당의 명분과 실제

9월 6일 발기회를 거행한 한국민주당에서는 16일 오후 3시부터 시내 경운동 천도교대강당에서 당원 1600명 참집하에 결당식을 거행하였다. 국기배례, 애국가제창, 사회 백남훈(白南薰)으로부터 개회사가 있은 후 김병로(金炳魯)를 의장에 공천하고 식을 진행하여 원세훈(元世勳)이 제의한 '우리 해외임시정부 요인 제공(諸公)과 태평양방면 육군최고지휘관 겸 연합군총사령관 맥아더 원수에 대한 감사결의안'을 만장일치로 가결하고 이인(李仁)이 제의한 긴급건의안

1) 조선은 국제관계상 미·소 양군에게 남북으로 분단점령된바 이것은 불편불행한 일이므로 미국군 당국에 교섭하여 하루바삐 통일적 행정상태가 실현되도록 할 것

2) 현 행정기관에 임시적이나마 일본인 관리를 그대로 남겨두는 것은 불안과 침체를 초래하니 공정하고 능력 있는 인물을 조선인 중에서 채용할 것

을 상정하여 만장일치 가결한 다음 김도연(金度演)으로부터 대한민주당과 한국국민당이 합동하여 금일에 이른 경과보고, 조병옥(趙炳玉)으로부터 국내해외의 정세보고가 있고 선언 강령 정책을 결정한 다음 장덕수(張德秀)의 인도로 당원 전체 총기립 속에 선서가 있었

다. 이어서 의장으로부터 동 당기구에 대한 설명이 있고 동 당영수로 이승만(李承晩) 서재필(徐載弼) 김구(金九) 이시영(李始榮) 문창범(文昌範) 권동진(權東鎭) 오세창(吳世昌) 7씨를 추대할 것을 제의, 가결하고 대의원 300명을 선거 후 내빈축사가 있고 대한독립만세를 3창하여 동 4시 45분 폐회하였다.

● 강령

1) 조선민족의 자주독립국가 완성을 기함

2) 민주주의의 정체수립을 기함

3) 근로대중의 복리증진을 기함

4) 민족문화를 앙양하여 세계문화에 공헌함

5) 국제헌장을 준수하여 세계평화의 확립을 기함

● 정책

1) 국민기본생활의 확보

2) 호혜평등의 외교정책 수립

3) 언론 출판 집회 결사 및 신앙의 자유

4) 교육 및 보건의 기회균등

5) 중공주의(重工主義)의 경제정책 수립

6) 주요 산업의 국영 또는 통제관리

7) 토지제도의 합리적 재편성

8) 국방군의 창설

(「한국민주당 결당식」, 『매일신보』 1945년 9월 17일)

한민당은 우익정당이었지만 그 5대 강령 중에 "3) 근로대중의 복리증진을 기함"과 8대 정책 중에 "4) 교육 및 보건의 기회균등" "6) 주요 산업의 국영 또는 통제관리" "7) 토지제도의 합리적 재편성" 등 진보적 내용이 들어 있었다. 이 정도는 당시의 우익인사들도 사회의 당연한 진로로 생각하고 있었던 것 같다.

우익은 '민족'을, 좌익은 '민주'를 내세우며 맞섰지만, 수화불상용(水火不相容)의 정면대결은 아니었다. 좌익 중에서도 민족을 무시하고 계급에만 집착하는 골수 공산주의자는 백안시당했다. 우익도 민주주의는 당연히 주장했다. 좌익이 정치적 민주주의에 그치지 않고 사회경제적 민주주의를 중시하는 경향이 있었다는 정도의 차이였다.

안재홍의 9월 4일 성명서에 "정당 결성 문제에 있어서도 이상으로서는 전민족 단일당에 있겠지만 그것이 불가능하다면 민족주의 진영은 반드시 대동단결하여 그 방면의 총역량을 집결하는 것이 절대 필요한 것"이라 한 대목이 있다. 다당제에 익숙한 우리에게는 어색하게 들릴 수 있는 말이지만, 당시로서는 상식적인 관점이었다. 사회주의 국가에서는 당이 국가를 영도하는 것이 일반적 원리였고, 독립의 길을 앞서서 걸어가는 것으로 한국 지식인들이 보아온 인도의 국민회의도 중요한 사례였다.

이 시점에서 안재홍이 "민족주의 진영"이라 한 것은 누구를 배제한 말인가? 국제공산주의를 신봉하는 '극좌'와 친일파의 딱지를 뗄 수 없는 '극우'일 것이다. 극좌는 민족의 가치를 경시하고, 극우는 민족사업에 참여할 자격이 없었다. 일본의 지배로부터 벗어나는 시점에서 민족주의는 거의 모든 한국인의 합의를 모을 수 있는 깃발이었다. 이 깃발을 가급적 넓게 펼쳐 민족의 주류를 형성하면 극좌와 극우를 고립시켜 분쟁을 최소화할 수 있다는 것이 당시 민족주의자들의 일반적 생각이었다.

안재홍은 이어 "한동안 소당분립은 필연한 현세이나 하루바삐 집중 통일함을 요하는 터이요 통일도정에서 상호의 지장이 안 되도록 각각 선입적인 주견은 가지지 말아야 할 것"이라 했다. 분파의식을 가급적 억제하고 대동단결의 길을 찾아가자는 것이다. 뜻이 같은 사람들이 당장 다 모일 수 없는 상황이니 손발이 맞는 범위에서 조그만 무리를 만들고, 그 무리들끼리 손발을 맞춰 더 큰 무리를 만들어나가자는 현실적 제안이다.

안재홍이 국민당을 만들 때 한쪽에서는 한민당이 만들어지고 있었다. 한민당에는 안재홍과 지향을 같이하는 민족주의자들도 많이 참여했다. 따로 정당을 만들고 있던 사람들도 한민당에 많이 합류했다. 왜 안재홍은 여기에서 빠졌을까?

이 시점의 한민당에 대한 안재홍의 언급은 확인된 것이 없다. 더 조사해 보겠지만 아마 없을 것 같다. 그는 다른 당파에 대한 비판을 극력 조심한 사람이니까. 9월 10일 건준 결별 성명서에도 그의 절제된 표현 방식이 잘 나타나 있다.

참여하지 않은 것, 그것이 바로 한민당에 대한 안재홍의 의사표현이었다. 그는 친일파에 대해 가급적 포용하는 자세를 취할 것을 시종일관 주장했다. 그러나 무조건 포용일 수는 없었다. 민족주의에 순응하면서 친일행위를 반성하는 것이 포용의 조건이었다. 친일을 통해 쌓은 자금력과 영향력을 휘두르며 주도권을 쥐겠다고 달려드는 것은 포용할 수 없는 일이었다.

한민당은 결당도 안 된 상태에서 발기인 명의로 9월 8일 건준·인공 비난성명을 냈다. 건준의 책임자로 있던 입장에서 차마 동조할 수 없는 일이었겠지만, 더 심각한 문제는 걸음마는커녕 눈도 못 뜬 갓난아기가 욕질부터 하고 나선다는 사실에 있었다. 그것은 자금력과 조직력을 가진 세력이 결성단계의 한민당을 움직이고 있었다는 뜻이다.

9월 8일 성명서에 대해 발기인 중에서 항의가 있었고, 추진자측의 사과가 있었다고 한다. 이 단계의 한민당은 폭넓은 스펙트럼을 흡수하고 있었다. 서중석은 『한국현대민족운동연구』에 이렇게 썼다.

지금까지의 연구에서는 대부분이 한민당을 부정적인 세력으로만 보고 있지만, 한민당에 대해서도 객관적으로 고찰해 볼 필요가 있다. 한민당은 해방 직후의 사회상황을 반영해서 여러 세력이 다양하게 참여하였다. 한민당에는 민족주의 세력과 사회주의 세력도 참여하고 있었다. 그러나 대체로 볼 때 한민당은 8·15 이전의 민족개량주의를 계승하였으며, 일제시기에 지주·부르주아지로 상층계급에 속했던 일종의 지배엘리트가 주류를 이루고 있었다. 이 때문에 한민당의 등장은 식민지적 경제·사회구조의 재편이라는 성격을 지니고 있다는 점을 부인하기 어려웠고, 식민지적 경제·사회구조의 잔존을 피부로 느끼게 하였다. (『한국현대민족운동연구』, 265쪽)

9월 8일 성명서는 결성단계의 한민당에 조직력을 가진 주류가 존재했음을 보여준다. 자금력과 정보력도 가진 세력이었다. 여기에 참여한 민족주의 세력과 사회주의 세력은 이념의 힘을 가지고 현실의 힘을 설복해 새 국가 건설의 길에 참여시키고 싶었을 것이다. 그러나 동아일보계를 주축으로 하는 한민당 주류는 정치공학에 의존하며 정치철학을 물리쳤다. 그렇게 해서 현실정치는 조직과 돈에 의해 결정된다는 대한민국 정치의 원리를 세웠다.

1945. 9. 17.

미군정이 풀어준 폭력의 고삐

지난 8월 30일 일본군 각 부대로부터 제대를 하고 돌아온 청장년장병들이 일치단결하여 귀환장병대라는 이름으로 현재에는 치안유지에 힘쓰는 한편 장래 국군의 기초를 닦으려고 주야로 맹활동 맹훈련을 하고 있던 중 이번에는 기본 뜻을 가진 단체로 귀환군인동맹과 합류하여 이름도 '조선국군준비대'라고 고친 후 앞으로 목표하는 방향을 향하여 일로매진하기로 되었다. 현재 조직된 인원으로는 서울시내가 5백명, 지방이 1천명, 도합 1천5백명가량이며 대의 특색으로는 어디까지나 당파에 기울지 않고 꾸준히 훈련에만 전심하였다가 어느때고 정부가 수립되는 때에 국군에 무조건으로 합류하자는 것이다. 강령과 역임은 다음과 같다.

● 강령

(가) 우리는 현재 가지고 있는 군사적 역량을 발휘하여 국군편성의 기초를 준비코자 함

(나) 우리는 군단적 발전을 편성함

(다) 신정부 군대가 편성될 때에는 그에 합류함

(라) 우리는 주의적 혹은 파벌 내 분쟁을 배척함

(마) 우리는 자위치안에 노력함

● 대장: 이혁기(李赫基) (…)

(「조선국군준비대 결성」, 『매일신보』 1945년 9월 17일)

"뭉치면 살고 헤어지면 죽는다."

좋은 뜻으로도 이해할 수 있는 말이지만, 한국 현대사를 참혹하게 만든 말이기도 하다. 크고 건강한 단합은 자연스럽게 이루어지는 것이다. '뭉쳐야지, 뭉쳐야지' 마음먹고 뭉치는 것은 이해관계에 따른 작은 단결이기 쉽다. 더 큰 대립을 가져오는 패거리의 뭉침이 되기 쉽다.

질서를 잃은 사회에서는 조직이 큰 힘을 발휘한다. 힘에 대한 억제가 약하고 힘없는 자가 폭력에 노출되는 상황에서 사람들은 힘있는 조직에 속하고 싶어한다. 자금과 기획력을 가진 야심가들은 이런 사람들을 모아 쉽게 세력을 만들 수 있다.

결사의 자유가 없던 일본 통치가 끝난 후 몇 달 동안 수백개의 단체가 만들어졌는데, 그중에는 정당 등 정치단체가 제일 많았고 군사단체도 수십개에 달했다. 군사단체 중 제일 큰 것이 이 국군준비대(이하 '국준'으로 줄임)로, 연말까지 상비군 1만 7천명에 예비군 7만여명을 조직했다고 한다. 좌익단체로 지목되어 우익단체들과 잦은 충돌을 빚다가 이듬해 1월 초 총사령 이혁기 등 간부들이 미군정에 체포되면서 해산되었다. 이혁기는 경성제대 출신으로 학도병 탈영자였다.

인적 자원은 차고 넘쳤다. 수백만 해외동포가 귀국하고 있는데 일자리는 오히려 줄어들고 있었다. 류상영은 「8·15 이후 좌·우익 청년단체의 조직과 활동」에서 "1946년 8월까지 일본, 만주, 38선 이북 등 전지역으로부터 유입된 인구수는 미군정 정보국의 통계에 의하면 186만 1,390명"이라고 했다(『해방전후사의 인식 4』, 61쪽). 1년간 10%의 순증가였고, 아마 서울은 갑절 가까이 늘어났을 것이다.

조직화의 가치가 가장 큰 계층은 활동력 있는 청년층이었다. 그중에서도 일본군 귀환병을 중심으로 만들어지는 군사조직은 참가자들에게는 일종의 취업이었고, 조직자들에게는 세력확대의 길이었다.

국준 강령 (라)항에 "우리는 주의적 혹은 파벌 내 분쟁을 배척함"이라 했지만, 이 시기의 어떤 조직도 정치적 지향성을 가지지 않을 수 없었다. 지향성을 정말로 가지지 않는다면 그 자체가 또 하나의 지향성이었으니까. 그래도 국준은 중립성을 잘 지킨 단체였다. 국준이 우익 단체들과 충돌했다 해서 좌익 성향으로 파악하기도 하는데, 사실 건국청년회 같은 단체는 극우적 폭력단체였고, 국준이 나선 것은 정치적 목적이 아니라 치안을 위해서였다.

해방 후 연말까지의 기간 동안 좌익 쪽 민중조직이 우익 쪽보다 활발했다는 통설을 다시 살펴볼 필요가 있다. 류상영은 위의 논문 64쪽에서 나주 치안대의 상황을 예시하며 "이처럼 8·15 직후에는 자발적인 청년조직들에 의한 일제잔재 청산과 친일파 제거 주장이 매우 지배적으로 대두되었기에 이에 대항할 우익 청년조직의 움직임은 활발하게 전개되지 못했다"고 했는데, 여기서 '자발적 청년조직'은 민족주의 조직이지 좌익이 아니다. 따라서 '이에 대항할' 조직이라면 우익이 아니라 극우라 해야 할 것이다.

대표적 좌익조직으로 알려진 조선노동조합전국평의회도 노동자의 이익을 추구했다뿐이지, 극좌를 배제한다는 노선을 표방했다. 해방 직후 상황에서 중도 노선이 인민에게 환영받던 상황을 알 수 있다. 미군정이 자리잡은 뒤에야 '우익'을 표방하는 극우단체들이 조직되기 시작한다. 대표적인 단체가 1946년 1월 7일 결성된 반탁전국학생연맹이었다. 서중석의 서술을 보면 학교를 많이 장악하고 있던 한민당 주류 세력이 학생들을 동원하기 쉬웠던 사정을 알아볼 수 있다.

우익의 최고지도자로서 우익 청년·학생운동단체의 정신적 지주였던 이승만과 김구는 반탁학생연맹의 후신인 전국학생총연맹을 가장 믿음직한 활동단체의 하나로 아끼고 사랑했다고 하며, 각종 우익 청년·학생단체를 지원하고 그 소속원들을 격려하였다. 김구와 조소앙은 청년·학생단체의 소속원들이 체포되면, 장택상 수도경찰청장 등에게 전화를 걸어 석방시켰다. 이들 단체에 대한 자금의 지원은 '인촌의 주머니가 바로 이철승의 주머니'라는 말이 있었던 데서도 알 수 있듯이, 김성수와 '전국학련의 금고'로 자처한 전용순이 가장 많이 하였고, 이승만, 박흥식 등도 지원하였다. 이철승은 꼭두새벽이면 일어나 김성수댁을 거쳐 전용순댁에 가서 활동자금을 타내고, 김구댁인 경교장, 조소앙, 신익희 등 임정 요인들이 묵고 있는 한미호텔을 방문하는 것이 일과였다. 이밖에 정인보, 장덕수, 엄항섭, 김도연, 안호상, 이선근, 박순천, 김활란, 임영신 등이 물심양면으로 전국학련 등에 대해 지원하였다고 한다. (『한국현대민족운동연구』, 333쪽)

미군정이 한국 현대사에 끼친 부정적 영향에 대한 비판 중 많은 부분이 미군정이 '한 짓'에 집중되는데, 당연히 해야 할 일을 하지 않은 데 더 큰 문제가 있지 않았나 하는 생각도 든다. 통치건 점령이건 한 사회의 운영을 책임지는 입장에서 최소한의 질서유지를 위해 꼭 해야 할 일은 돈과 주먹의 힘이 날뛰는 것을 억제하려는 노력이다.

한민당 주류 세력이 폭력에 의지해 극우의 길로 흘러가는 것을 군정이 방치 내지는 방조한 것이 한국의 정치수준을 타락시키고 중도파의 길을 봉쇄한 기반조건이었다. 좌익의 폭력은 군정을 등에 업은 극우파의 폭력에 대한 반작용으로 나타난 것이었다. 적어도 미군정이 질서유지의 책임을 지고 있던 남한에서는 그렇게 보지 않을 수 없다.

　장준하(張俊河, 1918~75) 전기를 보면, 광복군 시절 존경하고 따르던 이범석(李範奭, 1900~72)이 1946년 6월 귀국 후 조선민족청년단을 조직하고 활동하는 모습에 실망하는 이야기가 나온다(박경수, 『장준하, 민족주의자의 길』, 돌베개 2003, 225~227쪽). 이범석과 함께 광복군의 찬란한 지도자였던 지청천(池靑天, 1888~1957) 역시 귀국 후 대동청년단을 만들어 비슷한 모습을 보였다. 광복군을 대표하던 인물들조차 극우 테러리즘밖에 진로를 찾을 수 없는 상황이 미군정하에서 형성되고 있었던 것이다.

1945. 9. 19.

김일성의 등장

김일성이 귀국했다. 그의 등장에 관해 임영태는 『북한 50년사 1』에서
이렇게 서술했다.

> 김일성은 해방 전 이미 북한에서 최고지도자로 부상할 수 있는 전반
> 적 조건과 자산을 갖고 있었다. 항일 빨치산투쟁 과정에서 획득한 대
> 중적 지명도와 더불어 지도자적 경력과 능력을 검증받았다. 때문에
> 빨치산 핵심세력들의 절대적인 지지를 받을 수 있었다.
>
> 　동시에 더욱 중요한 사실은 소련공산당 중앙과 소련 군부 및 극동
> 군의 적극적인 지원체계가 마련되어 있었다는 점이다. 이를 바탕으
> 로 김일성은 입국한 뒤 불과 3개월 만에 북한 지역 최고지도자로 확
> 고히 자리잡게 되는 것이다. (임영태, 『북한 50년사 1』, 들녘 1999, 57쪽)

우리 국민의 대다수는 김일성에 대해 온갖 희한한 이야기를 들으며
자랐다. 1987년 군사독재 종식 후에야 김일성이 실제로 어떤 인물이
었는지, 일반인도 윤곽이나마 파악할 수 있는 형편이 되었다. 그러나
아직까지도 한국 현대사에서의 역할에 비해 그 모습이 충분히 알려져
있지 못하고, 아마 북한 주민들도 지나친 신격화로 인해 정확한 이해

귀국 직후 고향 마을을 방문한 김일성. 왼쪽 두번째부터 사촌동생 김창주, 비서 문일, 조모 김보현, 숙부 김형록, 김일성. 김일성의 집안은 기독교계와 민족운동계에서 상당한 명망가였다.

에 어려움을 가지고 있을 것 같다. 이번 작업에서 김일성의 실제 모습을 독자들에게 전하는 데도 기회 있는 대로 노력을 기울이고 싶다.

이종석은 「북한 지도집단과 항일무장투쟁」(『해방전후사의 인식 5』)에서 북한체제가 만주의 항일무장투쟁 전통을 주축으로 하여 세워졌음을 밝혔다. 1930년대에 만주 지역에서 유격대 활동을 벌인 항일투쟁 세력의 주력이 1939년 이후 일본군의 대토벌작전에 타격을 입고 활동 근거를 잃자 소련 영내로 피신했다. 그곳에서 소련군의 '88특별여단' 형태로 꾸려진 중국공산당 휘하의 동북항일연군교도려에 참여해 항일투쟁의 대오를 정비하던 중 해방을 맞게 된다. 따라서 88여단 그룹은 상당한 규모의 조직력과 아울러 소련군과 중국공산당 양쪽과 긴밀한 관계를 가지고 있었다.

88여단 그룹의 조직력은 무엇보다 김일성을 중심으로 한 단결에서 알아볼 수 있다. 그 그룹의 지도적 위치에는 김일성 외에 최용건(崔庸健, 1900~76)과 김책(金策, 1903~51)이 있었다. 최, 김 두 사람은 나이도 김일성보다 10살가량 위일 뿐 아니라 경력에서도 '윗사람'들이었는데, 해방을 앞둔 7월 '조선공작단'을 결성해 김일성을 단장으로 추대한 이래 귀국 후까지 그를 일사불란하게 지도자로 받들었다.

연상의 선배들이 후배를 지도자로 받들고 그를 중심으로 단결할 수 있다는 것이 해방 당시 다른 정치세력에서는 볼 수 없는 강점이었다. 이 특성에 대한 와다 하루끼의 해석을 임영태의 위 책에서 재인용해 놓는다.

김일성은 다른 두 사람에게 없는 결정적인 자산을 가지고 있었다. 최용건과 김책이 북만에서 활동해서 조선 국내에는 전혀 알려지지 않은 데 비해 김일성은 동남만에서 활동하며 조선 북부로 공격해 들어간 사실이 있기 때문에 그의 이름은 가장 널리 알려져 있었던 것이다. 지명도에서는 최현도 들 수 있지만 김일성과는 비교가 되지 않는다.

그리고 김일성은 소련측과의 관계가 나쁘지 않았고 중국공산당과의 관계는 최용건과 김책만큼 깊지 않았던 것도 평가되는 점이었을 것이다. 마지막으로 적극성이나 부하의 장악도 면에서 김일성의 능력이 상당히 뛰어나다는 점이 인정된다.

이상과 같은 김일성의 자산을 고려할 때 최용건과 김책이 김일성을 앞에 내세움으로써 만주의 유격대파가 해방 후 조선혁명의 헤게모니를 잡으려고 했으리라고 추측할 수 있다. 왜냐하면 이 두 사람이야말로 해방 후 김일성을 음으로 양으로 보좌하여 그를 찬양하고 유일한 '수령'으로 치켜세웠던 인물들이기 때문이다. 그것은 자신들의 주체적인 선택이 아니고서는 될 리 없다.

비유적으로 말하면 이 세 사람의 관계는 다음과 같은 3형제의 관계였다고 보는 것이 좋을지도 모른다. 장남과 차남은 조건이 좋은 막내에게 집안의 상속을 잇게 한다는 결단을 내리고 막내의 현명함을 칭송하며 자기들도 스스로를 낮추어 막내를 섬기려고 하는 것이다.

이것은 전적으로 다른 집안과의 엄혹한 대항 속에서 집안을 흥하게
하기 위해서였다. (와다 하루끼, 『김일성과 만주항일전쟁』, 이종석 옮김, 창비
1992, 280~281쪽, 『북한 50년사 1』, 51~52쪽에서 재인용)

1945. 9. 20.

동아시아에서 수동적 태도였던 소련

1945년 9월 20일 스탈린이 북한 지역에 "부르주아 민주주의 정권을 수립할 것"을 지시한 사실이 근 반세기가 지난 1993년 2월 26일자 『마이니치신문』 보도로 밝혀졌다(이정식, 「냉전 전개과정과 한반도 분단의 고착화」, 『해방전후사의 재인식 2』, 13쪽). 이정식은 이 지령의 발굴이 "한국 현대사에서 많은 수수께끼를 풀어주기도 한다"며 이를 매우 중시했다. 그 중요성을 이정식은 이렇게 설명했다.

> 이 지령은 한국 현대사를 이해하는 과정에서의 소련 정책 연구의 중요성을 강조하는 기능도 한다. 지금까지 진행되어 온 한반도 분단고착화에 관한 연구들은 대체로 미국의 대한반도 정책에서 그 원인을 찾거나, 국내 정치세력간의 투쟁을 중점적으로 분석해 왔다. 따라서 소련은 미국의 행동에 항상 수동적으로 반응했던 것으로 간주되었는데, 사실 한반도의 분단이 고착되는 과정에서 소련의 정책이 미친 영향은 결정적이라고 할 수 있다. (같은 글, 14쪽)

요컨대 한반도 분단의 책임론에서 소련의 몫을 늘려주는 자료라는 것이다. 나는 이정식의 다른 글을 본 적이 없어서 그에 대한 아무 선입견이 없는 사람이지만, 이 주장을 위 논문에서 펼치는 방식을 보면 연구자로서 신뢰가 가지 않는다. 충분하고 적절한 근거를 제시하고 있지 않아 마치 미국책임론을 벗어나려는 강박에 몰린 것처럼 보이는 것이다.

40여쪽의 짧지도 않은 논문 속에 이 중요하다는 자료의 내용이 맨 위에 옮겨놓은 딱 한 줄 외에는 소개되어 있지 않다는 사실에서 단장취의(斷章取義)의 인상을 받는다. 맥락을 전혀 알아볼 수 없고, 소개된 한 줄 갖고는 이것이 과연 스탈린의 한반도 분단의지를 보여주는 것인지, 그렇다면 그 의지가 얼마나 확고한 것인지 판단할 수 없다.

상식에 어긋나는 추측도 마음에 걸린다. 이 지령이 바로 실행에 옮겨지지 않은 까닭을 이정식은 "지령을 소화해서 행동으로 옮길 때까지는 상당한 시간이 걸렸을 것"이라며, "9월 말에서 10월 사이 남북한에서 일어난 여러 가지 일들을 감안해 볼 때 스탈린의 지령이 북한지역 점령 사령부에게 처음 하달된 것은 10월 초이고, 좀더 상세한 보충 지령이 내린 것은 10월 말인 것으로 보인다"고 추측했다(같은 글, 42쪽). 이런 지령의 하달에 어떻게 열흘 넘는 시간이 걸릴 수 있을까?

소개해 놓은 한 줄에서 "부르주아 민주주의 정권"이라고 했다. 당시에 소련은 동구권 여러 나라에 공산주의 혁명정권을 세우고 있었다. 북한에 위성국가를 세울 마음이라면 "부르주아 민주주의 정권"이라고 했을 리가 없다. 어쩌면 "정권"이란 것이 항구적인 '국가'보다 영어의 'regime'과 같이 임시적 '체제' 정도의 뜻이 아니었을까? 그렇다면 조만식 세력을 존중하던 당시 소련 점령군의 자세와 부합한다.

현대사의 연구성과를 받아들이는 데 큰 장애로 작용하는 것이 정치적 편향성이다. 연구자의 정치적 입장에 따라 시각의 굴절까지는 아니더라도, 중립적 입장의 연구자도 정치적 대결의 초점이 되는 문제에 과민한 반응을 보여 무리한 흑백론에 빠지기 쉽다. 내가 보기에 이 지령이란 것은 분단에 대한 소련의 책임론을 늘려주는 것도 줄여주는 것도 아니다. 그런데 분단책임론이 정치적으로 예민한 문제라서 이정식에게 강박을 준 것 같다.

한국전쟁을 겪으면서 분단책임론이 예민한 정치적 문제가 되었을 때 미국 국무성은 소련책임론을 공식화해서 퍼뜨렸다. 종전 당시부터 소련은 한국을 분단시켜 북한에 위성국가를 만들 계획이었고, 그 계획의 실행자로 김일성을 선택하고 조종했다는 것이다. 남한의 우리는 이 주장을 확고한 사실처럼 교육받으며 자라났다.

그러나 냉전이 끝나고 양쪽의 많은 자료들이 공개되면서 조작된 소련책임론은 무너졌다. 한국 분할점령은 미국이 제안한 것이었고, 김일성 그룹은 해방 후 한 달 이상 지난 뒤에야 입국했다. 더 많은 사실이 밝혀질수록 당시 극동에서 소련의 정책이 수동적인 것이었다는 사실이 더 분명해지고 있다.

그런데 이정식은 스탈린의 지령 하나가 이 추세를 뒤집을 만한 근거가 될 수 있다고 생각한 모양이다. 종전 시점에서 소련의 정책이 수동적이었다는 사실은 인정하면서도 9월 12일부터 런던에서 열린 연합국 외상회담으로 인해 스탈린의 생각이 바뀌어 이런 지령을 내리게 되었을 것이라고 추측한다.

나는 동의하지 않는다. 외상회담 결과가 마음에 들지 않는다 해서 즉각 정책을 그토록 크게 바꾼다는 것이 석연치도 않고, "부르주아 민주주의 정권" 수립이란 것이 분단 건국 정책으로 해석되지도 않는다.

찰스 암스트롱이 『북조선 탄생』에서 보인 관점이 내게는 타당한 것으로 보인다.

소련의 전후 정책과 관련된 증거들을 보면 1950년대 초반까지 소련의 대(對)동아시아 정책은 모험주의라기보다는 "주의를 기울이는 수준"이었다. 전후 점령 초기 몇 년간 스탈린은 유럽에서 소련의 힘을 너무 많이 사용한 반면 아시아에서는 너무 적게 사용했다. 동유럽에서 소련 점령당국은 경쟁자인 미국보다 훨씬 고압적이었으나 조선에서는 그 반대였다. 스탈린은 제2차 세계대전을 종식하면서 소련의 주변부에서 공산주의의 승리를 얻을 수 있는 가장 좋은 기회였던 조선의 독자혁명 가능성을 활용할 생각이 거의 없었던 것으로 보인다.

(『북조선 탄생』, 74~75쪽)

스탈린은 아시아인이 공산주의를 시행할 능력이 없는 열등한 인종이라고 여긴 것이 아닐까 하는 생각이 들 때가 있다. 1949년 4월 23일 중국 국민당 정부가 공산군의 진격에 밀려 남경에서 광동으로 쫓겨갈 때 행렬에 함께 있던 유일한 외국 대사가 소련대사였다고 한다. 이정식의 위 논문에는 중국 국민당과 공산당에 대한 스탈린의 이중적 정책이 잘 설명되어 있다.

1945. 9. 21.

"친일파여, 떨지 마라! 한민당이 있다"

조선 내의 토지소유권(북위 38도 이남)에 대하여 22일 군정청에서는 다음과 같이 발표하였다.

"조선 내의 토지소유권은 미군 점령지 내에서는 아무런 변동이 없다는 것을 말할 수 있는데 세금은 종전과 같이 군정당국의 명령대로 이를 바칠 것이다. 그리고 지주는 소작인의 소작료를 수확물로 받거나 현금으로 받거나 하는 권리를 가졌으므로 소작인은 이 지시에 따라야 할 것이다."

(「군정청, 38도선 이남 지역 토지소유권 무변동 발표」, 『매일신보』 1945년 9월 22일)

토지개혁의 필요성은 1930년대 이후 한국과 중국에서 사회주의와 공산주의가 환영받은 가장 큰 이유였다. 중국에서는 국가의 소민(小民)보호 기능이 사라진 지 오래되면서 토호세력이 자라났고, 식민지 조선에서는 일본제국의 쌀 생산기지로 이용되면서 농지 소유의 집중이 심화되고 소작료율이 살인적 수준까지 올라갔다.

유럽의 공산주의가 산업자본가와 산업노동자 사이의 계급모순을 중심으로 형성된 것은 산업화가 발전해 있었기 때문이다. 동아시아의 농업사회에서는 아직 산업화가 낮은 단계에 머물러 있었지만, 자본가와 노동자 사이의 계급모순이라는 근대적 상황은 진행되고 있었다. 농업사회라서 농업자본가와 농업노동자 사이에 집중되었을 뿐이다.

해방 당시 한국사회의 가장 중요한 과제가 토지개혁이었다. 이승만의 극우정권조차 이 과제를 외면할 수 없던 상황이었다. 북한에서는 토지개혁을 서두름으로써 정치사회적 안정을 먼저 기할 수 있었다. 그런데 9월 22일 미군정의 "토지소유권 무변동" 발표는 이 현실을 인식하기는커녕 그에 역행하는 방침을 명시한 것이었다.

미군정이 왜 토지개혁의 필요성을 인식하지 못했을까 하는 문제에 대해서는 많은 검토가 있어왔다. "바보라서"라는 간단한 대답에 나는 제일 끌린다. 그런데 이 문제보다 피상적인 것 같으면서도 어찌 보면 더 중요한 질문이 내게는 떠오른다. 왜 이 시점에서 토지개혁을 하지 않는다는 방침을 발표했을까? 무엇을 하겠다는 방침이라면 물론 발표해야겠지만, 무엇을 안 하겠다는 방침이라면 그냥 안 하고 가만있으면 되는 것 아닌가?

토지개혁의 필요성은 인식하지 못해도 토지개혁의 요구가 광범하게 존재한다는 사실은 모르고 있을 수가 없었다. 좌익정당들은 말할 것도 없고, 16일 한민당 결당식에서 선포한 8개항의 정책 중에도 "토지제도의 합리적 재편성"이 있었다. 이 요구에 대해 응답할 필요를 군정청이 느꼈을 수는 있다.

그렇다 하더라도 공식적 의안 제기도 없는 상태에서(그런 통로도 없는 상태에서), 기자회견에서 답변을 요구받은 것도 아니면서, 군정청이 자발적으로 이 방침을 서둘러 발표한 것은 어떤 동기와 계기 때문이었을까? 모든 정당이 최소한 "토지제도의 합리적 재편성" 정도는 요구하는 상황에서 아무리 정치감각이 없다 할지라도 "우리는 그런 것 안 한다"는, 스스로 인기 떨어뜨리는 발표를 할 이유가 없다. 부득이하게 답변이 필요하더라도 "이제부터 검토해 보겠다"는 정도로 얼버무리는 것이 상식 아닌가?

거의 한민당 인사만으로 구성된 고문단을 군정청이 위촉하는 것은 10월 5일의 일이다. 그러나 한민당 인사들과의 집중적 접촉은 진주 시점부터 시작된 일이었다. 아무리 확인된 근거가 없더라도 9월 22일 군정청의 "토지소유권 무변동" 발표는 한민당 인사들의 로비에 의한 것이라고 추측하지 않을 수 없다. 한민당 주류 세력들은 토지소유가 힘의 기반이었던 만큼, 겉으로는 "토지제도의 합리적 재편성"을 표방하면서도 속으로는 변동이 없기를 바라고 있었을 것이다.

그리고 "토지소유권 무변동" 방침을 군정청이 세우게 하는 데 만족하지 않고 이것을 정식으로 발표하게 했다는 사실에 더욱 음미할 점이 있다. 미군정에 대한 자파 세력의 영향력을 과시한 것이다.

해방이 되자 친일파는 위축되어 있었다. 경찰관 대다수가 잠적해 버려 군정청에서는 도로 불러들이기 위해 애를 써야 했다. 굳이 드러난 친일파가 아니더라도 일제 치하의 특권계층은 처신을 조심하고 있을 상황이었다. 그 사람들은 이날 군정청의 발표에서 한민당의 메시지를 알아보았을 것이다. "떨 것 없어요. 한민당에 오면 돼요."

뭉치면 살고 헤어지면 죽는다는 이치, 이승만이 가르쳐주지 않아도 누구나 알고 있던 생존의 원리였다.

1945년 정치 1번지 종로

| 1945년 서울 주요 관청 |

해방 당시 미군정청은 물론 주요 기관과 정치세력의 청사 등이 모두 종로구에 모여 있었다. 사진은 1945년 어느 시점 남산에서 찍은 것으로 북악산과 북한산에 둘러싸인 서울 종로 일대의 풍경이 어떠했는지 생생하게 보여준다.

건국준비위원회 종로구 계동
임용상의 집에서 발기(8.15)

조선인민공화국 정청 종로구
옥인동 옥인정

화신백화점

조선국민당 종로구 공평동
영보빌딩(9.1)에서 결당식

경성부청

미군정청 (구)조선총독부
건물, 숙소는 반도호텔

조선공산당 장안파 재건
종로구 공평동 장안빌딩

동양척식주식회사
경성부 청사

명동성당

한국민주당 종로구 경운동 천
도교 대강당에서 결당식(9.16)

| 1945년 정치 1번지 종로 |

1945년 해방 전후, 각 정치세력의 관청과 발기인 대회장, 대표 인물의 거주지는 모두 종로에
있었다. 특히 이들이 사는 집은 사람들이 모여 정치 현안을 논의하는 '사랑방 정치'의 근거지였
다. 명월관, 국일관 등 고급요정도 비슷한 역할을 했다. '정치 1번지 종로'라는 말이 생겨난 현실
적인 근거였다 할 것이다.

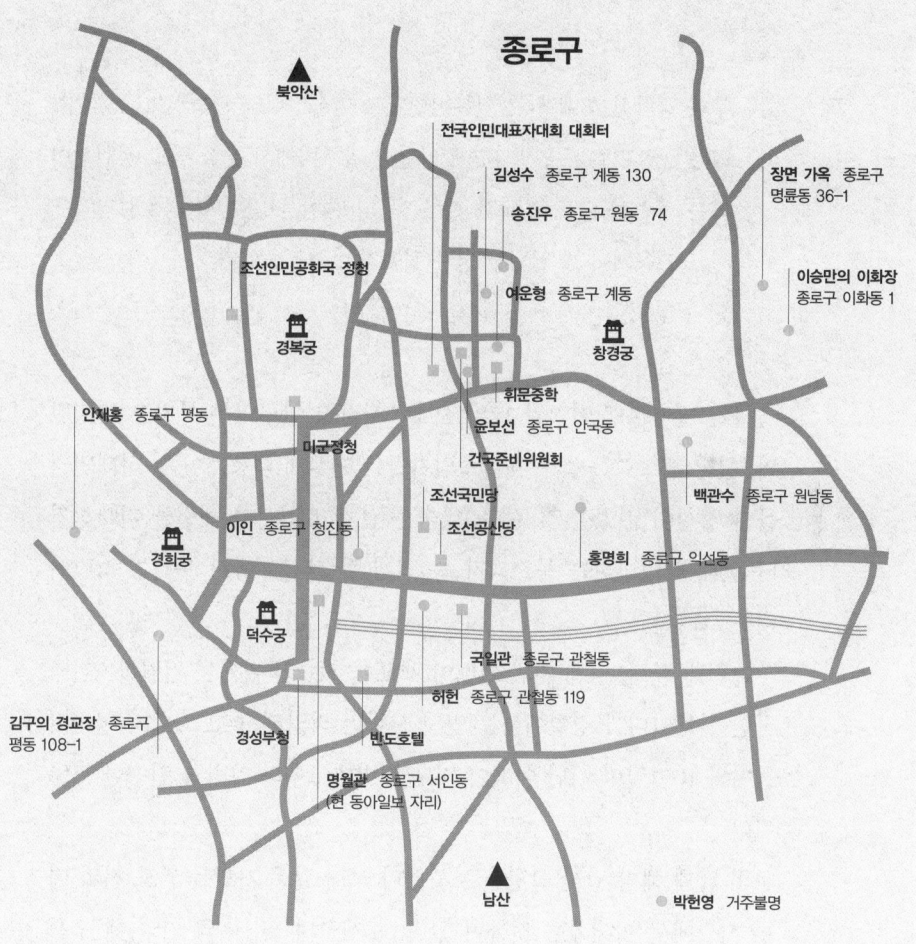

종로구

북악산

전국인민대표자대회 대회터

김성수 종로구 계동 130

송진우 종로구 원동 74

장면 가옥 종로구
명륜동 36-1

조선인민공화국 정청

여운형 종로구 계동

경복궁

이승만의 이화장
종로구 이화동 1

창경궁

안재홍 종로구 평동

휘문중학

윤보선 종로구 안국동

미군정청

건국준비위원회

백관수 종로구 원남동

조선국민당

이인 종로구 청진동

조선공산당

경희궁

홍명희 종로구 익선동

덕수궁

국일관 종로구 관철동

허헌 종로구 관철동 119

김구의 경교장 종로구
평동 108-1

경성부청

반도호텔

명월관 종로구 서인동
(현 동아일보 자리)

남산

박헌영 거주불명

1945. 9. 24.

'무조건 항복'에 임하는 일본인들의 자세

부내 영락정 78에 사는 일본헌병군조 미쓰다니(光谷信次郞, 35) 외 7
명은 8월 17일 오후 1시경에 아현정 마루턱에서 술을 먹고 정인섭이
라는 사람을 단도로 찔러 전치 3주의 중상을 입혔다. 종로보안서에
서 요즈음에야 그 일당을 전부 체포하여 취조중이다.

(「종로경찰서, 한국인을 폭행한 일본인 헌병 체포」, 『매일신보』 1945년 9월 24일)

사건 발생 시각이 8월 17일 오후 1시라면 천황의 항복방송 49시간
뒤, 헌병군조 같은 골수 제국주의자들은 어떻게 대응해야 할 사태인지
몰라 정신이 없었을 것 같다. 낮술을 걸치고 있다가 해방을 기뻐하거
나 일제를 비난하는 목소리가 좀 크게 들렸다고 행패 부리는 장면이
대충 그려진다.

그런데 한 달 넘게 지난 이제야 체포했다는 건 어찌된 일일까? 현역
군인 신분이니까 경찰에서는 인적 사항만 파악해 놓고 있다가 미군이
들어와 10여일이 지난 이제야 겨우 헌병대로부터 신병을 인수한 모양
이다.

몇 달째 해방 당시 상황을 조사하다 보니 같은 자료를 봐도 전과 다
른 시각에서 이해되는 것들이 있다. 문제안의 『8·15의 기억』에 수록

된 강창덕의 회고 중 이런 대목이 떠오른다.

그런데 17, 18일 밤쯤 됐을 겁니다. 한밤중에 마을에 있던 일본군 부대에서 기관총 소리가 들려왔어요. (…) "따다다다다!" 기관총 소리가 귀청을 때리는데 불길한 생각이 들더라고요. 그놈들이 발악을 하는구나 싶었죠. 놈들이 분풀이를 하려나 보다, 까딱하면 다 죽이려 드는 건 아닐까, 두려운 생각이 들었어요. 나는 어머니를 업고 집에서 300여 미터 이상을 도망갔어요. 그러고는 사람 키보다 훨씬 큰 관목이나 풀숲에 몸을 숨겼지요. (…)

그런데 일본군이 총을 왜 쏘았는지는 다음날 직장에 나가서야 들을 수 있었어요. 하양 읍내는 벌써 지하세력들이 조직적인 활동을 했는데, 그중에서도 청년단체의 사람들이 부대장을 만나 항의했다는 겁니다. "왜 그렇게 사람 놀라게 하느냐, 무엇 때문에 그러느냐?"

그랬더니 실탄이 많이 남아서 그 실탄을 없애려고 했다는 거예요. 그리고 사람에게 총을 쏜 것이 아니라 과수원 있는 강 쪽으로 발사했다고 하면서 미안하다고 하더라는 거예요. (문제안 외, 『8·15의 기억: 해방공간의 풍경, 40인의 역사체험』, 한길사 2005, 183~184쪽)

8월 15일의 항복선언으로부터 9월 9일의 항복절차 이행까지 20여 일간은 일본인들이 공권력의 하드웨어는 그대로 쥐고 있었지만 소프트웨어는 무너진, 권력의 혼란상태였다. 무기가 누구 손에 쥐어져 있는지를 주민들에게 똑똑히 인식시켜 주려 한 이 부대장의 조치는 현명한 것이었다고 생각된다. 그리 현명하지 못한 반응도 많이 있었다. 위 책에는 해방 당시 도쿄에서 육군사관학교에 다니고 있었던 장지량의 회고도 들어 있다.

우에하라 대위가 이렇게 나오는 거예요. "우리는 최후까지 궁성에서 천황을 지키기 위해서 싸우겠다. 그러니 근위사단장 당신이 우리와 같이해야 할 거 아니냐. 당신 책임 아니냐."

모리 사단장이 대답했어요. "천황폐하의 명령이다. 명령인데 어찌 거역할 수 있느냐."

"아니다. 천황폐하가 무조건 항복한다고 하신 것은 몇 놈들의 농간이다."

대위는 좀체 믿지를 않았어요. 일대 혼란이 벌어졌죠. 그러니까 우에하라 대위가 일본도로 근위사단장 모리의 목을 그 자리에서 쳐버렸어요. 그리고 학교로 돌아온 거예요. 나중에 우에하라 대위는 스스로 할복을 했어요. (…)

나중에 김재권과 같은 구대 사람들에게 들은 얘기로는 구대장이 쏴서 죽였다고 그랬어요. 15일, 항복방송을 듣고 너무 좋아했나봐. 그 사람 조금 경솔한 면이 있었어요. 명랑하기는 했는데 말을 함부로 하는 면이 있었죠. 그때도 너무 좋아서 까불었던 모양이야. "야, 우리 이제 독립한다. 독립한다." 일본사람들은 풀이 죽어서 '우리는 죽었다' 이러고 있는데, 한 놈이 나서가지고 '우리는 살았다'고 하면 되겠어요? 구대장이 권총으로 그 자리에서 쏴버렸다고 하더군요. (같은 책, 340~341쪽)

맨 위 기사의 미쓰다니 군조처럼 새로운 상황에 적응하기를 거부한 일본인들이 조선에도 있었다. 그러나 그리 많지는 않았던 것 같다. 특히 어느 수준 이상의 고위층에서는 무책임한 행동이 별로 없었다. 『장정 2』(나남출판 1993, 243~252쪽)에는 김준엽(金俊燁)이 8월 18일 이범석, 장준하와 함께 한국 진입을 시도하는 미군 선발대에 끼어 여의도

조선, 특히 남반부에서 일본군과 일본인의 귀
환은 다른 어느 지역에서보다도 신속하고 질
서 있게 이루어졌다. 10월 12일 부산에서 미
군이 귀환 일본군의 짐을 검색하는 장면.

비행장에 착륙한 이야기가 있는데(대부분 내용은 장준하의 『돌베개』에서
옮겨온 것임), 일본인 지휘관들의 조심스러운 태도가 잘 그려져 있다.

 일본의 항복 결정에 관한 정보를 8월 15일 이전에 조선총독부에서
입수하고 있었다는 사실을 이 책 초입에서 밝혔다. 항복 결정이 내려
진 8월 10일 당일에 총독부에서도 바로 알고 있었던 것이다. 공식 통
보된 정보가 아니라 단파방송 청취로 파악한 것이라고 당시 관계자들
은 주장했지만, 책임회피를 위한 주장일 뿐이지 최대한 정확하고 정밀
한 정보가 일본정부로부터 조선총독부로 전달되었으리라는 내 추측은
당시 상황을 살펴나갈수록 더욱 확실해진다.

 8월 10일 항복 결정이 확정되기 전에도 생각 있는(그리고 정보도 있
는) 일본인들은 항복 가능성을 생각하지 않을 수 없게 된 지 오래였다.
적어도 5월의 독일 항복 이후로는 승리의 꿈이 사라지고 있었다. 군부
강경파가 정권을 쥐고 있어 표면화하기 힘든 상황에서도 조금이라도
덜 비참한 조건으로 항복하는 길을 찾는 노력이 있었다. 조선총독부와
조선 주둔군의 고위층도 '만일의 경우'에 대비한 선후책을 궁리하고

있었음이 틀림없다. 그렇기 때문에 항복 결정 직후 여운형, 송진우 등을 상대로 치안 교섭에 나설 수 있었을 것이다.

일본인의 조선 퇴각은 다른 지역에 비해 매우 질서 있게 이루어졌다. 혼란과 충돌, 그리고 개인의 고통에 관한 적지 않은 기록과 회고가 남아 있지만, 만주와 중국, 그리고 남양 여러 지역에 비하면 시간도 짧게 걸렸고 희생도 적었다. 일본과 가까운 거리라는 조건도 물론 작용했겠지만, 다른 지역에서 전후에 필요로 했던 일본인의 노동력과 군사력이 조선에서는 필요하지 않았다는 것이 더 큰 조건이었다. 그리고 조선에 있던 일본인 지도부의 퇴각계획이 상당히 잘 준비되어 있었다는 인상도 받는다.

1945. 9. 27.

한 달간 통화량 70% 증가의 의미

조선은행권 발행고는 경이적 숫자를 보이고 있는데 이를 일본이 항복한 8월 15일과 미군이 경성에 진주한 날, 그리고 현재를 비교하면 다음과 같다.

8월 15일 4,975,148,877원(圓)

9월 8일 8,463,890,631원

9월 26일 현재 8,631,185,160원

이를 보면 일본 항복 당시로부터 9월 8일 미군이 진주하기까지 20일 남짓 사이에 거의 배액인 23억만원이나 되는 엄청난 거액을 발행하였다. 이것은 조선 경제질서의 교란, 단말마적인 발악을 여지없이 폭로하는 것으로 이에 따른 인플레의 경향은 날로 심하여 그에 대한 적당한 대책이 요구되고 있다.

(「일본인 경제교란 목적으로 조선은행권 남발」, 『매일신보』 1945년 9월 28일)

이 기사에는 나와 있지 않지만 1944년 말의 발행고는 31억 4천만원이었다고 한다(네이버 백과사전 '조선은행'조). 9개월간 3배 가까이 증가한 셈인데, 대규모 전쟁의 파국적 종결을 전후한 시기로는 그리 심한 것이 아니다. 화폐경제의 틀이 무너질 정도는 아닌 것이다.

하지만 한 나라의 통화량이 한 달 사이에 70% 증가한다는 것은 보통 일이 아니다. 새로 찍어낸 35억원의 돈이 정상적인 거래를 통해 시중에 풀릴 시간이 안 된다. 그 대부분이 여기저기 뭉칫돈으로 쌓여 있었을 것이다.

"돈은 도는 것"이란 말이 있다. 경제학 원론에서 처음 배우는 것도 경제적 가치를 덩어리(stock) 아닌 흐름(flow)으로 파악해야 한다는 것이다. 그러나 이것은 정상상태(normal state)에서의 개념이다. 시장실패(market failure) 상황이 발생하면 돈은 돌지 않고 덩어리로 뭉칠 수 있고, 그럴 때 폭력적이고 파괴적인 힘을 가진 실체가 된다. 물의 순환이 순조롭지 못할 때 '물벼락'도 되고 '물폭탄'도 되는 것과 마찬가지다.

해방 이후 상황에 관해 명분과 이념 이야기를 늘 읽고 들어왔다. 그런데 인간이 명분과 이념만으로 사는 것이 아님은 예나 지금이나 마찬가지다. 물론 65년 전 사람들이 지금 사람들보다 명분과 이념을 더 많이 생각했겠지만, 현실적 조건을 아주 무시하지는 않았으리라는 말이다. 당시 상황을 더 잘 이해하기 위해 현실적 조건을 더 깊이 살펴볼 필요가 있다.

『우남 이승만 연구』에서 정병준이 돈 문제를 밝히는 데 들인 노력이 돋보인다. 특히 50쪽 분량의 13장 「1945~47년 정치자금 조성과 운용」에서 이 문제를 집중적으로 다루고 있다. 이 시기에 이승만을 둘러싸고 벌어진 일들을 이해하는 데 도움이 되는 정도가 아니라 그 진짜 의미를 비로소 깨닫게 해주는 대목이 많다.

그런데 돈 문제는 파고들기에 어려운 점이 있음을 이 책에서도 확인할 수 있다. 정치자금의 규모를 대략 파악해 놓은 다음 그 크기를 최대한 실감나게 설명하려고 애쓰는데, 실감이 그리 잘 나지 않는 것이다.

GNP 대비로 계산해 보면 1947년 1인당 GNP 35달러와 1997년 1인 당 GNP 9,511달러는 무려 272배 정도 차이가 있다. 이승만이 당시 거둬들인 정치자금을 최소금액으로 상정해 1인당 GNP 대비에 단순 비교하면 현시가로는 73억원에 해당한다. 또한 이승만이 거둬들인 정치자금은 1945년 GNP의 0.3857%에 해당한다. (『우남 이승만 연구』, 608쪽)

2년간에 73억원? 빙산의 일각이 차떼기로 드러나는 지금의 세상에 선 너무 귀여운 액수다. 그런데 GNP의 0.3857%? 지금 상황에 대입하 면 2~3조원은 될 것 같다. 정치자금으로는 그야말로 천문학적인 금액 이다. (위 인용문 뒤에 "재정규모 기준으로 환산하면, 137조 4,188억원의 0.2288%인 314억 4천만원에 해당하는 금액이 된다"고 한 것을 보고 웃음을 참을 수 없었다. 곱셈 결과는 314억 4천만원이 아니라 3,144억원이다. 너무 '천 문학적'인 숫자를 다루다 보니 자릿수가 헷갈린 모양인데, 저자 자신이 이렇게 헷갈리는 내용을 독자가 헷갈리지 않고 이해하기를 바라기는 힘들 것이다.)

틀이 다른 경제상황 속에서 일정한 금액이 어떤 의미를 가지는지 정 확히 비교한다는 것은 불가능한 일이다. 나름대로 정상상태에서의 교 환가치는 쌀 등 생필품을 기준으로 어느 정도 설명할 수 있지만, 화폐 의 분포가 고르지 않은 상태에서 뭉칫돈이 가지는 힘의 크기는 당시의 상황을 배경으로 하지 않고는 설명도 되지 않고 이해도 되지 않는다.

해방 직후 조선은행권의 대량 발행이 "일본인의 귀환자금을 조달하 기 위해서"였다는 설명을 몇몇 자료에서 봤지만, 그 수요가 어떻게 파 악되고 어떻게 집행되었는지는 찾아보지 못했다. 추측건대 '귀환자 금'이란 것은 신권 수요의 일부일 뿐이었는데 내놓고 얘기하기 좋은 것이라서 핑계삼은 것이 아닐까 싶다.

롯데백화점 자리에 있던 조선식산은행(왼쪽)과 을지로 2가에 있던 동양척식 경성 사옥(오른쪽). 경제적 침략의 아성이었던 두 기관은 미군정 아래에서 큰 변화 없이 기능을 유지했다.

총독부가 일종의 '정치자금'을 필요로 했으리라는 건 당연한 일이다. 여운형이 치안유지를 부탁받으면서 1천만원 내외의 돈을 함께 받았다는 주장도 있는데, 그 사실 여부를 확실히 판단할 근거는 찾지 못했다. 단, 액수가 얼마건 돈을 받을 수도 있는 상황이었다고 생각한다. '받고 싶은 마음'은 어쨌건, 총독부 쪽에는 '주고 싶은 마음'이 분명히 있었을 것이다. 그리고 총독부가 '주고 싶은 마음'을 가진 대상은 여운형과 건준 이외에도 많이 있었을 것이다.

10월 중순 이승만의 귀국 때, 그리고 11월 말 임정 인사들의 환국 때, 한민당 주류 인사들이 상당액의 자금을 제공한다. 그 사람들이 먹고 싶은 것 참으면서 꼭꼭 아껴뒀다가 제공한 돈이 아닐 것이다. 이승만과 김구 외에도 자기네 세력확장에 필요한 데는 두루두루 썼을 것이다. 당시 상황에서 현금 뭉칫돈은 단순한 재력의 의미를 넘어 그 자체가 권력의 성격을 지니고 있었다.

8~9월 사이 발행된 35억원의 행방을 윤곽이라도 파악한 연구를 찾을 수 있을지 모르겠지만, 지금은 그 일부에 대해서라도 내 멋대로 한

번 짐작을 해본다. 한민당 주류 인사들은 일본과 만주에 상당 규모의 재산을 가지고 있었다. 총독부에서 그것을 사들이거나 보상한다는 명분으로 돈다발을 그들에게 쥐여주지는 않았을까?

내가 총독이라면 그렇게 했다. 막강한 권력이 해소되고 있는 지금, 누군가의 도움이 필요하다. 이해관계를 최대한 공유하는 집단에게 지금 내가 실어줄 수 있는 힘을 최대한 실어줘야 한다. 김성수 집안이 가지고 있는 만주의 재산을 총독부가 사들이는 형식으로 새로 찍은 지폐를 차떼기로 넘겨준다면, 나중에 혹시 감사(監査)를 받더라도 할 말은 있다.

추측일 뿐이다. 그러나 1945년 9월 말 시점에서 조선 내 통화량의 40%가 최근 달포 동안 찍은 새 돈이었다는 것은 확실한 사실이고, 그 대부분이 권력의 성격을 가진 뭉칫돈으로 존재했으리라는 것은 상당히 타당한 추측이다. 그리고 당시 한민당 주류 세력이 막강한 자금력을 가지고 있었다는 것도 분명한 사실이다.

1945. 9. 28.

에드거 스노가 본 한국의 소련군과 미군

익숙하지 않은 성격의 자료 하나를 살펴보고 있다. 파냐 이사악꼬브나 샤브쉬나(Fania. I. Shabshina)의 『1945년 남한에서』(김명호 옮김, 한울 1996). 이 작업에 뛰어들기 전 같으면 이런 책이 손에 쥐어져도 금방 던져버렸을 것이다. 그런 책까지 돈 주고 샀다.

저자는 1906년생의 러시아 저널리스트로, 서울 주재 소련영사관에서 부영사로 근무하던 남편과 함께 1940년부터 46년까지 한국에서 지냈다. 영사관 직원으로 일하기도 했다. 귀국 후 한국학 연구자가 되었고, 이 책은 1974년에 쓴 것이다. 1992년에는 『식민지 조선에서』(김명호 옮김, 한울 1996)를 냈다고 한다.

편파성이 너무 강한 글이다. 게다가 그 편파성의 방향이 내게는 특히 낯선 쪽이다. 러시아 민족주의와 볼셰비키혁명에 대한 믿음. 낯선 쪽이라서 편파성이 더 강하게 느껴지는 것일지도 모르지만, 내게는 근본주의 기독교도의 미국제일주의와 딱 대칭으로 느껴진다.

전에는 별로 내켜하지 않던 이런 자료에 꽤 많은 흥미를 느끼게 된 것은 몇 주일 동안 이 주변을 세밀하게 들여다보면서 윤곽만이 아니라 질감(質感)까지 살피게 된 덕분이다. 편파성에 대한 거부감을 일단 접어두고 살펴보면 지금까지 익숙하던 자료에서 보지 못했던, 그러면서도 상당히 적절한 시각을 많이 얻을 수 있다.

소련은 제정러시아 이래 일본의 숙적이었다. 영토문제와 만주진출권을 놓고 내내 대립했고, 1904년에 전쟁을 치르기도 했다. 그러나 2차 대전중에는 불가침조약을 맺고 있어서 아관파천의 현장이던 서울의 옛 공사관에 영사관을 유지하고 있었다.

러시아가 소련으로 바뀐 이후 일본과의 사이에는 국경과 만주를 둘러싼 종래의 갈등 위에 또 하나 갈등이 얹어졌다. 소련의 계급혁명 세계화 정책과 일본제국주의 사이의 충돌이다. '미영귀축(米英鬼畜)'을 부르짖고 있을 때도 일본제국주의자들이 미영보다 더 싫어하고 미워한 것이 소련이었다.

9월 초순 미군이 진주할 때 한국인의 반응을 샤브쉬나는 한 화학교수의 입을 빌려 이렇게 그렸다.

국민들이 미군을 맞이할 때 가진 조심성에 대해 놀랄 필요가 있을까요? 사실 원인은 그들에게 있었지요. 3주일 동안 우리를 일본경찰과 일대일로 내버려두었으니까요. 그리고 맥아더의 명령서들이 과연 불안을 야기시키지 않을 수 있을까요? 어제 인천에서 있었던 발사 사건은요? 과연 그것을 이해하고 용서할 수 있을까요?

그러나 문제는 거기에만 있지 않습니다. 민족사를 알고 있는 조선인들은 우리에게 힘들었던 시기에 미국이 취했던 행동을 잘 알고 있습니다. 미국도 우리를 통치하려고 하고 있습니다. 그것은 상식을 가진 많은 조선인들에게는 확실하게 다가오지요. 아직 그것이 확실치 않은 사람들도 미국인들이 조선인들에게 얼마나 오만하게 대하는지 알고 있습니다. 사실 전쟁 전까지 적지 않은 미국인들이 조선에 살았었답니다. 그들은 우리를 동등한 인간으로 대한 적이 한번도 없었습니다. 대

체로 우리처럼 나이를 먹은 사람들은 양키들을 잘 알고 있지요. (『1945
년 남한에서』, 100쪽)

공산주의자가 아니더라도 아관파천과 러일전쟁의 역사를 아는 당시
한국 지식인들은 미국보다 러시아에 더 큰 신뢰를 가지고 있었다. 해
방 후 한 달 동안의 경험은 이 막연한 신뢰감을 더 굳혀주었을 것이다.
소련군은 8월 23일 진주한 이래 미군 도착 무렵까지 이북 대부분 지역
의 행정권을 현지 인민위원회에 넘겨주고 있었다. 미군은 훨씬 늦게
모습을 나타냈고, 게다가 한국인에게 어떤 권리도 맡기지 않겠다는 방
침부터 내세웠다.

9월 하순, 미군이 주둔한 지 보름이 지나면서 미군 정책의 몇 가지
특징이 일시적 착각이 아니라 항구적 방침이라는 사실이 분명해졌다.
9월 22일 미군정청은 "토지소유권 무변동" 방침을 발표했다. 그런데
닷새 후 평안남도 인민위원회는 소작료를 30%로 제한하는 조치를 취
했다.

이 대조적인 조치가 당시 한국에 와 있던 에드거 스노■의 주의를 끌
었다. 스노가 1946년 3월 31일자 『새터데이 이브닝 포스트』(Saturday
Evening Post)지에 실은 기사의 일부가 샤브쉬나의 위의 책에 인용되어
있는 것을 재인용한다.

■　　에드거 스노(Edgar Parks Snow)는 1905년 미국의 미주리주 캔자스시에서 태어난 언론인이
다. 1928년에 상해로 건너가 『차이나 위클리 리뷰(密勒氏評論)』의 부편집장으로 활약했으며, 『시
카고 트리뷴』과 『뉴욕 선』의 화남(華南) 기자를 지냈다. 1933~38년에 북경 연경대학 교수로 재직
했으며, 1972년에 사망했다. 지은 책으로는 『중국의 붉은 별』 등이 있다. 한국인 독립혁명가 김산
의 전기 『아리랑』을 지은 언론인 겸 작가 헬렌 포스터 스노(필명 님 웨일즈)의 남편이기도 했다.

최초로 소련과 미국의 두 체제가, 어느 정도 같은 조건의 한 아시아 국가에서 동시에 심판대에 놓이는 일이 발생했다. (…) (북쪽에서) 소작료는 인하되어 소작인들은 수확의 70퍼센트를 갖게 된다. 어떤 지방에서는 농민들이 소작료와 빚을 갚는 것을 완전히 중지했다. 일본 기업들은 모두 압수되었다. (…) 수많은 조선인 재산가들과 관리인들이 일본인들과 함께 남쪽으로 도망쳤고, 그들이 버리고 온 공장들 역시 노동자위원회의 통제하에 들어갔다. 우리가 보고 있는 바와 같이 행정관리는 인민위원회의 손 안에 놓여 있다.

(…) 영어로 말하고 외제상표가 붙은 좋은 옷을 입고 경제용어를 이해하는 조선인들은 모든 것으로 미루어보아 재산가들인데, 그들은 신용과 우정을 지닌 사람들로써 미국인들의 존경을 자연스럽게 불러일으킨다. 이 사람들은 러시아인들에게서는 불신을 불러일으킨다.

(…) 많은 미국인들에게 있어 감옥에 있었던 사람은 위험한 존재이다. 비록 그가 일본에 반대하여 행동하다가 감옥살이를 했을지라도 말이다. 하지만 러시아인들에게 있어서는 정치범들의 신상기록은 마치 추천장과 같다. (같은책, 106~107쪽)

이런 내용을 인용하면서도 스노의 관점을 자본주의자의 것으로 몰아붙이며 일부 내용의 타당성만을 마지못해 인정하는 샤브쉬나의 교조주의에는 쓴웃음을 금할 수 없다. 아무튼 스노가 이 시기의 한국을 세밀히 관찰한 일이 있다는 사실은 샤브쉬나 덕분에 알게 되었는데, 한국에 관한 스노의 글을 더 찾아서 검토해야겠다. 중역(重譯)을 거친 위의 글만 봐도 스노 같은 사람의 시각이 당시의 한국 상황을 개관하는 데 뛰어난 점을 알아볼 수 있다.

1945. 9. 29.

국민당과 한민당의 다른 점

일전 6개 정당이 합체가 된 국민당에서는 이번 그 당의 중앙집행위원 103명을 선정하는 동시에 결의문과 북위 38도 경계선에 의한 분단점령과 그로 인한 교통장벽의 철폐 요구를 결의한 결의문을 발표하였다. 즉 지난 9월 27일 오후 2시에 장교정 26번지 동당 본부에서 제1차 중앙집행위원회를 개최하고 그 부서와 결의사항을 만장일치로 가결하였으며, 오는 10월 2일 오전 10시에는 다시 제2차 중앙집행위원회를 개최하고 당면한 제 문제를 토의하리라고 한다. (…)

● 결의문

一. 해외에서 허구한 동안 민족해방운동에 분투하여 온 모든 혁명전사들과 지도적인 집결체에 대하여는 일률로 심심한 경의와 우정을 표함

一. 중경의 대한임시정부는 기미운동 이래 민족운동에 대한 일관한 지도적 위치에 있었던 것과 그 대표적인 국제적 지위를 돌아보아 그를 기준으로 통일민족국가 건설에 대업을 완성하는 건국정부를 하루바삐 출현시키는 것이 단계에 있어서의 역사적 요청임을 엄확히 인식하고 인하여 그에게 최대한 지지를 이바지하고 따라서 그에 환국 전도함에 필요한 제 정세를 극력 촉진키에 노력함

一. 미·중·소·영 4국 연합군의 침략제국주의 타도에 관한 절대한 노력과 조선민족해방을 조성하는 거대한 우의에는 전민족의 이름으로 심심한 감사와 최대한 경의를 표함

一. 연합4국은 구한제국 이래 조선과의 관계가 외지 열국보다 최대한 역사적 인과 있는 특수한 사정임을 돌아보아 금후 조선민족 통일국가건설 완성과 및 그 성장발전에 가장 공명한 우호적 원조 있을 것을 대망함 (…)

1945년 9월 29일

국민당

(「국민당, 중앙집행부서 결정하고 맥아더에게 제출한 결의문 발표」,
『매일신보』 1945년 9월 30일)

9월 1일 안재홍을 중심으로 결성되었던 조선국민당 주축으로 9월 24일 확대된 국민당이 창당되었다.

국민당만이 아니라 당시의 모든 정당이 오늘날의 눈으로 보면 아무 실적도 없이 이합집산만 거듭한 것 같지만, 당시에는 어쩔 수 없는 일이었고, 또 나름대로 의미가 있는 일이었다. 정치경험이 없던 조선사회에서 정당의 결성부터 시행착오 없이 모범답안을 내놓을 수는 없는 형편이었다. 그리고 '동지'들의 소규모 모임이 먼저 만들어졌다가 더 큰 규모로 합쳐져가는 과정이 바로 개인간의 신의에서 공개적 정강정책으로 발전해 나가는 과정이었다.

송남헌은 당시의 정치양상을 '사랑방 정치'로 회고했다.

해방 후는 사랑방 정치가 이루어지던 시대여서 서울시내에 이런 식으로 사람들이 모이는 장소가 몇 군데 있었다. 원서동 송진우의 사랑

방이나, 안국동 윤보선의 사랑방, 그리고 원남동 백관수의 사랑방과 청진동 이인의 사랑방 등이 바로 그런 곳이었다. 이곳에는 주로 우익 진영의 인사들이 모여 이승만 박사나 중경 임시정부의 귀국 문제라 든지, 38선 문제, 그리고 미군과 소련군의 진주 문제 등에 관해 나름 대로 자신의 견해를 펴며 밑도 끝도 없는 이야기를 하고 있었다. (…)

당시에는 재력이 있는 유지나 명망가가 숙식을 제공하고 정객들이 그의 집 사랑방에서 정치문제를 논하는 것이 하등 이상할 것도 없는, 아주 자연스러운 일로 간주되었다. 조선조 시대 양반정치의 풍습이 어느 정도 되살아났기 때문에 나타난 현상이라고 할 수도 있다. 그러나 근본적으로는 일제 식민통치하에서 공개적으로 모여 정치에 관한 논의를 할 수 없어 개인적으로 만날 수밖에 없었던데다가, 해방 직후 이들이 모일 마땅한 장소도 없었기 때문이라고 생각된다. (심지연, 『송남헌회고록』, 한울 2000, 66~68쪽)

해방 전의 정치조직 경험은 명망가 중심의 이른바 '우익'보다 공산주의 운동가들이 훨씬 풍부했다. 정치적 목적의식도 상식 차원의 민족주의와 민주주의가 대세인 사랑방 정객들보다 공산주의자들이 훨씬 투철했다. 공산주의자들의 눈에 '우익' 정객들은 정치의 초보도 모르는 아마추어로 보였을 것이다.

'우익'이라고 굳이 따옴표를 씌운 것은 이 시점에서 좌익과 우익의 구분은 아직 명확한 의미가 없다고 생각하기 때문이다. 당시는 혼돈의 상태였다. 상식 차원의 정의감과 애족심을 가진 유지(有志)들 틈에서 뚜렷한 정치적 목적의식을 가진 두 집단이 세력을 끌어모으고 있었다. 그 하나가 공산주의자들이었고, 또 하나가 한민당 주류 세력이었다. 이 두 세력을 중심으로 양극화가 진행된 결과가 좌익과 우익의 대립양상이었다.

한민당 주류 인사들이 사랑방을 운영할 만한 재력가였다는 사실이 창당 시점에 한민당이 많은 유지들을 모은 이유의 하나였다. 그런데 여기에 휩쓸리지 않고 따로 국민당에 모인 사람들이 있었다. 국민당과 한민당 사이에는 노선차이가 이미 나타나고 있었다. 한민당이 모습도 제대로 갖추기 전에 제일 먼저 한 일이 건준과 인공의 공격이었다면, 국민당이 제일 먼저 한 일은 38선 문제의 제기였던 것이다.

38선. 점령정책의 가장 근본적인 문제가 여기에 있었다. 하나의 민족을 나눠서 점령한다는 것은 독일처럼 그 민족을 작살낼 분명한 이유가 있는 경우가 아니고서야 상식에 어긋나는 일이었다. 이 문제 극복을 첫번째 과제로 삼은 데서 국민당의 건전한 자세를 알아볼 수 있다.

그런데 드러나지 않은 문제이긴 하지만 하나의 경향성을 생각하지 않을 수 없다. 공산주의자나 한민당 주류처럼 뚜렷한 목적의식을 가진 정치집단에게는 분단이 상대적으로 유리한 조건이 되었다는 점이다. 갈등이 많은 상황일수록 그들이 목적을 추구하는 데 유리하니까. 이북에서 내려온 사람들이 이남에서 한민당과 맺어져 중도파를 압도하는 반공세력으로 조직되는 것이 하나의 단적인 예다.

안재홍이 9월 22일 「신민족주의와 신민주주의」를 발표한 것은 정치를 지망하는 당대의 유지들에게 상식 차원을 넘어서는 정치이념을 제공하기 위해서였다. 원고지 2백여쪽 분량에 꽉꽉 눌러담은 이 글을, 아마 그는 9월 들어 건준에서 손을 뗀 뒤에 본격적으로 쓰기 시작했을 것이다. 그 내용에서 소개할 만한 점은 차차 기회를 보기로 하고, 오늘은 우선 그 서문만 옮겨놓는다.

해방의 날이 온 후 민중은 확실히 들뜨고 있다. 그러나 아무리 행동주의자라도 이제 심심한 사고를 요한다. 통일민족국가 건설은 문제 호대하니 민족 천년의 운명에 관계 깊다. 시국에 심대한 관심을 가지는 제씨여. 바쁜 마음을 냉정히 가라앉히고 이 일편을 통독하시고, 그리고 공평히 비판하라.

기십년래 몇 번의 철창생활에서 어설픈 체험을 되돌아 뼈아프게 이를 검색하였고, 금년 팔월 십오일 이후, 숙소를 전전하는 동안 망중한을 만들어 이를 기초 탈고하였다.

단기 사이칠팔년 구월 이십이일

서언

조선 반만년의 역사는 거의 형극의 길을 걸어온 것 같다. 최근 삼십육년의 일본제국주의의 질곡 속에 얽어매여 있던 조선민족은 대망한 해방의 날을 맞이하였다. 해방은 분명히 우리의 앞에 약속되었으나 전도 아직도 많은 난관이 걸쳐 있다. 지도층의 분규 혼란이 갈수록 심한데, 대중은 바야흐로 헤매고 있다. 우리는 어디로 갈까. 조선은 어디로 가나. 우리들은 무엇을 할까. 현단계에 있어 시급한 안은 조선의 통일민족국가를 하루바삐 완성하여, 안으로 혼미에 빠진 대중을 유도 집결하고, 밖으로 연합국과의 국교를 신속 조정하여, 새 민족 천년의 웅대한 재출발을 하는 것이다. 천하의 일은 반드시 상도(常道) 있고, 역사의 진전에도 꼭 선진 완급 있는 것이다. 오늘날의 최대 급무는 신민족주의와 신민주주의를 목표로 삼는 통일민족국가 결성에 있나니, 이제 그 논술의 붓을 잡는다. (『민세 안재홍 선집 2』, 15~16쪽)

1945. 9. 30.

그 많은 돈을 일본인들은 왜 뿌리고 갔나?

며칠 전(9월 27일)에 올린 해방 직후 통화량의 급격한 증가에 관한 글을 보고 한 독자께서 그 분야를 많이 살펴온 연구자가 있다고 알려주었다. 그래서 급히 정병욱의 논문 「해방 직후 일본인 잔류자들: 식민 지배의 연속과 단절」(『역사비평』 64호, 2003년 가을)과 「8 · 15 이후 '융자명령(融資命令)'의 실시와 무책임의 체계」(『한국민족사연구』 33호, 2002. 12)를 찾아서 읽어보았다. 거기서 배운 것을 가지고 수정할 것은 수정하고 보완할 것은 보완하겠다.

정병욱은 당시의 총독부 재무국장 미즈타 나오마사(水田直昌)의 추산에 의거해, 8월 15일에서 9월 28일 사이의 화폐 추가발행액을 33억 5천만원으로 파악했다. 그중 예금인출로 지불된 액수가 19억 2천만원이고, 나머지 14억 3천만원의 대부분은 퇴각자금과 대출금 등이었다고 한다. 예금인출은 고객들의 재산권 행사로 볼 수 있지만, 그밖의 돈은 정치적 목적을 위해 풀려나간 것으로 보아야 할 것이다.

두 논문에서 정병욱이 초점을 맞춘 문제는 정치적 대출의 배경이 된 '융자명령'이다. 전쟁이 어떻게 되든 은행은 은행 노릇을 해야 한다. 대출을 해주려면 융자 목적의 타당성과 상환 가능성을 검토해야 하는 것이다. 그런데 모든 원칙과 상식을 무시하는 '돈 퍼주기'에 나서려니

은행의 업무처리 방식으로는 감당할 수가 없었다. 그래서 총독부가 나서서 융자명령이라는 비상수단을 동원해 준 것이다.

융자명령이란 1938년 4월 제정된 국가총동원법에 의거해 일본 대장대신이 생산력 확충 등 시국에 긴요한 자금의 원활한 공급을 위해 은행에 자금융통 등을 명령하는 조치다. 행정권력을 절대화하는 전시법령의 대표적인 사례다. 8월 21일 미즈타 재무국장이 융자명령을 발동한 것은 전쟁이 끝난 상황에서 전시법령을 활용했다는 점에서 문제가 있을 뿐 아니라 전시법령의 시행요건마저도 충족하지 못한 자의적 조치였다. 그러나 상부의 감독이 없고 은행 경영자들과 배짱이 맞았기 때문에 그냥 강행된 것이다.

융자명령에 따른 대출은 총독부와 은행 양쪽의 심사를 거쳤는데, 어느 쪽 심사도 책임감이 없는 것이었으므로 정병욱이 "무책임의 체계"라고 한 것은 아주 적절한 표현이다. 총독부 재무국은 고위층의 지시에 따라 일을 처리했고, 은행에서는 총독부의 결정에 기계적으로 따랐다. 총독부 고위층은 이 조치를 통해 마음대로 화폐를 세상에 풀어낼 수 있었다.

미즈타 재무국장과 조선은행의 호시노(星野喜代治) 부은행장, 조선식산은행 야마구치(山口重政) 이사 등 은행 간부들은 미군정하에서 몇 달 동안 군정에 협조하면서 다른 한편으로는 자금유용, 경제교란 등의 혐의를 조사받았다. 빙산의 일각이겠지만 상당한 범위의 혐의가 확인되었는데도 아무도 기소되지 않고 1945년 말에서 46년 초 사이에 모두 일본으로 돌아갔다.

드러난 빙산의 일각 중에는 '댄스홀 사건'이란 것이 있다. 김계조라는 사람이 융자명령에 의거해 조양광업 대표로 식산은행으로부터 대출을 받고, 조선석탄주식회사를 통해 조선은행으로부터도 대출을 받아 조선은행 대출금 250만원으로 서울시내에 몇 군데 댄스홀을 만든 사건이다.

미즈타 등 관계자들은 미군의 '여성 수요'를 댄스홀을 통해 충족시킴으로써 민간 여성을 보호하기 위한 뜻이었다고 변명했단다. 전숙희의 『사랑이 그녀를 쏘았다』에 낙랑클럽 활동무대의 하나로 나오는 미쓰코시백화점의 댄스홀도 그렇게 만들어진 모양이다. 몇 개 댄스홀이 6만 미군장병의 '여성 수요'를 충족시키는 데 얼마나 효과가 있었는지는 몰라도, 후임 지배자를 편안하고 즐겁게 해주려는 전임 지배자의 노력은 눈물겹도록 알뜰하다.

새로 찍은 조선은행권이 해방 후 조선의 이곳저곳에 뭉칫돈으로 존재하며 권력의 성격을 띠었으리라는 내 추측은 이 논문들을 보며 더욱 굳어졌다. '융자명령'은 당시 '돈 퍼내기'의 전형적 양상을 보여주는 사례지만 돈 움직임의 윤곽에는 접근하지 못한다. 융자명령에 따라 집행된 대출금 규모는 1억원 남짓에 불과하였다. 1945년 9월에 유통되고 있던 조선은행권의 20% 가량이 최근 한 달 동안 어떤 경로로 해서 어디로 풀려나갔는지 여전히 밝혀내지 못하고 있다.

해방 후의 조선처럼 생산력이 저하된 사회에서 현금은 매우 큰 힘을 가진다. 숙식만 제공해도 수많은 유민을 조직할 수 있고 약간의 용돈만 뿌려도 수많은 시위대를 동원할 수 있었다. 1960년대까지만 해도 부정선거의 대명사가 막걸리와 고무신 아니었던가. 돈이 흔해진 지금으로서는 상상하기 어려운 큰 힘을 당시의 돈은 발휘했다.

9월 17일 인용한 글에 "이철승은 꼭두새벽이면 일어나 김성수댁을 거쳐 전용순댁에 가서 활동자금을 타내고, 김구댁인 경교장, 조소앙, 신익희 등 임정 요인들이 묵고 있는 한미호텔을 방문하는 것이 일과였다"라고 한 대목이 있다(『한국현대민족운동연구』, 333쪽). "인촌의 주머니가 바로 이철승의 주머니"라는 말도 있었다. 1945년 연말부터 나타난 반공조직의 배경에는 강한 자금력이 있었다.

그리고 어제 말한 '사랑방 정치' 비용에서 명월관, 국일관의 수많은 잔치들까지. 그리고 이승만과 김구 등이 귀국했을 때 제공된 정치자금까지. 아무리 재력가 그룹이라도 당시 상황에서 놀라운 수준의 현금 동원능력이다. 해방 후 몇 주일 동안 총독부는 막대한 금액의 돈을 풀었고, 그후에 막강한 현금동원력을 보인 집단이 나타났다. 그 사이의 연결은 밝혀지지 않고 있다.

9월 24일의 글 끝에서 "조선에 있던 일본인 지도부의 퇴각계획이 상당히 잘 준비되어 있었다는 인상도 받는다"고 했다. 화폐발행과 관련해 특히 강한 인상을 받는다. 통화량의 확대는 퇴각하는 일본인에게 여러모로 유리한 것이었고, 조선사회에는 여러모로 큰 상처를 남긴 일이었다. 종래의 연구에서 조선의 국부(國富)유출 문제를 지적해 왔는데, 그 못지않게 조선사회의 권력구조에 끼친 악영향도 크지 않았나 생각된다.

이번 작업의 참고자료에 관해 한마디 덧붙인다. 근년 한국사에 관한 글을 쓰면서 참고자료의 범위를 단행본에 한정하고 개별 논문까지 찾아 들어갈 엄두를 내지 못하고 있었다. 그런데 이번 작업에서 현대사 분야를 살피려니 논문도 꽤 찾아보지 않을 수 없다는 생각이 든다. 현대사 연구가 1990년대 이후 크게 발전해 왔기 때문에 정리된 연구에 비해 진행중인 연구의 비중이 상당하다는 사실을 절감하지 않을 수 없다.

안 재 홍
선 생 에 게
묻 는 다

신민족주의와 신민주주의 1

김기협   9월 22일에 "신민족주의와 신민주주의"라는 글을 발표하셨
죠. 원고지 2백매가량의 길지 않은 글이지만 많은 내용을 담
으셨더군요. 눈코 뜰 새 없이 바쁘신 중에 그런 글까지 쓰신 것을 보고
사람들이 놀랐습니다. 해방으로 모든 것이 해결된 것이 아니라 이제부
터 이루어나갈 독립의 과업에 이념적 지표가 필요하다는 생각으로 정
말 있는 힘을 다해 쓰셨구나 하는 생각이 들었습니다.

　그런데 이 글의 4개장이 (1) '국제적 개관과 신민족주의', (2) '조선
정치철학과 신민족주의', (3) '결론으로서의 신민족주의', (4) '신민주
주의 건국이념'으로 되어 있습니다. 제목에는 신민족주의와 신민주주
의를 나란히 놓았는데, 내용에서는 신민족주의를 3개장에 걸쳐 논한
뒤에 신민주주의 한 장을 붙여놓은 모양새입니다. 이런 불균형의 이유
가 무엇인지, 두 주의의 관계가 어떤 것인지 설명해 주십시오.

안재홍   일본의 패망을 내다보면서부터 이런 글이 필요하다 생각하고
준비해 왔습니다. 그런데 해방 전 몇 달 동안 신변의 위협 때
문에 집에도 들어가지 못하고 지낸데다 해방이 예상외로 빨랐기 때문
에 준비를 제대로 못했습니다. 해방이 되고는 건준 일로 정신없이 바
쁘다가 건준에서 물러난 뒤 몇 주일 동안 만사 제쳐놓고 이 글에 매달

렸죠.

민족주의와 민주주의에 대해 사람들이 생각을 정리할 필요가 있습니다. 해방이 닥치니까 나 같은 독서인까지도 행동에 쫓겨 생각에 잠길 시간을 많이 가지기 힘듭니다. 사람들의 생각에 도움이 될 글을 어서 내놓기 위해 서둘러 작성했습니다.

내 공부가 사회과학보다 역사에 치중한 것이기 때문에 민주주의보다 민족주의에 이야기가 쏠리기도 한 것이지만, 실제로 신민족주의 쪽 얘기가 더 필요합니다. 신민주주의 노선에 대해서는 많은 사람들의 생각이 꽤 정리되어 있고, 상당한 합의가 은연중에 이루어져 있어요. 민주주의 본산인 영국에서 시작해 '자유민주주의'라고도 불리는 자본적 민주주의가 있는데, 산업화가 안 된 조선 같은 나라에서는 형식을 중시하는 자본적 민주주의보다 내용을 중시하는 인민민주주의가 필요하다는 합의입니다.

나는 조선인이 추구하는 민족주의와 민주주의가 별개의 사상이 아니라 하나의 이념이 가진 두 측면이라고 생각합니다. '신(新)'자를 붙였지만, 우리 역사와 전통에 품겨 있는 정신을 되살리는 것입니다. 신민족주의의 내용을 밝히는 것이 신민주주의의 의미를 분명히 하는 길이기도 하다는 것이 내 생각입니다.

김기협 두 차례 세계대전을 겪으면서 국제협력의 필요성이 크게 부각되었고, 특히 제2차대전 동안 추축국의 국수주의 풍조가 격렬한 비판을 불러일으켰습니다. 민족주의가 세계평화의 걸림돌로 지탄받는 마당에 민족주의를 강조한다는 것이 바람직한 일일까요?

안재홍 민족주의라 하면 흔히 근대자본주의 시대의 산물로 생각합니다. 그런 통념에서 벗어나 새로운 차원의 민족주의를 생각하자는 뜻에서 '신'자를 붙인 것이죠.

민족과 민족의식은 옛날부터 있던 것입니다. 서양의 자본주의 시대를 맞아 전부터 있던 민족의식이 '민족주의'로 모습을 나타낸 것이 서양식, 근대식, 자본주의식 민족주의입니다. 이 근대식 민족주의가 배타적 투쟁성을 가진 것이기 때문에 제국주의 문제를 일으킨 것이죠. 우리 조선인은 이와 다른 민족주의를 일으켜야 합니다.

근대세계에서 낙오하지 않기 위해서는 근대적 문화와 제도를 발전시켜야 합니다. 그런데 어떤 사회든 그 문화와 제도가 자기 체질에 맞는 것이라야 진정한 발전이 가능합니다. 체질에 맞지 않는 방향으로는 발전을 이루기 어렵고, 억지로 발전을 이룬다면 자기 존재를 부정하는 결과가 되기 쉽습니다. 일본이 겉보기에는 눈부신 발전을 이룬 것 같으면서 그 본질이 망가진 것을 타산지석으로 삼아야 합니다.

김기협 일본의 실패는 대단히 극적인 것이기도 하고, 또 조선인들이 함께 겪어온 것이기도 합니다. 그 실패의 경험에서 조선인들도 많은 교훈을 얻어야 하겠죠. 일본의 실패가 어떤 것이었는지 선생님 생각을 말씀해 주십시오.

안재홍 서양의 근대식 민족주의는 원래 배타적 투쟁성이라는 문제를 가지고 있습니다. 독일과 이탈리아에서 그 문제가 극심하게 나타났지만, 연합국인 영국, 프랑스, 러시아도 제국주의 단계에서 그 문제를 보여왔습니다.

독일과 이탈리아에서 그 문제가 특히 심했던 까닭을 생각하면, 두 나라가 근세까지 민족통일을 이루지 못하고 있었기 때문에 편협한 지역주의가 강했던 것입니다. 그래서 민족의식이 민족주의로 비교적 순탄하게 발전해 나온 영국이나 프랑스에 비해 극단적인 배타성을 띠게 된 것이지요. 일본이 섬나라로서 대외교섭 경험이 적었다는 점이 비슷한 조건이 되었습니다. 서양에서 받아들인 배타적 민족주의를 더욱 편협하게 키워냈지요.

일본이 자기 역사와 전통을 스스로 아끼는 자세를 지켰다면 이토록 엄청난 파국에 이르는 길은 피할 수 있었을 겁니다. 명치시대의 개혁까지는 좋았습니다. 혁신으로서의 복고(復古)와 발전으로서의 서양문명 수입이 잘 어울린 것은 '지양회통(止揚會通)'의 성공이라고 할 수 있습니다. 그런데 대정시대(1912~26년. 다이쇼 천황 시대) 이후 모방과 나열, 확대와 방만의 풍조에 휩쓸려 자기반성의 자세를 잃는 바람에 파멸에 빠지고 말았습니다.

그들이 입에 걸고 살던 '대화혼(大和魂)'을 생각해 보세요. 민족의 발전을 위해 좋은 영감을 일으켜줄 수 있는 훌륭한 전통입니다. 그러나 소화시대(1926~89년. 히로히토 천황 시대)의 대화혼은 일본의 전통적 정신이 아니라 서양에서 배워온 투쟁성을 극단화시킨 이름일 뿐이었습니다. 전통의 왜곡이었죠.

김기협 선생님 글을 요즘 사람이 볼 때 추상적 용어들이 많이 나와서 관념적이라는 인상을 받게 됩니다. 지금도 '지양회통'이란 말을 쓰셨는데, 이런 말을 무슨 뜻으로 쓰시는 건지 저도 솔직히 이해가 되지 않습니다. '지양'은 독일철학의 변증법을 들여오면서 일본에서 만든 말이고, '회통'은 불가에서 중시해 온 개념인데요. 배경이 다른 두 말을 합쳐서 쓰시는 것이 어리둥절합니다. 선생님 글에서 핵심적 용어로 보이는데 어떤 뜻인지 좀 풀어서 설명해 주시겠습니까?

안재홍 '지양'은 무엇을 받아들이든 겉보기만 받아들이지 말고 본질을 파악한다는 뜻이고, '회통'은 서로 다르게 보이는 것들이 공유하는 본질을 찾아내는 것입니다. 독일철학과 불교의 용어를 나란히 놓은 것이 김선생 눈에는 혼란스럽게 보이는 모양인데, 이런 혼란이 바로 문화적 생산력의 바탕이 됩니다. 출신이 다른 개념이라도 '지양'이나 '회통' 같은 한자어로 포착될 때, 한자문화를 키워주면서 그 안에서 새로운 맥락을 가지게 되는 것이죠. '지양회통' 같은 말이 만들어지는 과정이 곧 한자문화의 성장과정입니다.

'지양회통'은 한 사회의 문화적 성장원리일 뿐 아니라 한 생명체의 생장원리이기도 한 것입니다. 새로운 것을 받아들여 변화를 겪되 원래의 내 본질을 잃어버리지 않고 변증법적·유기적 변화과정을 일으키는 것입니다. 예전에 동양인들이 말하던 '동도서기' '중체서용' '화혼양재'가 모두 이 원리를 가리킨 것인데, 이 원리의 구체적 성격을 더 분명히 보여주는 말로 '지양회통'을 쓴 것입니다.

김기협 60여년 후의 독자들이 읽기 힘든 또 한 가지 문제가 어원에 대한 선생님의 집착에 있습니다. 숫자, 계절이름 등 우리말 기본 어휘에 담긴 의미를 통해 우리 전통철학의 요점을 밝힌다는 것인데, 언어학적 근거가 든든한 것인지 미심쩍은 대목이 더러 있습니다. '하나'에서 '하늘'을, '셋'에서 '씨앗'을 찾아내는 데서는 저절로 무릎을 치게 되지만, '둘'에서 '들'을 통해 '땅'으로, '넷'에서 '나다〔出生〕'를 통해 '나'와 '나라'로 이어진다는 말씀은 그리 석연치 않습니다.

그런데 읽다가 깜짝 놀란 대목이 하나 있습니다. 성숙한 여성의 생식기를 '씨입〔種口〕'으로 풀이한 대목인데요, 1945년 시점에서 선생님 같은 분이 그런 말을 이런 글에 올린다는 것이 너무 뜻밖이에요. 선생님의 어원 탐구가 가벼운 말장난이 아니라 얼마나 진지한 작업인지 이런 대목에서 절감할 수 있었습니다.

1980년대에 제 어머니께서 어원 연구에 몰두하실 동안(이남덕, 『한국어 어원연구』 전4권, 이화여대 출판부) 얼굴만 뵈면 어원 이야기를 들으며 지냈습니다. 그래서 어휘변화의 음운학적 조건을 조금 이해하기 때문에 선생님의 어원 이야기에 고개를 갸웃거리게 되는 대목도 꽤 있는 것이지요. 그러나 한편으로 생각하면 선생님 세대에서 우리말 어원에 많은 관심을 쏟던 데 비해 지금은 그 관심이 줄어든 것이 전통에 대한 신뢰와 애착이 줄어든 세태를 보여주는 것 같아서 서글픈 생각도 듭니다.

안재홍 어원 탐구에 음운학 같은 과학적 방법까지 활용하게 되었다니 반갑군요. 그러나 어원에 대한 사회의 관심이 줄어들었다니 안타깝습니다. 언어는 민족문화의 본체(本體)입니다. 민족문화의 본질을 가장 분명히 찾아볼 수 있는 길의 하나가 어원 탐구입니다.

육당(최남선)을 친일파로 비난하는 데에 내가 동의하지 않는 까닭도 거기에 있습니다. 그의 활동 가운데 친일적인 것은 잔가지일 뿐이고, 몸통은 민족문화 연구였습니다. 어원 탐구만 하더라도 그의 업적은 민족문화를 사랑하는 모든 사람의 존경을 받기에 족한 것입니다.

김기협 고맙습니다. 민족주의와 민주주의에 대해서는 묻고 싶은 것이 너무 많습니다. 오늘은 이 정도로 하고 다음에 더 여쭙겠습니다.

5

남북 공산주의운동의
갈림길

1945년 10월 1 ~ 14일

민족혁명당 합류 이전, 1940년 중경에 막 자리잡을 무렵의 임시정부 요인들. 앞줄 왼쪽부터 김붕준, 지청천, 송병조, 조완구, 이시영, 김구, 유동열, 조소앙, 차이석. 뒷줄은 엄항섭, 김의한, 조경한, 양우조, 조사원, 김학규, 고운기, 박찬익, 최동오.

1945. 10. 1.

독립운동 최대의 상징, 임시정부

일본의 항복선언 후 달포가 지나 이제 10월이다. 얼마 동안 국내 상황 파악에 몰두했는데, 국외 상황도 한번 점검해 봐야겠다. 한민당과 국민당을 비롯한 많은 사람들이 지도력을 기대하고 있던 중경 임시정부의 상황부터 살펴본다.

1919년 상해에서 수립된 후 1930년대 들어 중국 남부의 여러 곳을 전전하다가 1940년 이후 중경에 자리잡고 있는 동안 임시정부는 한국 독립운동의 대표적 존재로 널리 인식되었다. 임시정부의 법통을 이어받았다고 주장하는 대한민국 국민으로서 우리가 교육받은 것처럼 절대적 존재는 아니었고, 당시 임시정부를 인정하지 않은 독립운동가들도 적지 않았지만 국내외 많은 사람들의 인식 속에서 임시정부는 독립운동의 대표적 존재였다.

임시정부가 이렇게 인식된 이유 중 하나는 상해의 지리적 조건에 있었다. 중국이 군벌로 쪼개져 있는 상황에서 최대 항구인 상해는 국제적 도시였다. 국내에 비교적 가까우면서 만주, 연해주, 미국 등지에 흩어져 있던 독립운동 세력들이 쉽게 모일 수 있는 장소였다.

임시정부 소재지로 가장 강력한 경쟁지는 연해주였다. 많은 해외동포가 살고 있었고, 러시아가 일본과 오랜 숙적이라는 점에서 독립운동

1940년 12월 26일 서안에 있었
던 한국광복군총사령부 본부 요
원들의 사진이다.

의 무장운동 조건이나 대중적 근거를 위해서는 연해주가 상해보다 압
도적으로 유리한 조건을 가지고 있었다. (만주에도 해외동포가 많이 살고
있었지만 당시 만주는 일본의 영향력이 커지고 있었다.)

연해주 아닌 상해로 결정된 데는 1919년 당시의 상황이 작용했다. 1
차 세계대전 종결과 3·1운동 발발로 국내외 독립운동가들이 독립의
가능성에 한껏 들떠 모처럼 열의를 가지고 모이게 되었는데, 모이기에
가장 좋은 장소가 상해였다. 그래서 임시정부를 상해에 두게 된 것이
다. 그러나 상해는 동포 주민의 기반이 협소하다는 약점이 있었다.
1919년의 들뜬 분위기가 가라앉고 나서 임시정부가 혼란과 무기력의
침체기에 빠지는 데는 이 약점이 크게 작용했다.

1920년대 후반 국민당의 북벌로 군벌 할거가 해소되고 장개석 정권
이 강화되면서 임시정부는 그 영향권에 들어갔다. 장개석 정권은 임시
정부의 거의 절대적인 존립배경이 되었고, 임시정부는 이에 맞춰 김구
지도체제로 정비되었다. 중국 국민당과 공산당 사이의 합작·대립도
임시정부의 구조에 큰 영향을 끼쳤다.

1937년 중일전쟁 발발 후 중국 내 한국 독립운동은 일본군의 확산

으로 물적 기반이 축소되면서 연안의 공산당에 의지하는 독립동맹·조선의용군 외에는 임시정부로 수렴되었다. 1940년 중경에 자리잡은 후 국민당과 공산당이 원칙적 합작을 지킨 덕분에 임시정부도 독립운동가들을 폭넓게 포용할 수 있었다. 이에 따라 1942년 이후의 임시정부는 그전에 비해 독립운동의 대표성이 더욱 뚜렷해졌다.

포용하는 폭이 넓은 만큼 분파적 양상이 따르지 않을 수 없었다. 1945년 초 김준엽, 장준하 등 일단의 학병 탈영자들이 중경에 도착했을 때 그들의 눈에는 이 분파적 양상이 개탄스럽게 비쳐지기도 했다. 임정 간부들을 앞에 두고 장준하가 터뜨린 유명한 '폭탄선언'을 소개한다.

우리는 이곳에 오지 않았더라면 멀리에서 여러 어른들을 계속 존경하고 사모하면서 이보다 더 행복했을 겁니다. 저 자신은 물론 우리 젊은 동지들은 이곳을 떠나고 싶은 마음이 더하면 더했지 조금도 덜하지가 않습니다. 가능하다면 여기를 빨리 떠나 다시 일본군으로 돌아가고 싶은 것이 지금의 제 심정입니다.

제가 만약 일본군에 다시 돌아간다면 꼭 그들의 항공대에 지원하고 싶습니다. 일본군 항공대에 들어간다면 저는 중경 폭격을 지원하여 여기 임정의 청사에 폭탄을 투하하고 싶습니다. 임정이 이렇게 네 당 내 당 하면서 겨루고 있을 수가 있습니까? 우리가 그 많은 사선을 넘으며 이곳을 찾아온 것은 조국을 위하여 죽을 자리를 찾자는 것이지 결코 여러 선배들이 일삼고 있는 당쟁의 이용물이 되고자 해서가 아닙니다. 이것으로 저의 말씀을 맺습니다. (『장준하, 민족주의자의 길』, 162쪽)

청년 장준하의 결벽으로만 몰아붙일 수 없는 일일 것이다. 중경 단계에서도 임시정부는 많은 문제점을 내포하고 있었다.

임시정부 수립에 참여했던 여운형이 건준을 통해 별도의 지도력을 키워내려 한 것은 임정 지도력의 한계를 잘 알기 때문이었다. 안재홍 역시 임정의 문제점을 전혀 모르고 있지는 않았지만 임정에 지지를 모아줌으로써 보강을 통해 극복의 길을 찾고자 했다. 임정의 한계를 인식하면서도 그 가치를 무시하지 않는 입장을 두 사람은 공유했다.

임시정부의 지도력을 무시한 공산주의자들은 말할 것도 없고, 임시정부 '절대 지지'를 표방한 한민당도 해방 후 임시정부의 역할에 도움이 되지 않았다. '비판적 지지'란 말이 우리 사회에서 근년 많이 쓰이고 있는데, 비판적 지지 아닌 지지라면 어떤 의미 있는 지지가 있을 수 있을까? '비판적 지지'의 출현은 종래의 줄서기식 '절대 지지'를 벗어나는, 의미 있는 정치의 시작이라고 나는 본다.

지금의 시점에서 임시정부를 바라보는 데도 임시정부와 김구의 절대화와 신화화로부터 벗어날 필요가 있다. 대한민국의 표준적 교육과 교양은 너무 경직되어 있었다. 임시정부와 김구의 문제점과 한계를 투철하게 인식할 때 그 가치에 대한 올바른 음미도 가능할 것이다.

1945. 10. 4.

한국인의 '준비된 근대어', 한글

중세의 언어는 흔히 '공식 언어'(lingua franca)와 '지역 언어'(vernacular)로 구분되어 있었다. 공식 언어는 문명의 상부구조에서 쓰인 것으로 하나의 문명권에 공통되는 언어였고, 지역 언어는 지역 주민들의 생활에 쓰이는 언어로서 한 문명권 안에서도 지역마다 달랐다. 중세문명은 상부구조와 주민 일상생활 사이의 거리가 컸기 때문에 두 가지 언어가 따로따로 사용되었다.

근대화가 진행되면서 문명의 상부구조와 주민 일상생활 사이의 간격이 줄기 시작했고, 이는 공식 언어가 퇴화하고 지역 언어가 공식화하는 변화를 수반했다. 유럽에서는 16세기에 종교개혁을 계기로 성서가 지역 언어로 번역되면서 지역 언어가 발전하는 계기를 맞았고, 18세기까지 외교와 학술을 비롯한 많은 분야에서 공식 언어였던 라틴어를 밀어냈다.

15세기 중엽의 훈민정음 제정도 지역 언어의 공식화로서 근대화의 의미를 가진 일이었다. 공식 언어인 한문으로 수용하기 어려운 기층문화의 성장과 발전이 훈민정음 제정을 촉진했던 것이다. 여기서 말하는 '근대화'는 물론 급격한 산업화를 중심으로 한 유럽식 근대화를 뜻하는 것이 아니다. 중세 농업사회체제가 한계에 이르러 나름대로 중세체제의 해체현상이 일어난, 넓은 의미의 근대화를 말한다.

조선시대를 통해 시조와 소설 등 한글문학이 자라난 과정을 보면 한글 공식화의 필요에 대한 세종의 판단이 옳았음을 알 수 있다. 그러나 민간의 한글 사용은 늘어난 반면 공식분야에서의 한글 채용은 세조 이후 지체되었다. 중세적 천하체제의 중심 원리인 성리학이 지배층의 담론을 독점한 데 따른 현상으로 보인다.

개항기에 이르러 국어(國語)로서 지역 언어의 역할이 갑자기 부각되기 시작한다. 급격히 늘어나는 새로운 문물과 사상을 담아내기 위해 기능성이 뛰어난 언어가 필요했기 때문이다. 한문의 본고향인 중국에서도 백화문의 역할을 키우지 않을 수 없는 상황이었다. 한글이라는 '준비된 근대어'를 가지고 있었던 것은 근대화의 충격 속에서도 한국인의 민족정체성이 흔들리지 않은 중요한 조건이 되었다.

주시경(周時經, 1876~1914)이 1896년『독립신문』 교정원으로 일하며 한글 연구에 착수하게 된 것은 의미심장한 일이다. 『독립신문』의 한글 사용에는 그전과 다른 수준의 엄밀성이 필요했던 것이다. 『국문문법』(1905), 『대한국어문법』(1906), 『국어문전음학』(1908), 『말』(1908?), 『국문연구』(1909), 『고등국어문전』(1909?), 『국어문법』(1910), 『소리갈』(1913?), 『말의 소리』(1914) 등 주시경의 저술이 한글의 현대적 발전을 위한 기초가 되었다.

주시경의 영향을 받은 다음 세대 한글연구자들이 1921년 조선어연구회를 세움으로써 한글 연구와 보급 활동이 조직적으로 이루어지게 되었다. (조선어연구회는 1931년 조선어학회로, 1949년 한글학회로 이름을 바꿨다.) 조선어연구회·조선어학회의 가장 큰 사업이 위 기사에 "한글말광"이라고 나오는 『조선말 큰사전』 편찬 작업이었다. 1929년 조선어사전편찬회를 조직해 시작한 이 작업이 완성을 바라보던 1942년 10

월 조선어학회사건이 일어났다.

일본 식민통치자들은 1930년대까지 조선어 사용과 연구를 별로 탄압하지 않았다. 1924년 설립된 경성제대에 조선어·조선문학과를 두어 연구기반을 만들어주기까지 했다. 이것은 당시의 식민통치가 종속주의였기 때문이다. 서중석은 『한국현대민족운동연구』에 이렇게 썼다.

> 일본의 학자 야나이하라 타다오는 제국주의 국가의 식민정책을 종속·동화·자주의 3주의로 나누고, 종속주의의 전형을 18세기 말 대혁명 이전의 프랑스의 식민정책에서 찾았는데, 한국은 야나이하라가 말한 동화주의와 자주주의의 범주에 들기는커녕, 종속주의의 경우에도 가혹한 예에 속할 것이다. 야나이하라는 종속주의를 식민지의 이익을 고려하지 않고 오로지 자국의 이익을 위해서만 식민활동을 하는 주의로 정의하였지만, 일제는 시종일관 경찰과 군대에 의한 직접통치 아래 수탈정책·'동화주의'·황국신민화정책을 강행하였다.
>
> (『한국현대민족운동연구』, 37쪽)

종속주의 식민통치에서는 동화를 중시하지 않기 때문에 수탈의 효율성에 도움이 되는 통치대상의 연구를 꺼릴 필요가 없다. 그런데 1937년 이후 전면적 전쟁상태로 접어들면서 갑자기 동화를 강조하게 된다. 원론적인 동화주의도 못 되고, 극한적 동원을 위한 수단일 뿐이었다. 창씨개명과 일본어 사용을 강제하는 상황이 전개되는 가운데 조선어학회의 사업을 탄압할 필요가 떠올랐고, 조그만 빌미를 잡아 한글 연구자와 그 후원자들을 일망타진한 것이 조선어학회사건이었다.

1945년 1월 함흥지방재판소에서 11명에게 내린 내란죄 등 명목의 판결문에는 "고유언어는 민족의식을 양성하는 것이므로 조선어학회의 사전편찬은 조선민족정신을 유지하는 민족운동의 형태이다"라는 대목이 있다. 이 사건은 일제 말기 식민통치의 폭력성과 혼란상을 극명하게 보여주는 사례다.

이 사건 와중에 종적을 감췄던 사전 원고가 발견되어 관계자들에게 뜻밖의 기쁨을 주었다.

1942년 10월 이래 만 3년 동안 일본관헌에게 압수되었던 우리 어학계의 유일한 보배인 '우리말광' 전부가 곱게 조선어학회의 손으로 들어왔다. 이 원고는 수십년간 이윤재(李允宰) 주간하에 이극로(李克魯) 최현배(崔鉉培) 제씨의 노력으로 거의 완성되어 일부는 조판까지 된 것으로 전부를 합치면 4·6배판으로 6,000페이지에 달하는 거대한 사전이 된다고 한다. 그러면 이 귀중한 원고가 어찌하여 그동안 일본관헌에게 압수되었으며 그후 어떻게 하여서 오늘까지 보관되어 다시 완성된 말광으로 우리 어학계에 이바지하게 되었는가? 누구나 궁금하게 여기는 바로, 이에 자세한 내력을 조선어학회 김병재(金炳濟)에게 듣기로 하자.

"지금으로부터 만 3년 전, 즉 1942년 10월 1일에 이윤재, 한승, 이극로, 최현배, 이희승(李熙昇), 정인승(鄭寅承), 김윤경(金允經) 제씨를 함경남도 홍원경찰서에서 검속하였습니다. 이분들 외에도 조선어학회에 관계하고 있던 여러 분이 같이 검속되었는데 그때 증거물로 말광 원고를 압수하였던 것입니다. 그후 함흥 지방법원 검사국에 송국된 후 재판결과는 최고 6년 최하 2년의 극형이었습니다. 그동안 이윤재와 한승 두 분은 잔인무도한 학대로 인하여 우리말광의 완성을 보시지 못하고 원한의 눈을 감지 못한 채 옥사하였습니다.

그러나 남은 여러 분은 갖은 곤경을 참아가며 학자로서의 정의를

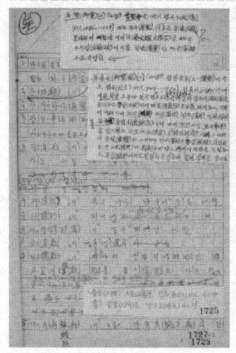 

일제에게 빼앗겼던 '조선말 큰사전' 원고 중 일부. 오른쪽은 1935년 조선표준어사정위원회 때의 조선어학회 기념사진이다. 맨 가운데가 안재홍(3), 이윤재(1), 한징(2), 이숙종(4), 이희승(5)이다.

밝히고 초지관철을 위하여 경성고등법원에 상고를 하였습니다. 그리하여 말광 원고는 증거물로 금년 7월 28일에 서울로 전송되었습니다. 그러자 우리에게 해방과 자유의 길이 열린 8월 15일에 석방되어 상고중이던 이극로, 최현배, 이희승, 정인승 제씨는 서울로 올라오자 말광 원고를 전력을 다하여 찾았습니다.

그러나 미군이 진주하기 전까지도 일본관헌의 방해로 찾을 길이 아득하여 일시는 매우 염려되던 차에 정성과 이 꾸준한 노력의 보람으로 10월 2일 만 2년 만에 경성역 안에 있는 조선운송주식회사(朝運) 창고에서 발견하였습니다. 만약 상고하지 않았더라면 찾을 수 없었을는지도 모르겠습니다. 앞으로 이극로, 최현배, 이희승, 정인승, 김윤경 제씨와 내가 주간이 되어 완성을 기하기로 되었는데 4·6배판으로 약 6,000페이지나 되는 것으로 일본제국주의하에 된 것인 만큼 주석에 수정할 것도 있어 좀 시일이 걸리겠습니다. 그러나 인쇄가 원활하면 넉넉잡고 2년 만에는 출판되리라고 믿습니다.

(「조선어학회, 일제에게 압수되었던 『우리말광』 원고 되찾음」,

『매일신보』 1945년 10월 6일)

이강로는 해방 후 한글학자들이 사전 원고를 되찾은 과정을 이렇게 회고했다.

> 해방이 되고 징역갔던 사람들이 풀려났어요. 나온 다음에는 당연히 '우선 원고를 찾아야겠다'는 생각을 했겠죠. 그런데 찾으려고 보니까 원고가 없었대요. 이 원고가 어떻게 된 일인가 하면, 함흥감옥에 증거물로 압수됐다가 거기서 상고를 하니까 다시 서울로 올라오는 도중에 해방이 되면서 사라진 모양이에요. 그래서 조선통운이라고 있었는데, 그 회사 창고에서 찾았어요. 1945년 10월 1일이에요. 내가 조선어학회에 들어가기 전이니까 나는 찾는 건 못 봤죠. 그런데 한 권이 없어요. 결국 「아야어여」편은 못 찾고 다시 보충을 했어요. 원고를 가져와서 보니까 딱지에 '증거물 제 몇 호'라고 빨간 도장이 콱 찍혀 있었어요. (『8·15의 기억』, 147쪽)

1929년부터 42년까지 13년간 여러 한글학자들이 애써 만든 원고가 이렇게 돌아왔다. 그 원고로 1947년 10월 첫 권이 발간되었고, 전쟁으로 중단되었다가 10년 후인 1957년 10월까지 여섯 권이 모두 나왔다.

1945. 10. 5.

미군정, '어리석음' 보다 '게으름' 이 문제였다

군정청에서는 5일부로 각계 명망 있는 조선인 지도자를 군정장관의
고문관으로 임명하였는데 이번에 기용된 고문은 다음의 11명이다.

　김성수(金性洙, 교육가) 전용순(全用淳, 실업가) 김동원(金東元, 실
업가) 이용설(李用卨, 의사) 오영수(吳泳秀, 은행가) 송진우(宋鎭禹, 정
치가) 김용무(金用茂, 변호사) 강병순(姜柄順, 변호사) 윤기익(尹基益,
광업가) 여운형(呂運亨, 정치가) 조만식(曺晚植, 정치애국가)

　위 11명 중 조만식은 당일 불참하였는데 상경하는 대로 임관될 터
이며 무기명투표에 의하여 김성수가 위원장에 결정되었다. (…)

　　　　　　　「군정청, 군정장관 고문관 11명 임명」, 『자유신문』 1945년 10월 7일)

　해방에서 건국에 이르는 3년 '공간'의 정치상황에서 언제나 첫번째
로 주목되는 것이 '분단'이다. 그러나 '점령'에도 그 못지않게 중요한
실질적 의미가 있다. 점령의 상황이 아니라 민족의 자주성이 존중받는
상황이었다면 분단문제만 하더라도 극복의 길이 더 활발하게 모색되
었을 것이고, 분단은 짧은 일시적 상황으로 끝날 수 있었을 것이다.
'항복 접수라는 실용적 목적'으로 출발한 분단이 점령의 상황 때문에
강고해진 것이다.

겨우 벗어난 일본 통치가 점령군의 통치로 대치되는 데 대해 민심이 좋았을 리 없다. 북한에서 소련군이 인민위원회를 후원함으로써 '점령통치'의 인상을 약화시키려 애쓴 데 반해 미군정은 남한에서 '유일한 정부'를 자처하고 나섰으니 민중의 불만이 없을 수 없었다.

미군정은 통치기구에서 일본인을 미군장교와 한국인으로 대치했다. 그러나 미군장교들은 직책 수행능력이 없어서 고문으로 이름을 바꾼 일본인 전임자들에게 의지했다. 새로 임명된 한국인들도 대개 일본인 밑에서 하위직에 종사하다가 승진되어 역량이 부족하거나 민족의식이 약한 사람이 많았다.

『역사 앞에서』의 저자 김성칠은 금융조합의 지방조합 이사로 있다가 연합회 과장으로 승진되었는데, 사령장을 받던 12월 5일 일기에 이렇게 적었다.

> 하상용씨를 통해서 신(新) 회장에게서 사령을 받았다. 구(舊) 회장 이하 일인 간부 환시하에서 다시 미인(米人)의 사령을 받게 되니 얼굴에 모닥불을 퍼붓는 것 같다. 저놈들이 옛날은 우리들에게 와서 머리를 굽실거리더니 이제는 또 미인(米人)의 앞에 같은 태도로 나갈 것이다 하고 일인들이 속으로 비웃을 걸 생각하니 이 자리에 나온 것이 자꾸만 후회스럽다. (김성칠, 『역사 앞에서』, 1945년 12월 5일자, 창비 1993/2009)

김성칠은 몇 달 안 되어 금융조합을 떠났다. 금융계의 중견간부직을 그만두고 서울대 사학과에 조수(조교)로 들어간 것을 보면 정말 견딜 수 없었던 모양이다. 떠나는 결심을 하는 장면은 이듬해 3월 19일자 일기에 적혀 있다.

장덕수씨 등 민주의원측이 하상용, 임홍식씨 등을 초청해서 공작한 결과 과장회의에서 중역들이 우익과 결탁하기를 선포하였을 때 나는 그 비(非)를 지적하고 두 시간 동안 고군분투하였다. 다시 3월 9일 오후 인민비판사 주최로 좌익 편에서 금융조합 문제를 논의하고 민전, 전평, 전농, 해방일보 등 좌익의 논객들이 금융조합에 공격의 일제 화살을 보내왔을 때 나는 그들의 공식주의적인 관념론을 상대로 세 시간 동안 항변하였다.

그러나 금융조합의 우익 편향은 이제 결정적인 사실이 되고 말았다. 이러한 의미에서도 나는 이 기관을 물러나야겠다. 나는 현하의 조선에 있어서 좌익의 경거망동을 싫어한다. 그러나 우익의 혼란도 보기 숭하다. (같은 책, 1946년 3월 19일자)

한국인 고문단 임명에는 한국인의 참여를 과시하려는 목적이 있었지만, 북한에서 보여준 소련군의 조치와 비교하면 여러모로 빈약한 조치였다. 주체적 역할이 없는 자문직에 불과했고, 그 구성도 구색을 맞추기 위해 끼워넣은 여운형과 조만식을 제외하면 모두 미군정에 순종적인 한민당 사람들이었다. 조만식은 서울에 오지도 않았고, 여운형도 곧 고문직을 사퇴해서 미군정 고문단은 한민당 군정청 지부가 되고 만다.

진주한 지 한 달이 다 지나서야 허울만의 고문단이나마 임명한 사실도 사정을 말해 준다. 미군정 담당자들은 한국 사정을 전혀 모르는 채로 들어왔다. 한국인을 정치에 참여시킬 의사도 없었다. 한국이 어떤 변화를 필요로 하는지 아무런 고민도 없이 일본을 대신해서 남한을 통치하는 것이라고만 생각하고 들어왔다. 전쟁터에서 했던 고생을 이제 점령자로서의 호강으로 보상받을 때가 왔다는 생각뿐이었다.

하지 사령관이 진주 전부터 일본인들에게 건준을 비방하는 말을 많이 들어서 건준을 적대시했다고 하는데, 그런 비방을 쉽게 곧이들은 것은 권력의 독점욕 때문이었을 것이다. 건준을 파트너로 인정한다면 대등한 입장에서 긴장된 관계를 풀어나가야 한다. 그런 긴장된 관계가 부담스럽고 귀찮고 싫었을 것이 당연하다. 미군의 권력을 깍듯이 받들 어주는 일본인 전임자들이 데리고 놀기에 편했고, 수십년간 한국인을 통치해 온 그들의 노하우를 전수받는 것이 임무수행을 위해 가장 쉽고 편한 길로 여겨졌을 것이다.

그러나 일본인들은 조만간 돌아가야 했다. 그러고 나면 한국인과 놀 지 않을 수 없는데, 건준처럼 독자적 권위를 주장하는 집단은 싫었다. 한국인 중에서도 일본인처럼 미군정의 권위에 도전하지 않고 상전으 로 받들어주는 사람들이 좋았다. 한 달 동안 어울려보니 영어도 잘하 고 태도도 좋은 사람들이 한민당에 많았다. 그래서 한민당 위주로 고 문단을 짜게 된 것이었다.

아놀드(Archibald V. Arnold, 1889~1973) 군정장관과 하지 사령관은 고문단 임명 전날에야 처음으로 여운형을 만났다. 그 며칠 후에 나온 아놀드의 건준 비난을 보면 여운형을 만나고 싶어서 만난 게 아니라 억지로 만났음이 분명하다. 실권 없는 고문단, 그나마 한민당이 판치 는 고문단에 구색을 맞추기 위해서였다.

> 여운형은 미군정 당국의 초청을 받아 4일 오전 9시에 비로소 아놀드 군정장관, 같은 날 오후 2시에 하지 중장과의 첫 회견을 하였다. 여운 형은 이미 미군이 상륙준비로 인천 부근 해상에 있을 때에 백상규(白 象奎), 여운홍(呂運弘), 최근우(崔謹愚) 3씨를 사절로 보내어 하지 중 장에게 친서를 보냈으나 여하한 곡절인지 이 친서가 수교되지 않고, 또한 그후 하지 중장이 진주한 이래로 여운형이 일본인과 결탁하였

다는 허무맹랑한 악질의 중상모략으로 지금까지 회견이 늦어졌다는데 4일에야 미군은 모든 오해를 풀고 건준 위원장의 자격으로 여운형에게 회견을 요청하여 식량 기타 생산업 운영에 대한 협력을 요망하는 제1차 회담을 하였다 한다.

「하지, 여운형과의 회담에서 식량, 제생산기관운행 문제에 관해 협력요망」,

『자유신문』 1945년 10월 6일)

하지와 아놀드가 노는 꼴을 보고서 "어리석은 놈들"이라는 비판이 당시에도 많았고 지금도 많다. 나는 이 비판이 아주 부당하다고는 생각지 않지만, 정말 심각한 문제는 그들이 '게으른 놈들'이라는 데 있었다고 본다. 우리 군대말로 "알려고 노력도 하지 않는 놈들"이었다. 군정장관 고문단 임명은 이 문제가 단적으로 드러난 사례였다.

점령통치 방침 자체에도 문제가 있었지만, 점령통치라도 제대로 하려면 고문단 구성을 그렇게 '통역정치' 수준에 묶어놓을 일이 아니었다. 명색이 '통치'를 한다면서 긴장된 관계를 그렇게 싫어하다니, 정말 게으른 놈들이었다. 그 게으름으로 인해 자기들도 나중에 꽤나 고생을 하게 되지만, 한국인이 입은 피해에 비하면 아무것도 아니다.

1945. 10. 6.

단순치 않았던 임정 내부구조

지난 금요일(1일)에 꺼냈던 중경 임시정부 이야기를 계속하겠다. 오늘은 김구의 거취에 초점을 두고 해방 전후 임정의 상황을 살펴보겠다.

임정 하면 누구나 바로 백범 김구를 떠올린다. 김구는 과연 상해 임정 설립부터 참여했고, 1923년, 1926년, 1935년 등 임정이 위기에 몰릴 때마다 앞장서서 지킨 인물이었다. 1935년 임정 반대파가 민족혁명당을 결성해 임정의 기반이 무너져내렸을 때 국무위원으로 복귀한 후 10년간 임정을 이끌었다. 임정의 가장 큰 공로는 '대한민국'의 깃발을 26년간 중단 없이 지킨 것인데, 이 연속성을 뒷받침한 가장 중요한 인물이 김구였다.

한 국가를 대표하는 조직이 긴 기간 동안 한 인물로 상징된다는 사실 자체가 그 조직의 한계를 말해 주는 측면이 있다. 김구의 불요불굴한 의지는 임정의 연속성을 위해 중요한 조건이었지만, 그 포용성 측면에는 장애가 되기도 했다. 특히 좌익에 대한 김구의 반감이 큰 작용을 했다. 김구의 반감은 처음에는 국제주의 성향의 골수 공산주의에게로 향했으나 갈수록 공산주의에 포용적이거나 타협적인 중도파까지 배척함으로써 스스로를 '극우'의 입장에 가둔 때도 적지 않았다.

서중석은 중국에서 활동한 독립운동 진영을 좌파와 우파로 구분하고, 우파를 다시 합작파와 국수파로 나누면서 김구 중심의 국수파 분위기를 이렇게 그렸다.

중국 관내에서의 좌우충돌에는 세대간의 사상적 갭도 작용하고 있었다. 한국독립당의 지도층은 19세기 후반 또는 19세기 말경에 유년·청년 시기를 보내고 전통적인 지적 성장을 하여, 일면으로는 위정척사파적인 기질도 갖고 있는 원로들로서, 양반계급 출신이 많았으며, 근대교육을 적게 받은 편이었다.

그런데 젊은 사회주의자들은 지나치게 급진적인 경우가 적지 않았고, 독립운동의 선배에 대해 어른 대접을 잘 하지 않았다. 그리하여 임시정부측의 원로들은 김원봉 등이 나이가 젊고 충동적이며 환상에 차 있고 언행이 너무 편격하다고 생각하여 그들을 중요시하지 않았고, 젊은이들은 노인들에게 싫증을 내면서 그들을 '봉건영수' '민족파시스트' '신비적 국수주의자'로 간주하였고 국수주의를 배척하자고 외쳤다.

한독당의 원로들은 강렬한 충군애국의 관념을 갖고 한국의 고유문화 발양을 크게 중시하였다. 그리고 서양문화에도 반대하였고, 더욱 공산주의 사회주의에는 반대하였으며, 소련과의 연합도 반대하였고, 반제반전의 일본민중과 연합해야 한다는 주장도 반대하였다. 그들은 친중국적이어서 중국에서 유교문화의 훈도를 받아온 것을 감사해하고, 중국의 원조를 더욱 많이 받아 임시정부가 영향력을 확대하면, 다른 나라를 배경으로 한 독립적인 기구는 생겨나지 못할 것이라고 장개석 정부에 언명하였다. (『한국현대민족운동연구』, 174~175쪽)

김구 일파가 임정을 장악하고 지킬 수 있었던 가장 큰 힘은 중국 민

1945년 8월 초 광복군 국내 진입작전 의논을 위해 만난 임정 김구 주석과 OSS 도노반 사령관. 광복군과 OSS는 이승만을 통해 맺어졌고, 이것이 김구가 이승만의 실력을 인정한 하나의 중요한 이유였다.

족주의자들의 지지와 후원에 있었다. 이들 사이의 유대감은 전술전략 차원이 아니라 철학 차원의 세계관과 문명관에 바탕을 둔 것이었다. 1932년 이후 장개석 정부의 지원이 확대됨에 따라 김구 일파는 임정 장악력을 유지하고 독립운동 진영 내에서 주도권을 가질 수 있었다.

1935년의 민족혁명당 결성은 중도 우파(합작파)가 좌파와 손잡고 김구 일파(국수파)를 고립시킨 사태였다. 국민당과 공산당이 대립하고 있던 당시 중국 상황에서 임정이 국민당과 밀착해 극우노선을 취하는 데 대한 반발이었다. 그때 김구는 장개석 지원금의 독점사용 문제로 임정 국무위원회를 떠나 있었는데, 국무위원 7인 중 5인이 민족혁명당에 동조해 사임하자 이동녕(李東寧, 1869~1940), 조완구(趙琬九, 1881 ~1952?)와 함께 국무위원으로 돌아와 임정을 고수했다.

1936년 말 서안(西安)사건 이후 중국의 제2차 국공합작이 이루어지면서 우리 독립운동 진영에서도 정면대결의 조건이 해소되었다. 뒤이어 중일전쟁이 터져 대일항쟁의 한·중 협력분위기가 강화되고 일본제국주의의 한계가 가시화됨에 따라 독립운동 진영도 통합의 기운을 타게 되었다. 1940년 임정이 중경에 자리잡고 새 출발을 하면서 통합작업이 구체적으로 진행되기 시작했다.

임정 반대파가 임정을 비판한 가장 큰 이유는 '허위(虛位)', 즉 하는 일 없이 자리만 차지하고 있다는 것이었다. 임정과 결별한 뒤 민족혁명당은 1938년 10월 조선의용대를 조직해 항일무장투쟁을 시작했다. 임정이 1940년 9월에야 광복군을, 그나마 지휘권도 없고 병력도 없는 사령부만을 만든 데 비하면 할 일을 열심히 찾은 것이었다.

그러나 전쟁상황은 국민당의 지원을 받는 임정의 입장을 뒷받침해 주었다. 민족혁명당과 조선의용대의 일부가 중국공산당 쪽으로 넘어가고, 일부는 1942년 말까지 임정에 합류했다. 민족혁명당에서는 1941년 10월에 임정 참여를 결정했으나 한독당으로 조직되어 있던 김구 지지세력이 이를 봉쇄하려 든 탓에 합류에 1년 이상의 시간이 걸렸다.

1941년 10월 제33회 임시의정원회의에서 일어난 '김붕준 탄핵사건' 당시 국수파가 다른 세력의 임정 참여를 봉쇄하려 든 행태는 파시스트 수준의 배타성에 가까웠다. 대한민국 국회의 미개성과 폭력성에 못지않은 행태였다. 결국 국수파가 고집을 꺾고 민족혁명당 세력을 받아들인 것은 장개석 정부의 압력에 의해서였고, 그후 마지막 단계의 임시정부에는 오월동주(吳越同舟)의 측면이 있었다. 1945년 초 중경에 도착한 탈영 학도병들의 눈에 비친 이 분열의 양상이 지난주에 소개한 장준하의 '폭탄선언' 배경이었다.

일본 항복을 앞두고 임정은 중국정부에서 제공해 준 정보를 토대로 전쟁의 종말을 예견할 수 있었다. 이에 따라 미군 OSS와 합작으로 국내 침투를 준비하다가 실행하지 못한 채 해방을 맞았다. 해방 소식을 듣고 김구가 독자적 군사행동을 취할 기회 없이 전쟁이 끝난 것을 통탄했다고 하는데, 우리 민족의 능동적 역할이 적었음에 앞서 임정의 능동적 역할이 적은 데 대한 아쉬움이 컸을 것이다.

　김구를 위시한 임정 요인들은 해방 후 백여일이 지난 뒤에야 환국했다. 미군정의 비협조 때문에 늦어진 것이라고 통상 알고 있지만, 임정 측에도 일부 책임이 있었다. 임정은 중국 국민당 정부와의 관계에 큰 기대를 가지고 있었고, 장개석도 임정을 통한 한국과의 관계에 상당한 기대가 있었다. 임정은 무엇보다 장개석의 도움을 얻어 광복군을 크게 키우고 싶어서 귀국 전에 그 일에 공을 들이고 있었다.

1945. 10. 7.

세력확대를 위한 해방 후 임정의 노력

예상보다 빠른 일본의 항복 소식에 김구는 가슴을 치며 통탄했다고 한다. 『백범일지』에는 이렇게 적혀 있다.

> 그것은 내게 기쁜 소식이라기보다 차라리 하늘이 무너지고 땅이 꺼지는 듯한 일이었다. 몇 년 동안 고생하면서 참전을 준비한 것도 모두 허사가 되고 말았다. 서안과 부양에서 훈련받은 우리 청년들에게 각종 비밀무기와 무전기를 휴대시켜 산동반도에서 미국 잠수함에 태워 국내에 침투시켜 주요 지점에서 각종 공작을 전개하여 인심을 선동하고, 무전으로 연락하여 미국 비행기로 무기를 운반할 계획까지 미국 육군성과 다 약속해 두었었다. 그런데 이제 그런 계획을 한번 실행해 보지도 못하고 왜적이 항복했으니, 진실로 지금까지 들인 정성이 아깝고 앞으로 닥칠 일이 걱정되지 않을 수 없었다. (『올바르게 풀어쓴 백범일지』, 배경식 풀고 보탬, 너머북스 2008, 605~606쪽)

이 대목을 읽는 사람들은 모두들 기뻐 정신없는 상황에서도 걱정할 일을 잊지 않는 김구의 지도자다운 냉철함에 탄복한다. 일본의 항복에 우리 민족이 공헌한 바 없이 '주어진 해방'이었기에 자주독립의 길을 잘 찾지 못한 결과에 비추어보면 김구의 통탄에서 깊은 통찰력을 느낄 수도 있다.

그러나 일본 항복 시점에서 "기쁜 소식이라기보다 차라리 하늘이 무너지고 땅이 꺼지는 듯한 일"이라는 표현은 좀 너무했다. 자연스럽지 못하다. 몇 달 아니라 몇 해의 시간이 더 주어진다 해서 우리가 일본 격파의 주역이 될 수 있었겠는가? 보조적이고 부수적인 역할은 어쩔 수 없는 일이었다. 광복군이 항쟁의 시간을 더 가진다면, 그동안 인민의 고통이 더 늘어나는 것은 아무래도 괜찮은 일이란 말인가?

일본의 항복은 기쁜 소식이 아닐 수 없다. 민족의 역할이 충분치 못해 아쉽다면 그 시점부터라도 역할을 늘리도록 최선의 노력을 기울일 일이었다. 해방 시점에서 그때까지의 성적에 따라 상장받을 사람들 상장받고 끝나버리는 일이 아니었다. 지도자도 민중도 이제부터 할 일이 얼마든지 있었다. "하늘이 무너지고 땅이 꺼지는" 듯하다니, 일본제국주의자들이나 할 소리였다. 과장 정도가 아니라 본질을 뒤집는 이상한 표현이다.

이는 김구의 파당적 자세를 보여주는 말이라고 나는 생각한다. 민족의 역할이 작았던 것보다 임정의 역할, 한독당의 역할, 자신의 역할이 작았음을 아쉬워한 말로 보는 것이다. 민족을 위해서라면 일단 기뻐하고 나서 할 일을 생각해야 할 텐데, 그동안 준비해 온 광복군 제2지대의 작전계획이 수포로 돌아간 것만 아쉬워하고 있다.

물론 더 큰 눈으로 본다면 임정과 한독당, 그리고 자신의 입장이 든든할수록 민족에 대한 공헌을 더 잘할 수 있다는 공변된 뜻으로 해석할 여지도 없는 것은 아니다. 그러나 아무리 그렇더라도 민족을 앞세우는 자세라면 일본 항복에서 "하늘이 무너지고 땅이 꺼지는" 느낌을 받을 수는 없다.

광복군의 작전계획이 실행되었다면 임정은 보다 당당하게 귀국할 수 있었을 것이다. 한반도 내의 일본군 무장해제 권한까지 바라보았을지 모른다. 김구 자신이 생각해도 임정은 개선장군 행세를 할 실적이 모자랐다. 그래서 일본 항복 후의 상황에서도 임정의 실력을 키우는 방법을 백방으로 모색했다. 그 하나가 일본군 포로들 중 조선인 장병을 편입시키는 광복군 확장 시도였다.

8월 11일 소개한 일반명령 1호의 한 조항에 "(만주를 제외한) 중국, 대만과 북위 16도 이북 프랑스령 인도차이나의 모든 일본군 선임지휘관은 장개석 장군에게 항복한다"고 되어 있다. 장개석에게 항복한 백여만 일본군 중 조선인은 10만 정도로 추정되었다.

임정 수뇌부는 국민당 정부의 협조로 이 10만 병력을 넘겨받아 광복군으로 편성, 보무당당하게 귀국하고 싶었다. 그런 대조직을 몰고 들어간다면 미군과 소련군도 무시하지 못하고, 국내의 어떤 반대세력도 감히 도전하지 못할 위세를 보일 수 있을 것으로 판단했다.

하지만 이 시도는 몽상으로 끝나고 말았다. 정병준은 한 논문에서 그 결말을 이렇게 적었다.

광복군의 일본군 내 한적사병 인수를 통한 확군과 잠편지대(暫編支隊) 설치 구상은 실패했다. 가장 큰 이유는 연합국의 전후 한반도 처리방침에 따라 임시정부가 승인되지 않았고, 이 연장선에서 광복군 역시 인정되지 않았기 때문이다. 한편 중국 국민당측도 자국 영토 내에서 타국의 군사활동 내지 군대 육성을 달가워하지 않았다. 중국측의 이러한 광복군 처리방침은 이미 1945년 말에 확정된 것이었다. 종전 직후 중국측은 한인교포와 한적사병 처리 문제에 관한 법률(韓僑韓俘處理辦法)을 제정했다. (…)

즉 이 판법의 핵심은, 첫째 일본 패망 이전 중국의 승인을 받은 광복군만을 승인한다. 둘째 한국교포와 한적사병은 모두 집중관리해 본국으로 송환한다. 셋째 한적사병의 편입 등을 통한 광복군의 확군 등은 금지한다는 점이었다. 중국측이 이러한 조치를 내리게 된 주된 이유는 일본군 무장해제와 본국송환이라는 연합국의 일반적 전쟁포로 처리방침과 임정·광복군 불승인정책에 기인한 것으로 보이며 부분적으로 중국 내 한인들에 대한 적대의식이 작용했을 것으로 보인다.

(「1945~48년 대한민국 임시정부의 중국 내 조직과 활동」, 『사학연구』 제55·56합집호, 881~882쪽)

1932년 4월의 윤봉길 의거 이후 장개석은 김구를 계속 지원했다. 김구가 귀국할 때도 20만달러의 거액을 제공했다. 그 규모로 볼 때, 그리고 3명의 무전사 및 무전기와 함께 이 자금을 제공했다는 사실로 볼 때, 이는 개인적 전별금이 아니라 정치자금이었다. 장개석은 김구와 임정이 고맙고 좋아서라기보다는 이용가치가 있어서 우대한 것이다. 일본이 패퇴한 아시아에서 중국이 더 큰 영향력을 가지게 되기를 장개석은 바랐던 것이다.

그러나 장개석이 아무리 김구와 임정의 힘을 키워주고 싶어도 한계가 있었다. 포로를 빼돌리는 것은 미·영·소 등 연합국들에게 용납될 수 없는 짓이었고, 항복 때까지 중국인을 괴롭힌 일본군 장병을 그 혈통만을 이유로 풀어주는 것을 중국인들이 납득할 리 없었다. 광복군은 만주군 장교 박정희(朴正熙, 1917~79)를 포함해 수천명의 포로를 편입시키는 형식까지 취했지만 확군 시도는 결국 무위로 돌아가고 말았다.

조선인 포로 인수를 통한 광복군 확군 다음으로 임시정부가 시도한 것은 만주 거주 조선인집단에 영향력을 키우려는 '만주계획'이었다.

김구는 8월 18일 임정 화북대표부를 통해 동북특파공작원 파견을 결정했고, 파견된 공작원 최태산은 9월 12일 심양에 임정 동북대표부를 설치했다. 동북대표부는 국민당 정부의 동북행영과 연명으로 다음과 같은 위압적인 성명을 발표했다.

　一. 동북지구에 있는 모든 한국민족은 현재의 각 결사 및 정치조직 등을 완전 해산한다. 동북 한교가 필요로 하는 결사 혹은 조직 및 기타 정치기구는 때에 따라 반드시 한국임시정부 동북대표부를 거쳐 중앙정부 당국의 공인을 얻은 후 그를 조직한다.
　一. 민주적으로 조직된 동북 각 지구 한교민회를 위해선 한국임시정부 동북대표부를 경유해 중앙정부 당국의 인정을 얻은 후 조직하도록 준허한다.
　一. 한국임시정부 동북대표부를 제외한 결사 혹은 기타 단체조직은 동북 한교민의 행위를 대표하지 못한다. (같은 글, 884쪽에서 재인용)

　국민당 정부와의 밀착관계를 이용해 만주의 조선인집단을 임정 세력기반으로 끌어들이려는 시도였다. 그러나 소련군 점령지역이었기에 국민당 정부의 지원을 가지고도 성과를 거둘 수 없었다.
　장개석에게 받은 20만달러를 국내에 반입하지 않은 것이 미군정의 제약 때문이라고 흔히 말하지만, 중국에서 계속 시도할 사업을 위해 남겨둔 것이 아닐까 하는 생각도 든다. 국내에 들어와서는 충분한 정치자금을 제공받게 되리라는 사실을 귀국 무렵까지는 충분히 파악할 수 있었을 것이다.
　임정 요인들의 귀국이 11월 하순까지 늦춰진 경위에 대해 세밀히 파악하지 못했지만, 개인 자격의 귀국을 거부했기 때문이라고 널리 알려져 있다.

중경 임시정부 요인들의 환국이 늦어진 것은 잘 알려진 바대로 임시
정부의 법통을 고집하는 임정측과 개인 자격으로서의 입국을 주장하
는 미군정측과의 갈등 탓이었다. 임정 요인들 가운데 특히 '법통'을
내세우던 이들은 김구·조완구·엄항섭 등 한국독립당 계열이었다.
학병 출신으로 8·15 뒤 상해에서 같은 고향 사람인 약산 김원봉을
만나 그의 비서를 지냈던 황용주씨의 증언에 따르면, 김규식·김원
봉·장건상 같은 이들은 국무회의 석상에서의 발언을 통해 대체로
"38선 이남에서 미군정이 실시되는 현실에서 더구나 국내외 각 정파
가 서로 자기 목소리를 외치는 현실 아래 중경 임시정부가 전민족적
의사를 집약·대변하기에는 한계가 있다"는 어느 정도 합리적인 논리
를 폈다. (김재명, 『한국현대사의 비극 : 중간파의 이상과 좌절』, 선인 2003, 28쪽)

'법통' 자체에 대해 임정의 주류와 비주류 사이에 이견이 있었던 것
이다. '법통'의 가치는 순수성에 있는 것일까, 포용성에 있는 것일까?
"동북지구에 있는 모든 한국민족은 현재의 각 결사 및 정치조직 등을
완전 해산한다"고 한 '만주계획' 성명 제1항을 보라. 인민위원회를 비
롯해 남한의 모든 자생적 조직을 억압한 미군정과 무엇이 다른가? 임
정의 '법통'이 미군정 권력과 같은 성격의 것이라고 임정 주류는 생각
한 것일까?

1945. 10. 8.

박헌영과 김일성의 만남

3·1운동을 계기로 식민지배에 대한 문제의식이 확산·심화되면서 '독립'의 의미에 대한 생각도 발전했다. 그전에는 '대한제국'의 복벽(復辟)을 바라는 마음이 큰 비중을 차지했으나 '대한민국'을 내건 이후로 '민국'의 의미에 대한 새로운 생각을 많이 하게 되었다.

일단 보수적 성향과 진보적 성향이 갈라진다. 왕정은 철폐하더라도 그밖의 측면에서는 망국 이전의 질서체제를 최대한 복원하려는 것이 보수적 입장이었고, 망국 이전과 전혀 다른 질서체제를 도입하려는 것이 진보적 입장이었다.

보수주의는 안전을 중시하지만 제반 조건의 변화를 수용하기 힘들다는 문제가 있고, 진보주의는 의욕적이지만 안전한 항로를 확보하기 어려운 문제가 있다. 이런 전환기에는 양자간의 절충을 통해 점진적·단계적으로 진로를 모색해 나가는 것이 순탄한 진행방법이다.

사회주의가 당시 진보주의자들에게 유력한 선택이었다. 현실을 면밀히 살피는 사람들의 눈에는 자본주의 모순이 식민통치 아래 심화되고 있었다. 산업규모가 크지 않은 상태여서 계급분화가 아직 분명하지는 않았지만, 농업분야에서 그 비슷한 문제가 나타나고 있었다. 자본주의 원리에 의한 농장경영, 특히 일본인 지주의 농업경영이 전통시대의 소작제도에 그런대로 남아 있던 공동체의식을 완전히 깨뜨렸기 때문이다.

식민지배에서 벗어나는 독립국가를 사회주의 공화국으로 빚어냄으로써 민족모순과 계급모순을 함께 해결한다는 목적의식이 진보적 민족주의의 주류로 떠올랐다. 역사적 관점에서도 합리적인 입장이었다. 조선의 망국 원인이 일본의 야욕뿐 아니라 조선 자체의 약점에도 있다면 조선의 구체제를 그대로 복원하기보다 조선의 약점을 고칠 필요가 있었다.

식민지 상황이 길어지면서 구체제 복원의 꿈이 점점 흐려진 반면 사회주의혁명의 희망은 더욱 짙어졌다. 보수주의자들 사이에서 식민통치를 현실로 인정하는 추세가 나타난 반면에 사회경제적 현실의 변화는 체제변화의 필요성을 더욱 부각시켰다. 해외 독립운동에서도 정치적으로 민주주의, 경제적으로 사회주의를 추구한다는 의미의 '사회민주주의'가 유력한 표준으로 세워졌다.

이런 상황을 서중석은 이렇게 설명한다.

> 당시 사회운동은 농민·노동자의 계급각성운동이자 일제의 착취와 억압에 대항하는 민족해방운동의 성격을 띠고 있었다. 민족해방운동은 사회운동에 의해 폭넓은 민중적 기반을 갖게 되었다. 한 논자는 독립운동에서 내세운 독립 이유가, 한국의 유구한 독립 역사를 들고 그 때문에 한국은 독립할 자격과 능력이 있다고 주장하는 소극적 감정적 방면에서 일보 나아가, 최대다수의 민중의 행복을 향수하여야 한다는 보편적 이성적 논리로 전환되어 경제적 방면으로부터 관찰해 나가게 되었다고 인식하였는데, 사회운동은 국내 독립운동의 중요한 방향전환으로 평가될 수 있었다. (『한국현대민족운동연구』, 89쪽)

　그런데 1920년대를 통해 사회주의운동이 자라남과 동시에 그 안에서 '공산주의'라는 하나의 큰 변수가 나타났다. 사회주의는 당시 한국에서 이상주의적 성격의 사상 조류였고 행동양식이었다. 그런데 소련의 성공을 구체적 모델로 하고 그 지원과 지침에 따라 현실적 힘을 키우려는 공산주의운동은 이와 전혀 다른 특성을 가지고 있었다.

　일전에(10월 5일) 인용한 『역사 앞에서』의 "(좌익의) 공식주의적인 관념론"이 이 특성을 가리킨다. 소련의 성공에서 '입증'된 '공식'에 얽매여 현실을 고압적으로 재단하는 경향이다. 이 공식의 실행을 위해서는 수단과 방법을 가리지 않고, 인민의 희생조차 마다하지 않았다. 궁극적 정당성에 대한 신앙 차원의 믿음 때문이었다.

　지난주(9월 29일)에 분단이 정치'꾼'들에게 유리한 조건이 된 측면이 있다는 이야기를 했는데, 정치'꾼'이란 현실정치의 승리를 위해 수단과 방법을 가리지 않는 사람들을 말한다. 그렇게 나올 동기는 오른쪽에도 있고 왼쪽에도 있었다. 오른쪽에는 자기네 이익을 키우고 지키기 위해 광분하는 사람들이, 왼쪽에는 혁명의 확신 앞에 다른 모든 가치를 무시하는 사람들이 있었다.

　현대정치를 고찰할 때 좌익과 우익을 우선 구분해서 보는 것이 보통이다. 그렇게 보면 내가 말하는 정치'꾼'들은 극좌나 극우의 모습으로 나타난다. 그런데 해방공간에서는 좌우 구분보다 '꾼'들의 집단을 따로 떼어놓고 보는 것이 더 적절하겠다는 생각이 많이 든다. 극좌와 극우는 그 행태에서 공통점이 너무 많다. 각자의 신념이나 이해관계를 추구하는 '꾼'들의 이기적 행동을 현실사회의 과제를 모색하는 '정상적' 정치활동과 구분해서 보는 관점을 『해방일기』작업을 통해 세워보고자 한다.

　'사이비(似而非)'가 '비(非)'보다 더 나쁜 것이라고 했던 공자 말씀이

1949년 3월 모스크바에서 제5차 소련 최고회의에서 나란히 앉아 방청하는 박헌영과 김일성. 이 방문 중 10년 기간의 '조소 양국간의 경제 및 문화 협조에 관한 협정' 등 양국 관계의 기본을 이루는 몇 가지 협정이 체결되었다.

딱 들어맞는 대목 같다. 극우는 우익에게 독(毒)이었고, 극좌는 좌익에게 독이었다. 좌익과 우익은 상호간의 긴장관계를 통해 정치의 발전을 기할 수 있는데, 극좌와 극우는 폭력적 수단을 통해 생산적 긴장관계를 교란 또는 마비시키기 때문이다.

오늘 사회주의 얘기를 꺼낸 것은 박헌영과 김일성의 첫 대면이 65년 전 오늘 개성에서 있었기 때문이니, 우익 이야기는 미뤄두고 좌익 쪽 이야기부터 하겠다. 국내 공산주의 운동의 최강실력자 박헌영과 해방 후 새로운 상황에서 떠오르는 별이었던 김일성 사이의 관계는 향후 몇 해 동안 한국의 진로를 결정하는 큰 요소로 작용하게 된다.

우리는 김일성이 소련의 '괴뢰'라는 교육과 선전 속에 살아왔지만,

1945년 당시의 김일성은 박헌영 같은 교조주의자가 아니었다. 박헌영이 경쟁자들을 제거하는 파벌투쟁에 몰두해 있는 동안 김일성은 백명 안팎의 유격대를 이끌고 상황에 적응하는 노력을 기울이며 살았다. 박헌영이 혁명투쟁가로서 정통 공산주의 지도력을 소련으로부터 인정받고자 한 반면 김일성은 항일투쟁가라는 명망을 배경으로 주민들의 신뢰를 모았다.

개성회담 이후 박헌영과 김일성을 중심으로 한 공산주의운동의 전개는 앞으로 단계에 따라 살펴볼 것이다. 다만 이 시점에서 박헌영 중심의 국내 공산주의운동을 파악하기 위해 이른바 '8월 테제'를 한차례 검토할 필요가 있다. 8월 19일 또는 20일에 박헌영이 작성하여 공산당 재건준비위에 제출한 이 테제가 9월 20일 조선공산당에서 정식으로 채택되어 해방 후 공산주의운동의 가장 기초적인 이론적 준거가 된다. 일간 8월 테제를 중심으로 해방 후 공산당의 움직임을 살펴보겠다.

1945. 10. 11.

한민당과 아놀드의 찰떡궁합

아놀드 군정장관의 10일 기자회견 발표문이 보도되었다. 핵심 부분만 발췌해 놓는다.

(…) 북위 38도 이남의 조선에는 오직 한 정부가 있을 뿐이다. 이 정부는 맥아더 원수의 포고와 하지 중장의 정령과 아놀드 소장의 행정령에 의하여 정당히 수립된 것이다. 아놀드 군정장관과 군정관들이 엄선하고 감독하는 조선인으로 조직된 정부로서 행정 각 방면에 있어서 절대의 지배력과 권위를 가지었다. 자천자임한 관리라든가 경찰이든가 국민 전체를 대표하였노라는 대소의 회합이라든가 자칭 조선인민공화국이든가 자칭 조선공화국 내각은 권위와 세력과 실재가 전연 없는 것이다. 만일 이러한 고관대직을 참칭하는 자들이 흥행적 가치조차 의심할 만한 괴뢰극을 하는 배우라면 그동안 즉시 그 극을 폐막하여야 마땅할 것이다.

만일 혹종(或種)의 보안대가 안녕질서를 유지하기 위하여 법률에 저촉치 아니하고 유치하나마 성의껏 행동을 하였다면 이제는 해체하고 각기 직장으로 돌아가 월동에 필요한 식량과 의복과 주택을 확보하도록 노력하여야 할 것이다. 국내에는 정당한 직업과 공정한 급료가 그들을 기다리고 있다. 조선의 노무력은 반드시 월동에 필요한 물자를 생산하여야 할 것이다.

만일 이러한 괴뢰극의 막후에 그 연극을 조종하는 사기한이 있어 어리석게도 조선정부의 정당한 행정사무의 일부분일지라도 단행할 수 있다고 생각한다면 그들은 마땅히 맹연 각성하여 현실을 파악하여야 할 것이다. 이러한 연출을 당연 정지하여야 할 것이다. (…)

「군정장관 아놀드, 미군정부 이외의 어떤 정부도 부인 발표」,

『매일신보』 1945년 10월 11일)

아놀드 소장은 중부지방을 점령한 7사단 사단장이라서 군정장관에 임명된 것이지, 군정에 전문능력이 있었던 인물은 아니다. 하지만 이런 발표문은 참 심했다. 13일자 『자유신문』은 이에 대한 각계 인물들의 논평을 게재했다(「아놀드의 발표에 대한 각계지도자 담화발표」). 여러 입장의 인물들의 논평을 꽤 고르게 모아놓은 것으로 보이는데, 대개는 중립적 입장으로 이해되고 더러 한민당 계열과 좌익 계열의 성향이 눈에 띈다.

중립적 입장으로 보이는 논평에는 이런 것들이 있다.

● 국민당수 안재홍 담(談)

나는 이 발표를 읽고 문장이 왕왕 정당성을 잃고 격렬한 데 지나지 않은 느낌을 가졌다. 우리는 태평양전쟁에서 미국이 인적 물적으로 막대한 희생을 하면서 일본제국주의 타도에 절대한 공헌을 하였고 조선민족해방 대업에도 최대한 원조를 하는 하나로써 그들에게 최대한 경의와 감사를 가지는 터이므로 모든 것을 선의로 해석하고 싶으나 발표된 것이 사실이라면 심대한 유감인 것을 부인할 수 없다.

다시 말하면 아놀드 장관의 진의를 들어보는 것이 타당할 줄 안다. 한편으로는 8월 15일 이후 서울거리 각처에 나타난 삐라, 포스터 등에 허다한 야비한 문구가 이러한 결과를 초래하지 않았을까. 아놀드 씨에게 경고를 하는 동시에 조선인 자신도 반성할 필요가 있다.

● 조선어학회 이극로(李克魯) 담

점잖은 지위에 있는 사람으로서 언사가 저열하다는 것은 유감이다. 개인끼리도 잘못이 있으면 정당하게 타이르는 것이 옳다. 이 발표문이 가져오는 영향은 그만두고 장관 개인의 체면문제가 아닐까 생각된다.

● 불교계 김법린(金法麟) 담

최고의 정치책임자로 언론이나 정치운동에 대해서 이러한 비천한 언사를 한 것은 유감된 일이다. 정치활동 언론활동을 오히려 저지하는 결과가 나타날까 두려워한다.

● 중앙시험소장 안동혁(安東赫) 담

이때까지의 정당의 활동은 미숙한 점이 없지도 않으나 어느 정당이고 고의의 야심 야망을 가지고 행동했다고 보는 것은 가혹하다.

정치적 조련이 부족하기 때문에 방법에 있어서 부적당한 조치가 있을 수는 있으나 나라를 근심하고 나라를 세우려는 의지는 분명하다. 군정당국도 조선의 현실을 직시하여 공정한 다수의 여론을 경청하여 처사하는 것이 좋을 것이다.

● 천주교 노(盧)주교 담

중부 지역에 주둔한 미 7사단 사단장으로 군정장관을 겸임한 아놀드 소장이 인공 비난에 사용한 저질 언어는 한민당에게 배운 것으로 보인다. 그는 1946년 초 미소공동위원회 미국측 수석대표를 맡았는데, 공동위원회를 파탄에 빠트릴 최고의 적격자였다.

지방에 출장을 갔다가 오늘 아침 귀임한 까닭에 게재된 발표를 보지 못했습니다. 풍문으로 듣기는 군정하에는 다른 정부가 있을 수 없다는 의미로 게재되었더라고 했는데 내용에 그렇게 온당치 않은 문구가 많았으면 실로 유감된 일이올시다.

외국과 사물을 처리할 때는 항상 외국어라는 개재물이 있기 때문에 감정과 의사의 표현이 완전치 못하게 되는데 이 장관의 발표도 번역이 잘못되지 않았을까요.

● 조선기독교합동교단 임영빈(任英彬) 목사 담
나도 오늘 아침 신문에서 장관의 발표문을 읽고 매우 유감스럽게 여겼습니다. 내용은 저촉할 바가 아닌 줄로 압니다마는 남의 인격을 모욕하는 어구가 많은 것은 조선사람으로는 유감으로 생각하지 않을 수 없습니다.

● 천문학자 이원철(李源喆) 담
제가 연구하는 범위 외의 일은 알려고도 하지 않습니다마는 괴뢰극이니 사기한이니 하는 문자 이외에도 얼마든지 좋은 문구가 있을 줄로 압니다. 이는 염두에도 생각지 못할 사실이외다.

● 변호사 조진만(趙鎭滿) 담

문제의 발표는 '명령의 성질을 가진 요구'이라 하니 공사문서 중에 가장 정중하고 평정하며 온아하고 위엄 있는 문언을 쓸 법령의 일종이다.

쉽게 말하면 점잖은 어른이 점잖게 타이르는 훈계 말씀이라 일반민중이 비열하다고 보며 감정적이라고 생각되는 문언을 씀은 동서고금을 막론하고 절대로 피하여 왔으며 또 피해야 할 것이다. 근래 나치법령 중에 국민의 감정을 선동시키기에 급급하여 타당치 못한 문서를 쓴 실례가 없다는 것은 아니다. 도저히 추종할 선례가 못 된다. 파렴치하기 이를 데 없는 강도살인자에 대한 유죄판결문조차 비열한 용어비유를 삼가왔으며 또 삼가야 할 것은 우리 법률가의 상식이거늘 하물며 일반민중 행동의 준칙이 될 법령의 일이요. 문제의 발표는 군정장관의 심정을 있는 그대로 통틀어 고백한 솔직한 것이라고 볼 수 있을지 모르나 그 용어 그 비유는 우리의 상식에 벗어나는 혐의가 없지 않다.

이러한 용어 이러한 비유를 쓰지 않고도 넉넉히 소기한 명령의 성질을 가진 요구를 이로정연(理路整然)하고 점잖게 할 수 있을 것이다.

'평정(平正)' 두 자는 우리 일상생활의 기준이 될 뿐 아니라 또 위문(爲文)의 준칙이다. 군정에 발표된 일개 무변의 문서라 하여 관용할 수 있을까 심히 의심된다.

발표가 요구한 데 대하여는 상당한 논의가 있을 만한 것이요 우리 법률가로서 소견도 있지만 다음 적당한 기회로 미룬다.

● YMCA 구자옥(具滋玉) 담

우리가 서로 단합을 못하고 찢고 까불어서 결국 이런 말을 듣게 된 듯한데 하여간 유감된 일이라 하겠다. 모쪼록 자유로이 건국사업에 열심히 일을 하여나가면 자연히 이런 소리를 듣지 않게 되리라고 생각한다. 또 번역관계로 문자상 다소의 착오가 생긴지도 모르겠다.

● 한미협회장 이훈구(李勳求) 담

군정장관의 원문을 보고 싶을 만큼 이번 발표의 내용은 유감되는 점이 많다 하겠다. 장관 자신이 그러한 원문을 집필했다고는 볼 수 없으며 혹시 번역이 잘못되지 않았나 한다. 하여간 그들은 우리들의 자주독립을 위하여 최대한 노력을 아끼지 않은 것만은 사실이니까 심금을 서로 울릴 수 있을 만큼 이곳 사정을 잘 이해시키고 서로 협조해서 그러한 오해가 없도록 해야 할 것이다.

● 동덕여학교장 조동식(趙東植) 담

교육자인 나는 불편부당임을 먼저 말한다. 연합군이 우리 해방을 위하여 힘써온 것은 감사하며 또한 이번 조선에 군정을 시행한 것도 우리 정부의 성립을 돕기 위한 것으로 믿으므로 거듭 심심한 사의를 표하는 바이다. 그러나 우리나라를 살펴볼 때에 지도층에 있는 각 정당이 타당 타도를 위하여 비열한 수단으로 임하는 당이 있음을 볼 때에 대단히 유감스럽게 생각된다.

그러므로 나는 금일의 아놀드 장관의 성명을 읽고 군정장관에게 다음의 한마디를 충고하고 싶다. 즉 장관은 조선을 위하는 고마운 입장에서 어떠한 당파 혹은 어떠한 개인 또는 편견에 사로잡히지 않도록 자주공정한 비판과 조밀한 조사에 의하여 행위하여 주기 바란다.

한민당 입장으로 보이는 논평은 아놀드의 망언의 원인이 건준과 인공의 잘못에 있다는 물귀신 작전을 특징으로 한다. 다만 김병로와 소완규의 논평은 중립에 가까운 것이어서 김성수와 임영신(任永信, 1899~1977)의 철저한 잡아떼기와는 차이가 있다. 이 시점에는 한민당의 스펙트럼이 아직 주류 중심으로 완전히 좁혀지지 않았음을 알아볼 수 있다. 군정장관 고문단 단장이기도 한 김성수가 아놀드에게 그런 얘기 한 적 없다고 잡아떼기 바쁜 점이 눈에 띈다.

● 한국민주당 김병로 담
일부 신문업자에게 책임이 있을지 모르나 사회의 공기인 소중한 우리 사회의 일반 신문을 가리켜서 우매경솔 운운한 것은 잘못된 일이라 하겠다.

여러분 신문뿐 아니라 나로서도 매우 섭섭한 일이다. 사기한이란 말은 과도한 말인 듯하나 이러한 말을 듣게 된 원인이 어디에 있는가 먼저 깊이 반성할 필요가 있다고 생각한다. 여하간 이런저런 말을 듣게 된 것은 매우 유감된 사실이라 하겠다.

각기 자중가찬(自重加餐)하여 앞으로 그네들로 하여금 이런 종류의 저열한 언사를 내지 않도록 함이 선결문제이다.

● 군정청 고문 김성수 담
신문에 게재된 군정장관의 발표문을 채 읽지 못했으므로 그 내용을 알 수가 없다.

고문관이 된 우리로서는 그동안 1차 회담이 있었고 그때 미가(米價)라든지 기타 다른 문제에 관해서 회담을 했을 뿐 이번 문제는 전연 발언되지 않았으므로 그 시비를 말할 수 없다.

● 여자국민당 임영신 담

신문을 통하여 장관의 발표문을 읽었습니다. 나는 그러한 발표문을 하게까지 된 동기를 오히려 반문하고자 합니다. 즉 다시 말하면 군정 장관으로서 왜 그러한 발표를 하게 되었는가 하는 것입니다. 그 발표 의 형식이 다소 과격하게 감정적인지는 몰라도 그러한 발표가 있었 다는 것만 같지 못할 줄 압니다. 이러한 발표를 볼 때에 나 자신 스스 로 부끄러움을 깨달았으며 우리는 피차 자중해야만 할 줄 압니다.

● 정총대(町總代) 대표 소완규 담

적어도 책임자인 대미국 군정장관으로서의 의사를 표시하는 방법에 있어 과격하다고 본다. 더구나 신문기자에 대하여 우매이니 하는 말 은 천만부당한 말이라고 하겠다.

그리고 여운형씨는 좌우간 군정장관의 고문인데도 불구하고 이분 을 지적하여 저열한 문구로 운운한 것은 이해하기 어려운 점이라 하 겠다.

직설적인 분노 표명은 좌익 쪽 논설로 보인다.

● 문건(文建)위원장 임화(林和) 담

놀라운 글이다. 세계대국 가운데 일국의 대변자의 담화로서 믿기 어 려운 저열한 글이다. 근간 가두에 나붙었던 저열한 삐라에서도 우리 는 이만치 저열한 예를 본 일이 없다. 나는 이 글이 아놀드 장군 자신 의 손으로 된 것이라고는 아무래도 믿기 어렵다. 카이로선언과 하지 장군의 선언에서 우리의 정치적 자유와 독립이 보장되어 있고 조선 의 정치체제는 우리 인민 자신의 자유의사에 의해서 결정된다는 것은 미국을 위시한 모든 민주주의 국가의 정치적 상식이 되어 있다.

우리 인민의 의사가 조선인민공화국을 지지하고 그것을 우리 인민의 정부라고 생각할 때에 여기에 간섭할 사람은 존재할 수 없는 것이고 또 민주주의의 정치원칙이다. 비록 우리를 일본제국주의의 지배하에서 해방해 준 미국과 소련일지라도 이것은 불가능한 일이다. 나는 카이로선언과 하지 장군의 언명이 우리의 이러한 의견과 결코 차이가 있는 것이라고 생각 않는다. 거듭 말하거니와 인민공화국에 대한 발언권은 우리 인민의 자유의사에서만 존재한다.

● 평론가 이원조(李源朝) 담

인민공화국의 찬부는 우리 인민의 자유의사로 결정된 것이고 어떠한 외부세력이나 지시로 결정된 것이 아니다. 이것이 진정한 데모크라시의 방법인 때문에서다. 연합국은 우리 자주독립을 위해 적극적으로 투쟁했고 앞으로 그러할 것을 믿기 때문에 지금도 감사와 신뢰의 마음에는 추호도 변동이 없다. 그러나 이번 아놀드 소장의 '명령의 성질을 가진 요구'로 보면 우리가 신뢰하고 희망하는 정도와는 너무 거리가 멀다.

만약 인민의 의사로 결정된 인민공화국을 이렇게까지 모욕하고 능멸한다면 이것은 나을까. 각 정당에까지 간섭하는 길이 열리지 않을까 걱정하는 바이다. 더구나 전문을 통하여 모욕적 언사는 단순한 동족애만으로서도 앉아 듣기에 불쾌하다. 우리가 신뢰하는 군정장관의 □기가 결코 이러하지 않을 것을 믿으므로 이것은 혹시 오해가 아닌가 의심한다.

하여간 군정관에게 요청할 것은 광범한 언로를 열어 가장 조선을 사랑한 지도여론에 귀를 기울여주기 바랄 따름이다.

인공 인민위원회는 이런 담화를 발표했다.

작일 아놀드 군정장관의 발표는 우리에 대한 몰이해이며 조선민족에 대한 모욕이나 우리는 이에 대하여 유감의 뜻을 표명하지 않을 수 없다. 그러나 우리는 이것이 조선인 자신의 비열한 자기모독과 왜곡된 보고에 기인한 것임을 생각할 때 민족적 치욕을 느끼며 통분함을 금할 수 없다.

우리가 조선의 완전독립을 위하여 활동하며 조선의 통일정부를 수립하려고 노력하는 것은 국제조약에 근거를 둘 뿐 아니라 우리의 정당한 권리이며 신성한 의무이다. 이것은 군정과 절대로 모순되는 것이 아니며 군행정을 방해하려는 의사는 우리에게 추호도 없다는 것을 분명히 말한다. 일본제국주의를 타도하여 조선에 해방의 길을 열어준 연합군에 대하여 우리는 언제든지 감사하여 마지않으며 더구나 조선의 독립을 위하여 조선에 주둔한 미·소 양군의 은혜가 막대함을 우리는 명심하고 있다.

우리는 38도라는 부자연한 장벽으로 생긴 남북의 차별을 전연 무시한다. 38도 이남의 조선정부 운운하지만 조선의 정부는 전조선의 정부이어야 하며 조선의 문제는 전체로서 제기되고 해결되어야 하며 이 문제의 완전한 해결은 오직 조선민족 자신의 손으로만 될 수 있는 것이다.

자천이니 참칭이니 연극이니 하나 우리는 우리에게 부여된 당연한 권리를 행사한 것이요, 조선인 자신이 자기의 문제를 해결할 수 있다는 정치적 능력을 표명함에 불과하다. 조선인민공화국의 탄생은 미군 상륙 이전의 기존사실이며 제2차 전국인민대표대회가 1946년 3월 1일을 기하여 소집되는 것은 제1차 인민대표대회의 결의에 의하는 것이다.

신국가가 건설되려 할 때 인민의 총의를 모아야 하는 것은 국제헌장의 정신이며 규정이다. 이를 위하여서는 전국인민대표대회의 소집이 당연한 것이며 또한 최신의 방도라고 확신한다. 자유는 인민의 신성한 권리의 주장이며 행사이다.

일본제국주의의 기구를 그대로 남겨놓고 일본제국주의 주구배의 날뜀을 허용하면서 심지어는 일본제국주의 군경의 무장이 해제되지 못한 이때에 조선인에게 직장으로 돌아가라든가 물가의 조절이 없이 직장에서 월동 준비를 하라든가 하는 것은 연목구어에 다름 아니다. 이러한 태도와 방법으로 조선문제에 임한다면 군정당국은 상당한 시련에 봉착할 것이다. 조선의 실정에 대한 좀더 치밀한 조사와 정확한 보고를 기초로 한 공정한 판단이 있기를 충고하여 기대하여 마지않는다.

(「인공 중앙인민위원회, 아놀드의 발표에 대한 담화발표」,
『매일신보』 1945년 10월 11일)

안재홍의 논평에서 "서울거리 각처에 나타난 삐라, 포스터 등에 허다한 야비한 문구"라 한 것과 인공 담화에 "조선인 자신의 비열한 자기모독과 왜곡된 보고"라 한 것은 건준과 인공에 대한 지독한 비방선전을 가리킨 것이다. 건준과 인공의 오류 지적을 넘어서는 원색적 비방이 아놀드의 저열한 표현의 배경이 되었던 것이다.

누가 그런 흑색선전을 펼치고 있었을까. 그 시점까지 발표된 공식문서 중 가장 저열한 표현으로 건준을 비방한 것은 9월 8일 한민당 발기인 일동 명의의 성명서였다. 한민당과 관련해서는 정책노선에 대해 많은 비판이 있었지만, 그 어떤 정책의 잘못보다도 파렴치한 전술의 채용이 한국 정치에 더 큰 폐해를 남겼다고 나는 생각한다. 그 폐해가 지금까지도 남아 있지 않은가.

일지로 보는 1945년 10월

10월

- **2일** 미군정청, 매일신보사 접수

- **4일** 하지 중장, 여운형과 회견

- **5일** 미군정장관 고문에 한국인 11명 임명(위원장 김성수)

- **7일** 건준 해산 결의

- **8일** 소련군 사령관 주재로 북조선 5도 인민위원회 대표자회의 개최(위원장에 조만식 선임했으나 본인 거부)

- **9일** 함흥서 옥사한 조선어학회사건 고 이윤재 한등 추도식

- **13일** 조선공산당 이북 5도 책임자 및 열성자대회 개막, 조선공산당 북조선분국 설치(책임자 김일성) / 여운형, 군정고문 사임

- **16일** 이승만, 미국에서 귀국

- **17일** 미군정청, 남한 각지 인민위원회 해산 지시 / 이승만, 환국 제1성 방송

- **20일** 빈센트 미국무성 극동부장 내한, 한국신탁관리 의사 표명

- **21일** 허헌·이강국 등 이승만 방문, 인공 주석 취임을 요청

- **22일** 건국동맹(1944년 8월 10일 결성된 지하조직), 조선인민당으로 개칭

- **23일** 조선공산당중앙위원회에서 북조선분국 승인 / 이승만 등 독립촉성중앙협의회 결성 결의

- **25일** 독립촉성중앙협의회 결성(총재 이승만)

- **26일** 정당사회단체 연합으로 신탁통치 반대성명

- **28일** 북조선 5도행정국 정식 발족, 조만식 위원장 취임

- **31일** 이승만, 박헌영과 회담

3333

1945. 10. 12.

자기 손으로 만든 박헌영의 지도력

해방 직후 서울시내 여기저기에 "박헌영 선생은 어서 나타나 우리를 지도해 주시오!" 하는 벽보가 나붙어 눈길을 끌었다고 한다. 벽보를 본 사람들 중에는 박헌영이 누구인지 모르는 사람도 있고, 아는 사람들 중에도 왜 그 사람이 꼭 나타나서 지도해 줘야 하는지 납득 못하는 사람도 있었을 것이다.

그래도 많은 사람들이 박헌영에게 관심을 가지게 하는 효과는 있었을 것이다. 몇 해 전 시내 여기저기 "선영아, 사랑해!" 플래카드를 내걸어 화젯거리를 만든 것과 같은 일종의 티저광고로 볼 수 있겠다. 혹시 "선영아, 사랑해!"의 기획자가 박헌영에게서 영감을 얻은 것일지도 모를 일이다.

이 에피소드에서 박헌영이 도덕적 권위보다 현실적 효과를 중시한 사람이라는 인상을 받았다. 그의 인생의 여러 굴곡을 더 알게 되면서 불법투쟁이 생활화된 인물다운 현실주의자라는 생각에 고개가 끄덕여지기도 했다. 유물론에 대한 믿음이 윤리와 도덕에 대한 냉소적 태도를 뒷받침한 면도 있었을지 모른다.

1925년 말 조선공산당 사건(신의주 사건)[*]으로 두번째 수감되었던 그가 2년 후 병보석을 받은 진상은 확실히 이해되지 않는다. 사상범을 풀어줘야 할 만큼 정말로 심한 정신병에 걸렸던 것인지, 일제당국을 깜쪽같이 속여먹은 것인지, 아니면 모종의 거래가 있었던 것인지. 어떤 경우라도 보통사람이 못 가진 놀라운 능력을 필요로 하는 일이었다. 분명한 결과는 그의 운동 선배 여러 사람이 옥사했는데 그는 살아남아 서열이 높아졌다는 사실이다. 여러 차례의 오랜 '심문투쟁'에서 아무런 비밀도 누설하지 않고 어느 동료도 배신하지 않았다는 '전설'도 대쪽 같은 절개보다는 탁월한 선전술을 떠올리게 한다.

1955년 말 북한 최고재판소에서 재판받을 때 그는 이렇게 말했다고 한다.

> 나는 이 자리에 오기 훨씬 전부터 살아 나갈 수 없는 신세임을 느끼고 있었다. (…) 너희들의 주장대로 나는 미제의 간첩이었다. 그러나 너희들이 주장하는 미제 간첩과 내가 주장하는 미제 간첩은 엄격히 다르다. 나는 남조선에 있을 때, 아니 그 훨씬 전부터 미국사람들과 교분이 있었다. 그 교분은 조국의 해방과 독립 통일을 위한 차원이지 결코 간첩행위가 아니다. (…) 그대들 말대로 내가 미국의 스파이였다고 하자. 모든 것은 내가 주도했을 뿐 남로당 간부들은 전혀 책임이 없다. 그들은 모두 조국의 해방과 통일, 사회주의 혁명과업을 위해 밤낮으로 일해 온 정직한 애국자들이다. (위키피디아 한국어판 '박헌영'조)

그는 미군정의 수배상태로 오래 있다가 월북했다. 그런 그가 미국측

■   김재봉(金在鳳)과 박헌영이 조직 확대를 목적으로 청년회원을 모스크바에 파견하는 훈련을 진행하다 1925년 11월 신의주에서 일제경찰에 의해 일망타진된 사건. 제1차 공산당사건이라고도 한다. 당시 체포되지 않고 숨어 있던 당 책임비서 김재봉이 당원 강달영(姜達永)과 함께 1926년 6월 서울에서 제2차 조선공산당을 조직하였다.

1929년 국제레닌학교 시절의 박헌영(앞줄 가운데). 그 옆에 김단야, 가운데줄 왼쪽에서 세번째가 주세죽이다. 뒷줄 왼쪽 끝은 베트남의 호치민.

과 거래관계가 있을 수 있었을까? 그럴 수 있었다고 나는 생각한다.

1927년 11월의 석방에도 일제 당국과의 거래가 제일 그럴싸하게 생각된다. 다른 두 가지 가능성이 너무나 터무니없기 때문이다. 그가 정말로 심한 정신병에 걸렸다면 최단시간에 소련으로 탈출해서 국제레닌대학에 다닐 수 없었을 것이다. 그리고 동지 여럿이 옥사하는 상황에서 일제 당국을 속여 병보석을 받는다는 것은 상상할 수 없다.

그는 '절에 가서도 새우젓 얻어먹을' 재간의 소유자였던 것 같다. 자신의 약점을 감추고 강점을 최대한 활용하는 능력을 오랜 불법투쟁을 통해 체득했을 것이다. 그가 1939년 석방 후 국내 공산주의운동 지도자의 권위를 누린 것, 해방 후 그로부터 한발 더 나아가 조선공산당과 남로당을 이끌게 된 것도 이 투쟁능력의 성과로 이해된다.

그가 최대한 활용한 밑천은 무엇이었는가? 1929~31년에 모스크바에 체류하며 코민테른 동양비서부 산하 조선위원회에 참여하고 이를 발판으로 조선공산당 조직준비위원회, 즉 소위 '국제선'을 이끈 것이 이후 국내 공산주의자들 사이에서 그의 권위를 뒷받침해 주었다. 코민테른은 1943년 5월 해체되었지만, 그 정규라인에서 일한 경력은 소련 공산당과 가장 가까운 사이임을 확인해 주는 신분증이었다.

해방 직후 박헌영이 작성한 8월 테제[■]에는 이 신분증 갱신의 의미
가 있었다. 서중석은 8월 테제와 1928년 코민테른의 12월 테제[■] 사이
의 관계를 이렇게 설명했다.

이 8월 테제는 앞장에서 상세히 분석한 바 있는, 한국에 대한 국제당
의 노선인 12월 테제를 해방 후의 실정 또는 변화를 감안하여 약간
바꾸었으나, 골격은 거의 그대로이고, 사실 많은 부분이 12월 테제의
번안으로 판단될 정도이다. 박헌영은 12월 테제가 발표되었을 때 러
시아에 있었으며, 모스크바에서 공부를 하고 12월 테제에 따라서 김
단야와 함께 상해에서 공산당 재건작업을 벌이다가 체포되었으므로
12월 테제의 영향을 어느 누구보다도 크게 받았을 것이다. (『한국현대
민족운동연구』, 236쪽)

12월 테제의 부르주아 민주주의 혁명노선은 동아시아 지역에 대한
코민테른의 노선이 요동치고 있을 때 나온 것이어서 장기적 안목에서
타당성을 인정받기 힘든 극좌노선이었다. 그런데 그후 조선공산당이
해방 때까지 재건되지 못하고 있었기 때문에 상황변화에 관계없이 조

■   박헌영은 1945년 8월 19일 서울로 올라와 광복 다음날 결성된 장안파 공산당에 대항하여
8월 20일 김형선·이관술(李觀述)·김삼룡·이현상(李鉉相) 등과 함께 회합을 가지고 공산당 재건
에 주력하였다. 9월 3일 세칭 장안파와 재건파가 연석회의를 가지고, 이를 통합한 조선공산당의
중앙기구를 구성하여 책임비서에 취임하였다. 이 당시 그는 8월 테제, 즉 '현정세와 우리의 임
무'라는 테제를 발표하였다.

■   1928년 12월 코민테른 집행위원회 정치서기국이 채택한 조선공산당 재조직에 관한 결정
서를 말한다. 정식명칭은 '조선농민 및 노동자의 임무에 관한 테제'다. 주요 내용인즉, 조선공산
당은 종전과 같은 인텔리 중심의 조직방법을 버리고 공장, 농촌으로 파고들어가 노동자와 빈농을
조직해야 하며, 민족개량주의자들을 근로대중으로부터 고립시켜야 한다는 것이다.

선 공산주의운동에 대한 코민테른의 공식노선으로 오랫동안 자리를 지키게 된 것이었다.

박헌영이 조선위원회에서 활동할 때는 12월 테제가 나온 직후였다. 조선위원회 활동경력을 권위의 근거로 삼은 박헌영은 12월 테제를 금과옥조로 받들 수밖에 없었기 때문에 그 연장선 위에서 8월 테제를 작성한 것이다. 그런 의미에서 지난 주(10월 8일) 박헌영을 '교조주의자'라 한 것이다.

1945. 10. 13.

남한의 공용어가 영어였던 시절

미군정은 남한에서 영어를 유일한 공용어로 삼았다. 미군정의 점령통
치가 누구를 위한 것인지 단적으로 보여주는 결정이다. 미군 중에 한
국어를 말할 수 있는 사람이 아무리 없더라도, 한국인을 다스리는 정
치라면 한국어와 영어를 함께 공용어로 지정하고 통역제도를 공식화
해야 했다. 영어를 유일한 공용어로 했기 때문에 통역제도는 공식화되
지 못하고 개인의 필요와 취향에 따라 채용되는 주변적 요소가 되어
엄정한 운영기준이 세워지지 못했다. 그 결과 '통역정치'가 끝없는 추
문의 원천이 되었다.

> 근래 미군 통역생에 대한 항간의 물의가 분분한 것 같다. 조선사정을
> 바르게 이야기하지 않고 그릇된 설문(說問)으로 한다느니 또는 어느
> 당파에 이용되어 그 당파에 관한 것은 좋게 이야기하고 다른 당파에
> 관한 것은 좋지 않게 이야기한다느니 □□□□□ 한다느니 하고 갖은
> 아름답지 않은 풍설이 떠돌아다니는 것 같다.
> 　이것은 확실한 근거가 없는 단순한 항간의 풍설이니만치 우리는
> 그것을 믿지 않는다. 적어도 통역을 담당할 만한 사람이면 고등교육
> 을 받았을 것이요 이런 고등교육을 받은 사람은 오늘날 조선에 있어

서 각 방면의 지도자가 될 인물이며 식견과 인격이 결코 이같은 좋지 못한 행동을 하기가 만무하기 때문이다. 이런 풍설이 들리는 것은 쓸데없이 말하기를 좋아하는 세상사람들의 풍설 때문일 것이다. 우리는 이것을 굳게 믿어 의심치 않는다.

그러나 지금 항간의 주목의 초점이 이들 미군 통역생에게 집중되어 있고 또 사실로 이들 통역생이 바른 통역으로 조선에 대한 정당한 해설을 갖게 하여야 모든 일이 순조롭게 또는 타당하게 운행될 것이기 때문이다. 그러나 통역생들은 어떠한 태도로 이에 대하여야 할 것인가. 첫째로 통역생은 한국에 협력하는 가장 중대한 임무를 가진 것을 자각하여 일거일동을 한국ㅁㅁ의 ㅁㅁ로 하여야 할 것이다. 즉 불편부당의 어느 정당이나 당파에 가담함이 없이 공명정대한 입장에서 지금 조선과 조선민중이 직면하고 있는 생활현실과 사회현실 및 조선민중의 희망 이상 등을 바르게 정확하게 소개해 주어야 할 것이다.

조선민중은 4천여년의 장구한 역사를 가진 우수한 문화민족이다. 불행히 일본 식민지가 되어 그 학정 밑에서 고난을 겪어왔으므로 예전의 면목이 없어졌지만 그 근본을 캔다면 어느 문화민족에도 손색이 없는 훌륭한 민족이다. 이 긍지를 굳게 갖고 엄연한 대국민으로서 부끄럽지 않은 태도로써 조선을 소개하는 통역의 임(任)에 당(當)하여야 한다. 만일 그렇지 않고 위에 말한 항간의 풍설에 다소라도 혐의를 받을 만한 행동을 한다면 이는 중대한 문제다. 통역생 제씨는 학식과 인격이 겸비된 지도적 인물이니만치 우리가 이같은 충고를 줄 필요가 없지만 다만 노파심에서 이같은 충고를 주는 것이다.

(「사설: 통역생에게」, 『매일신보』 1945년 10월 13일)

해방 당시 영어를 할 줄 안 한국인에는 두 가지 큰 부류가 있었다.

하나는 기독교인으로서 미국에 유학한 사람들로, 이들은 대부분 한민당 당원이나 지지자였다. 또 하나는 사회주의자로, 사회주의자들 중에 영어를 통해 사상을 학습한 사람이 많았다. 박헌영도 국제레닌대학을 다닐 때 영어반에서 공부했다.

미군정 담당자들이 두 그룹 중 한쪽을 배척하는 태도는 9월 8일 상륙을 앞두고 인천 앞바다의 함상에서 시작되었다. 건준에서 파견한 여운홍(呂運弘, 1891~1973), 백상규(白象圭, 1880~1957), 조한용(趙漢用, 1889~1940, 안공근의 가명) 세 사람은 사흘이나 기다렸다가 미군 함대가 도착하자 쪽배를 타고 기함 카톡틴(Catoctin)호에 올랐다. 그러나 하지 사령관은 접견을 거절했다. 이듬해 4월의 한 기자회견에서 이 일에 대해 질문을 받자 하지는 그들이 "일본인의 사주를 받은 자들이기 때문"이라고 대답했다고 한다. 건준이 일본인들의 괴뢰라는 주장은 한민당에서만 나온 것이니 9월 8일 당시에 하지가 그런 생각을 했을 수는 없는 일이고, 서울 도착 후 한민당 인사들에게 세뇌당한 결과일 것이다.

한민당 인사들이 10월 5일 구성된 군정장관 고문단을 채우면서 통역도 같은 성향의 사람들이 많이 채용되었다. 서울주재 미국무성 고문관 윌리엄 랭던(William Langdon)은 군정청 한국인 접촉의 편향성에 대한 문제제기에 이렇게 대답했다고 한다.

군정에서 부유층을 우대하고 대중의 지지를 받는 좌파를 제외시킴으로써 우리는 애초 균형을 벗어나 부유하고 보수적인 사람들을 너무 많이 뽑았던 것 같다. 그러나 모르는 곳에 와서 누가 어떤 사람인지를 우리가 어떻게 알 수 있었겠는가? 실용적인 목적 때문에 우리는 영어를 구사하는 사람들을 채용해야 했다. 그런데 그런 사람들과 그 친구들은 주로 돈 있는 계급 출신이었다. 영어가 한국인들 사이에선 사치품이었기 때문이다. 그러나 미군정은 오래 전에 군정청 한국인 구조의 불균형 문제를 인식하고 그 구조의 사회적 배경을 서둘러 넓히고 있었다. (1945년 11월 26일 국무성에 보낸 서신, 브루스 커밍스, 『The Origins of the Korean War』, Princeton University Press 1981, 151쪽에서 재인용)

한국어를 할 줄 아는 희귀한 미군장교로서 하지의 보좌관으로 특채된 조지 윌리엄스(George Williams)는 선교사의 아들로 충남 공주에서 어린 시절을 보낸 사람이었다. 조병옥(趙炳玉, 1894~1960) 등 한민당 인사들이 군정청 요직에 임명되는 데 윌리엄스의 역할이 컸다고 한다. (천안 출신인 조병옥은 윌리엄스의 아버지가 운영하던 공주 영명학교에서 윌리엄스와 함께 공부했다.) 10월 17일 한민당 당사를 방문한 윌리엄스가 송진우와 조병옥 등에게 이런 말을 했다고 한다.

다들 알고 계시듯이, 북한에는 공산군이 자리잡고 있습니다. 공산주의 원리가 쉽게 알아볼 수 있는 것이고 반공사상이 (한국에) 철저히 확립되었다 하더라도, 만약 이것(반공)을 실천에 옮김으로써 정세에 대처할 애국자들이 없다면, 이 일을 철저히 하기가 어려울 수 있습니다. 하지 장군이 한국을 위하여 군정과 협조할 그런 애국자의 천거를 요청했으니, 여러분이 이를 심사숙고하여 나에게 추천해 주기를 바랍니다. (같은 책, 156~158쪽. 그런데 500쪽의 주 103에는 이 말이 조병옥의 『나의 회고록』 149쪽에서 인용된 것으로 되어 있으며, 김자동 번역판에는 첫 문장 뒤쪽이 "북한에서는 공산군이 조직됐습니다"로 되어 있어 커밍스 책 본문의 "in north Korea the communist army has established itself"와 달라 확인이 필요하다.)

통역정치의 상황을 강준만은 이렇게 개관했다.

미군이 새로운 지배자로 등장한 해방정국에서 가장 강력한 생존무기는 단연코 영어였다. 영어를 할 수 있는 통역관들이 막강한 권력을 휘두르기 시작했다. 일제시대 때 해외유학을 했거나 국내에서 고등교육을 받은 사람이 영어를 잘하는 건 당연한 일이었다. 그런데 그런 사람들은 대지주 집안 출신으로 해방 전엔 친일파, 해방 후엔 친미파 노선을 걷는 사람들이었다. 정당으로 보자면 바로 한민당이 그런 사람들로 구성된 정당이었는데, 한민당은 사실상 해방정국을 지배한 이른바 '통역정치'의 주역으로 부상했다.

하지의 보좌관이자 군정 인사문제조정위원인 조지 윌리엄스는 한국어를 할 줄 아는 극소수의 미국인 가운데 한 명으로서 한민당의 득세에 큰 영향을 미쳤다. 윌리엄스는 일제시대에 조선에서 전도사업을 한 선교사의 아들로 한민당 간부들과 친했다. 하지의 통역관인 이묘묵을 비롯해 군정청에 근무한 400여명의 통역관들도 거의 대부분 한민당 세력이거나 한민당을 지지하는 사람들이었다. (강준만,『한국현대사산책: 1940년대편 1』, 인물과사상사 2004, 88~89쪽)

당시 검사로 근무했던 선우종원도 통역관들의 행태에 관한 증언을 남겼다.

게다가 통역관들이 거짓 통역을 해서 죄가 되게끔 만들어버렸어요. '예스'라고 해야 되는 걸 '노'라 하고 말이야. 그런 식으로 유죄를 만들어서 형무소로 보내는 걸 우리가 봤어요. 그런데 검찰 입장에서는 도저히 묵인할 수 없는 일이거든. 우리 같은 젊은 검사들이 정의감에 불타 통역관을 잡아넣었어요. (…)

　그렇게 하니까 구속된 놈들이 형무소에 가서 자기를 잡아넣은 검사가 공산주의자니 뭐니 하면서 다른 이야기를 하고 다녔어요. 아마 그때 내가 실언을 좀 했을 거예요. 나도 26살밖에 안 됐을 때니까, 이를테면 이런 얘기 할 수 있는 거 아니겠어요? "이 자식아, 우리가 일본놈한테 억눌려 산 것만 해도 분한데, 상전이 바뀌었다고 해서 이제 미국놈한테 붙어서 한국사람을 괴롭히냐?" 그러니까 그걸 꼬투리 잡아서 '검사가 반미주의자다' 떠들고 다니는 거죠. 재판 끝나면 선우 아무개 검사 구속한다, 몇 년 징역을 보내겠다, 그런 이야기까지 돌았어요. (『8·15의 기억』, 116~117쪽)

권력을 끼고 도니 부패 또한 없을 수 없었다. 통역관으로 근무했던 동용하는 이런 증언을 남겼다.

　나무를 실어나르는 허씨라는 업자가 있었어요. 내가 미군중위하고 나무를 싣고 차를 열대씩 가지고 왔다갔다하니까 하루는 이 미군중위를 초대했어요. 어디에 초대를 했는가 하면, 지금의 명동인데 그곳에 장춘각이라는 기생집이 있었어요. 거기로 데려가더라고요. 난 기생집이라는 건 그때가 처음이었어요. 장가도 안 간 총각이었으니까 아무것도 몰랐죠. 허씨는 가방에 돈을 가득 넣어왔어요. 지금 생각하면 그 사람 순 장사꾼이죠. 미국사람을 통해 어떻게 들여온 나무를 차를 통해 다른 곳으로 실어나르고, 자세한 건 모르지만 수완이 대단한 사람이었던 것 같아요. (같은 책, 113쪽)

일개 중위를 모시고 다니는 나이어린 통역관도 뜻하지 않은 돈벼락을 맞을 지경이니 영관급 장교들은 그야말로 황제가 부럽지 않았을 것이다. 전숙희의 『사랑이 그녀를 쏘았다』에 베어드 대령이 '여간첩' 이수임과 함께 살던 '옥인동 19번지'의 대궐 같은 집 얘기가 나오는데, 인터넷신문 「프레시안」 주소가 옥인동 19-29번지로 되어 있어서 물어보니 그 빌딩터를 포함하는 넓은 대지 위의 엄청난 저택이었다고 한다

대한민국은 식민지체제로부터 많은 달갑지 않은 유산을 물려받았는데, '부패' 한 가지는 식민지체제가 아니라 미군정에게서 물려받은 것이다.

1945. 10. 14.

조직력의 박헌영과 대중성의 김일성

———

평양에서 조선해방 축하 집회가 열렸다. 이 행사에서 김일성이 처음으로 대중 앞에 모습을 나타냈다. 레베데프(Nikolai Lebedev) 정치사령관과 조만식(曺晩植, 1883~1950)에 이어 세번째 연사로 나선 김일성은 "모든 힘을 새 민주조선 건설을 위하여"라는 제목으로 "인민대중의 이익을 철저히 옹호하며 나라와 민족의 부강발전을 확고히 담보할 수 있는 참다운 인민정권" 건설을 제창했다. 그 방법으로 "각계각층의 광범위한 인민대중을 망라하는 민주주의 민족통일전선을 형성하고, 애국적 민주역량을 민족통일전선에 튼튼히 묶어세워야 한다"고 주장했다(『북한 50년사 1』, 46쪽).

9월 19일 입국한 김일성이 한 달 가까운 기간 동안 모습을 드러내지 않은 것은 활동노선 준비를 위해서였다. 그가 귀국 전 스탈린을 만나 한국 통치자로 낙점받았다는 설이 있었는데, 그의 '괴뢰성'을 선전하려는 의도에서 나왔던 것 같다. 귀국 전 몇 해 동안 소련극동군 산하의 88여단에 속해 있었기 때문에 북한 주둔군 간부들과 신뢰관계는 가지고 있었지만, 당시 소련군은 조만식의 역할을 더 중시하고 있었다.

찰스 암스트롱은 『북조선 탄생』에서 해방 당시 소련측에 북한 또는 한국을 공산국가로 만들 의지가 별로 없었다는 의견을 내놓았다. "당시 미국 국무성이 주장한 것처럼 소련의 북한 점령이 '접수를 위해 이미 짜여진 공식'이었다는 증거는 희박하다"는 것이다(『북조선 탄생』, 75쪽). 베트남과 중국의 공산당에 대한 소련의 지원이 미온적인 것이었다는 사실에 비춰보더라도 수긍이 가는 의견이다.

북한에서는 지방의 자치·치안조직이 자발적으로 많이 이루어졌고 소련군은 일본인의 행정권을 인민위원회로 바로 넘겨주는 등 자발적 조직을 지원했다. 8월 말까지 건준 산하에 145개 지방 지부가 결성되었다고 하는데, 건준 중앙부의 역량으로 보아 하향식으로 조직된 것이 아니라 자발적 지방조직이 스스로 건준과 연락을 취한 것이 대부분이었다.

그중 상당수는 물론 북한 지역에 있었고, 9월 들어서도 더 생겼을 것이다. 미군의 남한 진주에 따라 건준 중앙부와의 연락이 막히자 지방조직들은 각 도의 인민위원회를 중심으로 정비되었다가 10월 8일 북조선 5도 인민위원회 연합회의가 열리고 28일 북조선 5도 행정국이 설치됨으로써 북한 지역의 지방행정체계가 만들어졌다.

자발적 지방조직을 구성한 제일 큰 세력은 민족주의자들(우익)이었고 사회주의자들(좌익)이 그 다음이었다. 소련군은 좌익을 다소 북돋 워줌으로써 양측 사이의 균형을 꾀하되 우익의 주도권을 용인했다. 우익의 조만식에게 최고의 권위를 인정한 것이 그런 방침을 단적으로 보여준다.

이런 상황에서 김일성과 그의 빨치산 동지들은 좌익의 주도권을 확보함으로써 우익과의 연합체제에 참여하는 길을 찾았다. 9월 중순 조선공산당이 서울에서 '재건'되었지만 북한 지역 당원들은 중앙당과 연락이 잘 안 되는 문제도 있고 박헌영 노선에 대한 불만도 있었기 때문에 북한 내 지도력의 독자 수립을 바라고 있었고, 김일성 중심의 빨치산 집단은 그 요구에 잘 부응할 수 있었다.

소련군 점령하의 북한에서 김일성은 여러 가지 리더십의 조건을 갖추고 있었다. 항일투쟁 경력으로 민족주의자들의 존중을 받을 수 있었던 점, 소련극동군에 4년간 편성되어 있던 경력으로 점령군 간부들의 신뢰를 받은 점, 국내 무장투쟁이 없던 시절 보천보사건 등으로 큰 명성을 쌓아놓은 점, 그의 손발과 두뇌가 되어줄 정예집단을 보유한 점.

평양 시민대회에서 그의 연설은 스탈린식 교조주의와 거리가 먼 것이었는데, 그런 유연한 노선으로 당당히 나갈 수 있었던 것은 리더십의 조건이 든든했기 때문이었다. '국내파' 일부는 김일성이 대표한 '빨치산파'의 '민족통일전선' 노선이 "소부르주아적 우경투항주의"라고 공격했지만, 그들의 '인민전선' 노선이 조선의 실정을 무시한 과잉 좌경이라는 빨치산파의 비판이 더 폭넓은 지지를 얻었다(『북한 50년사 1』, 65쪽).

김일성과 박헌영이 10월 8일과 9일, 이틀에 걸쳐 개성 인근 소련군 38경비사령부 회의실에서 만나 논의한 핵심의제는 북한의 독자적 공산당 조직을 세우는 문제였다. 박헌영은 코민테른이 세웠던 1국1당 원칙에 입각해 이를 반대했으나 김일성이 제기하는 현실적 필요를 묵살할 수 없었기 때문에 결국 '조선공산당 북조선분국'을 세우는 절충안으로 마무리되었다.

그 이튿날(10월 10일) '조선공산당 이북 5도 책임자 및 열성자대회'의 이름으로 북조선분국 창건을 위한 예비회의가 열렸고, 13일 분국 설치 결정과 함께 집행위원이 선출되었다. 예비회의에서 김일성은 박헌영의 8월 테제와 다른 별도의 노선을 제출했으나 채택되지 않았고, 집행위원에도 빨치산파는 거의 선출되지 못했다. 당시 2천여명 수준의 이북 지역 공산당원 사이에서 빨치산파의 세력은 아직 미약했다.

1951년 1월 소련 텔레비전에 나타난
김일성의 모습.

그러나 독자적 조직인 북조선분국 설치는 김일성의 활동무대를 확보
했다는 점에서 이 단계에서 큰 성과였다. 북조선노동당을 남조선노동
당과 대등하게 따로 세울 발판이 마련된 것이었다.

10월 8일 개성에서 만났을 때 박헌영은 조직력의 대표였고 김일성
은 대중성의 대표였다. 조직력은 억압상태하의 공산주의운동이 의존
하던 특징이었다. 식민지시대의 불법투쟁에서 비롯된 조직력 위주 운
동방식이 미군정하의 남한에서도 계속되었기 때문에 박헌영의 지도력
이 여전히 확고했던 것이다. 반면 소련군 점령하의 북한에서는 김일성
의 개방적 노선이 유리한 조건을 점하고 있었다.

박헌영 중심의 조선공산당 '재건'과정에서 가장 큰 고비는 소위 '장
안파'의 경쟁을 따돌린 것이었다. 해방의 날인 8월 15일 밤에 여러 계
열 공산주의자들이 장안빌딩에 모여 공산당을 결성하고 당간판을 내
걸었다. 이를 '장안당' 또는 '장안파'라 한다.

장안파 공산주의자들이 1930년대 말 이후 운동을 쉬고 있는 동안 박
헌영이 속한 경성콤그룹만이 활동을 계속하고 있었다. 박헌영은 콤그
룹을 이끌고 공산주의운동의 주도권을 쥐기 위해 '조선공산당 재건준
비위원회'를 결성하고 8월 테제를 작성했다. 1928년 12월 테제에 의해

해체된 조선공산당의 법통을 잇는다는 노선이었다. 김남식과 심지연은 『박헌영 노선비판』에서 당시의 상황을 이렇게 서술했다.

> 이처럼 재건위가 발족되고 8월 테제가 나오자 각 계보의 공산주의자들은 동요하기 시작했으며, 특히 장안파의 충격은 컸다. 일제하에서의 공산주의운동에서 기본적인 결함으로 지적된 당의 분열과 파벌싸움이 해방 후에 또다시 재현되어서는 안 된다는 것과 재건위 중심으로 당이 통일되어야 한다는 주장에 대해 그를 반대할 만한 명분이 없었던 것이다. (…)
>
> 이러한 움직임 속에서 1945년 8월 24일 장안당은 중앙집행위를 개최하여 당의 진로를 모색하게 되었다. 그후 9월 8일에는 장안파의 중심인물들이 주체가 되어 재건파를 대표한 박헌영과 함께 열성자대회를 개최하고 박헌영계의 재건준비위에 합세할 것을 결정하였다. 이러한 과정을 거쳐 박헌영은 9월 15일 조선공산당 재건을 선포하게 되었다. (김남식·심지연 편저, 『박헌영 노선비판』, 세계 1986, 29쪽)

평등을 주장하는 사회주의는 원래 개방성과 포용성을 추구하는 이념이다. 그런데 그 이념을 가장 투철하게 추구하는 공산주의운동이 역설적으로 정통성을 중시하고 폐쇄적인 성향을 많이 띠게 된 데는 볼셰비키혁명의 경험이 큰 작용을 했다. 혁명의 승리자들이 헤게모니투쟁에서 승리한 자기네 경험을 혁명의 표준적 과정으로 인식하고 소련과 코민테른의 정책노선에 이를 반영했던 것이다.

1920년대 이후 식민지 지식인들이 사회주의를 환영한 것은 식민지 상태에서 심화되고 있던 사회경제적 모순을 해결하는 길로 보았기 때문이다. 해방 당시의 지식층 가운데 지식인으로서 사회적 책임감을 가진 사람이라면 최소한 사회주의의 역할에 기대감을 가지는 정도의 좌익 소질은 가지고 있었다. 이와 반대로 공산주의운동의 폐쇄성과 극단성은 인기가 없어 '재건' 시점에 공산당원 수가 수천명에 불과했던 것이다.

12월 테제의 뒤를 이은 8월 테제에서 계급투쟁을 강조했기 때문에 남한 공산주의운동은 지식층 좌익 속에 확산되기보다 현장을 중시하는 경향을 보였다. 반면 북한에서는 잠재적 좌익이 공산주의운동에 흡수되었다. 미군정의 박해라는 악조건도 물론 작용했겠지만, 박헌영 일파의 편협한 극좌노선도 큰 요인이었을 것이다.

이날 도쿄에서는 이승만과 맥아더가 서울에서 불려온 하지와 만나고 있었다. 내일부터 며칠간은 이승만 이야기를 해야겠다.

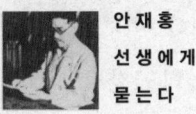

신민족주의와 신민주주의 2

김기협 종래의 민족주의와 선생님이 말씀하시는 '신'민족주의의 다른 점을 간단히 설명해 주시지요.

안재홍 한마디로 투쟁적 배타성에서 벗어나자는 겁니다. 한 개인이 자존심을 갖고 당당하게 살아가려면 남들과 다른 자신의 특성을 지켜야 합니다. 그러나 남들의 특성을 꼭 모두 깔봐야만 하는 것이 아닙니다. 남과 나의 '다름'을 편안한 마음으로 받아들일 때 평화로우면서도 떳떳한 삶이 가능한 것입니다.

민족과 국가도 마찬가지입니다. 일본인들이 이웃 민족들을 깎아내림으로써 자존심을 세우려 했기 때문에 이웃들을 괴롭혀왔고, 이제 그 업보가 자기네에게 돌아왔습니다. 이기고 있을 때는 그들 마음이 통쾌했을지 몰라도 영원한 승리란 없습니다. 평화를 등지는 민족주의는 이웃을 괴롭히고 결국 자기 자신이 고통을 겪게 되는 길입니다.

제게 민족주의를 가르쳐준 단재(신채호) 선생이 역사를 "아(我)와 비아(非我)의 투쟁"으로 규정한 말씀이 있습니다. 이것은 우리 민족이 일본 하나만을 '비아'로 인식하던 식민지시대의 역사인식이라고 나는 봅니다. 수천년 중국과의 관계를 훑어보면 투쟁도 있었지만 협력도 있었습니다. 한 개인이 살아가면서 다른 사람들과 싸우기도 하지만 돕기도 하는 것과 마찬가지입니다. 일본의 지배를 벗어나 여러 연합국의 도움을 받게 된 이제, '비아'와의 투쟁만이 아니라 협력도 생각할 필요가 있습니다.

김기협 연합국의 도움은 지금의 조선에게 이루 말할 수 없이 중요한 것입니다. 해방 자체도 우리 독립운동으로 쟁취한 것이 아니라 연합국의 힘에 대한 일본의 항복으로부터 주어진 것입니다. 그리고 앞으로도 더 많은 도움이 필요합니다. 일본 지배가 끝난 기쁨의 이면에는 지금까지 조선사회를 지탱해 온 체제가 무너져 식량문제, 산업문제부터 시작해 벅찬 과제들이 쌓여 있습니다. 연합국의 도움 없이는 당장의 민생부터 엄청난 고통이 예상됩니다.

그런데 과연 연합국으로부터 어떤 도움을 기대할 수 있을까요? 솔직히 말해서 그들이 조선인의 행복을 위해 일본을 항복시킨 것은 아니지 않습니까? 자기네 권리를 지키고 이익을 키우기 위해 전쟁을 한 것이고, 조선의 해방은 부수적으로 일어난 일 아닙니까?

일본을 항복시켜서 큰 문제를 해결해 놓은 이제 그들이 자기네 이익을 도외시해 가면서 조선인을 도와줄 것이라고는 기대할 수 없습니다. 자기네 이익을 먼저 생각하는 것은 인지상정입니다. 이북에서는 소련군의 약탈이 개인적 악행을 넘어 기계류의 조직적 반출까지 있었다는 소문이 들리고 있고, 이남의 미군도 착한 마음을 보여주는 일이 많지 않습니다.

"미국을 믿지 말고 소련에 속지 말자"는 동요가 나오고 있습니다. 소련과 미국이 일본에게서 조선을 빼앗아 일본 대신 지배하겠다는 욕심이 아닌가, 의심이 일어나는 것입니다. 카이로선언 등 조선을 독립시킨다는 약속은 일본을 약화시키기 위한 전술적 선전에 불과한 것일 수도 있습니다. 독일 항복 후 런던에 있던 폴란드 망명정부가 소련군 때문에 귀국하지 못했고, 미군은 일본에도 실시하지 않는 군정을 조선 남반부에 시행하고 있습니다.

쓸데없는 의심을 삼가고 상대방의 선의를 최대한 믿어줌으로써 선의를 더 북돋워줄 수 있다는 것은 압니다. 그러나 "지나침은 미치지 못함과 같다(過猶不及)"는 말처럼 지나친 믿음에도 믿음의 부족과 다르지 않은 문제가 있습니다. 선생님은 연합국, 특히 미국과 소련에게 어떤 근거로 어떤 도움을 기대하는지 솔직히 말씀해 주십시오.

안재홍   1882년 체결한 조미수호통상조약의 제1조에 조선과 제3국 사이의 갈등이 있을 때 미국이 거중 조정한다고 했습니다. 1905년 포츠머스강화조약 때 미국은 이 약속을 지키지 못했습니다. 이 위약이 당시로서는 부득이한 일이었고, 카이로선언 이래 미국은 뒤늦게나마 그 약속의 정신을 되살리고 있는 것이라고 나는 믿습니다.

소련은 조선에 대해 제국주의적 야심을 보였던 러시아를 이어받은 나라이지만, 1917년 혁명 후 피압박 민족의 해방을 제창해 왔습니다. 폴란드 사정을 전해 듣고 나도 의아한 생각이 들기는 하지만, 억압체제 철폐를 국시(國是)로 지켜온 소련이 어느 연합국보다도 공명정대한 자세로 조선 문제에 임할 것을 나는 기대합니다.

각국이 자기 이익을 앞세우는 풍조가 세계대전 종결을 계기로 완전히 없어지지는 않을 것입니다. 그러나 지나친 이기주의가 어떤 참극을 불러오는지 세계대전은 큰 교훈을 남겼습니다. 평화와 공영을 받드는 풍조가 크게 일어나고 있는 것은 분명한 사실입니다.

조선의 역사를 보면 조선의 평화가 한반도만이 아니라 주변 지역의 평화를 위해서도 얼마나 중요한 것인지 여실히 알아볼 수 있습니다.

조선이 몽골군에게 짓밟힐 때 일본이 침략의 위협에 떨었고, 풍신수길이 조선을 침략했을 때 중국이 전화에 휘말려들었습니다. 그리고 조선이 식민지가 되었을 때 동양 전체가 평화를 잃었습니다.

어느 나라에서든 평화를 원하는 사람들은 조선의 독립을 도와주고 싶어하지 않을 수 없습니다. 미국인도 소련인도 마찬가지입니다. 각국의 정책이 이런 사람들이 원하는 방향으로 더 많이 결정되도록 우리가 노력할 일이 있습니다. 독립 조선이 세계평화에 이바지하는 나라가 될 것이라는 믿음을 전세계인의 마음에 심어주는 것입니다.

김기협 | 이번에는 신민주주의에 관한 말씀을 듣고 싶습니다. 절차를 중시하는 자본적 민주주의가 아니라 인민의 복리라는 목적에 충실한 인민민주주의가 신민주주의라고 말씀하셨습니다. 이것은 자본주의에 대항하는 사회주의나 공산주의 원리와 통하는 것 같은데, 그렇다면 선생님은 좌익을 지지하는 것입니까?

안재홍 | 장기적 관점에서는 나도 사회주의를 지지합니다. 자본적 민주주의를 '자유민주주의'라고 흔히 부르는데, 자유가 민주주의의 중요한 본질이기는 하지만 자유의 가치를 절대화하는 데는 문제가 있습니다. 자유에는 강자의 힘을 더 키워주는 경향이 있기 때문에 지나친 자유는 사회의 불평등을 늘리고 안정을 해칩니다. 어느 사회에나 약자가 강자보다 다수인 만큼, 약자의 입장을 지지하는 사회주의가 장기적으로 자본주의보다 좋습니다.

미국 같은 나라는 자본적 민주주의를 시행할 수 있습니다. 자원이 풍부해서 아무리 약자라도 생존의 벼랑 끝에 내몰리지 않도록 최소한의 보호가 가능하기 때문입니다. 그런 나라에서는 힘의 집중을 국제관계에서 유리한 조건으로 활용할 수도 있습니다. 그러나 조선처럼 가난한 나라에 자본적 민주주의를 시행한다는 것은 뱁새가 황새 따라가겠다는 격입니다.

따라서 궁극적으로는 사회주의를 지지하지만, 그 원리를 즉각 실현하는 데는 어려움이 많다고 봅니다. 민생안정을 위한 최소한의 물질적 조건이 확보되어 있지 않은 상태에서는 사회주의 원리가 사치일 수 있습니다. 지금의 조선에서는 자본과 기술을 가진 사람들이 우대받아야 합니다. 민생이 안정된 뒤에라야 사회주의 원리를 향한 민심이 자라날 겁니다.

그리고 공산주의 계급투쟁은 조선에 필요 없습니다. 온 민족이 계급·계층 구분 없이 통째로 일제 마수에 떨어졌다가, 또 계급·계층 구분 없이 함께 해방을 맞았습니다. 해방의 기쁨을 함께 나누며 민족의 장래를 위해 힘을 합쳐도 벅찬 과제가 널려 있는데, 왜 일부러 내 편 네 편 갈라 싸울 궁리부터 해야 되겠습니까?

김기협 계급투쟁을 피할 수 있다면야 좋겠지요. 그러나 조선의 경제 사회 구조가 일본 지배 35년 동안 큰 변화를 겪지 않았습니까? 농지 소유구조만 하더라도 조선시대에 비해 집중도가 높아져서 소작농의 비율이 엄청나게 높아졌습니다. 광공업 분야의 노동자도 많이 생겼습니다. 계급모순도 지금의 조선에서는 무시할 수 없는 문제가 되었습니다.

자본과 기술의 보유자들이 우대받아야 한다고 말씀하시는데, 지금 큰 재산과 높은 학력을 가진 사람들은 대개 일본제국주의에 협력한 사람들 아닙니까? 선생님 주변을 둘러보세요. 식민지배에 저항한 사람들은 재산이 꽤 있던 사람들도 재산을 잃었고, 능력 있는 사람들도 능력을 펴지 못하고 지냈습니다. 그 자제들은 고등교육 받기가 힘들었습니다. 자본과 기술에 대한 우대는 바로 친일파의 옹호가 되지 않을까 걱정됩니다.

안재홍 두 가지 다 일리 있는 지적입니다. 그러나 현실 속에서는 더 생각할 점이 있습니다.

35년 동안 조선에서도 계급모순이 상당히 자라난 것은 사실입니다. 그러나 그 모순의 대부분은 이민족 지배에 기인한 것입니다. 농지 문제만 하더라도 조선인 사이의 모순은 그리 크지 않습니다. 농지의 20%를 일본인과 일본회사들이 탈취한 것이 문제의 몸통입니다. 그들의 농지만 몰수해서 영세농에게 분배해도 문제는 충분히 해결됩니다. 조선인 지주의 경우 극소수 악질 친일파 외에는 건드릴 필요가 없습니다.

'협력' 문제도 너무 단순하게 생각해서는 안 됩니다. 해방 전에 관리를 지낸 사람들, 사업해서 재산 모은 사람들을 모두 친일파로 몰아붙이는 경향이 있습니다. 나처럼 미련하게 살아온 사람까지 그 시대에 신문사 사장 해먹었다고 손가락질하는 사람들이 있습니다.

'과유불급'이란 말이 여기에도 적용됩니다. 기준을 너무 넓게 잡아 그 시대에 숨쉬고 산 것까지 친일로 몰아붙이면 비판의 실질적 의미가 사라집니다. 기준을 좁혀 아주 악질적인 경우만 철저히 처단함으로써 '일벌백계(一罰百戒)'의 효과를 얻어야 합니다.

'보통사람'들을 불안하게 만드는 것은 좋은 정치가 아닙니다. 잘 먹고 잘 살기 위해, 자기 가족 편안하게 해주기 위해, 약간 찜찜한 채로 시키는 짓 한 것을 너무 엄하게 다스릴 필요 없습니다. 지나친 욕심을 가지고 시키지도 않은 짓을 찾아 저지른 놈들만 잡아내도 혼낼 놈들 얼마든지 많습니다.

탁월한 도덕가도 아니고 형편없는 패륜아도 아닌 보통사람들, 심지가 약한 사람들입니다. 그 사람들을 포용해 주면 과거의 행적에서 반성할 점은 반성하며 더 훌륭한 역할을 맡으려고 노력합니다. 그러나 견디기 힘든 비판에 직면하면 이를 악물고 눈을 흘기며 더 나쁜 길로 찾아갈 수 있습니다. 내 도덕적 기준을 남에게 강요하기보다 이 사회를 위해 어떤 기준이 바람직한 것인지 고민해야 합니다.

6

이승만의 등장

1945년 10월 15 ~ 29일

지금의 롯데호텔 자리에 있던 반도호텔. 당시 조선 최고의 호텔이던 이 호텔에 하지 사령관의 숙소와 사무실이 있었다.

1945. 10. 15.

맥아더 · 이승만 · 하지,
무슨 음모를 꾸몄을까?

———

이승만은 귀국하는 길에 도쿄에 일주일 동안 머무르며(10월 10~16일) 맥아더의 극히 이례적인 환대를 받았다. 도쿄에서 '가이진 쇼군'으로 군림하던 맥아더에게 이런 극진한 대접을 받은 사람은 따로 없었을 것 같다. 한국에서 '미국인 총독'으로 군림하던 하지가 이 기간중에 도쿄에 다녀갔는데, 이승만과 만나도록 맥아더가 불렀던 것 같다. 16일 오후에는 이승만을 자기 전용기에 태워 보냈다.

서울에 온 이승만을 하지가 떠받드는 모습에서 맥아더의 입김이 얼마나 셌는지 알아볼 수 있다.

하지는 이승만이 귀국한 다음날인 10월 17일에 신문기자들을 배석시킨 가운데, 이승만을 조선의 진정한 애국자로 묘사하며 찬사를 보냈다. 하지는 이승만을 앞세운 채 수행하듯 뒤따라 들어왔고, 이승만을 기자회견장 헤드테이블의 중앙에 앉히고, 자신은 그 왼쪽 자리에 앉았다. 군정장관 아놀드가 헤드테이블의 말석을 차지했고, 하지의 개인통역 이묘묵이 이승만의 오른쪽 자리에 앉았다.

10월 20일 개최된 연합군 환영회는 더욱 극적이었다. 5만명의 인파가 참석한 가운데 중앙청 앞에서 개최된 이 환영회에서, 하지는 짧은 답사 직후 이렇게 이승만을 소개했다. "이 가운데 조선사람의 위대한 지도자가 있으니 소개하겠습니다. 조선의 해방을 위해 싸웠고 조선의 자유와 독립을 위해 큰 세력을 가진 분입니다. 개인의 야심은 추호도 없고 다만 국제관계에 일생을 바치고 노력하신 분이며 따라서 군정부 정당에도 아무런 관련이 없고 단지 개인 자격으로 이 땅에 오신 분입니다." 하지는 이승만이 연설하는 내내 부동자세로 서 있었다.

(『우남 이승만 연구』, 457쪽)

이승만은 해방 당시 국내에서는 '잊혀진 인물'이었다. 정병준은 위의 책 399~400쪽에서 종전을 앞두고 미군 정보당국이 몇 가지 경로를 통해 한국의 잠재적 지도자들을 조사한 내용을 소개하는데, 어느 경로에서도 이승만의 이름은 보이지 않는다. 1919년 상해 임시정부 대통령으로 선출된 것이 그의 독립운동 경력에서 정점이었고, 미국에 한국의 위임통치를 청원했다는 이유로 1925년 탄핵당한 후 독립운동가로서의 위신이 추락했다.

재미동포 사회에서 지지기반을 얼마간 지키고 있었지만, 그곳에서도 많은 '안티'를 가지고 있었다. 그는 반대자를 설득하려 애쓰기보다는 더욱 배척해서 그 반작용으로 자신에 대한 지지가 결속되도록 유도하는 사람이었다. 정치공학의 달인이었던 것이다.

그가 40대 중반의 나이에 임시정부 대통령으로 추대된 것은 무엇 덕분이었을까? 후에 '국부(國父)'의 위상을 세울 근거가 만들어진 일인데, 그 이유를 나는 아직도 충분히 이해할 수 없다. 윌슨의 민족자결주의에 고무된 독립운동가들이 국제적 압력, 특히 미국의 영향력에 의한 독립에 희망을 품고 미국통인 그를 선택했으리라고 짐작되지만, 아무리 임시정부라도 국가 원수를 그런 편의적 기준으로 선택한다는 것은 이해하기 힘든 일이다.

해방 당시 이승만은 독립운동가의 권위는 가지고 있지 않았지만 지도층 인사들 사이에서 미국통으로 불릴 만큼 성망은 매우 높았다. '단파방송 청취 사건'에서 그 성망이 부풀려지는 과정을 살펴볼 수 있다. 전쟁중 엄격한 보도관제 속에서 외부 소식을 접할 수 있는 유일한 길인 단파방송 청취마저 금지되었는데, 1942년 말 경성방송국과 개성방송국 근무자들이 단파방송을 몰래 듣고 전파하다 적발된 이 사건에 여운형, 허헌, 백관수(白寬洙, 1889~?), 함상훈(咸尙勳, 1904~77) 등 해방 후 건준과 한민당의 주역이 될 인물들이 폭넓게 연루되었다. 사건의 핵심 당사자 송남헌은 이렇게 회고했다.

> 1942년 6월경 샌프란시스코에서 이승만 박사가 흥분한 목소리로 "2천5백만 동포들이여 조국광복의 날이 멀지 않았으니 동포는 일심협력하여 일제에 대한 일체의 전쟁협력을 거부하고 때를 기다리라"고 한 연설을 나는 직접 들었다. 이 방송을 들은 나는 가슴이 마구 뛰었고, 흥분해서 변호사 사무실로 달려가 그대로 전했다. 내가 전하는 말을 듣고서 모두가 금방 독립이라도 되는 듯이 기뻐했다. 그리고 이 말은 곧 시내로 퍼져나갔다. (『송남헌회고록』, 40쪽)

이승만은 1942년 6월에서 7월 사이 몇 차례 '미국의 소리'(Voice of America) 방송을 했고, 독립을 간절히 바라던 국내 사람들의 귀에 그의 목소리가 독립의 희망과 겹쳐져 울렸던 것이다. 그리고 이 상황에 편승해 이승만의 존재를 더욱 부각시키려 애쓴 추종자들이 있었다.

단파방송 사건의 주범으로 지목되어 옥사한 홍익범(洪翼範, 1897~1944)의 역할이 주목된다. 홍익범은 와세다대학을 나온 뒤 1926~32

년 미국유학을 하고 귀국 후 동아일보 정치부 기자로 있었다. 단파방송 청취 내용을 지도층 인사들에게 유포하는 일에 앞장선 사람인데, 그 내용에 이승만 선전을 교묘하게 끼워넣어 전달했다.

경찰조서 등 자료를 보면 여운형, 허헌, 송진우, 함상훈 등 홍익범에게 정보를 제공받은 사람들이 이승만에 대해 과장된 인식을 공유하고 있었다. 가장 중요한 내용은 미국에 이승만이 이끄는 임시정부가 세워져 있고 미국정부의 큰 지지와 지원을 받고 있다는 것이었다(『우남 이승만 연구』, 399~424쪽). 홍익범은 미국유학 기간에 이승만의 사조직 동지회에서 활동한 사람이었다. 정보를 받는 사람들은 반가운 정보에 묻어 전해진 허위선전을 그대로 믿었다.

이승만은 맥아더를 만나기 위해 모든 노력을 기울였다. 7월 27일 이후 맥아더에게 여러 차례 편지와 전보를 보냈을 뿐 아니라 귀국 경로까지 바꿨다. 당시 미국에 있던 한국인이 귀국하기 위해서는 주한미군사령부, 태평양지구 미육군사령부와 미국무부의 승인이 필요했다. 이런 복잡한 절차에도 불구하고 그는 애초에 마닐라를 경유해 한국으로 들어오는 허가를 받았다가 도쿄 경유로 바꿨다. 맥아더가 마닐라에서 도쿄로 옮겨와 있었기 때문이다.

이승만이 맥아더를 만나고 싶어한 것은 당연한 일이지만 맥아더가 이승만을 환대한 까닭은 무엇일까? 미국정부, 특히 군부와 소통이 잘 될 만한 인물로 보아 밀어주고 싶어했다는 정도는 짐작할 수 있다. 그러나 그런 막연한 기대감으로 서울에서 하지까지 불러오며 그렇게 환대를 할 수 있었을까? 그보다 더 구체적이고 강한 동기가 있었으리라는 추측이 들지 않을 수 없다.

이 추측과 관련해 눈에 띄는 사실이 하나 있다. 하지가 도쿄에서 이승만을 만난 사실을 숨기려 애썼다는 것이다. 11월 2일 24군단 참모회

의 석상에서까지 "이승만의 서울 도착에 깜짝 놀랐다"고 거짓말을 했
다(같은 책, 442~443쪽). 만난 사실을 이렇게까지 감추려고 애쓴 것은
도쿄에서의 만남에 큰 비밀이 숨어 있었기 때문이 아니겠는가. 자기
휘하의 참모들에게도 숨겨야 했던 비밀이 무엇이었을까.

　짐작이 가는 것은 맥아더, 하지, 이승만이 공유한 반공·반소 자세
다. 맥아더는 루스벨트의 국제주의를 이어받은 국무부의 방침에 불만
을 가지고 있었다. 그 불만을 꿰뚫어본 이승만이 어떤 묘수를 제공해
서 맥아더의 환심을 산 것이 아닐까? 그래서 그 묘수의 실행을 도와주
라고 맥아더가 하지를 부른 것 아닐까? 나는 이승만에 대해 여러모로
비판적인 생각을 가진 사람이지만, 그가 맥아더보다 머리가 좋은 사람
이었다는 사실은 인정한다.

1945. 10. 17.

염불은 싫고 잿밥만 좋았던 이승만

이승만은 13살이던 1887년부터 과거제가 폐지된 1894년까지 계속 과거에 응시했다. 그리고 1895년에 배재학당 영문부에 입학했다. 3살 때부터 서울에서 살아온 그가 21살이 되어서야 신교육을 택한 이유는 명백해 보인다. 과거 대신 출세할 길을 찾은 것이다.

유소년기에 형성된 이승만의 성격을 정병준은 이렇게 요약했다.

> 이승만은 어릴 적부터 5대 독자로 자란데다 아버지가 방랑벽으로 오랫동안 집을 비움에 따라 집안의 유일한 남자로 어머니와 둘이서 외롭게 생활하면서 '수탉형'의 외향적 성격과 유아독존적 성격을 갖게 되었다. 이승만의 독선적 성격이 어머니를 통해 성장하는 과정에서 비롯되었다는 주장이 있지만, 이는 아버지의 권위주의적이고 가부장적인 성격으로부터 영향을 받은 것이기도 했다. 유년기의 영향에서 출발한 가부장적 권위주의는 오랜 망명생활 속에서 다져졌으며, 본능에서 우러나와 제2의 천성이 된 마키아벨리적 성격과 함께 그의 주된 자질이 되었다. (『우남 이승만 연구』, 61~62쪽)

배재학당에 다니는 동안 여러 미국인 선교사들과 친분을 쌓은 이승만은 졸업하던 해인 1898년 내내 독립협회 활동에 적극 참여했다. 특히 11월의 독립협회 탄압 때 치열한 투쟁으로 주목받아 중추원 의관에 임명되기도 했다. 그러나 곧 박영효(朴泳孝, 1861~1939) 쿠데타 음모에 연루되어 1899년 1월에 투옥되었고, 탈옥 시도에 실패한 후 종신형을 선고받았다.

25살이 될 때까지 그는 자기현시욕이 강한 일개 출세주의자였다. 그런데 5년 7개월의 감옥생활(1899년 1월~1904년 8월) 동안 특이한 지도력의 기반을 닦게 된다. 이 기간 동안 많은 책을 읽으며 서양 사정을 잘 알게 되었고, 1902년 말 기독교로 개종한 후 많은 동료 죄수들을 개종으로 인도했다. 후일의 중요한 지지자들 여럿이 이 죄수들 중에서 나왔다.

옥중에서 이승만이 큰 성장을 이룰 수 있었던 것은 감옥 안에 그를 위해 도서실과 학교를 만들 정도의 특별대우 덕분이었다. 이 특별대우는 선교사들 덕분이었다. 정부는 서양 열강의 일본 견제를 원했기에 선교사들을 극히 우대했고, 선교사들은 좋은 목사감으로 배재학당 시절부터 주목해 온 이 젊은이의 보호와 지원에 힘을 아끼지 않았다. 이승만은 옥중에서 선교사들의 기대에 유감없이 부응했다.

석방 3개월 후인 1904년 11월, 이승만은 선교사들의 후원으로 미국 유학을 떠났다. 대한제국 정부의 외교적 사명으로 미국에 갔다는 그의 주장은 과장된 것으로 보인다. 강화되는 일본의 압력 앞에서 고종이 온갖 수단을 다 동원해 밀사외교를 추진하던 와중이었으니 그에게도 주변적 역할이 조금 떨어졌을 수는 있지만, 유학생으로 건너가는 길에 단순한 심부름을 맡은 정도였을 것이다. 그는 고종이 자기를 보자고 부른 것을 거절했다는 주장까지 했다.

그런 신분으로 미국 도착 8개월 만에 국무장관과 대통령을 면담했다는 것은 정말 대단한 재간이다. 절에 가서 새우젓 얻어먹는 정도가 아니라 소를 잡아 잔치를 벌일 재간이다. 특히 1905년 8월 시어도어 루스벨트(Theodore Roosevelt, 1858~1919) 대통령과의 면담에서 그의 기막힌 수완이 빛을 발했다. 그는 대한제국 정부나 황제의 명령에 의해서가 아니라 하와이의 한국계 주민 8천명의 청원 대표 윤병구(尹炳求, ?~1949) 목사를 수행해서 미국 대통령을 만난 것이었다. 이 면담 덕분에 많은 미국인들이 그를 대단한 인물로 여기게 되었다.

1905년 2월부터 1910년 7월까지 11학기 동안 이승만은 학부에서부터 시작해 박사학위까지 받았다. 워낙 머리가 좋아서인지 '외교활동' 틈틈이 공부를 한 것 같은데도 기록적으로 단기간에 학업을 마친 것이다. 선교사들의 도움이 이때도 큰 작용을 했다. 언더우드(Horace G. Underwood, 1858~1916), 스크랜턴(William B. Scranton, 1856~1922) 등 서울의 선교사 여러 명이 미국 교회지도자들에게 총 19통의 추천서를 써주었다고 한다. 한국의 교회지도자로 육성될 인물로 추천된 이승만은 장학금은 물론, 예외적인 단기 수학을 허락받을 수 있었다.

목사 되기를 바란 선교사들의 후원과 추천 덕분에 얻은 학위를 그는 정치활동을 위한 밑천으로 삼았으니 일종의 배신이다. 그러나 그는 배신에 뛰어난 재간을 가진 사람이었다. 배신한 상대에게 아주 등을 돌리는 것이 아니라 배신의 결과를 기정사실로 받아들이도록 상대를 설득해 계속해서 도움을 받아냈다.

이승만의 유학기간 중 향후 그의 정치노선을 짐작하게 할 만한 일이 하나 있었다. 1904년부터 일본에 고용되어 대한제국 외교고문으로 일했던 미국인 스티븐스(D. W. Stevens, ?~1908)가 미국으로 돌아가 기자회견을 하면서 일본의 통감정치를 찬양하고 옹호하여 한국 교민들의 큰 분노를 불러일으켰다. 이로 인해 1908년 3월 23일 교민 장인환(張

해방 무렵의 이승만(왼쪽)과 전쟁 중 맥아더와 포옹하는 모습. 상대방의 역할에 더할 수 없이 만족했던 두 사람 같다.

仁煥, 1876~1930)과 전명운(田明雲, 1884~1947)이 샌프란시스코 부두에서 그를 공격, 살해한 '스티븐스 사건'이 일어났다. 교민사회 간부들은 영어를 잘하는 이승만에게 두 사람을 위한 통역을 부탁했는데, 그는 이것을 거부했다.

그는 학생 신분이며, 기독교인으로서 살인범을 도와줄 수 없다는 이유로 통역을 거절했다. 정치활동은 열심히 하는 사람이 학업에 전념하기 위해 다른 일에 나서지 못한다는 것도 우습거니와, 기독교인 핑계는 해도 너무했다. 살인범에게 구원이 있을 수 없다는 믿음이라면 진정한 기독교인에게는 모욕이다.

핵심은 장인환과 전명운이 한 행위의 정치적 의미를 주장하는 일을 이승만이 거부했다는 사실에 있다. 평화노선을 주장하며 폭력 사용을 반대할 수는 있다. 그러나 이미 끝난 행위의 동기가 민족적 울분에 있다는 사실을 밝히는 것은 폭력 사용에 동참하는 것과 다른 일이다.

목적을 공유하는 사람들은 방법이 달라도 서로를 인정한다. 방법이 다르다는 이유로 다른 민족운동가의 존재를 인정하지 않는 자는 자기 방법에 대한 집착만 있을 뿐, 목적에 충실하지 않은 것이다. 이승만 '외교독립노선'의 성격은 스티븐스 사건에서 드러났다. 그는 언제나 현시욕이 강한 출세주의자였고, '외교독립노선'은 그를 위한 하나의 도구였을 뿐이다.

그렇게 보면 그가 임시정부 '대통령'의 직함을 걸고 미국의 신탁통치를 청원한 것도 쉽게 이해할 수 있는 일이다. 그는 힘들여 독립운동을 벌일 생각이 없었다. 적당히 처신해서 직함을 따내고, 그 직함을 이용해 하나의 예속상태를 자기에게 유리한 다른 예속상태로 바꾸는 것이 그의 '사업'이었다. 해방 후까지도 그는 진정한 독립이 아니라 자기에게 유리한 예속상태를 계속 찾고 있었다.

1945. 10. 20.

이승만은 친미파가 아니었다,
미국인이었다

30년 전 『해방전후사의 인식』은 현대한국을 바라보는 눈을 오랫동안 가리고 있던 안대를 벗겨내는 작업이었다. 여기에 수록된 김도현의 「이승만 노선의 재검토」는 이승만에 대한 비판적 고찰이 봉쇄, 제한되고 있던 상황에 대한 반작용으로 비판에 치우친 감도 있다. 그러나 이승만의 '외교제일주의'에 대한 설명은 정확하다.

이승만은 이러한 자신의 외교제일주의를 위해서, 미국 내에서 무장 독립군의 양성에 심혈을 기울이며 자기를 하와이에 초청해 준 박용만과 다투고, 실력양성을 애쓰는 안창호와 불화하고, 침체한 독립운동에 활력을 준 김구의 테러행위를 비난했으며, 이청천 등의 무장 유격행동도 비판하였다. (…) 미국의 외교가 한국민에 대한 동정보다 제국주의적 이익에 지배되고 있다는 사실을 (그가) 깨닫지 못한 것이 오히려 이상하다고 하겠다. 그리고 이승만 외교의 일생에 걸친 헛수고를 두고 오늘날까지 '외교에는 귀신'이란 말이 그에게 적용되고 있는 것 또한 이상한 일이다. 해방 후만 하더라도 대미의존 외에는 아무런 국제적 지위를 얻지 못한 것이 그의 외교의 전부였다. 이승만은 또 "세계의 분쟁을 일으키는 조화를 가진 사람으로 알려졌다"는 평

가를 받고 있었으며, 재미교포 사회와 독립운동 사이를 분열시키는
데 중요한 역할을 했다.

　이승만은 1913년 하와이로 갔는데 그 뒤 25년의 그곳 생활은 분쟁
으로 보낸 것이라는 평을 받을 만큼 교포사회를 분열시켰다. (송건호
외, 『해방전후사의 인식 1』, 한길사 2008, 363~364쪽)

외교를 중시하는 것은 좋다. 그러나 외교만을 내세워 다른 방법을
무시하거나 방해하는 '제일주의'는 문제다. 어제 얘기한 스티븐스 저
격 사건 재판의 통역 거부가 이 '제일주의'를 보여주는 사례다. 독립운
동은 명분일 뿐이고 개인의 출세가 목적이기 때문에 자기에게 유리한
'외교'만을 고집하고 실제로 '독립'을 향한 의지는 없었던 것이다.

　정병준은 『우남 이승만 연구』 제4장 「외교독립노선의 형성과 특징」
에서 이승만의 활동노선을 개관했는데, 1904년 옥중에서 쓴 『독립정
신』을 그 외교독립노선의 출발점으로 보았다. "외세에 대한 우호적 생
각과 현실순응적 정세관"을 바탕으로 무저항적 적응만을 국권 보존의
방법으로 제시했다는 것이다. 이승만이 이런 노선을 선택한 이유를 정
병준은 이렇게 설명했다.

　외교노선은 이승만의 출세지향적 기질과도 부합하는 것이었다. 국내
에서 이승만은 신분·지위·연령 등 모든 면에서 사회·정치지도자가
될 수 없었지만, 외교무대에선 한국을 변론하는 대표성과 명망성을
자임할 수 있었다. 특히 1905년 30세의 나이에 한국의 운명을 좌우
할 수도 있는 대미외교를 경험했던 사실은 이후 그가 외교노선으로
일로매진하는 결정적 계기가 되었다. 한편 이승만이 외교의 방식을
선호한 개인적 이유 중 하나는 이것이 생사를 건 투쟁이 아니라 현실

주의에 기초해 필요에 따라 시도할 수 있으며 개인적 안전을 보증할 수 있는 방안이었기 때문일 것이다.

결국 이승만의 외교노선은 개항기 한반도의 상황 및 국제정세, 미국·기독교·옥중생활이라는 개인적 경험, 출세지향성·안전보증이라는 개인적 특성이 결합되면서 형성된 것이었다. 특히 옥중생활에서 본격화된 미국 선교사·기독교·미국에 대한 그의 신뢰는 유학기간을 통해 신념화되었고, 이를 통해 대미외교 일변도의 외교노선이 형성되었다. (『우남 이승만 연구』, 98~99쪽)

연구서의 서술로는 좀 아슬아슬한 표현이다. 연구의 엄정성을 보장하기 위해 연구자는 주제에 대한 직설적 비판을 삼가야 한다. 그래야 나 같은 평론가가 할 일이 있는 것이다. 이 책을 읽는 내내 분노에 부들부들 떨었다고 말하는 독자도 봤는데, 이 정도 표현이면 정말 독자의 감성을 자극할 만하다. 그런데 생각해 보면, 이승만의 행각이 너무 노골적이어서 객관적 서술만으로도 바닥이 다 드러나 보이는 문제가 있기도 하다.

그렇다면 대미 일변도의 외교로 미국과의 관계에서는 소득이 있었나? 서중석은 이에 대해서조차 부정적인 의견을 밝혔다.

중경 임시정부에 대한 미국정부의 불신에는 이승만이 일정한 역할을 하였다. 1932년 제네바행을 제외하고는 1920년대 중반 이래 거의 활동을 중지하였던 이승만은 중일전쟁 이후 조금씩 움직이기 시작하여 1940년대에 들어와서는 '외교활동'을 재개하였다. (…)

1943년 여름 태평양협의회의 한 모임에서 미국의 루스벨트 대통령은 송자문 중국 외교부장에게 한국인들의 저항운동을 평가해 줄 것을

1945년 10월 20일 군정청이 들어선 총독부 청사 앞에서 열린 연합군 환영대회. 태극기를 중심으로 4대 연합국 국기가 걸려 있다.

요구하였다. 송자문은 이승만에게 한길수와 제휴하도록 설득했으나 헛수고였고, 그래서 송자문은 한국인들이 너무 분열되어 있기 때문에 지원받을 만한 가치가 없다고 루스벨트에게 성급히 보고하였는데, 이것이 임시정부 승인 또는 지원에 큰 영향을 미쳤다는 것이다. (『한국현대민족운동연구』, 181~182쪽)

1904년의 『독립졍신』은 당시의 '외세 줄서기' 행태를 그대로 반영한 것이다. '국권 수호'라는 명분하에 각자 유리한 나라를 붙잡고 매달리는, "외국 공사들을 영수로 하는 당쟁"의 양상이었다. 이승만은 배재학당에서 '미국통'이 되었으나 미국의 한국 개입이 약했으므로 일본 쪽에 붙어 독립협회에서 반러시아 활동을 했다. 1904년 여름 하야시 곤스케(林權助, 1860~1939) 일본공사가 그의 석방을 주선한 것도 그의 친일활동을 기대했기 때문일 것이다.

1898년의 맹렬한 반러시아 활동에서부터 해방 후의 극단적 반공노선까지 이승만은 러시아·소련에 대해 적대적인 태도로 일관한 것처럼 보인다. 그러나 1920년대 초 이래 1933년 모스크바 방문 때까지 소련에 추파를 보낸 시기가 있다. 미국이 한국에 관심을 보이지 않던 시기에 소련의 지원을 기대한 것이다.

1898년 이승만의 독립협회 활동기에 한국에서 부딪치고 있던 외세는 일본과 러시아였다. 이때 그가 일본을 택한 것은 독립협회에 일본 측 돈이 많이 풀렸기 때문일 것이다. 아관파천 이후 러시아는 대한제국 조정에 대한 영향력을 장악하고 있었고 일본은 독립협회의 친일파를 통해 이에 도전하는 상황이었다. 이승만이 러시아에 반대한 이유는 러시아가 백인국가라는 것뿐으로, 일본의 '아시아인 단결' 주장에 호응한 것이었다. 미국이 백인국가라는 이유로 배척하지 않은 것을 보면, 그의 외교노선은 피부색보다 돈으로 결정되는 것 같다.

1920년 소련이 거액의 지원금을 상해 임시정부 쪽으로 보내는 것을 보고 이승만은 소련에 매달릴 생각을 하게 되었다. 그때부터 소련에 접근할 기회를 꾸준히 노리다가 마침내 1933년 7월 모스크바까지 갔으나 이튿날로 추방당했다. 그의 극렬하고도 일관된 반공·반소 노선은 그 시점에 시작된 것이었다.

일본에 대한 그의 태도 역시 상황에 따라 굴곡을 보였다. 1912년 미국으로 떠난 것이 일본의 박해를 피한 것이라고 하지만, 그때도 그는 식민통치를 찬양하고 있었다. 1912년 11월 18일 『워싱턴포스트』지 기자회견에서 이렇게 말했다고 한다.

(합방 후) 불과 3년이 지나기도 전에 한국은 낡은 인습이 지배하는 느

림보 나라에서 활발하고 떠들썩한 산업경제의 한 중심으로 변모했
다. 오늘의 서울은 주민의 피부색깔을 제외한다면 (미국의) 신시내티
와 다를 것이 없다. (『우남 이승만 연구』, 104쪽 주22에서 재인용)

이듬해 하와이로 가서 민족의식이 강한 교민집단에 의탁하게 되면
서 그제야 반일적 입장을 표명하기 시작했다. 그러나 교민사회 내에서
만 항일 얘기를 했을 뿐, 대외적으로는 일본에 적대적인 태도를 보이
지 않았다. 심지어 1923년에는 자기가 운영하던 한인기독학원 학생들
을 모국방문단으로 보내면서 하와이 일본영사관과 교섭, 일본여권을
가지고 가게 하기까지 했다. 한인 학생들을 일본국민으로 만들어준 것
이다. 이 조치에 대한 사례로 일본영사관은 이승만에게 상당액의 학교
건축비를 지원해 주었다. 대한민국 임시정부 대통령 직함을 아직도 가
지고 있을 때 한 짓이었다.

이승만은 미국이 일본과 평화로운 관계를 가지고 있는 동안 일본을
적대하지 않았다. 중일전쟁이 터진 후 1939년 워싱턴으로 건너가면서
부터 일본을 적대하기 시작했다. 그때의 그는 친미파 한국인이 아니었
다. 그는 미국인이었으며, 직업은 지한파(知韓派) 정치브로커였다.

1945. 10. 21.

하지에게 '군정'의 의미는 무엇이었나?

조선주둔 미국사령관 하지 중장은 북위 38도 이남 조선에 설치된 미군정부에 대하여 다음과 같이 정의를 내리었다.

군정청 발표: 조선국민의 사상적 혼란을 제거하기 위하여 조선주둔군 사령관 하지 중장은 금일 군정청에 대하여 아래와 같이 정의하였다. 즉 군정청이라는 것은 일본의 통치로부터 인민의 인민을 위한 인민에 의한 민주주의 정부를 건설하기까지의 과도기간에 38도 이남의 조선 지역을 통치, 지도, 지배하는 연합군 최고사령관 지도하에 미국군으로서 설립된 임시정부이다.

군정부는 남부 조선에 있어서 유일한 정부이다. 군정부는 군정청 본부와 도청 군을 통하여 설립된 각 기관을 운영하는 것이며 군정부의 유일한 정부는 조선의 복리와 조선을 위하여 견고한 정부와 건전한 경제의 기초를 확립하는 데 있다. 조선국민이 군정의 법령에 순응치 않거나 또는 협력을 게을리 함은 오직 국가의 완전독립의 시일을 지연시키며 따라서 법령에 순응치 않거나 또는 고의로 군정을 훼상하는 원인을 만들 뿐이다. 군정부는 인류의 침략자 압제자를 정복한 연합군의 모든 실력으로 지지되어 있다. 따라서 연합군의 명령을 실시하기 위하여는 언제나 실력행사를 할 준비가 되어 있다. 그러나 실력발동을 필요치 않도록 희망하는 바이다.

정부의 각 계급을 통하여 일본 및 친일관리는 우수한 조선인으로서 가급적 속히 경질되어 가는 중이다. 이들 조선인은 미국시민으로 정치와 경제에 대하여 고등교육을 받고 점령지역에 건전한 정부를 설립하기 위하여 자진 조력하는 미군관리의 지도하에서 활약하고 있다. 유능한 조선인을 그들이 일찍이 취임하여 보지 못한 정부 각 지위에 등용하는 동시에 미국인은 관리 지위 각 계급에 조선인을 배치할 수 있도록 기타 조선인 관리를 양성중이다. 그뿐만 아니라 군정부에서는 경리지재(經理之才)의 조선인을 발견하는 대로 속히 그들을 실업계나 상업계나 높은 지위에 배치하고 기타 조선인으로 여사한 사무의 훈련을 받게 하는 중이다.

이상 제 군정정책은 민주주의적 원칙에 의하는 것이고 결코 강압정책에 따르는 것은 아니다. 남조선은 조선의 언론의 자유, 사상의 자유 및 종족 피부의 빛깔이나 신앙에서 기인된 공공적 차별대우에서 자유롭게 되어 있다. <u>통치권을 지배하는 준비가 되면 곧 조선에 독립과 조선인 자신에 자유정치를 줄 것이다.</u> 정치를 비밀로나 공공연히 반대하는 단체가 있는 모양인데 자기 국가를 우려하는 선량한 조선인이라고 할 수 없다. 현재까지 판명된 이러한 단체는 이익적 사욕적 지도자 밑에 있는 것이 사실이다.

이러한 단체를 지지하거나 찬성하지 말 것이다. 이러한 행동을 하면 즉 그것은 불안정한 과도기를 지연시키며 일국가로서의 조선의 전성을 늦게 하는 것이다. 참으로 조선 국가와 국민의 복리를 생각하는 정당이라면 먼저 정부와 건전한 경제건설에 대하여 미군을 지원하지 않으면 안 될 것이다. 이런 건설이 된 후 개인단체와 정당 설립에 관하여 표현될 의견의 시기가 올 것이다.

(「하지, 미군정의 정의(定義) 천명하는 성명서 발표」, 『매일신보』 1945년 10월 16일)

아놀드 군정장관이 물의를 일으킨 10월 10일 담화의 골자를 윗선에서 뒷받침한 것이다. 군정 한 달이 지난 시점에서 군정의 의미를 분명히 하는 것은 필요한 일에 틀림없다.

그런데 정병준은 『우남 이승만 연구』 450쪽에서 위 성명서 중 밑줄친 부분을 지적했다. "실제로 하지는 한국인들에게 독립과 자유정부를 '줄' 위치도 아니었고, 그럴 만한 결정권도 없었다"는 것이다. 지적한 것을 보니 정말 중요한 문제다. 9월 9일 진주 당시 하지의 성명서에도 점령군의 임무는 질서유지 등 관리 측면으로 밝혀져 있었다.

> 태평양방면 육군총사령관이요 연합국 총사령관 맥아더 대장을 대신하여 본인은 오늘 남조선 지역의 일본군의 항복을 받았다. 주(駐)조선 미합중국 사령관으로서 본인은 아래에 적은 항복에 관한 제 조건을 굳게 지키게 하노라. 본인은 이에 법률과 질서를 유지하는 동시에 조선의 경제상태를 앙양시키며 인민의 생명재산을 보호하며 기타 국제법에 의하여 점령군에게 과하여진 기타 제 의무를 이행하노니 점령지역에 있는 제군도 또한 의무를 다하여라. (…)

독립과 자유정치를 한국인에게 누군가가 줄 것이라면 그것은 여러 연합국의 합의였다. 반탁운동의 도화선이 될 모스크바 3상회의 같은 연합국 회담을 통해 결정될 일이었다. 미국 한 나라의 의사를 결정하는 데도 전쟁이 끝난 만큼 군부보다 국무성이 앞장서야 할 상황이었다. 주둔군 사령관은 한국의 정치적 진로를 언급할 입장이 아니었다.

단순한 군인을 자임하는 하지가 이런 용감한 발언을 한 배경을 정병준은 그 직전 맥아더와 이승만의 만남에서 찾는다. 이에 관한 정병준의 관점은 나도 수긍이 갈 뿐 아니라 매우 중요한 것으로 생각되므로 오늘은 그 관점을 소개하는 데 집중하겠다.

제2차 세계대전 후 미국 외교노선은 다변주의(multilateralism, 또는 국제주의internationalism)에서 일방주의(unilateralism, 또는 국가주의 nationalism)로 바뀌었다. 원래 일방주의는 강대국이, 다변주의는 약소국이 선호하는 노선이다. 미국이 초강대국으로 일어서면서 다변주의에서 일방주의로 옮겨간 것은 자연스러운 추세였다.

종전 직전까지 미국정부, 특히 국무성은 루스벨트 대통령의 걸출한 지도력 아래 다변주의 기조를 지키고 있었다. 한국문제를 놓고도 국무성은 다변주의에 입각한 신탁통치를 구상하고 있었다. 그런데 소련과의 대결을 앞세우는 극우파는 국무성의 다변주의를 이적행위로 몰아붙였다. 국무성을 주요 표적으로 한 매카시선풍은 이런 분위기에 편승한 것이었다.

1945년 4~6월의 샌프란시스코회의 때부터 미국무성에 공산주의자가 많다고 불평한 이승만을 매카시(Joseph R. McCarthy, 1908~57)는 선각자로 존경했을 것 같다. 매카시의 '폭로'가 큰 반향을 불러일으킨 것은 국무성의 외교노선에 불만을 가진 세력이 컸고, 아마 국민들도 초강대국으로서의 새로운 위상에 대한 기대감에 들떠 있었기 때문일 것이다.

맥아더와 하지가 이승만과 같이 국무성의 신탁통치 구상에 불만을 가졌던 것은 이데올로기 차원의 반공이 아니라 군부가 흔히 가지는 대결주의 성향으로 이해된다. 4개국이 참여하는 신탁통치를 기다리며 질서유지나 해주는 것이 재미도 없을 뿐 아니라 잘했네 못했네 비판을 받는 고된 일이 될 수 있었다. '소련은 나쁜 놈들'이라고 간단히 규정해 버리고 남한만 마음대로 주무르는 것이 훨씬 쉽고 재미있는 일로 생각되었을 것이다.

하지가 곧 미국으로 떠날 정치고문 메럴 베닝호프(H. Merrel Benninghoff)에게 16일 전해 준 비망록에 그 당시 하지의 의도를 보여주는 항목이 있다. 'h항'에서 "다만 명목상의 최고지도자를 가진 정부라도 좋으니, 임시적으로나마 한국정부를 조속히 수립하고, 가급적 빨리 총선거를 시행할 필요"를 강조했다는 것이다(『우남 이승만 연구』, 447쪽에서 재인용).

북한에서는 인민위원회를 토대로 자치정부가 형성되어 가고 있던 상황이었으니 진도가 너무 처질까봐 급한 마음이 들기도 했을 것이다. 그러나 하지의 의도는 북한과 달리 '위로부터의 조직'을 바라보는 것이었다. 그 꼭지점을 어디에 잡을지 복안이 없이는 추진할 수 없는 방침이다. 하지는 맥아더와 함께 이승만을 만나면서 복안을 세울 수 있었다. 상관인 맥아더가 인정하는 인물을 앞세우는 길이라면 하지가 격정할 일이 없었다.

미군정 당국은 아놀드의 신랄함을 넘어 저열하기까지 한 표현으로 건준과 인공을 부정했다. 미군정이 남한의 유일한 정부라는 그 논리를 연장하면 임정도 부정의 대상이 될 수밖에 없었다. 이승만은 1941년 봄 임시정부의 주미외교위원부 승인 이후 임시정부의 대표자로 행세해 왔다. 귀국 시점에서 이승만의 과제는 임시정부의 권위를 최대한 빌려 쓰면서 자신의 세력근거를 만드는 일이었다.

소련군의 존재가 없더라도 한국에 통일국가가 세워진다면 1943년 이래 이승만이 여지없이 주장해 온 극단적 반공은 용납될 여지가 없었을 것이다. 이승만이 사사로운 동기에서 통일국가 수립을 방해했다는 확고한 증거를 나는 가지고 있지 않다. 그러나 그에게 그런 동기가 있

었다는 사실은 분명하다. 그리고 귀국길 도쿄에서 맥아더, 하지와의
만남은 세 사람이 공유하는 이해관계를 확인하는 기회였다.

1945. 10. 22.

도와주고는 후회하게 되는 사람, 이승만

10월 22일 오후 재경신문기자단 회견에서 기자들의 질문에 답한 이승만의 대답 중 아래 문답들이 주의를 끈다.

(문) 8월 15일 이후 우리들의 해외정책이 환국하지 않은 것은 국제적 협정이 있는 까닭인가? 또 38도 이북에서는 모든 권리가 인민의 수중으로 들어갔는데 38도 이남은 그렇지 않으니 여하합니까?

(답) 북위 38도 이북에 대한 비난과 여러 가지 사실을 다루고 있으므로 종합적인 해답도 들어갈 것이나 여하간 침묵을 지킬 수는 없다. 남북의 우리 강토를 회복해야 하므로 북방에서 어떠한 복리를 그곳 주민에게 주든 혹은 남방 미군이 어떠한 복리를 주든 이러한 분할적 복리로서 만족할 것이 아니므로 우선 강토환원의 장애는 제거해야 할 것이다.

(문) 트루먼 미대통령의 극동정책 중 조선의 자주독립을 촉진시키기 위하여 신탁통치를 한다고 전해진 것 같은데 사실일까?

(답) 전연 알 수 없으나 샌프란시스코에 있을 때부터 이러한 신탁통치라는 말을 들었다. 그러나 우리의 영토는 그렇게는 안 될 것이다. 신탁통치라는 것은 자주독립의 실력이 없을 때에 있을 수 있으므로 우

리는 이러한 것을 들을수록 시급히 우리의 실력을 갖추고 우리의 자주
독립으로 모든 역량을 집중시키지 않으면 안 될 것이다.

(「이승만, 민족통전, 38선, 신탁문제 등에 관해 기자회견」,

『자유신문』 1945년 10월 23일)

위 질문에서 이남의 주민자치가 이북처럼 발전하지 못하고 있는 상
황을 지적했는데, 이승만은 이것을 "분할적 복리"로 폄하고 38선의
제거를 앞세웠다. 그의 상투적 수법이다. 주민자치라는 민주주의의 근
본과제를 '복리' 정도 표현으로 깎아내리면서 누구나 동의할 '38선 제
거'라는 명분으로 내리누른다. '38선 제거'에 대한 진정성은 별개 문
제다.

다음 질문에 대한 대답에서 한국인에게 자주독립의 실력이 있다는
이유로 신탁통치를 반대한다는 뜻을 완곡히 밝혔다. 다른 질문의 대답
에서는 미국이 한국인의 능력을 잘 알고 있다고 강조했다.

더욱이 1942년 진주만사건이 있자 곧 조선의 자주독립을 위하여 미
국이 원조를 안 한 것은 소련관계와 일본의 악선전 또 불령한 한인들
의 모략의 관계로 조선에 새로운 정부를 줄 수 없다는 인상을 받은
까닭이다. 그러나 다행히 대통령이 그러한 사실을 부인했으며 국무
총리도 조선의 실정을 잘 양해하였고 태평양방면 최고지휘관 맥아더
장군도 조선인의 분열 자주실력이 없다는 것은 허위선전이라는 것을
잘 알고 있다. 따라서 조선에 있는 지휘관 하지 중장과 아놀드 군정
장관 역시 이러한 사실을 잘 알고 있으며 각 정당이 상호 협력하여
합동통일하면 훌륭히 자주독립할 수 있다는 것을 시인하고 있다.

당시 워싱턴 사정을 제일 잘 아는 한국인으로서 그는 사실과 거짓을 교묘하게 섞어 대답했다. 맥아더와 하지가 한국인의 실력을 믿든 안 믿든 신탁통치에 반대한다는 사실은 바로 지난주에 함께 앉아서 확인한 사실이다. 그러나 트루먼 대통령과 국무성이 신탁통치를 추진하고 있었던 것은 한국인의 실력이 불충분하다고 보았기 때문일 것이다. 모든 미국인이 한국인의 실력을 믿고 있다는 이승만의 대답은 신탁통치에 반대하고 남한에 단독 정치조직을 만들려는 맥아더와 하지의 방침을 뒷받침하려는 책략이었다.

참으로 교묘한 화법이다. 왜 이남에서는 이북처럼 민주적 발전이 이루어지지 못하고 있냐는 질문에는 38선이란 현실 문제를 방패로 삼고, 신탁통치 반대를 위해서는 민족 자존심에 기댄다. 70여일 후 신탁통치 반대운동은 그가 정치적 주도권을 잡는 수단이 되는데, 귀국 시점에 그는 벌써 이 방향을 바라보고 있었던 것이다.

이승만은 상해 임시정부 초대 대통령이었다. 이것 때문에 그에게 가장 강력한 경쟁자가 될 수 있던 김구도 그에게 거듭거듭 양보하지 않을 수 없었다. 이승만이 대통령일 때 김구는 장관급도 못 되는 국장급이었으니까. 임정의 법통을 내세우는 김구로서는 전임 임정 대통령의 체통을 존중하지 않을 수 없었다.

그러나 이승만의 대통령 경력은 떳떳한 것이 못 된다. 임정에서는 원래 대통령직을 두지 않기로 하고 이승만을 국무총리로 선출했다. 그런데 이승만이 임의로 대통령 행세를 하고 추인을 요구했기 때문에 임시헌법을 개정해 대통령으로 만들어준 것이다. 게다가 퇴임도 당당했던 것이 아니라 직무방기와 위임통치 청원 때문에 탄핵으로 쫓겨났다. 그리고 나서 일본의 패망이 가시화된 단계에 와서야 주미외교위원부라는 이름으로 임정과 다시 관계를 맺었다.

1919년에 만들어진 여러 임시정부에서 이승만을 영수급 직책에 추대한 이유를 아무리 조사해 봐도 충분히 이해하지 못하겠다. 제1차 세계대전의 종결로 식민지 구도에 변화가 일어나던 당시 윌슨의 민족자결주의에 고무되어 외교적 승인을 통한 독립의 길에 기대가 컸기 때문에 외교통, 특히 미국통인 이승만이 중시될 수는 있었다. 그러나 그 시점에도 이승만의 사람됨이 알려질 만큼 알려져 있었을 텐데(상해 임시의정원에서 신채호는 위임통치 청원을 이유로 이승만의 국무총리 선출을 반대했다), 이제 희망을 갖고 세우고자 하는 국가의 영수로 어찌 그런 인물을 추대할 수 있었을까.

상해 임정의 경우 배경과 성향이 각기 다른 많은 사람들이 단시일에 모여 조직이 안정되지 못한 상태여서 '검증'이 힘들었던 것 같다. 의견조정의 과정을 거치지 않은 다중이 모였을 때 소수라도 확고한 지지자를 가진 후보가 유리한 위치를 누리는 법이다. 이승만은 상당한 범위의 확고한 지지와 함께 조선왕실 자손과 미국 박사 등 그럴싸한 간판을 가지고 있었다. 그것이 그의 득세를 가능케 한 것 같다.

이승만이 1902~1904년 옥중에서 40여명의 동료 죄수를 기독교로 인도했다고 하였는데, 그중에서 그의 중요한 지지자들을 많이 얻었다. 게다가 상류층 인사들의 대규모 입교로는 특기할 만한 일이어서 그들이 YMCA 등 기독교계에서 지도적인 역할을 맡으며 한국 기독교사회, 그리고 후에는 부르주아계층의 이승만 지지를 확보해 주었다. 1919년의 독립운동가들 사이에서도 그들은 상당한 비중을 가지고 있었다.

1919년에서 45년 사이에 이승만은 영욕을 반복하며 지냈다. 그러나 결정적인 순간이 왔을 때 한국의 운명의 상당 부분이 미국의 손에 쥐어져 있었고, 이승만은 독립운동 경력자 중 최고의 미국통이었다.

9월 14일 인민공화국 중앙위원회에서 이승만을 주석으로 선출했다.

이로써 좌익에게까지 지도자로 인정받은 이승만은 새로운 후광을 얻었고, 이 후광으로 그의 지저분한 과거가 상당 부분 가려졌다. 이 일을 놓고 서중석은 "이승만을 주석으로 앉혔다는 것은, 그가 미국에서 좌우협동을 거부하고 반소반공을 해온 것을 전혀 모른 데서 나온 것으로, 국외 소식에 좌익이 얼마나 무지한가를 드러낸 것이었다"고 한탄했다(『한국현대민족운동연구』, 221쪽).

1919년에 이승만의 후광을 만들어준 임시정부도, 1945년에 그의 후광을 다시 만들어준 인민공화국도 얼마 안 있어 그 일을 후회해 마지않는다. 그렇게 얻은 후광은 그가 맥아더와 흥정하는 데 소중한 밑천이 되었다. 묘한 일은, 1948년에 그를 대통령으로 만들어준 한민당도 역시 후회를 하게 된다는 사실이다. 아마 초년에 그를 지원해 준 선교사들도 마찬가지였을 것이다.

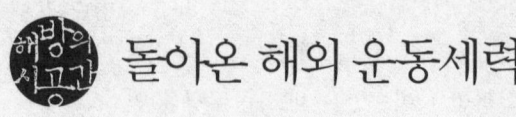# 돌아온 해외 운동세력

| 해외 주요 세력(인사)의 환국 일지 |

9월 3일   김두봉, 중국 연안에서 도보로 출발 11월 말 신의주 도착

9월 16일   김일성, 평양으로 귀국

9월 13일   김일성, 조선공산당 북조선분국 책임비서 취임

10월 16일   이승만 귀국

10월 20일   이승만, 미군정청 앞 광장에서 열린 연합군환영회에서 귀국 후 첫 연설

10월 25일   이승만, 미군정의 지원으로 독립촉성중앙협의회 결성

11월 23일   임시정부 요인 김구 등 15명 귀국

12월 2일   임시정부 2진 입국

12월 19일   임시정부 환영대회 서울운동장에서 거행

● 동북항일연군과 김일성

1930년대 만주에서 조직되어 1937년 보천보 전투에서 승리를 거두고 백두산 지역을 중심으로
활동하였다. 1939년 이후 일본군의 대토벌작전에 타격을 입고 활동 근거지를 잃자 그 주력이
소련 영내로 이주했다. '88특별여단'에 참여 항일투쟁 대오를 정비하다가 해방을 맞아 북한 지
역으로 귀국하였다. 김일성(1912~1994), 최용건(1900~1976), 김책(1903~1951) 등이 지도적
위치에 있었다.

● 조선독립동맹과 김두봉

조선의용군을 결성하여(1941) 중국의 홍군과 함께 화북지방에서 일본군과 전투를 벌였으며, 호
가장 전투와 반소탕전이 유명하다. 일제의 항복 이후 일부는 만주로 이동해서 중국공산당과 협
력하여 국공 내전에 참전했고, 일부는 북한으로 들어와 활동하였다. 김두봉은 조선독립동맹 주
석으로 해방 후 북한에서 조선신민당 위원장, 1946년 북조선 임시인민위원회 위원장을 지냈다.

● 대한민국 임시정부와 김구

1919년 상해에서 수립된 후 중국 남부의 여러 곳을 전전하다가 1940년 이후 중경에 자리잡았
다. 1937년 중일전쟁 발발 후 중국 내 한국 독립운동 세력은 연안의 공산당에 의지하는 독립동
맹-조선의용군 외에는 임정으로 수렴되면서 그전에 비해 독립운동의 대표성이 뚜렷해졌다.
1945년 들어 미군과 국내정진군을 편성하고 미군 OSS부대와 함께 국내 진공을 계획하였으나
실행하지 못한 채 해방을 맞았다.

|해외 주요 세력의 거점|

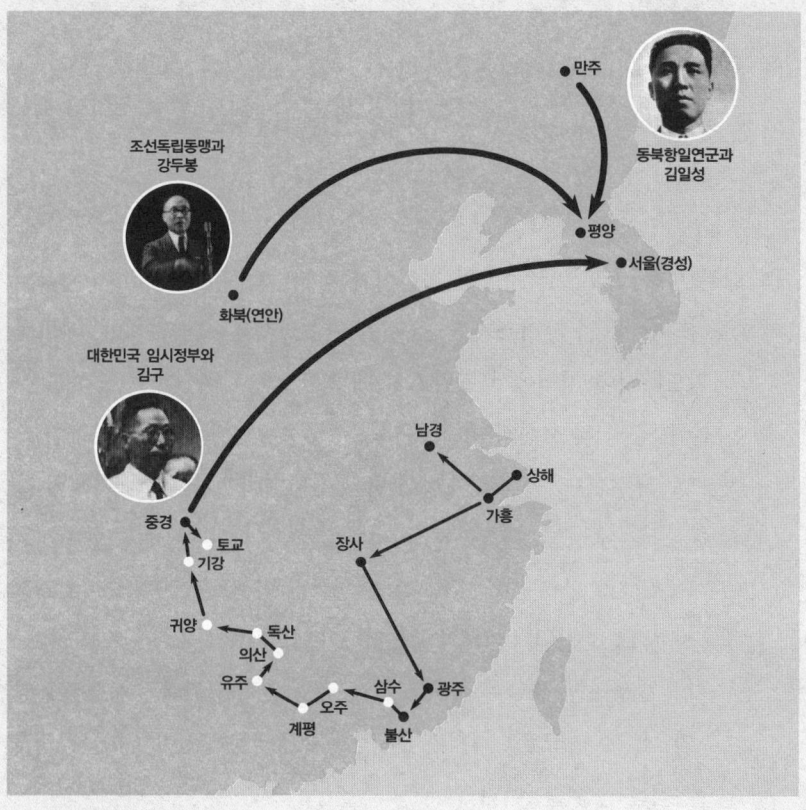

만주

조선독립동맹과
강두봉

동북항일연군과
김일성

평양

서울(경성)

화북(연안)

대한민국 임시정부와
김구

중경

남경

상해

토교
기강

장사

가흥

귀양
독산
의산
유주
오주
삼수
광주
계평
불산

● 임시정부의 소재지 이동
1919~1932년 상해
1932~1940년 가흥-남경-장사-광주-유주-귀양-중경
1940~1945년 중경

1945. 10. 25.

필리핀 지배가 신탁통치의 모범?

일본 항복 이후 미국무성의 동아시아 정책방향이 처음으로 구체화되어 나타났다. 가장 기조가 되는 것은 연합국과의 협력자세다. 베트남과 인도네시아 지역에서 프랑스와 네덜란드의 지배권을 존중하는 것은 물론, 중국 및 소련과의 협조관계를 "극동 안정을 위해 불가결한 요건"으로 규정했다. 특히 끝에서 소련과의 협력관계를 강조했다.

(뉴욕 20일발 SF동맹) 미국무성 극동국장 빈센트는 20일 미국외교정책협의회 회합에서 미국의 극동정책에 대하여 다음과 같이 말하였다.

─. 중국 및 소련과의 협력정책은 극동 안정을 위해 불가결한 요건임. 소·중 양국과의 협력관계를 강화하여 극동에 있어서 미국정책의 목적은 달성될 것이다.

─. 베트남 정세에 관해서는 미국정부는 당지에 있는 프랑스 주권을 문제로 삼지 않을 의향이다. 인도네시아(蘭印) 정세에 대한 미국 입장에 대하여는 동일하게 말할 수 있다. 더욱이 주권국이 관리하기 위하여 강제조치를 취하는 데 대해서는 미국은 원조도 하지 않을 터이며 참가도 하지 않을 작정인데 베트남과 인도네시아에 있어서 평화적인 협정을 성립시키기 위하여 필요가 있다면 원조할 작정이다.

一. 일본에 대한 미국의 정책은 이미 9월 22일 화이트하우스 성명에서 개요가 명백히 되었다. 즉 일본을 완전히 무장해제하며 군사력을 박탈하고 개인의 자유 근본적 인권존중에 대한 일본군민의 희망을 조장 촉진시키는 데 있다.

一. 조선에 대하여서는 동 국의 신탁관리제를 수립함에 앞서서 우선 소련과의 사이에 의사를 소통시킨 후 허다한 정치문제를 해결하고 싶다. 조선은 다년간 일본에 예속되었던 관계로 지금 당장 자치를 행할 준비가 되어 있지 않다. 따라서 미국은 우선 신탁관리제를 실시하여 그간 조선민중이 독립한 통치를 행할 수 있도록 준비를 진행할 것을 제창한다. 미국은 조선을 될 수 있는 대로 속히 독립한 민주주의적인 국가로 만들 작정이다. 중국에 대한 미국의 정책은 민주주의적 정부를 가진 강대하고 협조적인 통일국가가 실현되도록 하는 데 있다. 미국은 미·중 양국에 관한 문제를 해결하기 위하여 중국과의 협력을 계속할 생각이다. 중국은 극동에 있어서 소련과 미국 사이에 간섭지대 내지 교량적 역할을 하여왔다. 금후도 미국은 중국이 교량적 역할에 노력하여 주기를 환영한다.

一. 소련과의 협력관계는 우호적인 미·소관계의 중요성을 인식할 것을 기초로 한다. 소련도 미국이 극동에 대하여 중대한 이해관계가 있는 것을 인식하기를 희망한다.

(「미국무부 극동과장, 미외교정책협의회에서 조선에 신탁실시 제창」,

『매일신보』 1945년 10월 23일)

한국에 대해 소련과의 협력을 통해 신탁관리제를 실시하고자 하며 그 이유는 한국이 당장 자치를 행할 준비가 되어 있지 않기 때문이라고 했다. 해방공간에서 한국의 정치지형을 결정할 신탁통치 문제가 제기된 것이다. 정책결정자가 아니라 국장급에서 나온 얘기지만 지역정책의 최고급 실무자에게서 공식적으로 나온 것이라면 결정된 정책으로 봐도 될 것이다.

해방되는 추축국의 구식민지에 신탁통치를 시행한다는 방침은 루스벨트 대통령의 주도로 전쟁중 연합국의 기본 합의사항이었다. 그런데 독일 항복 후 반년이 된 이 시점에서 이 합의에 의문이 제기되고 있었다. 식민지 보유국이던 영국과 프랑스가 식민지 해방 방침을 꺼려한 것도 문제였지만, 더 큰 문제는 미·소간 협력관계의 변질이었다.

미국에서 루스벨트의 국제주의가 국무성에서는 지켜지고 있었으나 군부에서는 반공·반소 경향이 자라나고 있었고 트루먼 대통령의 입장도 바뀌어가고 있었다. 빈센트(John C. Vincent) 국장의 발표는 이런 역풍에 대항해 국무성의 기본노선을 재확인한 것이었다.

빈센트가 밝힌 신탁통치 방침에서 한국인의 반감을 직접 불러일으킨 대목은 한국이 "당장 자치를 행할 준비가 되어 있지 않다"는 것이었다. 오랜 식민통치에서 막 벗어난 한국인은 하루빨리 민족자결을 행하기 바랐고, 스스로 자치를 행할 준비가 되어 있다고 믿었다. 적어도 그렇게 믿고 싶었다. 자치능력을 그동안 발휘하지 못한 것은 일본의 억압 때문일 뿐이라고 믿고 싶었다.

과연 그랬을까? 60여년이 지난 지금에 와서 그 시절에 준비가 되어 있었다, 안 되어 있었다 재단하는 것은 그 시절 사람들에게 불공평한 일이다. 나는 그런 식으로 단정하고 싶지 않다. 다만, 사람의 일이란 완벽할 수 없다는 사실에 입각해서, 당시 한국의 자치 준비가 완전했다고도 볼 수 없고, 또한 전혀 없었다고도 볼 수 없다는 인식을 상식 차원에서 제기하고 싶다.

좋은 상황이 주어지면 훌륭한 자치를 행할 수 있었고, 상황이 나쁘면 그러기 힘들었다고 보아야 할 것이다. 그리고 그 시점에서부터 어떤 노력을 기울이느냐에 성패가 달린 일이기도 했다. 이것은 오늘의 상황을 인식하는 데 있어서도 마찬가지다. 지금의 한국인은 통일을 위한 준비가 되어 있는가?

통일을 가로막는 몇몇 조건만 제거되면 통일은 저절로 이루어질 것이라고, 통일에 대한 민중의 염원은 확고한 것이라고 주장하는 사람들이 있다. 이런 사람들이 바로 통일의 방해자라고 나는 생각한다. 통일을 이루기 위해서는 그에 적합한 상황을 빚어내는 데서부터 시작해 많은 사람들의 많은 노력이 필요하다. 그런 노력이 아무 필요가 없는 것처럼, 사람들이 자기를 따라주기만 하면 통일이 될 것처럼 주장하는 오만은 통일을 위한 진정성이 아니라 자기 믿음을 남에게 강요하는 폭력성에서 나오는 것이다.

식민통치의 폐단은 그 통치가 지속되는 기간에 그치는 것이 아니다. 경제·사회·문화·교육 모든 면에서 독립을 구조적으로 어렵게 만드는 것이 식민통치의 속성이고, 그 효과는 통치자의 철수와 함께 바로 사라지는 것이 아니다. 해방 시점의 대다수 한국인이 독립을 위해 어떤 노력이 참으로 필요한 것인지 제대로 인식하지 못한 것도 식민통치가 남긴 구조적 문제의 일부였다.

당시 한국인의 전형적 반응을 안재홍의 담화에서 볼 수 있다.

미국무성 극동국장 빈센트는 지난 20일 미국 외교정책협의회 회합에서 미국의 극동정책에 대하여 중대한 발언을 하였는데 특히 조선문제에 언급하여 조선에 대하여서는 우선 신탁관리제를 실시할 예정이라고 하였다. 이 외전(外電)에 대하여 국민당 위원장 안재홍의 의견을 들어 만천하의 여론을 환기코자 한다.

지난 22일 저녁에 그 이야기를 들었는데 이는 놀라운 문제라 할 것이다. 이 말이 있기 전에도 지난 미국에서 일본과 불란서의 식민지를 신탁관리한다는 말을 듣고 거기에 대한 방침을 세운 바도 있었다. 그런데 이번에 뉴욕통신으로 전하여 왔으니 그 소식은 전연 허보라고도 할 수 없다. 미국군이 조선에 들어온 후에 이 땅에는 각 정당이 분열하여 통일되지 않는 이유로 여러 가지 시사하고 싶은 말이 많았으며 미 본국에서도 서울에는 55개 정당이 있어 누구를 상대로 이야기하여야 좋을지 모르겠다고 말하였다. 여기에 있어 식자로서는 적지 않은 불안감을 느끼고 있다.

1898년 맥킨리 미대통령 당시 미서전쟁을 하여가면서 필리핀의 독립을 약속하였으며 아기날도 장군을 중심으로 필리핀 독립군과 제휴하여 서반아(西班牙·에스파냐)를 격파한 다음 근 40년 동안 필리핀을 영유한 일도 있었다. 이런 문제와는 매우 다른 것을 확신코자 한다. 또한 한 편의 신문통신뿐인 고로 미리부터 시끄럽게 떠들거나 비난 공격을 가하는 것은 삼가야 할 것이다.

그러나 이것이 사실이라고 하면 우리들은 당연히 그에 대하여 적당한 대응책을 강구 실행하여야 할 것이다. 첫째는 내부에서 강조되고 있는 민족전선의 합동통일을 시급히 완수해서 우리 문제를 자주적으로 해결할 실력을 보여야 한다. 둘째는 완전히 합동통일된 전민족의 총역량을 모아서 엄중하고도 정중한 항의를 하여야 할 것이다.

미, 중, 소, 영 4개국은 오늘날 해방 도정에 있어서 분명히 우리 민족의 은인들이다. 그러나 은인인 까닭에 그 비우의적 처치나 중대한 정치적 과오에 대하여 무조건으로 청종(聽從)할 수 없다는 것이다. 혹은 신탁관리 문제가 제국주의적 야심을 떠난 주관적 호의에서 나왔다고 하더라도 그것은 객관적으로 보아 중대한 착오라 아니할 수 없다. 조선의 정치적 현상이 비록 혼란하다 할지라도 적당한 절차를 밟아서 우리들의 자주력이 도리어 신속 정상한 해결의 길이 될 것이다. 선의의 간섭도 도리어 자주적 성장을 저해하는 것을 알아야 한다.

「안재홍, 미국무부 극동과장의 조선신탁관리제에 대한 담화 발표」,

『매일신보』 1945년 10월 24일)

알타회담 때 한국의 신탁통치 기간에 대해 루스벨트가 20년 이상을 생각한다고 했고, 스탈린은 가급적 짧을수록 좋겠다는 의견을 얘기했다고 전해진다. 루스벨트가 정말로 그렇게 긴 기간을 생각했을까 의아한 생각이 들었는데, 필리핀 문제를 생각하니까 이해가 갈 것 같다.

루스벨트는 미국의 필리핀 지배를 정당화하고 싶었을 것이다. 필리핀이 독립의 길을 걷도록 도와준, 신탁통치의 모범사례로 내세우고 싶었을 것이다. 그래서 한국 얘기를 할 때도 수십년 신탁통치는 당연한 일인 것처럼 말했을 것이다.

그런데 미국이 수십년 동안 필리핀인의 독립을 정성껏 도와주기만 한 것이 아니라 사실에 있어서는 식민지로 활용해 왔다는 사실을 아는 사람은 다 알고 있었다. 그러니 미국이 얘기하는 '신탁통치'를 누가 좋아할 수 있었겠는가? 연말에 모스크바 3상회담의 신탁통치 결정이 한국인의 광범위한 반감을 불러일으킨 데는 필리핀 통치에 관한 미국의 거짓된 홍보가 배경이 되었다는 사실을 안재홍의 담화에서도 알아볼 수 있다.

진정한 독립을 위해 당분간의 신탁통치를 받아들일 용의가 있는 성실한 사람이라도, 필리핀인이 당한 것과 같은 신탁통치를 받을 생각은 없었을 것이다. 35년의 일본 통치에서 벗어나기 위해 비슷한 기간의 신탁통치를 또 겪어야 한다고? 않느니 죽겠다.

1945. 10. 26.

'한국인의 자치능력?' 억누른 게 누군데!

미 국무성 빈센트 극동국장에게서 나온 조선 신탁통치설에 대한 당시 조선인의 일반적 반응을 각당행동통일위원회의 10월 26일 성명서에서 알아볼 수 있다.

> 각정당행동통일위원회에서는 26일 오후 2시 반 황금정 일본생명빌딩 1층에서 국민당 명제세(明濟世), 건국동맹 이여성(李如星) 한봉석(韓鳳石) 최근우(崔謹愚), 조선공산당 김형선(金炯善) 정태식(鄭泰植), 고려국민동맹 염정권(廉廷權), 임시정부환영준비회 이풍구(李豊求), 정당통일기성회 박문희(朴文熹) 김성기(金成琦) 등 각 정당대표자 약 백여명(한국민주당에서는 불참)과 이날 새로이 통일위원회에 참가를 희망한 문화·학술·산업단체 대표 약 5백여명을 심사한 결과 정식으로 참석시키고서 의장 박문희(朴文熹)의 사회로 전체위원회를 개최하였는데 신탁통치 문제를 비롯하여 아래와 같은 4개 사항을 가결하였다. (…)
>
> ● 성명서
> 일본이 패배하자 조선은 카이로회담에 의하여 당연히 완전한 자주독립이 될 것으로 확신하고 연합국에 만강의 사의를 표하면서 그 실

현이 급속하기를 고대하였다. 우리가 목하 여러 불편불만이 있음에
도 불구하고 군정에 최대의 협력을 아끼지 않는 것도 자주독립의 과
도적 단계로 보기 때문이다. 그런데 외신은 조선통치설을 전하고 있
으니 이것이 사실이라면 우리의 기대에 배치됨이 너무나 크며 환멸
이 이에 더할 데 없다.

　조선민족은 4천년의 장구한 역사와 혁혁한 문화를 가졌고 완전한
독립국가를 유지하며 세계평화에 기여할 수 있는 실력과 열의를 가
진 것은 각국이 충분히 인식할 줄 믿는다. 일본의 통치하에서도 우리
는 해내외에서 수많은 동지가 혈전고투하여 해방에 노력해 온 것을
그들이 시인하고 원조까지 해왔음에도 불구하고 신탁통치 운운함은
조선민족을 모욕하고 기만한 것으로밖에 볼 수 없다. 우리는 3천만
민족의 총의를 대변하여 완전한 자주독립을 주장하며 신탁통치를 절
대 반대한다.

1945년 10월 26일

각당행동통일위원회

(「각정당행동통일위원회, 신탁실시반대 결의하고 성명서 발표」,

『매일신보』 1945년 10월 29일)

　이에 비해 전날 인공 중앙위에서 낸 담화에 보다 흥미로운 논점이
보인다. 밑줄 친 부분이다.

　뉴욕 20일발 통신에 의하면 미국무성 극동부장 빈센트씨는 20일 미
국외교정책협회 회합에서 극동정책에 대한 담화 중 조선문제에 언급
하였는데 그것이 사실이라면 절대로 간과할 수 없는 바이다. 그 말에
의하면 조선을 신탁관리한다는 이유가 '일본에 예속되었던 관계로

지금 당장 자치를 행할 준비가 되어 있지 않다'는 것이다.

그것은 조선사정을 모르는 탓이라고 생각한다. 사실에 있어서 북위 38도 이북에 있는 북조선에서는 조선인의 자주력만으로 충분히 통치해 나아갈 뿐만 아니라 정치적 역량을 유감없이 발휘하고 있다. 정치적 경제적 문화적 각 부면에 있어 신건설이 벌써 급속히 진행되고 있다. 이는 5천년의 역사를 가진 조선민족은 자주독립이 완성되는 날 비약적 발전을 할 수 있다는 것을 증명하는 바이다. 다만 지금까지 일본제국주의의 야만적 압박에 의하여 조선민족의 정치적 역량을 발휘할 기회를 얻지 못하였다는 것을 알아야 한다.

조선인이 자주독립할 능력이 없다는 것은 일본제국주의가 8월 15일까지 세계민주주의 제국을 기만하여 조선에 대한 식민지정책을 합리화하려는 악선전에 불과한 것이라는 것을 미정부가 인식하지 못하면 미국의 조선에 대한 정책은 완전히 실패하리라고 단언한다. 북위 38도 이남의 우리나라 일대에서는 촌·면·군·도를 막론하고 인민위원회의 조직이 완성되어 있고 완전한 통일체가 수립되어 있다. 언제나 우리 민족자주적인 국가행정을 할 수 있는 국가체제는 준비되어 있다. 문제는 남조선 일대의 정권이 조선인의 손으로 넘어오는 것만 남아 있는 것이다.

미국은 '조선을 될 수 있는 대로 속히 독립한 민주주의적인 국가로 만들 작정이다'란 말이 진정이라면 조선에 신탁관리제를 수립시킨다는 것은 오히려 역효과가 있을 뿐이고 절대로 불필요한 일이다. 우리 전민족은 일본군을 무장해제한 오늘에 있어서는 하루라도 빨리 군정을 철폐하고 모든 권력을 조선인에게 돌려보내기를 바라고 있다. 조선문제는 조선인의 손으로 능히 해결할 수 있고 타국가의 간섭을 절대로 필요시하지 않는다. 타국가에 정치적으로나 경제적으로나

다시금 종속적인 관계를 갖는 신탁관리제를 만일 미국이 조선에 수
립시키려고 한다면 조선민족은 전민족의 생명을 부인당하는 일이 있
다 할지라도 절대 배격치 않을 수 없다.

(「인공 중앙인민위원회, 신탁관리제 실시 배격 담화」, 『매일신보』 1945년 10월 26일)

일본 항복으로부터 70여일이 지난 시점에서 자치능력의 발현 수준
은 38선 이남과 이북 사이에 큰 차이가 있었다. 이것은 무엇보다 점령
군의 자세에서 비롯된 차이였다. 소련군의 협조와 지원 위에서 이북에
서는 전지역의 인민위원회 조직이 완성되어 가고 있었다. 반면 남한에
서 같은 방향의 시도는 미군정의 인공 전면부정으로 좌절된 상태였다.

건준이 인공 수립을 서두른 데는 문제가 있었다. 미군 진주를 앞두
고 전국조직을 기정사실화하려던 무리한 시도는 미군만이 아니라 일
반 한국인들에게도 불신을 살 만한 일이었다. 그러나 이것을 전면부정
하는 데 합리적 판단이 아니라 적대적 감정이 개재된 사실을 10월 10
일 아놀드 군정장관의 망언이 보여준다. 인공과 상극관계인 한민당 주
류 세력과 군정당국의 지나친 유착관계에서 비롯된 망언이었다.

미군정 당국자들이 한국독립에 협조하려는 의지가 있었다면 인공의
오류를 바로잡아서라도, 인공의 이름을 바꿔서라도 그를 통해 한국인
의 자립역량이 발현될 길을 열어주려는 노력이 있어야 했다. 인공을
부정하고 어떤 대안을 찾았는가? 미군정이 택한 길은 일본 식민통치
자들의 역할을 그대로 물려받는 것이었다. 한국인의 자립역량을 억누
르려는 태도 또한 일본인에게 물려받은 것이었다.

이 시점에서 하지와 아놀드 등 군정 당국자들이 한국의 통일국가 건
설을 가로막으려는 확고한 목적의식을 가지고 있지는 않았던 것 같다.
그저 무식하고 게을렀기 때문이라고 생각된다. 남한의 민족주의자들

은 미군정의 문제점을 모두 알고 있었지만, 괜히 건드렸다가 덧날까봐 참고 있었을 것이다. 아놀드의 망언보다 더 심한 것이 나오지 않으리라는 보장이 어디 있는가. 이미 갈 데까지 간 인공만이 미군정의 문제점을 정면으로 지적하고 나온 것이다.

이 시점에서 미군정의 문제점은 반탁 문제가 소란해진 1946년 2월 시점으로부터 돌아보는 커밍스의 시각에 잘 포착되어 있다.

> 중요한 점은 하지와 그의 고문들이 공동 신탁통치든 혹은 다른 방법으로든 소련과의 협조 가능성이 없다고 판단했으며, 점령 초기부터 남한의 친미적 토대를 강화하려고 일방적으로 행동했다는 사실에 있다. (…) 이것은 남한의 많은 사람들의 격렬한 반대를 무릅쓰고 추진되었으며, 최고위층에서 이루어진 미·소의 계획에 어긋나는 것이었다. 따라서 점령군 지휘관들은 언젠가 누구에 의해서든 명령불복종, 기만, 혹은 배반으로 기소될 수 있는 입장에 놓여 있었다.
>
> 국무성 내부에서는 하지와 현지의 그 동료들에 대한 불만이 늘어났다. 빈센트는 국무성이 직접 서울과 연결될 수 있도록 주한미군 사령부를 맥아더 휘하에서 독립시킬 것을 1월 28일 애치슨 장관에게 제안했다. 그는 육군성의 헐 장군과의 대화 중 헐이 하지에 대해 "좋은 사람이지만 정치적 판단력이 아쉬운 사람"이라고 말한 대목을 전하기도 했다. (『The Origins of the Korean War』, 228~229쪽)

"남한의 친미적 토대를 강화"하기 위해 한국인의 자립역량을 억압하는 방침은 미국의 대외정책이 다변주의(국제주의)에서 일방주의(국가주의)로 옮겨가는 하나의 징조였다. 하지가 반탁 소동 후 김규식과 여운형을 중심으로 한 좌우합작을 열심히 지원하게 되는 것은 사태의 실상을 조금 알게 된 결과로 보인다.

그렇다면 그전까지 하지의 일방주의 성향은 상관인 맥아더의 노선을 수동적으로 받아들인 것으로 볼 수 있다. 빈센트 국장이 주한미군을 맥아더와 절연시킬 제안을 한 데에서도 맥아더의 일방주의에 대한 경계심을 엿볼 수 있다. 하지는 전략 차원의 식견 없이 편의적 기준에서 미군정의 노선을 선택했던 것으로 보인다.

그 결과 한국의 남쪽 주민들은 북쪽 주민들만큼 자립역량을 발현할 기회를 못 가진 채 모스크바 3상회담의 신탁통치 결정에 임하게 되었다. 38선 장벽을 낮추고 한국인의 자발적 의사로 상황을 펼쳐나가게 할 경우 북쪽이 주도권을 쥐게 되리라는 우려를 미군정이 가지게 된 것은 그 때문이었다. 숙제 안 해놓은 학생이 학교 가기 싫은 것과 같은 심정이었다.

해방 당시 한국사회에는 사회주의 정책을 필요로 하는 측면이 많이 있었다. 그렇다 해서 자본주의적 측면을 일체 배제하는 철저한 공산주의체제를 꼭 필요로 하고 있던 건 아니었다. 한국의 중도적 정치인들은 양 측면을 조화시킬 방책을 내놓고 있었다. 그런데 일각에서 철저한 자본주의체제를 고집하는 극우파가 나타나, 타협 아닌 대결의 양상으로 사태를 끌고 가는 데 미군정의 편의주의적 태도를 이용한 것이다.

1945. 10. 27.

"주여, 하지는 자기가 하는 일을 모르나이다"

점령군 사령관과 군정장관의 권한과 책임에 대해서는 정상적인 국가의 권력자나 책임자의 경우와 같은 엄밀한 규정이 없었다. 과도적인 역할이고 무력에 의존하는 체제이기 때문이다. 미군은 자체 운영에서도 소련군 같은 사회주의 군대처럼 정치적 원리를 중시하지 않았으므로 일반사회를 다스리는 군정에 있어서는 정치적 감각에 더욱 큰 맹점이 있었다.

이 점을 보완하기 위해 하지의 정치고문으로 파견된 국무성 관리들이 있었다. 이들의 역할이 적어도 점령 초기에는 하지의 정치력에 큰 도움이 되지 않았던 것 같다. 정치고문 메릴 베닝호프가 진주 직후(9월 15일) 국무성으로 보낸 첫 보고서에는 이런 내용이 담겨 있었다.

정치정세에 있어서 유일하게 고무적인 요소는 서울의 나이들고 교육수준이 높은 사람 중에 보수분자 수백명이 있다는 사실이다. 비록 그 중 많은 사람들이 일본 지배에 봉사하긴 했으나 그러한 오점은 결국 없어질 것이다. 이 사람들은 '임시정부'의 귀환을 지지하고 있으며 비록 다수파는 아니지만 아마도 최대의 단일집단일 것이다.

공산주의자들이 일본인의 재산을 당장 몰수하자고 주장하고 있는 것은 법과 질서에 대한 위협이 될 수 있다. 한인들이 미국을 거부하고 소련의 '자유'와 지배를 바라게 만들기 위해 잘 훈련된 선동자들이 우리 지역에 혼란을 초래하려고 시도하는 것으로 보인다. 주한미군이 병력 부족으로 통제력을 급속히 확장할 수 없기 때문에 남한이 이러한 시도에 좋은 조건을 갖추고 있다. (『The Origins of the Korean War』, 144쪽에서 재인용)

위 글에서는 친일 배경을 가진 보수세력, 즉 한민당 주류와의 밀착 방침을 밝혔고, 아래 글에서는 공산주의자들의 위협을 강조했다. 공산주의자들의 위협이 크기 때문에 친일파 보수세력과 밀착할 필요가 있다는 얘기인데, 그 위협은 분명히 과장된 것이었다. "일본인의 재산을 당장 몰수하자"는 것은 공산주의자들만의 주장이 아니었다. 모든 민족주의자의 공통된 요구였고, 한민당조차 동조한 주장이었다.

중경 임시정부는 일본인 재산 몰수를 넘어 '토지 국유화'를 표방하고 있었다. 베닝호프의 눈에는 극단적 공산주의로 보였을 것이다. 베닝호프는 식민지시대의 기득권에 집착하는 소수 세력 외의 한국인을 모두 공산주의자로 보고 있었던 것이다. 이런 정치고문의 조언이라면 장님이 장님을 이끄는 꼴이라고 할 수밖에 없다.

2주일 후 베닝호프의 보고서에는 당시 미군정의 관점이 더욱 구체화되어 있다.

한편에는 이른바 민주적 내지 보수적 집단이 있다. 그 구성원 중에는 미국에서, 또는 한국에 있는 미국계 선교교육기관에서 교육을 받은 전문분야와 교육계 지도자들이 많다. 그들의 정강과 정책에는 서구식 민주주의를 따를 의지가 나타나 있고, 그들은 이승만 박사와 중경 '임시정부'의 조기 귀국을 거의 만장일치로 원하고 있다.

급진파들은 그들의 민주적 반대파보다 잘 조직된 것 같아 보인다. (…) 그들의 홍보자료 배후에는 명확한 강령, 그리고 아마도 훈련된 노선이 있는 것 같다. 이 조직의 천재적 인도자는 여운형이다. (…) 그러나 그의 신념이 기독교에서 공산주의로 변한 것으로 보이기 때문에 지금 사람들은 그를 어떻게 평가해야 할지 모르고 있다.

다수 인민의 지지를 주장하는 보다 덜 호전적인 보수분자들은 자기보호와 자신들의 반공적이며 친민주주의적인 신념을 위하여 부득이 조직을 구성했다. 급진파는 (…) 보다 잘 조직되었으며 목소리가 더 크다. 진짜 공산주의자의(소련의) 침투 성격과 정도는 분명히 알 수는 없으나 상당한 정도로 보인다. (같은 책, 145~146쪽에서 재인용)

베닝호프의 '민주주의' 인식방법이 두드러지게 눈에 띈다. '급진파'의 대립 개념이다. 2차 세계대전에서 미국은 전체주의의 위협으로부터 민주주의를 지키는 입장을 자임했다. 그 연장선 위에서 종전 후 소련의 스탈린주의를 비판하는 자세가 미국 정계와 군부에서 형성되고 있었고, 이것이 냉전기 미국의 '자유민주주의' 깃발이 되었다.

사회주의 일체를 스탈린주의와 연루시켜 민주주의와 대립시키는 베닝호프의 편파적 시각에 '단순한 군인'인 하지와 아놀드도 공감하고 있었을 것이다. 그들은 자신들도 모르는 사이에 남한에서 냉전을 앞당겨 시작하고 있었던 것이다. 자기 체제에 대한 성찰 없는 믿음과 다른 체제에 대한 무조건적인 적대감이 바로 냉전의 본질이었다.

1945년 10월 17일 이승만이 "뭉치면 살고 흩어지면 죽는다"는 첫 연설을 하고 있다. 왼쪽 아래에 선글라스를 쓴 하지가 '시립'해 있다.

　친일에서 친미로 옮겨온 일부 세력만을 자기네 '편'으로 받아들이고 일반민중을 불신의 대상으로 삼은 것은 일본의 식민통치와 똑같은 통치자세였다. 이런 자세에서는 남한에 미국의 절대적 영향을 받는 국가를 우선 세운 다음 군사력으로 북한을 통합하자는 내용으로 짐작되는 이승만의 제안이 미국의 국익에 부합하는 것으로 보였을 것이다.

　1943년 말의 카이로회담 무렵부터 미국무성에서 구상해 온 연합국 공동참여의 신탁통치안이 그 창안자인 루스벨트가 없는 지금 힘을 잃어가고 있었다. 맥아더를 위시한 동아시아 지역 군정 담당자들이 보기에 일본 항복은 미국 원자탄의 힘으로 얻어낸 것이었고, 지금도 원자탄은 소련의 손발을 묶어놓는 절대적 힘을 가지고 있었다. 소련 등 다른 연합국의 눈치 볼 필요 없이 미국의 국익을 극대화할 수 있는 기회인 이때, 구시대 유물인 신탁통치안에 집착하는 국무성 관리들은 비애국자로 보였다.

한국의 군정 담당자들이 민주주의의 의미를 '미국식 민주주의'의 좁은 뜻으로 해석해서 일반민중의 염원을 외면한 오만은 인종주의적 우월감과 함께 원자탄의 힘에 대한 믿음에도 상당한 이유가 있었다. 적어도 반년간은 미국을 더 괴롭힐 것으로 예상되던 일본제국을 불과 일주일 만에 무릎을 꿇렸으니. 소련이고 나발이고, 이제 힘으로는 미국의 상대가 없다는 자신감이 미국사회, 특히 군부 일각에 팽배했다.

빈센트 극동국장이 한국 신탁통치 방침을 발표한 1주일 후인 10월 27일 트루먼 대통령이 해군기념일 연설에서 미국의 군사적 사명 4개조와 외교원칙 12개조를 발표했다. 연합국과의 협력관계를 강조한 이 연설은 루스벨트의 다자주의·국제주의가 전후 상황에서도 계속 유효하다는 내용이었다. 빈센트의 발언에 대한 포괄적 확인이라 할 수 있다.

그런데 며칠 후 남한 군정장관 아놀드는 신탁통치가 미국의 방침이 아님이 틀림없다고 기자들을 상대로 확언했다.

   (문) 지난 20일 미국의 극동국장은 조선을 신탁통치국가로 할 의사를 말하였는데 무슨 정보라도 들어왔는가? 또 미국 독단으로 그런 말을 할 수 있을까?

   (답) 나도 제군이 쓴 신문기사를 보고서야 비로소 알았다. 신탁통치운동은 결국 조선사람의 손에 달린 문제다. 속히 독립하느냐가 조선사람의 손에 달린 이상 조선사람의 책임은 크다고 할 것이다. 군정청은 조선의 정부다. 여러분을 위해 일하는 기관이다. 조선사람이 공동전선을 펼치고 이 정부에 협력하고 노력한다면 조선의 독립은 그만치 빠를 것이다. 이를 통하여 조선인이 이제부터 자주독립국가로서 충분히 걸어갈 수 있다는 힘을 세계에 보여야 할 것이다. 그러므로 조선사람은 신탁국가니 무어니 하는 걱정을 하기 전에 먼저 조선

민족이 대동단결하여 하나의 힘을 뭉치는 데 매진하기 바란다.

또 극동국장 빈센트씨의 말은 단지 개인의 의사에 지나지 않는 줄 믿는다. 그분의 말이 미국정부의 방침이 아님은 틀림없다. 그러므로 그러한 소식은 묵살해야 할 것이다. 그런 개인의 말을 가지고 경솔하게 침소봉대하여 민중을 흥분시키는 일이 없도록 하기 바란다.

「아놀드, '신탁관리제는 미정부방침 아니다'라고 기자회견」,

『매일신보』 1945년 10월 31일자)

10월 31일에 하지가 송진우에게 한국인들에게 전해 달라고 부탁했다는 이야기 중에도 비슷한 내용이 있었다. 커밍스는 다른 자료들과 대조하여 하지의 발언이 왜곡되지 않은 것임을 확인했다고 했다(『The Origins of the Korean War』, 219쪽).

(…) 신탁통치를 운운하나 이것은 극동부장 일개인의 의견이요. 그 사람이 조선정치를 좌우할 지위에 있는 것이 아니다. 조선사람이 결속하여 독립할 만한 힘을 배우면 이제라도 나는 독립을 승인하겠다. 38도 이남의 조선인이 내 말대로 일심협력하여 민족일치를 배우면 그것은 즉시 해결될 일이다. (…)

「송진우, 하지를 방문 요담」, 『자유신문』 1945년 11월 5일)

연말의 모스크바 3상회담 결정 후 조작된 오보로 인해 반탁운동이 혼란스럽게 펼쳐질 때, 하지는 동아일보측의 왜곡을 뒷받침해 혼란을 부채질했다. 미국이 한국의 즉각 독립을 주장하고 소련이 신탁통치를 주장했다는 왜곡이었다.

하지는 왜곡된 이 내용을 그대로 믿고 있었던 듯이 행동했다. 1월

23일에 스탈린이 해리먼(William A. Harriman, 1891~1986) 미국대사를 불러 왜곡에 대해 항의하고, 25일에 타스통신이 3상회담의 진상을 발표한 후, 27일 국무성에서 타스통신의 보도내용이 맞다는 사실을 하지에게 확인해 주자 그는 이튿날 바로 사표를 제출했다.

만류에 못 이겨 2월 2일 사표를 철회하면서 하지는 분노에 찬 전보를 국무성으로 보냈다. "1월 27일의 메시지는 국무성이 여러 주 전에 본 사령부에 보냈어야 할 정보를 포함하고 암시하였다. (…) 타스 성명이 전적으로 진실이라는 확인은 내게 전혀 새로운 소식이다" 운운의 내용을 담은 전보였다. 3상회담에 임하는 미국의 한국관련 정책노선을 주둔군 사령관인 자신에게 알려주지 않았다는 불평이었다.

커밍스는 위의 책 227쪽 이하 「산통 깨진 하지」라는 제목("Hodge in a Cocked Hat"을 김자동 번역판에서는 "톡톡히 망신당한 하지"라고 옮겼는데, 의미도 맥락도 모두 벗어난 것 같다)의 섹션에서 하지가 3상회담 이전에 충분한 통보를 받고 있었다는 사실을 밝혔다. 하지가 알고 있던 사실을 전혀 몰랐던 것처럼 시치미를 뗀 것 같지는 않다. 그는 미국정부에서 알려주는 방침조차 파악하지 않은 채 제멋대로 미군정의 권력을 운용한 것이었다.

하지 혼자만의 문제가 아니다. 아놀드를 비롯한 그의 보좌관과 고문들이 다 마찬가지다. 아무리 생각해도 미군정 담당자들이 한국을 망치려는 악의를 가지고 저지른 짓이 아니었다. 무식하고 게을러서 누군가에게 이용당한 것일 뿐이다. 정말 오래된 문제다.

"주여, 저들은 자신들이 하는 일을 모르나이다."

1945. 10. 28.

민심에 역행한 미군정 정책

카이로선언의 한국의 독립 방침에 "in due course"라는 부사구가 들어 있다. '적절한 시기에'라고 흔히 번역되는데, 꽤 적절한 번역이기는 하지만 아주 정확한 것은 아니다. '마땅히 거칠 과정을 거쳐서'라고 하는 편이 정확성에서는 낫겠다. 요컨대 '바로' '그대로' 독립되지는 않으리라는 것이다.

'마땅히 거칠 과정'이란 독립의 조건을 충족시키는 과정을 말하는 것이다. 그 조건이 어떤 것인가? 식민지였던 한국이 독립국으로 안정을 취하기 위해서는 내적 조건과 외적 조건이 필요했다. 내적 조건은 국가체제를 내부 요소들이 지탱할 수 있는 '자립능력'이고, 외적 조건은 지나친 외부 압력이 작용하지 않을 안정된 '국제관계'다.

외적 조건과 내적 조건은 상관관계를 가진다. 자립능력이 다소 미흡해도 국제관계가 순조롭다면 허약한 국가체제라도 일단 세워놓은 다음 서서히 강화시켜 나갈 여유를 가질 수 있다. 반면 험악한 국제관계 속에서는 아무리 강한 자립능력으로도 위험을 피할 수 없다.

제2차 세계대전 종전 후 국제관계는 큰 변화를 겪고 있었다. 변화의 핵심은 미·소 대립관계의 형성에 있었다. 두 나라 군대에 분할점령된 한국은 열악한 외적 조건을 가지고 있었던 것이다. 웬만한 자립능력을 가지고는 다수 주민의 염원을 충족시키는 안정된 국가체제의 수립을 어렵게 하는 외부의 압력이 작용하는 상황에 한국은 놓여 있었다.

해방공간에서 신탁통치 문제를 놓고 '자립능력'이 늘 도마 위에 올랐다. 그 여파로 후세 사람들도 내적 조건에 관심을 집중하게 되었다. 당시 여러 정파와 지도자들의 전술전략, 판단력과 실행력, 나아가 도덕성까지 시시콜콜 따지는 것은 내적 조건의 충족 여부를 확인하기 위한 노력이다.

나는 분단과 전쟁의 비극을 불러온 1차 변수를 외적 조건으로 본다. 내적 조건은 그 종속변수였다. 미·소 대결이 통일국가 형성의 내부 욕구를 단순히 억누른 것이 아니라, 내적 조건의 형성과 전개과정에 두 강대국의 패권주의가 작용했다. 일본에 이어 이제 두 나라의 의지가 한국의 미래를 결정하는 문제를 한국인의 손에 맡겨놓지 않는 억압요인이 된 것이다.

문제를 먼저 일으킨 쪽은 미국이었다. 초기단계에 소련은 수동적인 입장이었고, 이후 전개될 한국에 대한 소련의 태도는 미국의 도발에 대한 대응으로 해석할 여지가 크다. 초기의 점령정책에서 이 차이를 확인해 두는 것이 이후 전개될 상황의 이해를 위한 발판이 될 것이다.

지방행정에 대한 태도에서 점령정책의 차이가 극명하게 드러난다. 미군의 경우 제주도까지 전술적 배치를 끝내는 데 11월 10일까지 두 달의 시간이 걸렸고, 군정을 위한 전문적 훈련을 조금이라도 받은 '군정부대'(MG teams)가 완전히 배치되는 데는 이듬해 1월 14일까지 다시 두 달의 시간이 더 걸렸다. 그동안에는 미군의 개입이 없거나 불완전한 상태에서 지방행정이 현지 사람들의 손에 맡겨져 있었다.

65년 전의 오늘 북조선 5도행정국이 설치되었다. 이것은 위에서 일률적으로 만든 것이 아니라 아래로부터 짜여 올라온 조직이었다. 해방 후 각 지역에서 주민들이 만든 인민위원회가 각 도인민위원회로 묶이고 10월 8일부터 10일까지 110명의 대표가 참석한 북조선 5도 인민위원회 연합회의에서 체제의 표준화를 결정했다. 그 시점까지 각 도인민위원회는 서울의 인민공화국 중앙에 귀속하는 것으로 보고 북한 지역을 통합하는 조직을 만들지 않고 있었다. 그런데 10월 10일의 아놀드 망언 이후 미군정의 인공 부정 방침이 확실해짐에 따라 잠정적 통합조직으로 5도행정국을 만든 것이다.

일본 항복 보름 후인 8월 말까지 건준에 145개 지방조직이 만들어졌다고 한다. 건준 본부 요원들이 연고지를 찾아가 결성을 도와준 것도 몇 개 있었지만, 대부분은 자생적 자치조직이 자진해서 건준에 연락을 취한 것이고 건준 본부와 실질적 관계도 별로 없었다. 자생적 자치조직은 38선과 관계없이 전국적으로 만들어졌고, 9월 초 인공 선포 이후 대부분 '인민위원회'라는 간판을 달고 인공 중앙을 바라보고 있었다.

소련군은 북한에 진주하면서 인민위원회가 있다는 것을 알자 이를 적극 활용하기 시작했다. 커밍스는 『The Origins of the Korean War』의 한 대목에서 이 방침이 시작되는 장면을 보여준다.

8월 24일 함흥 진주 직후 소련군 사령관이 함경남도 도지사와 함께 다음과 같은 성명을 발표했다고 하는 8월 30일의 보고가 있었다.

"한국의 정치적 진로가 결정될 때까지 소련군은 기존 정부 및 군사기구를 통하여 행정을 수행할 것이다 (…) 공안을 해치거나 파괴시키는 자는 엄중한 처벌을 받거나 사형에 처하게 될 것이다."

그러나 소련군이 함흥 인민위원회가 존재하는 것을 알자, 즉시 일본인들을 축출하고 행정을 위원회에 넘겨주었다고 하는 나중의 보고

가 있었다. (『The Origins of the Korean War』, 387쪽)

일본의 항복이 예상외로 빨랐기 때문에 점령정책을 미처 준비하지 못한 것은 소련군도 미군과 마찬가지였다. 함흥에 진주해서 바로 발표한 방침은 식민지 통치기구를 그대로 활용한다는 것이었다. 점령군이 주민 한사람 한사람을 돌봐줄 능력이 없는 바에야 어떤 조직이라도 필요했기 때문이었다.

그런데 인민위원회가 있는 것을 알고는 바로 일본 기구를 폐기하고 인민위원회의 손을 들어준 것이다. 해방 열흘 후의 인민위원회가 조직력을 갖췄으면 얼마나 갖췄겠는가. 능률로 따진다면 수십년간 운영되어 온 일본 통치기구가 더 나았을 것이다. 식민지 상태의 청산을 점령군의 지상과제로 여겼기 때문에 인민위원회를 택한 것이다.

인민위원회에게 권한과 책임을 적극적으로 맡기는 소련군의 방침으로 인해 북한 지역의 인민위원회 결성과 발전이 촉진되었다. 소련군 진주 후 두 달이 지난 10월 말까지는 북한 전역의 경찰활동과 지방행정이 인민위원회에 장악되었다. 그리고 이 기간에 소련군은 인민위원회 조직의 상층부에 좌익이 어느 정도 포함되도록 제한된 수준의 영향력만 행사하면서 민족주의자들의 주도권을 존중했다.

악의적으로 해석한다면 민족주의자들을 앞세워 인민위원회를 키워놓은 다음 공산주의자들이 그 결실을 가로채도록 책략을 부린 것으로 볼 수도 있을지 모르겠다. 그러나 점령 초기의 소련군은 그런 책략을 구사할 정도의 준비가 없었다. 그리고 설령 책략이라 하더라도, 민족주의자들의 염원이 표출될 기회를 주었다는 점에서 건설적인 책략이라 할 것이다.

반면 남한에서는 미군정이 인민위원회를 원천적으로 탄압했다. 미

해방의 날 오후 전남 광양경찰서 무덕전에서 열린 시국수습국민회의 광경. 왼쪽 끝에 노산 이은상의 모습이 보인다. 전국 각지에서 새로운 상황에 대응하기 위한 조직적 활동이 여러 가지 형태로 펼쳐졌다.

군의 배치가 불완전한 단계에는 인민위원회의 활동이 용인되었다. 북한에서처럼 점령군이 뒷받침해 주지 않는데도 남한 거의 전역에 군단위 인민위원회가 결성되었고, 그 대부분이 얼마 동안이라도 상당 수준의 경찰과 행정 기능을 수행했다.

병력배치가 끝나자 본격적 탄압이 시작되었다. 인민위원회 파괴가 미군정의 가장 큰 업무가 되었고, 점령군 병력이 부족하다고 하지가 노상 징징댔던 것도 억지로 만들어낸 이 업무 때문이었다. 북한 점령군이 아직 조직이 미비한 주민과 손잡고 일본인과 친일파의 저항을 분쇄하는 작업을 끝낸 시점에서 남한 점령군은 일본이 키워놓은 경찰력을 앞세워 그동안 주민들이 갖춰놓은 조직을 억압하는 일에 몰두하고 있었던 것이다.

커밍스의 『The Origins of the Korean War』 제9장 「지방 인민위원회의 운명」에 미군정의 인민위원회 탄압 경위가 서술되어 있는데, 그

중 전라남도 해남군의 경우를 예시를 위해 인용한다.

> 해남에서는 "인민위원회가 의문의 여지없이 가장 강력하고 가장 활발한 정치조직이었다." 위원회는 그 지역을 모든 층위에서 통제하고 있었고, 식민지 통치기구에 근무하던 한국인 직원들을 위원회의 지시하에 일하게 하고 있었다. 위원회는 지역의 버스 서비스와 군청의 김양식 사업, 그리고 21개 초등학교를 운영하고 있었다. 제45군정부대는 12월 초에 해남 인민위원회 위원장을 해남군수로 정식 발령했다. (…)
>
> 1946년 초 미군은 이들 4개군에 '구조조정'을 행할 결정을 내렸다. (…)
>
> 해남에서는 12월 말 (전라남)도 경찰이 인민위원회 지도자 19명을 체포했다. 1월 19일경 인민위원회 경찰서장과 그 휘하의 38명이 광주에서 파견된 특별경찰 38명으로 대체되었다. 2월에서 3월까지 해남에서 소요사태가 있었고, 더 많은 체포가 뒤따랐다. 3월 말 시점에서 해남군의 경찰력은 85명이었다. 유치장에는 50명이 갇혀 있었는데, 그중 14명의 혐의는 '경관 사칭'이었다. (『The Origins of the Korean War』, 304~306쪽)

남한의 방방곡곡에서 비슷한 일이 벌어졌다. 각 지역 주민들이 점령군의 도움 없이도 식민통치체제를 대치할 자치조직을 형성한 것은 자연스러운 일이었다. 지역 특성이나 우연한 조건에 따라 자치조직은 급진적 성격이 되기도 하고 온건한 성격이 되기도 했다.

해방 직후 경찰은 위축되는 정도가 아니라 아예 숨어 있었다. 9월 초 미군이 진주할 무렵 한국인 경찰관의 출근율은 30%도 안 되었다고 한다. 신변의 위협을 느꼈기 때문이다. 미군정은 이들의 출근을 독려해 경찰력을 복원한 후 그것을 앞세워 인민위원회를 격파했다. 군정하의 남한은 식민지시대보다도 더 지독한 경찰사회가 되었다. 인민위원회 경찰 39명으로 질서가 유지되던 해남에 몇 달 후 85명의 경찰력이 필요하게 된 것이 무엇 때문이었겠는가? 민심에 역행하는 체제였기 때문이다.

한국인의 자치능력은 그때나 지금이나 별 차이 없을 것 같다. 어떤 악조건 아래서도 잘 꾸려나갈 만큼 뛰어난 것도 아니고, 어떤 호조건 위에서도 죽을 쑬 만큼 형편없는 것도 아니다. 분명한 사실은, 미군정과 같은 조건에서는 아무리 훌륭한 자치능력이라도 제대로 발현되고 발전할 수 없었다는 것이다.

지방행정만이 아니라 중앙정치도 민심을 역행하는 방향으로 미군정의 영향을 받았다. 사회주의적 요소에 대한 민중의 염원을 조금이라도 반영하는 정치세력은 미군정·한민당 복합체에 의해 공산주의자로 몰렸다. 극좌파를 제외한 한국인은 미군을 적으로 여기지 않고 있었다. 그러나 군정 당국자들은 대다수 한국인을 적으로 여겼다. 그래서 미군에 대한 일반 한국인의 신뢰는 갈수록 떨어져갔다.

1945. 10. 29.

미군정이 만들어준 '적대적 공생관계'

'6·25' '사변' '동란' 등의 이름으로 흔히 불려오던 1950~53년의 전쟁을 요즘은 '한국전쟁'이라고 많이 부른다. 나도 그 이름을 쓰겠다. 이 전쟁에 대한 너무나 편파적인 냉전기의 시각에서 벗어나고 싶은 마음에서다.

이 전쟁이 '소련의 야욕'을 받든 '북한 괴뢰'의 도발이었다는 설명에 의문만 제기해도 반공법, 보안법으로 잡아넣는 환경에서 한국인들은 긴 시간을 지냈다. 미국 사정은 한국보다는 나았지만, 1970년대까지 미국인의(한국계 미국인 포함) 연구는 이 틀을 거의 벗어나지 못하고 있었다. 다른 시각을 시도하는 연구를 하려면 자료와 연구비를 구하기 힘든 정도의 제약은 있었던 것이 아닐까 싶다.

1970년대에 미국의 패권주의에 대한 내부 비판이 강해지고 베트남에서 굴욕적 패배를 겪으면서 베트남전쟁과 몇 가지 공통점을 가진 한국전쟁에 대해서도 새로운 시각이 시도되기 시작했다. 특히 1940년대 후반의 비밀문서 중 30년 비공개의 엄중한 자료들이 1970년대 후반에 공개되면서 자료도 확충되었다. 이 시도의 가장 뚜렷한 성과가 브루스 커밍스의 『The Origins of the Korean War』(1981, 1990)이다.

1990년대 들어서는 소련 해체에 따라 소련 문서도 활용이 가능해졌다. 이 무렵에는 한국에서도 군사독재 종식으로 연구활동에 대한 억압이 약해져 한국전쟁 및 그와 관련된 주제들에 관한 의욕적 연구가 늘어나기 시작했다. 특히 주목할 만한 현상은 해방공간과 한국전쟁을 주된 연구대상으로 하는 '현대사' 분야가 역사학계에 자리잡은 것이다.

『해방일기』 작업은 분단과 전쟁으로 이어지는 비극의 줄거리를 더듬어가는 것이다. 전쟁의 원인을 이해하는 것도 중요한 목적의 하나다. 작업을 시작한 지 겨우 세 달, 아직 시작단계에서 전쟁의 원인을 논하는 것은 성급한 짓이지만, 작업의 목적을 분명히 하는 의미에서 접근방향을 한차례 제시해 두는 것이 좋겠다.

초기 미군정의 극심한 폭력성을 어제 서술하고 보니, 전쟁의 원인을 미국 쪽에서 찾고 있는 내 작업가설을 분명히 밝힐 필요가 느껴졌다. 아직 '작업가설'(working hypothesis)이다. 지금 살펴보고 있는 1945년 10월 말의 상황으로부터 전쟁 발발까지 56개월의 기간 동안 많은 일이 일어날 것이고, 그중에는 전쟁에 더 큰 작용을 할 요소도 있을지 모른다. 그러나 최초 2개월간의 미군정은 분단과 전쟁의 개연성을 늘리는 쪽으로 분명히 작용하고 있었다.

전쟁의 원인에 대한 여러 관점이 박태균의 『한국전쟁』(책과함께 2005) 제1장 「한국전쟁은 왜 일어났을까?」에 개관되어 있다. 크게 '내인론'과 '외인론'으로 구분되어 있고, 외인론은 다시 미국책임론과 소련책임론으로 구분되어 있다.

내인론이란 한국인들 사이의 불화에서 전쟁의 원인을 찾는 것이다. 말하자면 신탁통치의 필요성과 관련해 제기된 '자치능력'이 부족했다는 것이다. 저희들끼리 놔둬도 어차피 어떤 식으로든 싸움박질을 할 판이었고, 미국과 소련의 존재는 그 싸움박질의 양상을 결정하는 데 작용한 부차적 요소라는 것이다.

좌익과 우익 사이의 격렬한 항쟁이 내인론의 근거로 제시된다. 그런데 나는 이 격렬한 항쟁이라는 것이 외부의 작용으로 빚어진 부차적 현상이었다고 생각하고, 지금까지의 작업을 통해 적어도 그 실마리는 잡았다고 생각한다.

'좌익과 우익'이라는 대립개념 자체가 해방 당시 일반 한국인의 의식 속에서는 그리 명확한 것이 아니었다. 박태균의 위의 책 55~60쪽에서 내인론 비판의 근거로 소개한 것처럼, 미국식 자본주의에 비해 훨씬 사회주의적인 여러 정책노선이 당시의 한국사회에서는 당연한 것으로 받아들여지고 있었다. 극우 역할을 맡은 한민당조차 공식적 정강·정책에서는 이것을 아주 외면할 수 없었다.

대다수 한국인은 일본 식민통치에 억눌려왔던 민족주의, 민주주의와 사회주의의 여러 원리가 실현되기를 바라고 있었다. 개인과 집단에 따라 어느 원리에 얼마만큼 비중을 두느냐 하는 편차가 있었지만, 그 원리들이 절대적으로 상충되는 것이 아니었기 때문에 충분히 절충될 수 있는 것이었다. 국가를 따로 세우지 않고도, 전쟁을 벌이지 않고도, 대다수 사람들이 만족할 만한 길을 찾아나갈 수 있는 상황이었다. 이 범위에 드는 사람들을 '중도파'로 나는 범칭한다.

어느 당과 어느 당 사이는 샛강이고 또 다른 어느 당과의 사이는 한강이란 말이 나돈 일이 있는데, 이 중도파 안의 여러 파벌(좌익이고 우익이고 간에) 사이는 모두 샛강이었다. 모든 한국인이 식민지시대에 비해 빈곤과 폭력의 위협을 덜 받는, 그리고 한국인의 뭉쳐진 힘으로 발전의 길을 찾을 수 있는 민족국가를 세우는 것이 중도파가 공유하는 지상과제였다. '합의'라는 기준에서 해방 당시의 한국인은 훌륭한 '자치능력'을 가지고 있었다.

중도파의 공유 과제를 외면하는 소수의 극단파가 있었고, 그들이 극좌와 극우의 모습으로 나타났다. 중도파 안의 여러 파벌 사이에 비하면 중도파와 극단파 사이는 한강보다도 더 먼 거리였다. 중도파를 묶어주는 가장 강력한 접착제가 민족주의였는데, 양쪽 극단파의 첫번째 공통점은 민족주의를 외면하는 것이었다.

나는 민족주의가 절대적 선이라고는 생각지 않는다. 그러나 식민지 상태에서 풀려나는 시점에서 민족주의는 거의 모든 한국인의 합의를 모을 수 있는 구심점이었다. 민족주의를 주축으로 해서 민주주의와 사회주의 제 원리가 원활하게 절충될 수 있었다. 이런 상황에서 민족주의를 외면하는 것은 다른 특정한 믿음이나 이해관계에 극단적으로 집착하는 태도였으므로 나는 이를 '극단파'라 부르는 것이다.

극단파는 소수였다. 상황을 주도할 입장이 아니라 눈치 보며 적응하기에 바쁠 입장이었다. 그런데 식민지시대에 특권을 누리던 한국인 집단에게 엄청난 기회를 미군정이 만들어주었다. 특권을 포기하기는커녕 일본인 상전들이 누리던 더 높은 등급의 특권으로 진화할 기회였다. 미군정은 해방 전 일본인의 권력을 그 밑에 있던 한국인 집단에게 넘겨준 것이다.

좌익에서도 극단적 공산주의자는 소수였다. 그런데 미군정이 과거의 친일세력을 극우파로 키워내자 이에 대한 반발로 극좌의 목소리가 커졌다. 이것은 다시 극우파의 역할을 더욱 부각시켜 주었다. '적대적 공생관계'가 형성된 것이다.

중도파 안에서 좌익과 우익은 대화를 통해 건설적 타협이 가능했다. 그런데 미군정의 극우파 양성과 이에 따른 극좌파의 득세는 대화의 조건을 파괴했다. 돈과 주먹이 사회를 휩쓰는 상황에서 대화를 위한 노력은 흑백론으로 배척당했다. 오죽하면 여운형이 '친일파'로, 김구가 '빨갱이'로 몰리기까지 했겠는가!

앞으로 계속 더듬어 나가겠지만, 내 작업가설에서 내인론은 일단 배제한다. 그 가장 큰 근거인 좌우익간의 격렬한 대립 자체가 외세의 작용에 기인한 것으로 보기 때문이다. 한국의 우익을 지원한 것이 아니라 폭력이 판치고 대화가 불가능한 상황을 야기한 것이 미군정의 역할이었다.

박태균은 위의 책 77~81쪽에서 외인론에 대한 비판을 소개했는데, 직접적 비판이 아니라 정황론 수준이다. 오스트리아와 베트남도 분할점령이나 분단을 겪었는데, 왜 유독 한국에서만 분단이 고착되었는가, 같은 국제적 상황 속에서 다른 결과를 맞았다면 외인론으로는 설명이 부족한 것 아니냐는 지적이다. 이 비교가 부적절하다고 보는 의견을 간단히 붙인다.

오스트리아는 유럽의 중앙, 당시의 문명국들이 일상적으로 관찰하는 위치에 있었다. 그리고 4개 연합국이 분할점령했다. 남한의 미군정처럼 점령군이 야만적인 조치를 제멋대로 취할 수 있는 곳이 아니었다. 그리고 독일 항복 직전인 1945년 4월 독일로부터 오스트리아의 분리를 선언하며 세워진 레너 정부가 연합국들의 승인을 받고 정부 기능을 수행했다. 점령군의 역할은 감시에 한정되고 오스트리아 정치에 깊이 개입하지 않았다. 오스트리아 국민들에게는 스스로 패전국이라는 죄책감이 어느 정도 있었지만 연합국들은 오스트리아가 독일로부터 해방된 나라라고 공식적으로 인정했다.

베트남이 한국과 다른 점 하나는 해방공간의 남한에서 민족주의가 탄압받고 몰락한 것과 달리 베트남 민족주의에는 큰 손상이 없었다는 것이다. 호치민을 통해 공산주의와 결탁한 민족주의만이 아니라 베트남 남부에도 민족주의는 살아 있었다. 1950년대 말 남한의 이승만 반대운동이 미국식 민주주의를 기조로 한 것과 달리 같은 때 남베트남의 고딘 디엠 반대운동은 민족주의를 기조로 한 것이었다.

베트남에서는 1954년까지 프랑스를 상대로 민족주의운동이 진행되었고, 그후에 개입한 미국은 남한에서처럼 극우세력을 강고하게 키워 민족주의를 배제할 기회가 없었다. 남한도 남베트남도 초기의 부패 독재가 무너진 후 군사정권이 들어섰지만, 베트남 군사정권은 남한 군사정권과 비교할 만한 지지기반을 만들지 못했다. 1974년까지 전쟁을 버텨낸 것은 미국의 군사력이었을 뿐, 베트남의 친미세력은 한국보다 취약했다.

남한에는 베트남과 달리 분단고착을 원하는 세력이 큰 정치적 역할을 지금까지 맡아오고 있다. 일반국민 사이에도 민족주의보다 국가주의가 더 두드러지게 나타나고 있다. 어쩌다 이렇게 되었는지, 앞으로 계속 살펴나가겠다. 분단과 전쟁의 책임이 한국인의 결함이 아니라 외세의 작용에 있음을 조금이라도 더 밝혀 "엽전은 안 돼" 하는 자기비하에서 벗어날 근거를 찾고 싶은 마음을 솔직히 밝힌다.

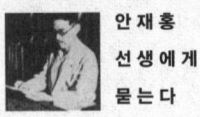
안 재 홍
선 생 에 게
묻 는 다

점령군은 무엇 때문에 왔는가?

김기협 한반도 남북에 점령군이 들어온 지 두 달이 되어갑니다. 일본
지배를 벗어난 조선이 자기 손으로 장래를 열어가는 출발점
에서 연합국 점령군의 역할이 매우 중요한 상황입니다. 선생님은 점령
군의 역할을 어떤 것으로 생각하시는지요?

안재홍 점령군의 역할보다도, 그 역할에 대해 조선인들이 어떤 기대
를 거느냐가 더 중요한 문제라고 나는 생각합니다. "적의 적
은 우리 편"이라는 안이한 생각을 많이 합니다. 우리의 적이 일본이었
는데, 연합국은 일본의 적이니까 우리 편이라는 것이죠.

지난 세계대전에서 연합국이 싸운 것은 추축국의 침략을 막기 위해
서였습니다. 여기에는 두 가지 목적이 겹쳐 있습니다. 하나는 자기네
권리와 이익을 지키는 것이고, 또 하나는 세계평화를 이루는 것입니
다. 카이로선언의 조선독립 약속에도 마찬가지로 두 가지 측면이 있습
니다. 하나는 전쟁상황을 유리하게 만들려는 것이고, 또 하나는 파시
즘의 횡포를 바로잡음으로써 세계평화의 기반을 확충하자는 것입니
다. 인간의 모든 행동은 이기적 목적과 이념적 목적이 겹쳐져 이루어
지는 것입니다.

지금 두 나라의 조선 점령도 마찬가지입니다. 이념적으로는 조선의

독립을 도와줌으로써 세계평화를 안정시키는 것이 목적이지만, 점령에 비용과 노력을 들인 만큼 각자의 국익에도 보탬이 되어야 한다는 현실적·이기적 목적이 거기에 겹쳐져 있습니다.

두 나라가 조선 점령에서 원하는 것이 무엇인지 정확히 이해할 필요가 있고, 그들의 목적이 이기적 방향으로 흘러가지 않도록 최선의 노력을 기울여야 합니다. 그들의 목적을 나쁜 쪽으로 의심만 하는 것도, 좋은 쪽으로 믿기만 하는 것도 그들과의 관계를 잘 풀어나가기에 어려울 것입니다.

김기협 소련군의 이북 점령은 두 달이 넘었고 미군의 이남 점령도 두 달이 되어갑니다. 서울에서 미군 병사들의 행동을 보면 자신을 정복자로 여기는 오만과 횡포의 자세가 만연한 것으로 보이고, 소문을 들으면 이북에서도 약탈, 강간 등 도와주러 온 군대답지 않은 태도가 많은 모양입니다. 그러다 보니 백성들 사이에서는 일본놈들보다 더 심하다, 여우를 피하려다 호랑이를 만났다는 말까지 나옵니다. 선생님 생각은 어떠신지요?

안재홍 군대란 폭력을 위한 조직이니 백성을 불안하게 만드는 문제는 어쩔 수 없는 면이 있습니다. "무기란 상서롭지 못한 물건(兵者不祥之器)"이란 중국 옛말도 있지 않습니까?

사람 죽이는 전쟁을 하다가 조선을 점령하러 온 두 나라 군인들에게 치안을 해치는 행위가 전혀 없기를 바랄 수는 없는 일입니다. 여러 해 지속되어 온 일본 통치가 그런대로 자리잡혀 있던 것에 비해 막 도착한 두 나라 군대의 탈선이 더 심하게 보일 수도 있습니다. 그러나 한 주일 두 주일 시간이 지남에 따라 처음의 어지러운 상황은 정리되고

있습니다. 이북의 소련군도 요즘은 행태가 많이 개선되었다는 소문이
들립니다.

김기협 │ 점령 초기의 황당무계한 수준은 벗어나고 있지만, 미군이 조
선인을 깔보는 자세는 병사 개개인의 소양 문제보다 지휘부
까지 포함한 미군 전체의 조선 인식 문제 같습니다. 10월 10일 아놀드
군정장관의 인공 비난 발언을 보세요. 인공에 아무리 문제가 있더라도
말을 어떻게 그리 막 할 수 있습니까? 미군이 조선인을 깔보는 자세가
일본인보다 못하지 않은 것 같습니다.

　지금 남북이 막혀 있어서 북쪽 사정을 정확히 알 수 없지만, 대략의
소문으로는 소련군이 인민위원회를 도와주는 등 조선인을 존중해 준
다는 인상을 받습니다. 그런데 근간 인구이동을 보면 남에서 북으로의
이동보다 북에서 남으로의 이동이 압도적으로 많습니다. 백성은 덕 있
는 정치를 따라 옮긴다는데, 미군이 소련군보다 덕이 있는 걸까요?

안재홍 │ 미군이 조선인을 깔보는 문제는 분명히 있습니다. 김선생 말
대로 사병 개개인의 태도만이 아니라 지휘부의 정책에서도
느껴지는 문제입니다. 그런데 이것을 미군의 도덕성 문제로 보기보다
는 조선이 저들에게 제대로 알려져 있지 못한 문제를 먼저 생각해야겠
습니다. 우리가 존중받을 만한 자세를 보인다면 저들이 우리를 대하는
태도도 달라질 것입니다.

　북에서 남으로 향하는 인구이동을 정치의 덕 있고 없음으로 생각할
필요는 없을 것 같습니다. 일제시대에 이북의 공업지대로 일자리를 찾
아간 이남 사람들이 많았죠. 공장이 움직이지 못하게 되어 고향으로
돌아오는 사람들이 많습니다. 그리고 만주와 북중국에서 돌아오는 사

람들도 이북을 거쳐 돌아오고 있습니다.

이북 사람들이 고향을 떠나 월남하는 일도 많이 있기는 합니다. 반대쪽 움직임보다 훨씬 많죠. 이것은 소련군이 점령하고 사회주의자들이 기세를 올리니까 지주와 중산층이 겁을 먹고 일시적으로 피신하는 것입니다. 사회주의 싫은 사람들은 옮겨다닐 능력이 있는 사람들이고 자본주의 무서운 사람들은 그럴 능력도 없는 사람들이니까 북쪽에서 남쪽으로 오는 사람이 더 많은 것이겠죠.

김기협 사회주의냐 자본주의냐 하는 문제보다, 소련군은 인민위원회를 지원하고 미군은 탄압한다는 차이가 양쪽 점령정책의 제일 큰 차이로 보입니다. 북쪽에서는 적극적 친일파가 아니라도 해방 전의 관리들이 거의 다 쫓겨나고 새 사람들이 인민위원회를 통해 지방행정을 맡게 되었는데, 남쪽에서는 일본인들만 내보내고 그 밑에 있던 조선인 관리들을 친일행위가 심했던 사람들까지 그대로 두고 있습니다.

미군정이 인공을 승인하지 않는 것은 이해할 수 있는 일입니다. 건준이나 인공이 하나의 단체로서 민의의 일부분을 대표하여 점령군을 돕겠다고 나선다면 모르겠는데, 조선인 전체를 대표하는 것처럼 나서는 것은 조선인으로서도 승인할 수 없는 일입니다.

그러나 각지의 인민위원회는 다른 일이지요. 자율적으로 구성된 인민위원회가 그 지역의 민의를 제대로 대표하는 것은, 조금만 감독하면서 도와주면 가능한 일입니다. 당장의 행정과 치안도 일제시대의 군청과 경찰을 그대로 두는 것보다 인민위원회를 통해 민의를 수렴하는 것이 더 효과적일 뿐 아니라 국가건설의 풀뿌리를 키워내는 일이기도 합니다.

지금까지 제주도 이외의 이남 지역에는 미군 배치가 완료되었는데, 배치 후 제일 먼저 하는 일이 인민위원회 해산입니다. 해방된 이 땅에 국가를 세우는 일은 중앙의 정치가들만이 아니라 온 백성이 함께 하는 일이고, 그 뜻으로 만드는 것이 인민위원회입니다. 식민지 지배기구를 지키면서 인민위원회를 탄압하는 것은 미군이 조선을 식민지로 지배하겠다는 뜻이 아니냐는 의혹이 일어나고 있습니다.

안재홍 분명히 잘못된 일입니다. 그러나 나쁜 의도를 의심할 일은 아닙니다. 능력부족 때문에 일어나는 일일 뿐입니다. 미군정 간부들 중에 조선 사정을 제대로 이해하는 사람이 거의 없습니다. 조선을 지배할 야욕이 있다면 그렇게 사정을 모르는 사람들을 보냈겠습니까?

조선 남반부에 주둔한 미군은 일본에 있는 맥아더 사령부의 휘하 부대입니다. 따라서 미군의 조선 점령정책은 맥아더 사령부의 일본 점령정책과 같은 틀을 따라가게 되어 있습니다. 맥아더 사령부가 일본정부를 그대로 두고 행정과 치안을 맡겨놓으니까 조선 주둔 미군도 총독부 체제를 가급적 바꾸지 않는 방침으로 나가는 것입니다.

이곳 사정에 대한 이해가 늘어나면 일본과 조선에 다른 정책이 필요하다는 사실도 알게 될 것입니다. 그들이 이해를 늘리도록 꾸준히 노력해야지요.

김기협 진주한 지 두 달이 되어가는데, 그들이 엉뚱한 이해만 늘려간다는 인상을 받을 때가 많습니다. 10월 10일 군정장관의 인공 비난 발언, 이건 한민당 삐라를 그대로 베낀 것 같습니다. 인공을 비판적으로 보는 사람들도 아놀드의 황당하고 야비한 언사에는 어이를 상실했죠. 한민당에서 그런 소리 하는 거야 그런 놈들이니까 하고 봐왔는데, 군정 책임자라는 사람이 그 흉내를 내고 있으니…… 뭘 알려고 노력도 하지 않는 사람들 같습니다.

군정 수뇌부의 한국인 접촉이 90% 이상 한민당 쪽에 치우쳐 있다고들 얘기합니다. 한민당에 영어 잘하는 사람들이 많을 뿐 아니라 접대, 선물, 아부 등 온갖 재간으로 미군을 꼬드겨 밑에서는 온갖 이권을 챙기고 위에서는 자기네 유리한 쪽으로 정책을 유도하기 때문에 '통역정치'란 말까지 돌고 있습니다. 조선인의 가장 열악한 측면을 보여주는 사람들입니다. 그런 사람들과만 어울리면서 군정 책임자들이 조선의 진짜 사정을 배울 수 있을까요?

며칠 전에는 조병옥씨와 장택상씨에게 경찰지휘권을 맡겼죠. 두드러진 친일행적은 없어도 민족의식도 박약하고 인품도 평판이 별로인 사람들 아닙니까? 미국물 먹었다는 이유만으로 조선인인지 미국인인지 일본인인지 모를 사람들에게 큰 책임 맡기는 것을 보며 걱정하는 사람들이 많습니다.

안재홍 조병옥씨와 장택상씨를 나쁘게 말하는 사람들이 있지만, 그거야 누구한테건 나쁘게 말하는 사람들은 있는 것 아닙니까? 두 사람이 개성이 강한 편이라서 미움을 많이 받는 것은 사실이지만, 일하는 데는 그것이 장점이 되는 측면도 있을 겁니다.

그리고 조선인인지 미국인인지 모를 사람들이라 하는데, 지금 군정 당국과 조선사회를 연결하는 데는 바로 그런 사람들이 맡을 몫이 있습니다. 군정 당국자들이 나처럼 확실한 조선인과 만나면 태도가 긴장되어서 의사소통에 한계가 있어요. 그들과 함께 즐기면서 농담도 나눌 수 있는 사람들, 그들이 속마음을 쉽게 털어놓을 수 있는 사람들이 필요합니다.

　'통역정치'는 지금의 조선 상황에서 피할 수 없는 하나의 현상이고, 그 자체로 무조건 나쁜 것은 아닙니다. 질의 문제죠. 이권 챙기기나 정책 몰아가기 등 저질 행태는 막아야 합니다. 그러나 그것이 욕만 한다고 막아지는 것이 아닙니다. 통역정치를 없애려 들기보다 그 질을 높이도록 노력해야 합니다. 여기에 언론의 역할이 큰데, 언론자유 보장은 미군정의 대단히 훌륭한 정책입니다.

　지금까지 군정청의 정책 수준을 보며 나도 답답한 점이 많습니다. 그러나 불만이 있다 해서 상대방을 "나쁜 놈들"로 섣불리 몰아붙이는 것은 사태에 도움이 되기는커녕 더 나쁜 결과를 가져오는 길이 되기 쉽습니다. 기술적 노력을 통해 문제를 해결하거나 완화하도록 성의와 노력을 다해야 하겠습니다.

찾아보기